Valdemar Augusto Angerami | ORG

O SUICÍDIO NO CINEMA

André Faro
Andrea dos Santos Nascimento
Andréa Poppe
Bruno Gonçalves
Denise Pereira Alves de Sena
Everson Sercundes de Lira
Francisco B. Assumpção Jr.
Geovanna Santana de Souza Turri
Henrique Landim Santos
Ionice Lourenço
Luana Cristina Silva-Santos
Lucia Cecilia da Silva
Luiz José Veríssimo
Marcelo Cirino Pinheiro
Maria Aparecida Penso
Maria Suzane da Silva Barbosa
Miguel Mahfoud
Moisés Abdon Coppe
Pedro Paulo Viana Figueiredo
Sueli Guerreiro
Vanessa Valentim Zamborlini

Artesã

O suicídio no cinema

DIRETOR
Alcebino Santana

COORDENAÇÃO EDITORIAL
Karol Oliveira

DIREÇÃO DE ARTE
Tiago Rabello

REVISÃO
Aline Pereira de Barros

CAPA
Karol Oliveira

IMAGEM DE CAPA
Evandro Angerami

PROJETO GRÁFICO E DIAGRAMAÇÃO
Conrado Esteves

S948 O suicídio no cinema / organizador: Valdemar Augusto Angerami . – Belo Horizonte : Artesã, 2021.

376 p. ; 23 cm.

ISBN: 978-65-86140-78-1

1. Psicoterapia existencial. 2. Psicoterapia. 3. Subjetividade. 5. Psiquiatria. 5. Psicanálise. 6. Cinematografia. I. Angerami-Camon, Valdemar Augusto, 1950-.

CDU 159.98

Catalogação: Aline M. Sima CRB-6/2645

IMPRESSO NO BRASIL
Printed in Brazil

(31)2511-2040 (31)99403-2227
www.artesaeditora.com.br
Rua Rio Pomba 455, Carlos Prates - Cep: 30720-290 | Belo Horizonte - MG
/artesaeditora

O SUICÍDIO NO CINEMA

Para
Aqueles que sabem que
o amor e a esperança são o
maior antídoto contra o desespero...

AGRADECIMENTOS

Valdemar Augusto Angerami

Uma palavra transforma o coração
e o leva a novos sentimentos de ardor.
(SABEDORIA CIGANA)

Mais um livro finalizado e novamente a necessidade de agradecer as pessoas que contribuíram para que esse novo sonho fosse materializado. Inicialmente nossos agradecimento ao Alcebino Santana, antes apenas um editor que investiu em nosso projeto editorial, hoje, um amigo entusiasta com cada livro editado. Outro agradecimento envolve pessoas que igualmente eram apenas parte da equipe editorial, e hoje igualmente amigos e entusiastas de nossos livros: Pablo e Daniel, o nosso mais sincero agradecimento. Agradecemos também ao Conrado, diagramador cuidadoso e zeloso pelo esmero dos detalhes finais de acabamento do nosso trabalho.

E de maneira especial gostaríamos de agradecer ao artista visual Evandro Angerami pela cessão da imagem da capa, e a Karol de Oliveira pelo estupendo trabalho efetivado sobre a imagem na transformação do constitutivo final de sua configuração. É também da Karol o cuidado e apreço em cada etapa do nosso livro, desde as primeiras revisões ortográficas, até detalhes finais de diagramação. Tudo tem seu cuidado detalhado e crivado de muito amor e carinho.

Agradecemos ainda a você leitor, nosso maior incentivador com suas críticas e elogios. Nossa gratidão mais sincera e amorosa.

Serra da Cantareira, numa manhã azul de Inverno...

SUMÁRIO

APRESENTAÇÃO

Valdemar Augusto Angerami

Da vida quero apenas a alegria
das antigas matinês de cinema da infância...
(VALDEMAR AUGUSTO ANGERAMI)

Mais um livro sobre suicídio e, desta vez, articulado com a magia do cinema. Um trabalho que aborda filmes que apresentam em sua trama a temática do suicídio. E, paradoxalmente, um livro que, abordando aspectos oníricos de cinefilia, não tem o lirismo de outros livros sobre cinema. E não poderia ser diferente, afinal, estamos tratando de filmes que exibem o suicídio em seus enredos, o que significa dizer que são filmes de contundência ímpar. Nesse sentido, não há como se esperar algo com a suavidade de outros trabalhos sobre cinema. É sabido pelas pessoas que me são próximas que dentre os meus títulos o preferido é justamente o que escrevi sobre cinema.[1] O cinema, juntamente com a música clássica, sempre foi uma arte que nunca deixei de lado por maior que sejam meus compromissos e afazeres profissionais em psicologia. Dessa maneira, desde a inclusão de análises de filmes em livros da saúde – com destaque para *A compreensão da saúde a partir da utilização de filmes*[2], no livro *Psicologia da*

[1] ANGERAMI, V. A. **Cinema e subjetivação.** Uma análise sensível de percepção e emoção. Belo Horizonte: Artesã Editora, 2017.

[2] ANGERAMI, V.A. **A compreensão da saúde a partir da utilização de filmes.** *In*: ANGERAMI, V.A. (org.) **Psicologia da Saúde. Um novo significado para a prática clínica.** São Paulo: Cengage Learning, 2012.

Saúde. Um novo significado para a prática clínica[3], e *A compreensão do câncer por intermédio de filmes*[4] no livro *O **câncer** diante da Psicologia*[5] – o fato é que essa junção do cinema com a temática em psicologia sempre foi algo que procuramos enfeixar. Assim, partimos para um livro exclusivo sobre cinema[6] em que as temáticas foram articuladas com a questão sensitiva da percepção. E agora apresentamos este livro em que fizemos análises sobre a temática do suicídio a partir da ilustração de filmes que abordam esse drama que açoita a alma humana impiedosamente.

Um livro que apresenta requintes únicos de estreitamentos filosóficos e teóricos sobre a temática do suicídio. E sempre trazendo a vanguarda do que existe de mais proeminente na área. Um livro apaixonante, como apaixonante é nos colocarmos diante de um filme para que sua magia nos invada a alma e nos toque em suaves carícias de arrebatamento.

Um livro em que a nossa emoção exala o olorar da alma em sua maior transcendência para contribuir de maneira significativa na apreensão dos detalhes desse mistério tão instigante que é o fenômeno do suicídio.

Serra da Cantareira, numa manhã azul de Verão...

Referências

ANGERAMI, V. A. A compreensão da saúde a partir da utilização de filmes. *In:* ANGERAMI, V. A. **Um Novo Significado Para a Prática Clínica**. São Paulo: Cengage Learning, 2012.

ANGERAMI, V. A. **Cinema e Subjetivação.** Uma Análise Sensível de Percepção e Emoção. Belo Horizonte: Artesã Editora, 2017.

ANGERAMI, V. A. Compreensão do câncer por intermédio de filmes. *In:* ANGERAMI, V. A. **O Câncer Diante da Psicologia**. São Paulo: Pearson Learning, 2016.

[3] IBID. op.cit.

[4] ANGERAMI, V.A., **A compreensão do câncer por intermédio de filmes.** *In:* ANGERAMI, V.A. (org.) **O câncer diante da psicologia**. São Paulo: Pearson Learning, 2016.

[5] IBID. op.cit.

[6] **Cinema e subjetivação.** Uma análise sensível de emoção e percepção, op. cit.

1 FALANDO DE CINEMA

Análise de três filmes escritos pela alma...

Valdemar Augusto Angerami

Na matinê o primeiro beijo...
Na matinê o pulsar da vida...
Do domingo esperado pela matinê...
E da matinê incrustada na alma vida afora...
(Valdemar Augusto Angerami)

Introdução

A ideia deste capítulo é mostrar diferentes formas de suicídio que distam da nossa conceituação de suicídio como sendo um ato de desespero em que a pessoa tem total obnubilação de consciência e não consegue perceber outras possibilidades que não a morte[1] para o estancamento de sua dor de alma. Outras possibilidades sempre existem: apenas o desespero torna tudo muito inalcançável para buscá-las ou até mesmo refletir sobre elas. Buscamos filmes em que a configuração da autodestruição dista dos nossos moldes de análise e de reflexão. E isso faz com que, além de instigante, nossa reflexão seja revestida de uma configuração bastante diferenciada por trilhar por caminhos em que a autodestruição está até mesmo recebendo outras denominações. Em um dos filmes, *Mil Vezes Boa*

[1] ANGERAMI, V.A. **Suicídio.** Uma alternativa à vida. Belo Horizonte: Artesã Editora, 2017.

Noite, a autodestruição é vista como sendo um martírio, uma imolação que busca o sacrifício pessoal em nome de uma causa social considerada maior do que a própria vida e até mesmo louvor a Deus, em um ato em que o sacrifício pessoal é visto como uma dádiva divina.

Já em outro filme, *Os Corruptos*, vemos uma trama em que o suicídio surge como uma tentativa de resgate da honra tingida pela corrupção e por outros desmandos. E aqui a busca irascível pela investigação policial que encontre as razões do suicídio. Algo por si insano na medida em que o suicídio jamais terá uma causa única a configurar seus determinantes de efetivação. Possíveis situações de indução ou mesmo de acirramento de ânimos ficam evidenciados e servem de reflexão bastante peculiar para os nossos estudos sobre a temática.

De outra parte, em *O Ovo Da Serpente* temos uma trama na Alemanha às vésperas do nazismo, em que a situação de desemprego, de desesperança e do Estado opressor perseguindo seus próprios cidadãos ganha contornos sem qualquer balizamento, levando a consequências nebulosas as pessoas envolvidas nesse drama. E não bastasse a trama totalmente intrínseca e muito complexa, temos a direção de Ingmar Bergman, simplesmente um dos maiores gênios do cinema mundial de todos os tempos e quem mais conseguiu penetrar nas profundezas da alma humana. E a imersão que faz nessa trama mostra de modo esplendoroso o tanto que o sofrimento vai vincando a alma das pessoas de modo irreversível. Temos, em nossa apreciação, certamente um dos maiores filmes da história do cinema mundial. Simplesmente um filme de Bergman. Cabe ainda colocar que, ao escolhermos esse filme para ser incluído na análise da temática do suicídio, o fizemos tanto pelos suicídios que se sucedem ao longo da trama, como principalmente pela maneira estupenda como o mestre Bergman entrelaça o sofrimento humano diante do caos social mostrado naquele período da Alemanha. E de certa maneira, esse filme é prenúncio do surgimento das tantas ditaduras que surgem diuturnamente ao longo do universo e que, inicialmente, travestem-se de escolhas democráticas. É possível perceber pela destruição dos vínculos interpessoais como as democracias vão ruindo em meio às crenças de novos paradigmas sociais. E isso, por si, faz desse filme algo admirável ao mostrar a maneira como as mudanças que implicam o esgarçamento dos vínculos interpessoais ocorrem de modo irreversível e clamam por transformações sociais, na maioria das vezes, ditatoriais.

Filmes que apresentam constitutivos de suicídio bastante específicos e que, longe de se enfeixarem, apresentam detalhes que distam, inclusive, da nossa compreensão habitual sobre a autodestruição. Talvez o mais instigante seja mesmo o fato de nos debruçarmos sobre conceituações tão díspares sobre a autodestruição, pois isso, na realidade, poderá engendrar reflexões bastante abrangentes e com muitos detalhamentos do modo como a autodestruição envolve suas vítimas de modo irreversível. Falamos de autodestruição, atendo-nos a filmes que são verdadeiras obras de arte, o que por si, torna a discussão sobre temática tão cáustica algo mais vibrante por abordar a questão pelo ângulo da cinefilia, seguramente uma das manifestações artísticas mais completas na medida em que envolve em seu bojo outras formas de arte.

Mil Vezes Boa Noite

Filme: **MIL VEZES BOA NOITE**
Título original: *A Thousand Times Good Night*
Atores principais: Juliette Binoche e Nikolaj Coster-Waldau
Diretor de fotografia: John Christian Rosenlund
Música: Armando Amar
Direção: Erik Poppe
Distribuição: Europa Filme
Ano de lançamento: 2013

Descrição da trama

Rebeca é uma fotógrafa consagrada que realiza registros fotográficos em áreas de conflitos bélicos, principalmente no Oriente Médio e na África. Sua câmera denuncia situações de atrocidades e desigualdades sociais ocorridas nesses cantos. Seu instrumento de trabalho capta imagens que percorrem o mundo e mostram as barbaridades cometidas nesses lugares.

A trama se inicia com Rebeca em Cabul num ritual em que a família e outras pessoas colocam um cinturão de dinamite em uma jovem para que exploda em local em que se encontram pessoas consideradas inimigas de sua causa. O local e o ritual com cânticos e orações são mostrados de modo a contrastar de modo abismoso com a violência de que o ato em si é revestido.

Rebeca flagra cada detalhe desse ato registrando com sua câmera como se fosse apenas uma observadora distante dos fatos. Após o termino do ritual e a colocação do cinturão na jovem e da despedida dos familiares e amigos, Rebeca pede aos líderes autorização para acompanhar, ao menos por alguns quilômetros, a jovem, outra militante e mais o condutor no veículo que irá levá-la até o local da explosão.

Ela continua acompanhando e registrando com sua câmera cada detalhe dessa ação, mas, no meio do trajeto, antes do local previamente estabelecido, em meio a uma grande aglomeração de pessoas, o veículo é parado por uma barreira policial que examina inicialmente o condutor mostrando indícios de que também haverá inspeção no veículo e nos outros ocupantes. Rebeca desce do veículo sendo abordada pelos policiais e, após a identificação, sai correndo, se distancia do veículo e desesperada grita alertando para a existência de bomba naquele veículo. Na sequência ocorre uma grande explosão. O estrondo é fatal e lança aos ares não apenas o veículo com a jovem envolta em dinamite como dezenas de pessoas que se encontram no local. A cena é de total destruição e mostra que Rebeca no afã de tentar evitar o atentado previamente organizado provoca um acidente talvez até mesmo mais destrutivo e de proporções mais acentuadas. Ela ainda cambaleando consegue continuar o registro de pessoas feridas, mortas e o desespero que tomou conta do lugar. Na sequência, ela desfalece e acorda em um leito hospitalar.

No hospital ela percebe a presença de Marcus, seu marido, e de início não sabe se é sonho ou realidade. E depois de se inteirar de que a presença dele era real pergunta onde estava, pois tinha apenas vagas lembranças de como havia sido socorrida. Marcus informa que ela havia sido levada para Dubai e que agora estava tudo bem em sua condição vital.

Na sequência eles estão a caminho de casa, em Dublin, na Irlanda, e Marcus se mostra reticente em relação à Rebeca, sua fala é entrecortada e totalmente evasiva. Ao chegar à casa Rebeca reencontra as filhas. Lisa, a mais nova, corre ao seu encontro e abraça a mãe com bastante eloquência, solicitando os presentes que a mãe sempre traz nas viagens. Steph, a mais velha, mantém-se distante e trata a mãe de modo frio com distanciamento emocional acentuado. Rebeca diz a Marcus que pretende abandonar a carreira de fotógrafa e viver com a família. Marcus fica incrédulo com sua proposta, mas acaba se convencendo de suas intenções quando a vê em videoconferência recusando um novo trabalho para cobertura de outra zona de conflito.

Rebeca tenta aproximação com Steph e vai ao seu encontro em uma atividade extracurricular. Trata-se de uma atividade sobre países da África, sobre a realidade dessa região. Rebeca, então, leva a filha a um centro de documentação e pesquisa que possui grande acervo de material sobre a África. E lá reencontra uma pessoa de seu círculo profissional que a convida para ir ao Quênia, na região de Kakuna, divisa com o Sudão, em um centro para refugiados. Rebeca recusa imediatamente dizendo que se afastou dessa atividade profissional, em que pese o argumento de que esse campo era seguro e não apresentaria qualquer risco de vida. No jantar Steph fala para a mãe que elas poderiam ir para esse centro para refugiados, o que seria muito importante para o seu trabalho escolar. O pai manifesta-se totalmente contrário a isso, e Rebeca também se recusa a prosseguir conversação sobre isso. Steph indigna-se com o pai dizendo que é sempre ele a decidir a vida de todos, e que isso não era algo saudável para a família. Marcus e Rebeca aos poucos se reconciliam e a vida volta a fluir em harmonia.

Em passeio pela praia, Marcus diz a Rebeca que ela poderia viajar para o Quênia com a filha, pois além de ser algo importante para seu trabalho escolar seria uma oportunidade de as duas estreitarem seus vínculos afetivos.

As duas viajam e, já no centro para refugiados, elas têm uma conversa bastante emocionante antes de dormirem, com Steph perguntando para a mãe como ela havia adentrado nessa atividade e o que a motivava para isso. Rebeca, então, narra diferentes situações de atrocidades e o inconformismo de saber que a maioria das pessoas não se preocupa com essa realidade.

Rebeca dá uma máquina fotográfica para a filha para que esta também possa fazer seus registros. A expedição corre tranquila com as duas fazendo vários registros fotográficos até que um dos coordenadores do centro para refugiados surge anunciando que estava ocorrendo um conflito entre os clãs locais e que seria necessário evacuar o local imediatamente. Rebeca se indispõe com esse coordenador dizendo que haviam garantido a ela que o local era seguro. Em meio a essa conversação, o local é invadido por um grupo fortemente armado. O coordenador grita para que Rebeca deixe imediatamente o local, mas ela se recusa a sair e apenas pede para que levem sua filha para protegê-la de qualquer risco. Depois de uma discussão áspera, o veículo sai do local e Rebeca fica registrando imagens da violência ocorrida nesse embate.

Na volta ao acampamento, Steph mal fala com Rebeca, tanto pelo medo pelo que havia ocorrido como pela situação de vulnerabilidade vivida. Elas mal se falam nessa noite apesar da insistência da mãe. Voltam para casa e, por mais que Rebeca insistisse em abordar o assunto, Steph recusava-se a conversar sobre o ocorrido.

Já na residência e ainda sem falarem sobre o assunto, Rebeca começa a rever o ocorrido pelas imagens que haviam sido gravadas e que estavam em seu computador. Steph recusa-se a ver e até mesmo conversar sobre isso. No entanto, elas não percebem que Marcus estava na porta e flagra as imagens. Rebeca tenta fechar o computador, mas Marcus o reinicia e assiste o ocorrido em detalhes. Steph sai correndo e chorando do quarto. Marcus fica descontrolado e corre atrás da filha tentando acalmá-la. Na sequência, Marcus pega o material fotográfico de Rebeca e coloca tudo para fora de casa, gritando que ela cheirava à morte, e ninguém mais aguentava essa vida de convivência com o risco de morte que ela exalava a cada viagem, e que a todo momento esperavam o telefonema que informaria seu falecimento. Rebeca vai dormir na casa de amigos do casal e tenta aproximar-se das filhas, que recusam sua presença.

Rebeca vai até a escola para falar com Steph, que conversa com a mãe em seu carro. Conversa sem qualquer afeto com a filha mostrando muito ressentimento por tudo que havia ocorrido no Quênia. Steph pega a máquina fotográfica de Rebeca, faz uma sequência incontável de fotos do rosto da mãe e desce do carro chorando.

Rebeca continua visitando as filhas no momento em que elas dormem, retirando-se de casa na sequência. Rebeca aceita um novo trabalho para ir a Cabul, mas no momento do embarque recua e vai à escola para assistir à apresentação do trabalho de Steph sobre a África. Então ela testemunha a filha exibindo fotos que registrara no Quênia, ao mesmo tempo em que a ouve dizer que é necessário que existam pessoas que façam o registro dessas cenas para denunciar ao mundo a condição dessas pessoas, que uma das pessoas que faziam esse registro por coincidência era sua mãe, que havia muitas crianças que precisavam desse registro, dessas denúncias, e que essas crianças precisam de sua mãe mais do que ela. Nesse momento, Rebeca que assistia à apresentação escondida emociona-se e vê que Steph aceitou seu trabalho e o próprio distanciamento dela enquanto mãe.

E Rebeca, nessa noite, vai se despedir das filhas, partindo novamente para sua missão de registrar com sua lente as atrocidades cometidas nesses cantos esquecidos por todos. Embarca mais uma vez para Cabul e novamente inicia o registro de uma adolescente sendo envolta em um colete de dinamite, e dessa vez implora chorando, ainda no ritual, para que alguém pare com isso, que alguém impeça essa imolação.

Análise cinematográfica e de conteúdo

Poppe inicia a trama com a câmera em plano fechado focando os olhos de uma pessoa, que na sequência se percebe ser mulher. Essa cena inicial mostra de maneira clara que sua câmera irá transitar entre os planos de câmera aberta e câmera fechada de maneira sublime. Tal alternância de câmeras, por assim dizer, torna-se um espetáculo à parte em um filme que possui uma trama muito forte e contundente. O tema musical do filme, composto por Amar, é suave e mostra modulações temáticas sempre enfeixadas por violinos que acolchoam as variações harmônicas. Em alguns momentos surgem também variações desse mesmo tema ao mesmo tempo em que outras músicas são inseridas e sempre visando dar ênfase aos diferentes e tensos momentos da trama.

A fotografia é outro recurso muito bem explorado e com nuances de cores que dão ênfase tanto ao trabalho de fotógrafa de Rebeca como às paisagens – as imagens gélidas da Irlanda, com o vento soprando sobre os personagens, faz contraponto às tomadas em Cabul e no Quênia em que a exuberância das cores exprime a condição de temperatura escaldante. E o recurso de mudança de lentes para enfatizar a diferença das paisagens é algo notório e bem ao encontro da técnica perpetuada pelo grande diretor Walter Carvalho, certamente um dos maiores diretores de fotografia da história do cinema. Sua técnica é tão primorosa que faz com que diretores como Wim Wenders jamais renunciem à sua participação. Isso tudo para nos exibir uma trama em que nossos conceitos sobre suicídio e mesmo sobre maternagem são revistos e colocados em exposição de maneira crítica e totalmente assimétrica.

Em nossa tradição ocidental conceituamos suicídio como sendo um ato de autodestruição, um ato em que deliberadamente alguém põe fim à própria vida utilizando-se de instrumentos de contundência letal. E na quase totalidade das vezes, temos pessoas envoltas em desespero e com a vida totalmente em desarmonia, comumente desarranjada em termos emocionais. E quando nos deparamos com situação em que a deliberação de se pôr fim à vida está envolta em situações de martírio em defesa de lutas libertárias, o nosso instrumental de análise torna-se ainda mais parco e reduzido.

Situações em que a vida vale menos do que a causa pela qual se luta; situações em que o martírio de se tirar a própria vida é visto como sendo um ato de bravura e de desprendimento sempre nos tocam, de modo inexplicável, seja pela condição conceitual que temos no Ocidente, seja, ainda, por faltar compreensão da abrangência de tais atos. A magnitude desse ato de martírio em prol de uma causa é sempre envolta em um mistério que transcende até mesmo o mistério sobre a compreensão do suicídio em nossas lides ocidentais.

O mistério em que o suicídio se acha envolto ganha tons de dramaticidade ainda mais intensos quando esse ato de autodestruição é filmado com o mártir despedindo-se de todos e evocando a vitória final da causa pela qual estão lutando. E dizendo que em alguns minutos estará no Paraíso como glorificação a Deus e em nome de uma causa para qual a vida nada significa que não um instrumento letal para seus adversários.

A mãe despedindo-se da filha que irá explodir junto com as bombas dentro de alguns minutos é algo de difícil assimilação em nossa concepção ocidental. Algo inimaginável em nossa concepção de valores de maternagem. Temos, de modo geral, pais enlutados que dificilmente se recuperam do suicídio de seus filhos e nessa realidade estampada pelo filme vemos a própria mãe despedindo-se da filha que irá morrer como se fosse uma dádiva concebida por forças superiores.

E se é fato que não temos elementos para a compreensão do ato do suicídio em nossa realidade ocidental, nessa concepção de martírio pela própria destruição ficamos totalmente reféns de algo insólito e que possivelmente, assim como o suicídio ocidental, jamais teremos qualquer vestígio de compreensão.

Dentre as variantes de minha prática profissional realizo regularmente as chamadas rodas de conversas sobre a autodestruição e, assim, dirigi uma sessão junto a membros da comunidade árabe palestina. Em meio a minha explanação das variantes da autodestruição e sobre como se buscar ajuda diante do desespero que pode acometer alguém em determinados momentos, ouvi de um participante que seria necessária uma revisão desses conceitos quando me dirigisse a essa comunidade. Foi dito, então, que nós ocidentais não conseguíamos compreender que a vida era algo emprestado por Deus para Louvá-lo e que era necessária uma compreensão desse desígnio e uma entrega e superação quando fossemos chamados para essa missão. E verdadeiramente não temos como compreender esse enfeixamento da vida ser algo emprestado por Deus e que está disponível para lutas e conflitos realizados naquilo que se acredita ser para seu louvor e glória.

Dissemos em trabalho anterior[2] que o suicídio sempre é revestido de muita violência, ainda que o ato tenha se consumado de maneira indolor e sem vestígios de sofrimento. A violência é o ato em si independentemente da maneira como tenha se consumado. E nessa realidade descrita pelo filme temos uma adolescente que tem um cinturão de dinamite acoplado ao seu corpo em ritual de cânticos e orações que é até mesmo difícil de se conceber que seja real, tal a contundência desse preâmbulo. E quando ocorre a explosão das dinamites que junto com a jovem mártir levará consigo outras dezenas de pessoas, a questão se vê envolta em fatos e aspectos cuja abrangência não podemos sequer balizar, tal a desconexão dos elementos críveis a uma compreensão minimamente racional.

O choque de concepções ocidental e oriental sobre a vida e o suicídio é esplanada na reação da fotógrafa que, inicialmente, se propunha a registrar os passos dessa ação, mas que num estado de total descontrole grita, tentando alertar a comunidade alvo do atentado sobre o perigo que corriam, algo totalmente insano, pois a bomba acaba explodindo em outro local que não o previamente estabelecido, mas igualmente provocando a morte de outras tantas pessoas. Tanta diferente gente sendo vítima de um atentado que acomete pessoas que sequer sabem por que morreram. O impacto dessa explosão une a incredulidade pela autodestruição deliberada de uma jovem com a anuência da família e de sua comunidade e a morte de dezenas de pessoas que provavelmente defendessem

[2] ANGERAMI, V.A. **Suicídio.** Uma alternativa à vida, op.cit.

a mesma causa da mártir. Pode-se argumentar que a bomba explodiu em lugar errado, daí ter tirado a vida de tantos inocentes, mas, ainda que explodisse nos locais previamente planejados, podemos inferir que junto com os possíveis inimigos que estão sendo buscados pelas bombas muitos outros inocentes também irão sucumbir diante dessa violência indefinível e muito provavelmente pessoas que comungavam os mesmos ideais. Vítimas de uma causa em que verdadeiramente a primeira perda que se tem é a racionalidade e todo e qualquer balizamento do que seja a preservação dos preceitos e da dignidade da vida humana.

E, paradoxalmente, o mais dramático nisso tudo é que estamos diante de uma realidade que está sendo mostrada e que acontece continuamente no Oriente Médio, portanto, não é ficcional, algo que mesmo sendo violento, traria o contraponto de ser criação imaginária dos autores de uma possível trama de violência e de dor. Não, aqui temos a face escancarada da violência nua e crua da autodestruição sendo decantada como sendo algo Divino, algo de uma superação dos valores que nos prendem à vida e que impulsionam tais vítimas a um sacrifício pessoal em nome de uma causa social. São pessoas glorificadas por seus atos de autodestruição e recebem a promessa de que na sequência de suas mortes estarão no paraíso em regozijo com outros mártires.

E verdadeiramente não podemos perder de vista que nossa análise é feita crivada por nossos valores e constitutivos ocidentais, valores que distam da realidade dessa concepção oriental. Não temos nem mesmo como abarcar a autodestruição crivada de aspectos míticos e religiosos.

Em trabalho anterior[3] citamos que não existe nenhuma religião ocidental ou mesmo oriental que minimamente perdoe o suicida. Todas indistintamente condenam o ato do suicida de modo veemente, cada qual estabelecendo normas específicas de punição. Nos casos como os descritos no filme, a autodestruição é glorificada por ser um ato de desprendimento da vida em prol de uma luta que consideram acima da própria vida. Passa a ser, assim, algo que não pode se configurar como ato de alguém que põe fim à vida diante do desespero da vida, conceitualmente suicídio, em nossa realidade; ao contrário, eles denominam tais atos como a superação de todo o constitutivo humano, a superação

[3] **Suicídio**. Uma alternativa à vida. op. cit.

sublime dos pecados e das vicissitudes da vida, algo que será a expiação não apenas dos próprios pecados, mas também de todas as pessoas próximas desse mártir.

Abarcar a complexidade do que nos é mostrado de modo tão simplista, certamente, será tarefa insana pelo simples fato de nossa consciência não ter subsídios suficientes para alcançar a dimensão desse emaranhado tão estranho aos nossos valores e crenças ocidentais. O ritual de cânticos e orações quando o colete de dinamites é envolto no corpo da jovem mártir chega a ser mais contundente até mesmo do que a explosão em si, tal a desconformidade com aquilo que estamos acostumados em nossa realidade ocidental. Difícil conceber a autodestruição nesses moldes em nosso pensamento efetivado em bases da nossa formação judaico-cristã.

Basta se imaginar em mera e vã ilustração algumas pessoas que decidem efetivar um assalto a uma instituição financeira. Essas pessoas irão se municiar de forte armamento bélico, pois sabem que poderão encontrar resistência policial, e a morte surge como possibilidade de risco. Risco, embora com grande percentual de ocorrência sempre na condição de risco, pois o objetivo principal é o aferimento do produto do roubo e sua partilha para uma vida repleta dos possíveis prazeres propiciados pelo dinheiro. No caso do martírio oriental, ao contrário, se a operação for bem-sucedida, a morte da principal protagonista é o mote maior de toda a empreitada. Não há a menor condição de a operação ser bem-sucedida e a jovem com o colete de dinamites envolto no próprio corpo sair ilesa da operação. E mesmo a afirmativa de que essas pessoas possuem uma religiosidade acima da nossa compreensão também é parca e carente de fundamentação racional, pois no Ocidente por maior que seja a religiosidade de determinadas pessoas, a autodestruição em nome de uma causa é algo impensável. E ainda que se queira arvorar o exemplo de guerrilheiros que se aventuram em lutas pelas quais se dedicam, muitas vezes, por longos períodos de suas vidas, ainda assim, aqui novamente a morte pode surgir como possibilidade real, mas sempre como risco da empreitada e não como algo previsto para o próprio êxito de suas ações.

De outra parte, embora o cristianismo seja totalmente fundamentado em propostas de sofrimento físico em busca de ascese espiritual, sendo que, em muitos casos, podemos, inclusive, falar em autodestruição de seus mártires pelo autoflagelo imposto às suas vidas, ainda assim, o suicídio explícito não é aceito em suas bases e lides religiosas, aliás, como dissemos anteriormente, nenhuma religião aceita o suicídio em suas lides.

A própria canonização dos principais santos do catolicismo parte do pressuposto do sofrimento da vida desses mártires principalmente na defesa da causa cristã. Seja enfrentando a fúria romana diante das primeiras manifestações cristãs, seja ainda na condição de flagelo imposto à própria vida para cuidar de combalidos e desvalidos. Sofrimentos que superam a condição de suportabilidade diante da dor e de todo o tipo de privações das necessidades básicas para a sobrevida humana. Não existe santo dentro do catolicismo que foi santificado por suas virtudes de *bon vivant* ou algo assim. Serão considerados santos aqueles que sofreram os mais diferentes tipos de flagelos, sempre em nome de Cristo, e o próprio martírio de seu principal líder é igualmente referenciado como exemplo a ser seguido.

Talvez o grande diferencial no autoflagelo dos mártires cristãos e daqueles do Oriente seja o fato de os cristãos sacrificarem a própria vida buscando ajudar os combalidos e desvalidos, e os mártires do Oriente em causas revolucionárias movidas, na quase totalidade das vezes, por razões políticas, sendo que suas ações sempre terminam com um número incontável de mortes. Agora, em consonância existe o fato da inexistência do apego à vida e aos prazeres profanos sendo que, de maneiras distintas, ambos buscam a ascese espiritual diante do autoflagelo de suas vidas. A maneira como os mártires cristãos são exaltados em total consonância com os preceitos de abandono dos prazeres corpóreos para a purificação do espírito é algo moldado em modulações sequenciais de adoração a esses preceitos.

A imagem de São Sebastião, com o corpo seminu e crivado de flechas, ou ainda Joana D'Arc, imolada em fogueira ainda viva, são exemplos gritantes de superação do sofrimento corpóreo na busca de ascese espiritual. Santos imolados professando o amor a Cristo, gritando a renúncia da própria vida por esse amor. Mas ainda que possamos definir os atos dos mártires cristãos como sendo autodestrutivos, não é por deliberação própria e com auxílio de suas mãos que suas mortes são consumadas. Autodestruição lenta e gradual no enfrentamento de todas as adversidades do caminho e que, sabidamente, irão levar a patamares de destruição, mas jamais à consumação da morte com as próprias mãos. Isso seria definido como suicídio, e o cristianismo, assim como as demais religiões, não aceita o suicida.

Os cristãos na Roma Antiga eram atirados aos leões e eram violentamente rasgados e triturados por essas feras, mas jamais evitaram esse sofrimento pondo fim às suas vidas antes desse momento dramático e impiedoso. Segundo relatos, iam ao sacrifício cantando louvor a Cristo, mesmo diante de feras furiosas que irão destruí-los impiedosamente. Tudo em nome de uma ascese espiritual muitas vezes incompreendida por quem não processe tal fé. E assim, sequencialmente, foram santificados apenas os que renunciaram a aspectos importantes de suas vidas para a glorificação dos preceitos de Cristo.

Exemplo hilário do contraponto dessas incongruências dos preceitos de religiosidade cristã é a tentativa do papa Paulo V de santificar Johann Sebastian Bach, certamente um dos maiores compositores de música clássica de todos os tempos e uma das principais referências na música sacra. Sua Santidade tinha seus momentos de ascese espiritual com a música do grande mestre do barroco alemão. E decididamente sua obra é repleta de obras e cantatas feitas para as mais diferentes cerimônias religiosas, tendo, dessa maneira, uma vasta produção toda direcionada para os diferentes momentos da liturgia cristã. E, além disso, Bach era um homem muito religioso e tinha sua vida totalmente dedicada aos estudos cristãos e com os quais enfeixava sua música. No entanto, ao se aventar as possibilidades de santificação de Bach surgiram colocações dos assessores do papa no sentido de também se santificar Wolfgang Amadeus Mozart, o autor que mais nos aproximou da grandeza da deificação, afinal são de sua autoria as músicas em que os teólogos e estudiosos da área mais encontram manifestações e a presença de Deus.

Bach, com seus estudos de música e dos preceitos cristãos, mostrou-nos a superação humana de modo único e assim criou obras que não apenas nos encantam a alma como também exibem complexidade ímpar na história da música. Mozart, ao contrário, embora sua obra apresente uma evolução nítida quando se compara suas primeiras peças, aquelas feitas ainda em sua juventude, com as que compôs em sua maturidade, possui requintes de leveza, pureza e perfeição que não são encontradas em nenhuma manifestação artística, seja qual for a arte que se queira arrolar. Os teólogos definiram suas principais obras como sendo mera e simplesmente ditados melódicos de Deus que ele apenas copiou, tal a perfeição e beleza encontradas em seus detalhamentos. Mas se Bach junto com sua obra apresentava toda uma vida de devoção e entrega aos preceitos cristãos, Mozart passava longe desse espectro, e não consagrou sua vida a qualquer preceito religioso, mesclando peças de alto teor religioso com outras distantes desse naipe de religiosidade. Foi um compositor que se dedicou aos mais diferentes gêneros, sempre trazendo requintes de perfeição à sua obra. Desse modo, Bach não foi santificado pela total incongruência de também ter de santificar Mozart, alguém totalmente distante dos sacrifícios e das privações impostos pela liturgia cristã.

A dedicação religiosa de Bach não pode jamais ser enquadrada em formas clássicas de autodestruição, apenas era um homem devotado aos ensinamentos cristãos e dos quais fez seus preceitos de vida. Tampouco ele se privou de sexualidade para seguir ao Cristo, assim como os religiosos que consagram suas vidas com todas as formas de privações, seja no âmbito sexual, familiar e outras tantas formas de abandono da condição humana para se atingir uma ascese espiritual professada pelas escrituras sagradas.

A autodestruição encontrada nos mártires cristãos, muitas vezes, não é o enfrentamento direto e incisivo à própria morte, mas um abandono gradual de sua humanidade para se atingir os píncaros das recompensas espirituais prometidas pelas escrituras.

De outra parte, a autodestruição oriental não pode ser definida como suicídio segundo nossos moldes conceituais. Embora seja consumada com as próprias mãos do(a) mártir, as quais acionam o dispositivo que explode de modo irreversível as bombas que traz presas ao corpo, ainda assim, nossa constituição conceitual não alcança a dimensão e a plenitude desse gesto. Autodestrutivo, sim, e disso não se tem qualquer questionamento, mas com ditames e razões que não são o desespero e a desesperança encontrados nas pessoas vítimas de suicídio e de tentativas de suicídio em nossa realidade ocidental.

Vidas imoladas em consagração a Deus, algo feito em plena lucidez e com a consciência plena de seus atos. E considerarmos que nossa conceituação de suicídio[4] afere que essas vítimas possuem uma total obnubilação de consciência que impede que se vejam outras possibilidades para suas vidas, que sempre existem, que não a própria morte, tem uma linha

[4] **Suicídio**. Uma alternativa à vida. op. cit.

divisória ainda mais delimitada na separação dessas diferenças conceituais com o que presenciamos nas cenas do filme na realidade de Cabul.

A trama de Poppe é um momento único de reflexão de nossos conceitos e valores sobre suicídio. Ele mostra a irreverência com que nossos valores são demolidos diante de crenças religiosas e culturais que não apenas distam das nossas, mas que também exibem em seu bojo aspectos e detalhamentos cujo enfeixamento está completamente além de nosso raio de abrangência conceitual e, até mesmo, cognitivo.

Colocamos em texto anterior[5] que a grande culpa que a grande maioria das mães em nossa realidade cultural e social sente ao ter que deixar seus filhos sob os cuidados de outras pessoas – seja parentes, creche, etc. – deriva do modelo de mãe que nos foi dimensionado pelo cristianismo. Ou seja, nosso modelo é Maria, mãe de Cristo, aquela que deixa tudo e todos para seguir seu filho até o fim. Esse modelo dista, por exemplo, das mães do judaísmo, que deixam seus filhos nos Kibutz por longos períodos sem qualquer sentimento de culpa. Certamente não possuem o instinto materno atrofiado em comparação às mães cristãs, apenas não seguem o modelo de mãe exibido por Maria.

Desse modo, tanto a autodestruição mostrada no filme, como o desempenho anteriormente descrito dos comportamentos díspares das mães envoltas em valores cristãos e daquelas envoltas pelo judaísmo estão a mostrar a necessidade de um olhar de compreensão em que nossos valores culturais e morais sejam deixados de lado para que a abrangência de sua ocorrência possa ser aprendida de modo pleno e consistente.

Nesse sentido, se arvorarmos a conceituação materna a partir do modelo de Maria, modelo que criva a maioria das mães de nossa realidade cultural e social com um sem-número de culpas diante da necessidade de se deixar os filhos sob os cuidados de outras pessoas, torna-se, então, algo totalmente revestido da mais pura sandice constatar que a própria mãe participa do cerimonial em que a porção de dinamites é atrelada ao corpo de seu filho. Tudo em nome de uma luta cujos ditames nos é totalmente inalcançável, como inatingível a ideia de glorificação a Deus por gesto tão destrutivo.

[5] ANGERAMI, V.A. **As relações de amor em psicoterapia**. São Paulo: Cengage Learning, 2006.

É simplesmente inadmissível para a nossa compreensão perceptiva esse desprendimento materno diante de um ato que irá tirar a vida de seu filho de maneira infalível. Infalível e irreversível, algo que não tangencia sequer minimamente tudo que possamos conceber como instinto materno em nossa valoração conceitual. Sim, sempre haverá alguém a citar, na tentativa de contradizer os valores maternos impostos pelo cristianismo, as diversas mães nos mais diferentes contextos que abandonam seus filhos recém-nascidos à espera de alguém que os recolha e possa deles cuidar vida afora, como também daquelas que entregam para adoção filhos igualmente recém-nascidos. Como também irão existir mães que em acessos de fúria e insanidade igualmente matam seus filhos pelas mais diferentes razões. Mas os casos acima arrolados constituem a exceção para a configuração da regra do amor materno consagrado pelo cristianismo, a mãe devota que segue seu filho até o fim de seus dias.

E quando contrapomos os nossos valores maternos ao que o filme de Poppe nos escancara, a realidade é muito dolorosa, pois a própria mãe participar da cerimônia em que a vida de seu filho irá perecer de vez é algo intangível ao nosso campo perceptivo. Intangível e até mesmo inalcançável pela razão. Mas as imagens mostradas não deixam dúvidas sobre o distanciamento de nossos valores e o que é mostrado na realidade de Cabul. Ficamos retesados na cadeira assistindo a esse espetáculo de destruição em que se misturam requintes de crueldades que beiram a tudo que se queira arrolar como absurdidade. O filme é categorizado como drama, mas certamente se fosse definido como terror não seria disforme, afinal, temos o tempo todo cenas que poderiam ser definidas como terror, tal a violência e a crueldade com a condição humana.

De outro lado, inclusive Rebeca também expõe de maneira bastante acentuada a questão de valores de maternidade de nossa sociedade cristã. Afinal, ela deixa o seio familiar para sua missão de registro fotográfico dessas atrocidades ocorridas nos diferentes cantos do mundo. As filhas sentem a falta de sua figura materna e por mais que tenha decidido deixar tudo para trás e viver no seio da família, uma força maior, mais imperativa, a draga novamente para os ambientes de guerra, ambientes em que sua fotografia denuncia as atrocidades que ocorrem por lá.

A trama mostra a filha mais velha, Steph, durante a apresentação de seu trabalho sobre a África, aceitando a missão de sua mãe quando diz textualmente que as crianças que estão padecendo por aquelas atrocidades precisam de sua mãe muito mais do que ela. Diz também que esse registro é uma missão e que coincidiu de sua mãe ser essa missionária. Temos uma configuração bastante diferente daquela em que a mãe renuncia a tudo para seguir seus filhos até o final de seus dias. Temos as filhas ficando sob os cuidados do pai enquanto ela vai para os cantos mais distantes do mundo para denunciar as atrocidades da guerra.

O seio familiar se mostra esfacelado, pois o próprio marido não suporta essa situação de instabilidade, e a trama termina sem que saibamos se Rebeca está indo apenas para mais uma missão ou se dessa vez houve também uma ruptura conjugal. Embora haja indícios bastante claros dessa possível ruptura, ainda assim, podemos inferir que talvez ela possa voltar outras vezes e novamente ser acolhida pelo marido.

Uma trama em que os diferentes vínculos maternos que são exibidos mostram contornos diferentes e totalmente contrários ao que preconizamos em nossos valores cristãos. A cena de quando ela volta pra casa depois da explosão em Cabul e tem a rejeição de Steph é indício de seu distanciamento de tudo que envolvia a dinâmica familiar do marido e de suas filhas. Ela sequer sabe das atividades extracurriculares da filha, algo que é informado por uma amiga do casal que, pela proximidade, conseguia estar próxima de sua filha e ajudá-la nessas atividades.

Rebeca não mostra sinais de culpa pela ausência em relação à família e principalmente às filhas. Fica evidente que todas as vezes que volta de viagem a filha menor espera por presentes que ela sempre traz. E mesmo nessa ocasião em que foi hospitalizada em razão da explosão em Cabul, ao voltar pra casa, a filha pede o presente tão esperado. Dessa vez ela não trouxe nada, mas o marido trouxe uma sacola com um presente e dá a filha como se fosse da mãe que tivesse esquecido pela situação em que se encontrava após a hospitalização.

É como se juntamente com o drama de autodestruição de Cabul com o ritual de colocação das dinamites no jovem mártir e com a presença da mãe, tivéssemos também uma trama paralela em que é mostrada uma mãe que rompe com a tradição da culpa materna imposta pelo cristianismo e vive suas possibilidades profissionais sem qualquer constrangimento. E mesmo na viagem que faz ao Quênia com Steph ela não titubeia em deixar a filha sob os cuidados de amigos quando surge o conflito do qual ela decide registrar detalhes.

Em uma das tomadas mais emocionantes da trama, antes da viagem ao Quênia, Steph está dando detalhes de sua pesquisa sobre a região para Rebeca e diz, então, que encontrou uma foto impactante na internet e constatou ser da mãe. Uma foto em que aparece um jovem com as orelhas e parte dos lábios decepados como forma de agressão sanguinária por grupos rivais. Rebeca explica, então, que esse registro mostrou ao mundo situações de atrocidade quando o foco maior da imprensa era uma sequência de futilidades, dentre elas o fato de a modelo Paris Hilton estar sem calcinhas em um determinado evento. E apesar de toda a mágoa mostrada por Steph quando a mãe volta de viagem com seu distanciamento bastante evidenciado, nessa cena em que relata a autoria da foto da mãe existe uma situação bem pontuada de admiração e de respeito pelo seu trabalho.

Trata-se de uma trama que para ser compreendida em sua essência é necessário que nossa apreensão não tenha amarras de conceitos apriorísticos e que sejam estanques à dimensão do que nos é exibido. Do contrário, estaremos apenas presos a determinados conceitos e a julgar o que está sendo mostrado com valores que não possuem a menor condição de apreensão de detalhamentos existenciais tão complexos e distantes de nossos valores sociais e culturais. Os casos de autodestruição misturam-se a novas configurações de valores de relacionamentos maternos. E temos, então, opções das mais díspares sobre a condição materna e de conceituações do que seja autodestruição. E na medida em que Rebeca é mãe dentro de uma sociedade cristã a questão se mostra bastante interessante na medida em que vemos uma ruptura com modelos tradicionais de maternagem e algumas implicações dessa nova configuração.

Rebeca é uma profissional muito bem-sucedida e se apresenta com dedicação plena à sua atividade; apenas diante do acidente de explosão em Cabul, quando se viu diante da morte, titubeia e decide viver no seio familiar dentro dos moldes tradicionais de uma família. Mas, como dissemos acima, é como se houvesse uma força superior que a draga de volta para a fotografia, então ela deixa novamente a família e vai ao encontro das regiões de conflitos bélicos. Ela mostra toda sua luta e força nessa empreitada de registro e denúncia dessas atrocidades das guerras ainda que isso custe o distanciamento da família.

E como dito anteriormente, a junção da autodestruição de Cabul com um modelo de maternagem envolto na configuração do enfeixamento das bombas no próprio filho e a condição de Rebeca com sua família são casos distintos de análises de autodestruição. Não há como negar que pessoas envoltas na cobertura de conflitos bélicos igualmente estão em atividades que podem ser consideradas autodestrutivas na medida em que a vida está em estado de risco constante e contínuo, e praticamente sem intermitência. E a explosão inicial em Cabul que vitima Rebeca levando-a ao hospital em situação desesperadora é indício dessas implicações de autodestruição nessas atividades.

Mostramos em trabalho anterior[6] as diferentes atividades que trazem em seu bojo aspectos de autodestruição, e certamente alguém que faz registro de atividades conflituosas em regiões de guerra encontra-se nesse rol. Não há como separar o risco de determinadas atividades da definição de autodestrutividade na medida em que apresentam a possibilidade de morte como intrínseca aos seus tentáculos conceituais. O marido de Rebeca em várias cenas de desentendimento com ela cita textualmente que esperam, a cada telefonema recebido, o momento em que serão informados de sua morte. Mostra cabal e definitiva do tanto que sua atividade tem o aspecto da autodestruição presente em seus constitutivos. Não a morte deliberada com a intenção de se colocar fim à vida de modo definitivo e instantâneo, mas um risco de morte contínuo e presente a cada movimentação em busca de seus registros fotográficos.

Um dos aspectos mais marcantes dessa trama é justamente mostrar uma forma de autodestruição envolta em tradições culturais e sociais diferentes da nossa concepção ocidental, e junto a isso modelos distintos de maternagem, e nesse rol tanto o modelo oriental, como a mãe ocidental em total dissonância com o modelo de mãe trazido pelo cristianismo. Filme de muita proeminência nessa discussão sobre a autodestruição.

Os Corruptos

Filme: OS CORRUPTOS
Título original: The Big Heat
Atores principais: Glenn Ford, Gloria Grahame, Lee Marvin

[6] **Suicídio**. Uma alternativa à vida. op. cit.

Diretor de fotografia: Charles Lang
Música: Mischa Bakaleinikoff
Direção: Fritz Lang
Distribuição: DVD Versátil
Ano de lançamento: 2017

Descrição da trama

A trama se inicia com o policial Tom Duncan sentado em uma cadeira junto a uma mesa sobre a qual está um revólver. Ele apanha a arma e dá um tiro em sua têmpora direita. A esposa, Bertha Duncan, diante do estampido da arma desce correndo as escadas e se depara com o marido morto sobre a mesa. Em sua mão ela vê um envelope endereçado ao promotor Williard Street do Tribunal de Justiça. Ao ler a mensagem se dirige ao telefone e liga para Mike Lagana, poderoso empresário que determina os ditames de conduta dos políticos e da polícia, apesar do adiantado da hora. Este recomenda que ela guarde a carta e que ligue imediatamente para a polícia. Lagana imediatamente liga para um de seus comparsas, Vince Stone, para relatar o ocorrido. O telefonema é atendido por Debby, namorada de Vince, que diz que ele está jogando com amigos e que não poderia atender ao telefonema, mas quando Lagana se identifica ela o chama imediatamente, e ele igualmente atende prontamente à ligação. Vince é informado da morte de Duncan e da carta que a viúva tem em seu poder, documento que fará com que receba quantia mensal do grupo para que não seja tornado público, segredo que certamente colocaria em risco a própria estabilidade do grupo.

Chega ao local a equipe da perícia policial e o detetive policial Dave Bannion, os quais, após as verificações de praxe, constatam que se trata de suicídio pela maneira do ferimento e pela possível proximidade da arma que efetivou o disparo. Bannion, então, diz para os presentes que quando se trata de morte de policial a investigação é mais detalhada, afinal eles sempre estão envoltos em casos de vinganças e outros tipos de acertos. Ele se dirige ao andar superior para conversar com Bertha Duncan, esposa de Duncan. É mostrada, inicialmente, cena em que ela se mostra em situação passiva, como se não estivesse minimamente abalada com a morte do marido e, ao ouvir as batidas na porta, inicia uma encenação de muito sofrimento pela morte marido, e nesse estado conversa com Bannion. Diz ainda que o marido enfrentava sérios problemas de saúde e não faz nenhuma referência à carta que encontrou em suas mãos quando Bannion pergunta se ele havia deixado algum bilhete ou algo assim que minimamente pudesse nortear suas investigações. Insiste que o marido era de probidade ímpar e que tudo que possuíam era apenas e tão somente fruto de seu trabalho.

Bannion vai pra casa e durante o jantar com a esposa Kate e brincadeira com a filhinha Joyce recebe um telefonema de outro policial que faz menção a uma moça de nome Lucy Chapman, que frequenta uma casa noturna. Ele então se dirige a essa casa noturna sendo observado pelo gerente e alguns frequentadores ao se dirigir a um lugar reservado para conversar com Lucy Chapman.

Nesse detalhe da ida de Bannion à casa noturna temos ao fundo a música maravilhosa do Meahan Trio tocando no palco. Lucy Chapman relata, então, tratar-se de um caso extraconjugal de Duncan, descrevendo em detalhes pormenores de seu relacionamento com o amante. Conta de uma casa de veraneio que ele possuía e relata, ainda, que quando a esposa viajava Duncan a levava em sua própria casa. Ela insiste que Tom Duncan não havia se matado, e que ela achava muito estranha essa configuração de suicídio. Diz, ainda, que ele estava muito bem de saúde e bastante satisfeito pelo fato de a esposa ter aceitado sua proposta de divórcio. Dá também inúmeros detalhes de seu relacionamento com Duncan. Esses novos fatos trazem novos elementos ao caso de Duncan, e na sequência Bannion resolve novamente procurar a viúva.

Ele volta a procurar Bertha, que se vê muito incomodada com as informações trazidas por Bannion, principalmente as que faziam referências à saúde de Duncan e que contradiziam suas informações iniciais. Bannion faz referência à conversa com Lucy Chapman quando Bertha expõe, então, que durante sua vida conjugal com Duncan houve "outras Lucy Chapman", ou seja, que o marido sempre teve relacionamentos extraconjugais, que ela aturou para que pudessem manter um mínimo de harmonia e convivência. Ele narra que Lucy Chapman fez referência a uma casa de veraneio que eles possuíam em Lakeside, ao que Bertha mostra-se visivelmente desconfortável. Quando Bannion pergunta sobre detalhes da aquisição dessa casa de veraneio, Bertha se sente a situação como invasiva e pede que ele saia e que não a procure mais.

Ao chegar à repartição policial, Bannion é informado que o Tenente Wilks o havia procurado inúmeras vezes. Ele se dirige, então, a sua sala quando ouve de forma bastante clara e inequívoca que ele estava recebendo ordens superiores para que Bannion suspendesse essas investigações e que a nova ida à casa de Bertha havia incomodado em demasia as instâncias superiores. E dá uma ordem sem possibilidade de qualquer questionamento para que cesse tudo imediatamente.

Bannion vai pra casa inconformado com isso, e ao chegar Kate observa sua expressão de contrariedade e tenta colocar-se ao lado do marido. O telefone toca, Kate atende e constrangida fala que a ligação era para Bannion, mostrando-se assustada com o palavreado ouvido. Ao atender, Bannion é ameaçado para que suspenda imediatamente a investigação sobre o caso de Duncan se quiser preservar a integridade física de sua família. Ele diz para a esposa que não sabe quem telefonou, mas sabe quem mandou, e diz que vai ao encontro desse mandante.

Bannion se dirige então, à casa de Mike Lagana, poderoso empresário, e que de forma geral determina os ditames das condutas dos políticos e da própria polícia. Ao chegar, Bannion é abordado por um policial, e após identificar-se conversam sobre o absurdo que é Lagana ter sua residência protegida por policiais que deveriam estar cuidando de outros bairros e cercanias.

De início Lagana tenta tratar Bannion de maneira amistosa, buscando disfarçar que estava sendo procurado apenas para algum pedido de donativo para alguma campanha policial. No entanto, quando Bannion fala das ameaças desferidas ao telefone, Lagana se mostra indignado e pede que um de seus secretários, na verdade um capanga, coloque Bannion para fora de sua residência. Os dois travam uma ríspida luta corporal e Bannion deixa esse capanga ao chão, e na sequência se retira da residência.

No dia seguinte, ao chegar à repartição policial, é informado da morte de uma mulher por tortura e espancamento. Ele vai identificar o corpo e constata ser Lucy Chapman, e ao voltar para a repartição é novamente chamado pelo Tenente Wilks, que pede para que ele pare com tudo isso, pois está sendo muito pressionado pelas instâncias superiores.

Bannion volta pra casa e resolve sair com Kate para desanuviar um pouco o espírito tão atormentado pelos últimos acontecimentos. Ela diz, então, que irá buscar a babá para que fique com a filhinha. Pega a chave do carro e sai enquanto Bannion brinca com Joyce. Ao ouvir a chave tentando fazer o motor funcionar, ouve-se uma forte explosão. Bannion corre até o local e encontra o carro em chamas, arromba o vidro, abre a porta e retira a mulher já desfalecida. Em seguida ele desocupa a casa e deixa a filha aos cuidados da irmã e do cunhado.

Na sequência, Bannion é chamado para falar com o Comissário Higgins, autoridade superior na hierarquia policial. E ao chegar se depara com a presença do Tenente Wilks no recinto. Higgins diz, então, que irá mobilizar os melhores homens da polícia para tentar desvendar o mistério da morte de Kate, e que irá destacar proteção policial para proteger o local em que ficará sua filha. Bannion não acredita na sinceridade de Higgins quando diz que ele irá se empenhar para desvendar o caso e mostra-se bastante irônico, inclusive, perguntando para Wilks se ele concorda com o que está sendo exposto. Higgins trava uma discussão áspera com Bannion observada por Wilks e ao final Higgins ameaça que pode destituir Bannion de sua condição policial, e na insistência da ameaça pede para que ele deixe a insígnia e sua arma sobre a mesa. Esse não se faz de rogado e imediatamente joga sua insígnia sobre a mesa e faz menção de retirar-se da sala, ao que Higgins pontua que era necessário que deixasse também a arma, mas Bannion diz que a arma era sua, e que havia sido comprada por ele.

Bannion volta à casa noturna em que havia encontrado com Lucy Chapman em busca de alguma informação sobre a origem da explosão de seu carro. No local estão Vince Stone, sua namorada Debby e outros comparsas. Ao ver Vince Bannion, se dirige a ele e, depois de mostrar sua superioridade na habilidade de lutas, esse se retira deixando atrás de si a namorada Debby e seus capangas. Bannion também se retira e segue para o hotel em que se encontrava hospedado sendo seguido por Debby. Essa o acompanha até o quarto tentando seduzi-lo, mas sem sucesso, e depois volta para o encontro de Vince que a aguardava furioso. Pergunta onde ela estava e a desmente dizendo que a tinha seguido. Travam uma séria discussão e Vince descontrolado joga água fervente com café em seu rosto, ela é levada ao hospital pelos capangas de Vince e, dentre eles, presente no local estava o Comissário Higgins, que cuida, inclusive, para que o caso não tenha repercussão policial.

No dia seguinte, Debby procura Bannion em seu hotel já com o rosto desfigurado e envolto em curativos. Este pede um quarto para ela em outro andar e faz algumas perguntas a ela sobre suas investigações. Ela, então, informa que o responsável pela explosão era um capanga de nome Larry Gordon e que também frequentava aquela casa noturna. Bannion então faz um levantamento das oficinas mecânicas da cidade e sai atrás daquela que poderia ter sido contatada para a efetivação desse serviço.

Bannion chega a uma oficina em que o responsável por serviços dessa natureza havia morrido algumas semanas atrás. Bannion se retira, e a funcionária que havia escutado a conversa o segue e fala de um homem que havia procurado a oficina algumas semanas atrás para a realização de um serviço dessa natureza. Bannion então efetiva toda uma busca detalhista em busca desse Larry, e quando finalmente a mulher o identifica, Bannion o esmurra e diante da ameaça de estrangulá-lo consegue as informações sobre o serviço que havia sido feito em seu carro e que havia culminado com a morte de Kate.

Lagana aparece reunido com Vince e Larry e se mostra indignado com a falha de Larry nesses dois assassinatos, tanto no de Lucy Chapman, em que não houve o cuidado para o desaparecimento do corpo, como no de Kate, quando o alvo do atentado e consequente morte seria Bannion. Vince sugere o assassinato de Bannion, ao que Lagana se manifesta contrário, em razão das eleições que estão próximas, na medida em que isso poderia trazer uma repercussão negativa para ele. Vince sugere que uma maneira eficaz de atingir Bannion seria destruir sua filha. Lagana concorda e diz que a primeira providência seria afastar o aparato policial de proteção existente em seu entorno.

Bannion chega à casa da irmã e constata que a proteção policial havia sido retirada, e pede ao irmão que providencie alguma proteção, e esse recorre a antigos colegas do exército para que protejam o prédio em que residem. O Comissário Higgins e o Tenente Wilks chegam até o local mostrando solidariedade a Bannion, que naturalmente desconfia dessa presença na medida em que o aparato policial de proteção ao local havia sido retirado, o que teria ocorrido sob os auspícios de Higgins. Novamente Bannion ironiza a atitude de Higgins.

Debby dirige-se à casa de Bertha e, depois de uma conversa rápida e furtiva, alveja-a com vários tiros, deixando-a morta sobre o chão. Dirige-se, então, à casa de Vincent e joga água fervente em seu rosto para vingar seus desfiguramento. Esse fica furioso e corre atrás dela, alvejando-a com vários tiros. Nesse momento, Bannion invade o apartamento e os dois começam um intenso tiroteio. A polícia chega nesse instante, a tempo de ouvir o depoimento de Debby sobre o assassinato de Bertha. Vincent é preso e Lagana e o Comissário Higgins são indiciados criminalmente.

Análise cinematográfica e de conteúdo

Temos um filme em preto e branco em que o recurso de fotografia por essa razão é mais intenso e propiciando muitas nuances artísticas admiráveis. A música mostra nitidamente um período em que os filmes se apresentavam com música contínua praticamente em todas as cenas. A mudança era apenas de temas, de acordo com o que mais se adequava às cenas que pretendiam emoldurar. Assim, em momentos mais dramáticos, vamos encontrar moldura musical que vai ao encontro da cena. Em momentos mais suaves, música igualmente pertinente a esse momento. O autor da trilha musical, Mischa Bakaleinikoff, em cuidados bastante detalhistas, faz com que toda a trama seja enfeixada por temas musicais enfatizando a emoção vivida para cada detalhamento do enredo.

Esse filme certamente não é o que consagrou Fritz Lang como um dos maiores diretores de todos os tempos. Mas, no entanto, se pode perceber sua maestria na condução dos detalhes, e no requinte das cenas e na justaposição sequencial da trama, algo feito em perfeita sintonia com Charles Lang, seguramente um dos grandes nomes da história do cinema. Detalhes que fazem a diferença entre o olhar apurado dos grandes diretores e os demais. As cenas que compõem a trama são colocadas em fechamento de câmeras e abertura sequencial, algo que dá uma dinâmica muito pulsante à própria tensão do enredo.

Em termos específicos de suicídio vamos encontrar um enredo que ainda hoje, em que pese todos os avanços de digressões teóricas e filosóficas sobre a temática, ainda é bastante presente: a busca irascível das possíveis causas do suicídio. Bannion conduz uma investigação que objetiva, acima de tudo, descobrir o que poderia ter levado Tom Duncan ao suicídio. Bannion, uma vez satisfeito o questionamento de que não havia sido uma indução ao suicídio, busca avidamente apurar as possíveis causas desse suicídio.

A busca de averiguação para se descobrir se foi caso de suicídio induzido por outra pessoa em busca de benesses pessoais, como heranças patrimoniais, por exemplo, é algo recorrente na atualidade em vários países, inclusive no Brasil. A indução ao suicídio é passível de punição prevista em lei pela legislação de muitos e diferentes países. Geraldo Majela Tardelli, no encontro de janeiro de 2020 de nossa roda de conversa sobre a autodestruição,[7] apresentou para os presentes casos envolvendo suicídio e que haviam sido levados aos tribunais pelas mais diferentes razões. Desde o caso de um casal que mantinha um relacionamento extraconjugal e resolve se matar e somente o homem morre, e todas as implicações que incidiram sobre a mulher pelos familiares, até casos em que se buscam possíveis induções ao ato do suicídio, é mostrada uma gama muito grande de variações sobre a maneira como o suicídio se emaranha nas vidas das pessoas que estão no entorno dessas vítimas. A contribuição desse contraponto jurídico ao nosso olhar de profissionais da saúde é bastante importante e promissora na medida em que nos revela aspectos muitas vezes obnubilados da nossa compreensão sobre o fenômeno do suicídio. Em trabalho anterior[8] mostramos detalhamentos da fundamentação jurídica a estribar o enfeixamento detalhado dos casos envolvendo suicídio quando envolvem familiares e amigos próximos. Nesse sentido, a contribuição atualizada de Tardelli trazendo para a nossa roda de conversa casos que foram levados às instâncias dos tribunais se reveste de suma importância para aumentar nosso prisma de compreensão.

Em nosso filme, Bannion trabalha em uma linha de investigação contumaz em que o foco da causa do suicídio é buscado de modo a encontrar possíveis desdobramentos dessa causa em atos das pessoas de seu entorno. E o enredo nos induz a esse tipo de encadeamento, esse tipo de nexo causal. Afinal, no início da trama, junto ao revólver da vítima é encontrada uma carta destinada ao promotor Willard Street do Tribunal de Justiça. Essa carta, ao ser encontrada pela viúva, se torna instrumento de chantagem desse junto a Lagana e seu bando criminoso. Pode-se inferir que tal carta, pelo teor bombástico a justificar tamanho nível de coerção, traz em seu bojo acusações bastante comprometedoras

[7] Roda de Conversa Sobre a Autodestruição. Oficina Sobre Suicídio, encontro mensal que ocorre no Teatro Heleny Guariba, na cidade de São Paulo, e que busca trazer informações e acolhimentos a pessoas envolvidas com a temática do suicídio.

[8] ANGERAMI, V.A. A ética diante dos casos de suicídio. In: ANGERAMI, V.A. (org.) **A Ética na Saúde**. São Paulo, Cengage Learning, 1998.

a todos os envolvidos nessa rede de corrupção e desmandos mostrada ao longo da trama.

Ao mostrar a busca pela possível causa do suicídio de Duncan, o filme vai ao encontro dos tantos estudiosos que igualmente buscam definir causas para um ato envolto em mistério e total falta de clareza. Afirmamos em trabalho anterior[9] que não existe uma causa isolada para o suicídio, sendo sempre um fenômeno multifatorial, e que tem sobre si não apenas diferentes incidências, mas também as condições emocionais dessa vítima, o que de alguma forma faz com que esses fatores se tornem bombásticos em sua estrutura psíquica.

Tomemos como exemplo para uma melhor compreensão dessas asserções um casal que se separa depois de uma intensa crise conjugal. Se perguntarmos a um desses cônjuges qual a causa da separação poderemos ouvir que o outro bebia a água que era levada para ser sorvida durante a madrugada; ou, ainda, possíveis desavenças pela maneira como o tubo de creme dental era friccionado. Evidentemente que essas alusões não seriam justificativas para uma separação se a relação estivesse em plena harmonia. O que temos, então, é uma vida conjugal totalmente esgarçada em que pequenos gestos se tornam insuportáveis pelo esgarçamento do relacionamento. Estivessem em harmonia e certamente isso não seria motivo para ser colocado como pomo de discórdia. Da mesma forma, o suicídio surge em uma vida totalmente estraçalhada diante dos desatinos surgidos ao longo do caminho, e aquilo que é, muitas vezes, apresentado como causa nada mais é do que algo a justificar o injustificável.

Citamos no comentário sobre o filme *Mil vezes boa noite* que o suicídio é sempre um ato envolto em violência, independentemente de ter sido cometido de modo indolor e sem aparentes sinais de sofrimento físico. A violência é o próprio ato em si, sua condição de afronta à própria vida. E, no caso do filme de Lang, temos o suicídio envolto em uma sequência incontável de crimes e desvirtuamentos à própria dignidade humana.

A sequência ao ato de suicídio é uma série de crimes cometidos de modo impiedoso, além da revelação de desmando de toda sorte e natureza a envolver as personagens da trama. A maneira como as mortes e outras formas de violência se sucedem faz com que o suicídio inicial

[9] **Suicídio**. Uma Alternativa à Vida. op.cit.

perca um pouco de sua dramaticidade. Afinal, se o suicídio é envolto em muita violência o que dizer de uma morte como a de Kate, causada pelo acionamento da chave de ignição na tentativa de ligar o carro? Ou ainda do café fervente jogado ao rosto de Debby e depois como vingança no rosto de Vince? Ou, ainda, as mortes narradas ao longo da trama para os tantos desafetos que poderiam estar obstruindo ou dificultando as ações do grupo de Lagana? O suicídio inicial de Duncan é apenas o início de uma série de atos em que a violência é o mote principal a encadear as ações de pessoas envoltas na própria violência pelos mais diferentes constitutivos. E a fotografia enfatiza tais atos ao conferir-lhes um tom sempre obscuro, e torná-los envoltos em violência de modo a atribuir-lhes uma configuração de atos isolados e que se enfeixam no mesmo matiz de cor e tensão. Células isoladas, mas ligadas a um mesmo fio condutor. O toque tangencial desses atos é a própria violência em si. Configuração de pessoas que gravitam em torno de ideias e ideais em que a violência se justifica para a própria manutenção desses princípios.

Filme que vai ao encontro do que Sartre[10] afirma sobre a violência que gera violência como defesa da própria violência. A violência sendo institucionalizada como maneira de se defender da violência gerada no seio dessa violência. Temos como paradigma que se cria um universo de violência que gera violência em seu interior que precisa de novas formas de violência para que a violência gerada não desmorone com os princípios da própria sustentação dessa violência. O bando de Lagana não hesita em eliminar os obstáculos surgidos em seus caminhos, e as mortes contabilizadas nesse ínterim são apenas circunstâncias a mostrar a violência gerando mais violência e se incrustando na própria violência de seus matizes de sustentação.

A violência inicial apresentada pelo suicídio de Duncan é apenas o início de uma trama cuja violência apresenta as mais diferentes manifestações plausíveis sobre as maneiras de a violência humana ser desferida contra o semelhante. Violência gerando violência e se tornando o mote circunstancial de quase todos os atos das pessoas do entorno de Lagana. A corrupção, por si, uma forma peculiar de violência contra a dignidade humana por privar-lhe até mesmo de sua condição humana, é mostrada

[10] Sartre, J.P. **Critica de la razon dialectica**. Buenos Aires: Editorial Paidós,1979.

como sendo variante a derivar a própria justificativa desses atos em que a violência física se configura no extermínio e na mutilação do semelhante.

Analisamos um filme cujo enredo nos remonta à década de 50 do século passado, ao mesmo tempo em que vivemos a era da informática que apresenta, inclusive, a violência subjetiva de deixar uma pessoa prostrada à sua frente enquanto se atém às mensagens do celular. É dizer que além das violências já existentes anteriormente temos, também e de modo irreversível, outras formas de violência em que a manifestação subjetiva se mostra afrontada diante do distanciamento e da indiferença provocados pela atenção que a maioria das pessoas dispensa na atualidade ao universo digital.

Bannion mostra-se como sendo um policial incorruptível em meio à convivência com policiais e superiores corruptos que, ao invés de estarem a serviço da defesa dos interesses da comunidade, ao contrário, estão envoltos nos interesses das quadrilhas criminosas na exploração dessa comunidade. Bannion se mantém imaculado diante disso tudo, e se vê até mesmo expulso da corporação policial pelo Comissário Higgins, que depois será apresentado como integrante da quadrilha de Lagana, sendo o responsável pelo cerceamento das ações policiais ao encalço dessa quadrilha.

O filme nos mostra o ato de suicídio envolto em uma situação de desespero que parece ser a reflexão de consciência de um policial corrupto que deseja se libertar dessa condição com a própria morte. Mas isso, certamente, é inferência nossa, pois Duncan aparece apenas na cena inicial apanhando o revólver sobre a mesa e desferindo um tiro na têmpora direita, e nem mesmo seu rosto é apresentado ao espectador. Tudo que temos é a imagem que o flagra pelas costas e seu ato sempre nesse ângulo. O corpo estendido sobre a mesa tampouco nos revela aspectos de seu rosto. Então, dessa maneira, embora o enredo nos permita inferir que o suicídio foi um ato de desespero pela própria desesperança de sua vida envolta em corrupção e vida conjugal instável e insuportável, ainda assim, o que temos é uma conclusão feita apenas e tão somente por inferência nossa, ainda que depoimentos ao longo da trama, como os de Lucy Chapman, nos induzam a tais conclusões. Não temos qualquer aparecimento de Duncan falando sobre sua vida e sua desesperança; temos, sim, inúmeras pessoas que tecem os mais diferentes tipos de comentários sobre sua estrutura emocional, e também sobre sua conduta pessoal. Nada, absolutamente nada, ouvimos dele, e como dissemos acima, dele temos apenas o gesto inicial em que desfere um tiro em sua têmpora direita.

O filme traz ainda o maniqueísmo da luta do Bem contra o Mal. E não podemos esquecer que o maniqueísmo é uma filosofia religiosa sincrética e dualística fundada e propagada por Manes ou Maniqueu, filósofo cristão do século III, que divide o mundo simplesmente entre Bem, ou Deus, e Mal, ou o Diabo. A matéria é intrinsecamente má, e o espírito, intrinsecamente bom. Temos na atualidade que qualquer divisão de mundo em posições opostas e incompatíveis também recebe a denominação de maniqueísmo. Mas a ideia subjacente é que, mesmo tendo configurações diferentes, uma das partes será o Bem e a outra o Mal. Assim, por exemplo, os militantes partidários de esquerda se consideram o Bem atribuindo aos antagônicos à condição de Mal, e vice-versa. Nos casos do maniqueísmo envolvendo posições partidárias e políticas tem a divisão entre o Bem e o Mal sem a presença de Deus e do Diabo. Embora a denominação de Bem em razão da própria conceituação maniqueísta sempre implica na associação com Deus e do Mal com o Diabo, nas definições políticas e partidárias essa ideia pode estar subjacente, mas não é explicitada de modo claro e objetivo.

Vamos ainda encontrar expressão do maniqueísmo na atualidade quando decidimos o que é bom para o outro; quando nos arvoramos a colocar nossos valores sobre sua condição humana impondo que isso é o Bem, e tudo que o outro vive é o Mal. Isso as religiões fazem com extrema precisão, e impõem valores aos seus seguidores sempre estabelecendo essa dualidade entre o Bem, aquilo que eles professam como verdade e o Mal, ou seja, quem se distancia de seus ensinamentos. Ou ainda nas conflagrações de algumas nações sobre outras, como, por exemplo, a institucionalização no mundo ocidental de que os islâmicos representam o Mal, e que estão a todo o momento querendo destruir as sociedades ocidentais. Também paradigma dessas conceituações as afirmações de George W. Bush justificando a invasão ao Iraque. Simplesmente afirmou que eles possuíam armas químicas de extrema letalidade e que levariam àquela sociedade valores cristãos jogando luz sobre ela. Ou seja, estabeleceu que os EUA fossem a luz, o Bem, e o Iraque, o Mal, as trevas. Simples assim...

Em nosso filme temos o triunfo final do Bem, algo a mostrar ao espectador que é possível um contraponto às injustiças e mazelas cometidas pelos poderosos. Evidentemente que essa ilusão, muitas vezes presente principalmente nos filmes hollywoodianos, tem a condição ideológica de fazer com que o filme seja não apenas uma reprodução do pensamento político conservador dominante, mas como também atuar na subjetivação desse espectador no sentido de levá-lo à ilusão desse maniqueísmo, mas estabelecendo que o Bem ao travar uma luta contra o Mal sempre sairá vencedor.

Em trabalho anterior[11] mostramos o tanto que a nossa percepção e constitutivo de valores sociais são forjados a partir do contato com diversas formas de penetração subjetiva em nosso campo perceptivo, e dentre elas o cinema. Essa forma de maniqueísmo, também presente em muitos filmes, faz com que muitas pessoas acreditem, por exemplo, na neutralidade científica, na imparcialidade do sistema judiciário, na probidade policial dentre tantas ilusões que nos são mostradas ao longo da vida.

Bannion é mostrado como policial incorruptível e também como caricato do modelo de família exemplar, que a partir da realidade estadunidense é mostrada como ideal para toda a universalidade de pessoas, uma esposa dócil, compreensiva, e do lar, e uma filha que se configura como a realização maior desse modelo familiar. Ele se mostra totalmente indiferente ao assédio de Debby em seu quarto de hotel, afinal, embora essa fosse muito bonita e atraente, além de estar de luto pela esposa, ele não se configurava como homem de aventuras furtivas. Modelo de ideal familiar e pessoal a ser seguido, Bannion não poderia jamais se envolver em qualquer aventura a que a maioria dos mortais frequentemente está sujeita. E verdadeiramente na condição de espectadores sentimos grande alívio em assistir uma trama que apresenta policiais que não se corrompem, e que fazem da defesa dos interesses da comunidade premência única de suas ações. Igualmente é tranquilizador assistir uma ação contundente do aparato judiciário, julgando e possivelmente punindo policiais que se desvirtuaram de suas funções.

O contraponto do maniqueísmo mostrado nos filmes em que o Bem, na quase totalidade das vezes, supera o Mal, e a realidade cáustica que vivemos estão a nos mostrar que vivemos situações díspares, que

[11] ANGERAMI, V.A. **Cinema e subjetivação**. Belo Horizonte: Artesã Editora, 2017.

verdadeiramente era mais saudável quando assistíamos contos de fadas na infância e que, ao nos tornarmos adultos, sabíamos que tudo aquilo era ilusão mostrada para o encantamento do universo infantil. Mas, ao contrário, esses filmes com esses enredos travestidos de maniqueísmo tão explícitos criam a ilusão de que é possível se acreditar em uma sociedade mais justa, digna e fraterna. E isso em que pese a realidade caótica vivida pela maioria das sociedades humanas na atualidade. E podemos afirmar quase que sem margem de erro que apenas e tão somente em alguns poucos países iremos encontrar a realidade em que a justeza de princípios prevalece sobre a crueldade das atrocidades humanas cometidas pelos desvirtuamentos dos poderes constituídos. Mas a produção estadunidense continuamente está a mostrar esse maniqueísmo como a nos atordoar e anestesiar diante daquilo que vivemos em nossa realidade. E na realidade essa ilusão trazida por tais filmes se torna um dos principais componentes a justificar seus êxitos e aplausos junto à plateia espectadora.

E quando temos diante de nossa apreciação filmes criados a partir de casos reais, principalmente aqueles que mostram os chamados finais felizes, temos, então, a configuração real de que a ilusão de uma superação contínua aos nossos desatinos é possível e real. Os casos reais quando transpostos para a tela estão a mostrar que o maniqueísmo em que a luta do Bem contra o Mal tem como êxito final a vitória do Bem, da luz contra a obstinação das trevas.

Bannion é a virtude do Bem a enfrentar o Mal da corrupção, dos bandidos que corroem o tecido social sem qualquer escrúpulo, da cúpula policial que se alia à pior forma de bandidagem que se pode conceber. Sua luta é a luta incansável e sem esmorecimento do Bem, e seu triunfo é a derrocada final do Mal. Bannion, que foi expulso da polícia pelo Comissário Higgins, é readmitido e recebe as honrarias e a admiração dos colegas e superiores. E os corruptos serão atingidos pelas garras da lei. Tal enredo nos leva praticamente ao delírio diante desses aspectos em que o Estado de Direito prevalece sobre as barbáries da bandidagem e da corrupção.

E nesse delírio ao final do filme constatamos que estamos no Brasil, de fato uma simples colônia estadunidense, e que temos nossos valores impostos de modo impiedoso tanto por seus impositivos de consumo como em nossa conjugação de valores subjetivos. E de um caso individual de suicídio temos a constatação de que vivemos um suicídio social, uma destruição coletiva ao nos deixarmos embalar por valores tão acintosos à nossa própria condição humana.

Lang com sua maestria nos conduz a reflexões que vão além da trama do filme, pois a violência que se inicia com o ato de suicídio se transpõe para todo o enredo e salta para nossas vidas. E nos impele a questionamentos sobre o verdadeiro significado daquilo que definimos como sentido de vida, e as pilastras sobre as quais nossa subjetivação está sedimentada. Afinal, uma de suas principais asserções, mostradas ao longo de toda a trama, é que o triunfo do Bem ocorre apenas na tela de projeção, e que na vida real, embora a maioria dos filmes esteja a mostrar o contrário, o que prevalece é a vitória do opressor, do desvirtuamento das instituições que deveriam zelar pela dignidade humana. Novamente com as raras exceções de praxe, o que temos é a total ausência do Estado de Direito na maioria dos países, com o aparato judicial e policial, principalmente, servindo apenas e tão somente aos interesses dos poderosos. Realidade nua e crua que os filmes atenuam com seus enredos em que o Bem prevalece de modo soberano sobre o Mal.

De outra parte, essa busca irascível pela possível causa do suicídio de Duncan e todo o aparato policial destinado a esse fim mostram, de maneira clara e concisa, algo que também ocorre nas lides da saúde. Igualmente se busca incessantemente as causas dos suicídios que ocorrem tentando se acoplar estudos, teorias e estatísticas no afã de delimitar tanto a possível causa, como ainda possíveis características de personalidade na tentativa de se criar um perfil suicida. E, de fato, desde a realidade acadêmica ouvimos falar em personalidades suicidas, e também naquelas pessoas suscetíveis a terem a chamada ideação suicida. Isso de alguma maneira é confortável de se ouvir, afinal nos exclui dessa possibilidade de autodestruição. É como se estivéssemos envoltos em um manto de proteção e totalmente distantes das personalidades suicidadas ou, ainda, de pessoas com ideação suicida.

Nada mais falso!

Afinal o suicídio é algo inerente à condição humana, de modo a atingir a todos indistintamente, independentemente da condição emocional dessa possível vítima. Na medida em que o suicídio é um ato de desespero que nos leva à total obnubilação de consciência, como dissemos anteriormente, não podemos prever em situações futuras como iremos nos portar diante de um desatino mais sério e contundente. Exemplo dramático dessas citações é o Edifício Joelma que incendiou no início da década de 70 do século passado. Sob fogo intenso, muitas pessoas correram até as sacadas do prédio e se jogaram. Isso certamente foi suicídio, ainda que se possa argumentar que morreriam queimadas dentro de alguns minutos. Deram fim à própria vida de maneira deliberada, e o argumento de que a morte ocorreria apenas em questão de minutos é argumento que a vítima de tentativa de suicídio também pode argumentar sem riscos de contradição. E certamente, entre essas pessoas que se atiraram em direção à morte, muitas talvez dissessem em alto e bom tom que jamais se matariam e que o suicídio não era algo que minimamente pudesse atingi-las. No entanto, diante do imponderado de situações tão dramáticas e desesperadoras, o que se tem é a total obnubilação da consciência que de modo imperativo nos direciona a situações impensáveis anteriormente.

A maneira como Lang conduz a fiada de sua trama é algo totalmente consoante à busca dos profissionais da saúde e de todas as pessoas que, de maneira geral, se debruçam em busca de compreensão dos meandros e mistérios do suicídio. Diretor sensível aos acontecimentos e ocorrências de sua realidade de vida, conduziu a trama de modo a nos enveredar por essa busca tão almejada da possível causa de um suicídio. E podemos afirmar quase que sem margem de erro que seu intento foi atingido para a maioria dos espectadores. Esses ficaram retesados ao longo da trama acompanhando os passos da investigação de Bannion e tendo fé inquebrantável que o detetive, em que pese as inúmeras dificuldades enfrentadas ao longo de sua trajetória investigativa, alcançaria a compreensão tão almejada da causa do suicídio de Duncan. Os mais céticos dirão que faltaram elementos de análise para que sua conclusão tivesse êxito inequívoco. Porém, e com toda a compreensão que tenho do fenômeno do suicídio ao longo desses anos debruçado em escritos e livros sobre a temática, simplesmente repito, mais uma vez não alcançamos o mistério de seus meandros, os tentáculos de sua fundamentação na alma humana.

Duncan e seu gesto de autodestruição, e mais uma vez a vida nos mostrando que ninguém, absolutamente ninguém, sabe nada sobre suicídio. Lang conduz a trama com o investigador Bannion buscando de todas as formas encontrar a possível causa para o suicídio de Duncan, mas o que ele consegue de fato é desentranhar uma grande rede de corrupção que envolvia uma gangue de criminosos com tentáculos na alta cúpula da polícia. Mas a causa do suicídio não foi sequer aventada. Hipóteses sobre o possível desespero de sua condição moral diante de envolvimento com esse esquema de corrupção; drama pessoal diante dos desatinos da vida; detalhes de uma vida conjugal insatisfatória: tudo que se quiser arrolar sempre estará aberto para mais possibilidades hipotéticas. Tudo sempre a mostrar o mistério em que o suicídio se encontra envolto.

Lang não transita por essa trilha em que até mesmo profissionais da saúde muitas vezes se arvoram, ou seja, tecer afirmativas sobre as possíveis causas de um determinado suicídio. Ele percorre a tentativa de esclarecimento das possíveis causas do suicídio de Duncan, mas se rende ao detalhe de que isso não é crível à nossa compreensão, ainda que estejamos diante de uma obra ficcional.

De minha parte, posso saber, e sei, muito sobre o desespero humano; mas essa força motriz que impele a alma humana à autodestruição, isso, verdadeiramente, ninguém sabe e talvez jamais venhamos a saber. Essa afirmação embora possa causar estranheza por partir de alguém que é referência bibliográfica na área de suicídio, é a mais verdadeira expressão da realidade, de como ainda estamos a tartamudear os princípios da compreensão desse fenômeno inextricável que está a ceifar milhares de vidas a cada segundo ao redor de todo o planeta.

O ovo da serpente

Filme: O OVO DASERPENTE
Título original: *The serpent's egg*
Atores principais: Liv Ulmann e David Carradine
Diretor de arte: Rolf Zehetbauer
Música: Rolf Wilhelm
Fotografia: Sven Nykvist
Direção: Ingmar Bergman
Distribuição: DVD Versátil
Ano de lançamento: 2009

Descrição da trama

O filme mostra uma semana na vida de Abel Rosenberg, trapezista estadunidense desempregado, que depois de várias andanças com o irmão e a esposa dele, sua cunhada, por países da Europa se encontra em Berlim. A trama começa em 03 de novembro de 1923, ainda na República de Weimar. A República de Weimar mostra a efervescência dos conflitos sociais que antecederam a ascensão de Hitler ao poder. Ela tem esse nome em razão da constituição republicana ter sido promulgada na cidade de Weimar, na região central da Alemanha, e se tratava de um regime democrático e que teve seu início em1919, com a promulgação dessa constituição, e seu fim no início do nazismo de Hitler. A trama situa uma Alemanha imersa em pleno caos social em razão dos altos índices de desemprego e por uma economia caótica e com inflação astronômica e totalmente descontrolada. Mostra o surgimento do ódio aos semitas e a maneira como eles foram sendo animalizados para a justificativa de seu extermínio sequencial.

A cena inicial mostra Abel Rosenberg chegando à casa e se deparando com o irmão morto com um tiro desferido sobre a têmpora. Ele é levado ao distrito policial para alguns esclarecimentos e responde às perguntas feitas pelo comissário, o inspetor Bauer, sobre seu paradeiro em algumas datas passadas apenas dizendo que não lembra por estar embriagado, e assume que nos últimos tempos, face às dificuldades vividas, está sempre nessa condição etílica. Bauer pergunta se o irmão sofria de depressão ou se tinha dívidas financeiras ou, então, ainda, se havia sido um impulso repentino. Abel Rosenberg afirma não saber o que poderia ter motivado o irmão a isso. Diz que irá procurar por Manuela, ex-esposa do irmão, para ver se consegue alguma informação. Relata saber o cabaré onde ela trabalha e para lá se dirigirá no momento de sua atividade.

Na saída do distrito policial encontra um antigo promotor circense que o reconhece e o convida para almoçar. Pergunta se ele não deseja voltar a se apresentar, mas ele relata o ocorrido com o irmão, e esse então propõe um número apenas com ele e Manuela. Ele se mostra reticente e diz que irá pensar. O promotor lhe adianta uma quantia razoável em dinheiro, e em dólar, moeda que, inclusive, era proibida nesse momento face à monstruosa inflação que carcomia a economia alemã.

Chega ao cabaré e encontra Manuela se apresentando no palco, para sua surpresa, e se depara com um homem que o chama pelo nome e diz conhecê-lo desde os tempos de adolescência. Ele se esquiva desse homem ao reconhecê-lo e vai ao encontro de Manuela. E quando se encontram, após efusivos gestos de afeto e saudades, Abel Rosenberg relata o ocorrido com o irmão; ela diz que pressentia que algo desse teor ocorreria. Pergunta se ele não tinha acompanhado as condições emocionais do irmão, ao que Abel Rosenberg relata que, embora morassem no mesmo quarto, estavam distantes emocionalmente um do outro, e que haviam tido uma briga por causa de uma prostituta. Mostra uma carta deixada pelo irmão antes de sua morte, a letra está totalmente inelegível, mas é possível localizar a palavra medo. Ela o convida para que vá morar com ela para se fortalecerem e enfrentarem essa dura realidade econômica atravessada pelo país.

Já no quarto em que agora reside com Manuela, pergunta se ela tinha visto Hans Vergerus lá no cabaré, ao que ela nega e mostra estranhamento, dizendo que a última vez que o havia visto fora em outra cidade alemã. Dá a ela o dinheiro recebido do promotor durante o almoço para que ela guarde, pois do contrário teme que gaste tudo em bebida. Diante da arguição de Manuela a esse possível descontrole, ele simplesmente diz que quando está com dinheiro não tem limites com a bebida. A locadora do quarto, uma senhora típica alemã e com sinais caricatos de ser nobre e que aluga o quarto em razão da situação do país, dá aquiescência à permanência de Abel Rosenberg no quarto junto com Manuela. O próprio imóvel mostra requintes de nobreza em seus detalhamentos. E se diz bastante satisfeita com a presença dele. Ele paga o aluguel adiantado, em dólar, moeda que tinha em mãos, ao que ela agradece satisfeita.

Manuela acorda bem cedo e diz que vai trabalhar, pois tem dois empregos, e Abel Rosenberg, então, se arvora em fazer-lhe várias perguntas sobre esse emprego, ela se vê admoestada e diz que ele está parecendo marido ciumento, e depois de não conseguir esclarecer plenamente o local e a empresa onde trabalha, sai esbaforida para o trabalho. Ele fica em casa e começa a revirar várias gavetas tentando encontrar algo que não sabe exatamente o que seja, e nessa busca encontra algumas economias de Manuela envoltas em alguns pertences. Não percebe que está sendo observado de esguelha pela locadora, que depois fecha cuidadosamente a porta através da qual observava a movimentação de Abel Rosenberg para não ser flagrada nessa ação.

Abel Rosenberg sai para a rua e no caminho se depara com um grupo de jovens que espanca impiedosamente duas pessoas sob a total conivência de policiais que passam pelo local e fingem nada ver. Eles estão sendo obrigados a esfregar o chão para que fique limpo recebendo castigos corporais diante da avaliação exigente de seus agressores. Ele tenta se aproximar e intervir, ao que é confrontado se também deseja ajudar na limpeza, ele imediatamente foge do local, pois simplesmente percebe que está sob a égide da impunidade diante da violência cometida. As pessoas submetidas a essa sevícia são judias, algo que começa a tomar proporção incontrolável.

Abel Rosenberg é levado pelo comissário, o inspetor Bauer, ao necrotério para que identifique alguns corpos que lá se encontram. Bauer cita que no último mês aconteceram sete mortes muito misteriosas. Ele reconhece uma mulher que diz ser namorada de seu irmão; alguns deles por proximidade, mas sem convivência mais estreitada com qualquer um deles. Diante de um dos corpos, Bauer informa que o homem havia recebido uma infiltração de uma substância venenosa em seu coração e que devia ter sofrido dores indescritíveis antes de morrer. Ao lado de outro corpo, dessa vez uma mulher que Abel Rosenberg conhece apenas de vista sem saber o nome, Bauer lê sua última carta, e que igualmente se mostra inelegível e trazendo a palavra medo, e muita dor.

E de volta ao distrito policial, Bauer começa a fazer-lhe inúmeras perguntas e, num dado momento, Abel se dá conta que tudo isso acontece pelo fato de ele ser judeu. Ele então se enfurece e passa agredir a todos que tentam controlá-lo, de modo indistinto. Depois de contido, é levado para uma cela, e na sequência recebe a visita de Manuela; ela então diz que o comissário está querendo ajudá-lo, esse aparece e diz que ficará com os dólares encontrados em seu poder, e que ele irá ter um recibo dessa apreensão.

Em seguida Bauer conversa com Abel Rosenberg e diz do medo que está sentindo pelos tempos sombrios que estão vivendo na Alemanha, e que não entende o que ele está fazendo por lá vindo de lugares tão distantes. Ainda coloca que a situação está muito violenta e quase sem controle devido principalmente ao desemprego e à economia que se encontra em total colapso. E que Abel Rosenberg havia escolhido se entorpecer com a embriaguez e que ele, ao contrário, continuava fazendo seu trabalho. Narra ainda que não havia conseguido horário de trem para ir visitar sua mãe que havia aniversariado, e que era um absurdo a Alemanha não ter horários de viagens. Também diz de um político fanático, de Adolf Hitler, que havia tentado deflagrar um golpe político e que fora contido pelas forças democráticas.

Abel Rosenberg vai ao encontro de Manuela no cabaré em que ela trabalhava e dessa vez flagra Hans Vergerus acariciando seu rosto, fica enfurecido e o agride verbalmente e sai do ambiente. Ao entrarem no quarto, Manuela é chamada pela proprietária, que diz desejar que eles se mudassem de lá, pois não suporta mais ver Abel Rosenberg por lá, devolve o dinheiro, agora convertido em marco alemão, vociferando que eles sabem que é proibida a circulação de dólares na Alemanha. Já na intimidade do quarto, Abel pergunta a Manuela se ela sempre mantinha relações sexuais com Hans Vergerus, ao que ela confirma terem sido três ou quatro vezes, e que por dinheiro havia sido só na primeira vez. Diz que sente pena dele, ou melhor, não sabe se pena dele ou dela mesma. E diante da necessidade de mudança sentem temor diante de todo o caos em que o país se encontra mergulhado.

Abel Rosenberg vai a uma casa noturna em que o ambiente é estadunidense, estilizado, e a música lembra a sonoridade de New Orleans. Ele passa entre a multidão que dança freneticamente ao som da música, se dirige ao garçom e pede uma garrafa de uísque e para pagar enfia um maço de notas de dólares na boca do garçom que sorri satisfeito. Ele sai bebendo na própria garrafa e caminha pelas ruas de Berlim. Para diante de um estabelecimento comercial cujo nome do proprietário também é Rosenberg. *Incontinenti,* ele pega um paralelepípedo e arremessa contra o vidro do estabelecimento estilhaçando-o totalmente. O proprietário sai em sua direção e começa a agredi-lo fisicamente, Abel Rosenberg consegue se desvencilhar, sendo segurado, na sequência, pela esposa do comerciante, ele a abraça e a beija à sua total revelia e sai correndo deixando para trás toda sua fúria destrutiva.

Abel Rosenberg caminha pela rua e encontra uma prostituta que o convida para ir à sua casa. Lá se depara com outra mulher e um gay negro. A mulher diz que ele só consegue ter relações com homens, ao que ele, além de negar, responde que mantém relações intensas com a mulher. Muito riso e na sequência uma aposta de que ele não conseguiria ter relações sexuais com a mulher. O gay de fato não consegue ter relações com a mulher e Abel Rosenberg tem relações sexuais com uma das mulheres e na sequência dorme por lá.

Abel Rosenberg está em uma casa noturna praticamente vazia e conversa com o proprietário, que diz estar desanimado com a falta de público e a péssima qualidade dos espetáculos. E diz desejar uma casa no

Oriente Médio onde as condições de vida estão mais favoráveis. Nesse momento, adentra o ambiente uma milícia nazista provocando grande confusão e destruindo tudo que encontram pela frente. Sobem ao palco e dizem que estão fazendo esse ato em defesa da Alemanha, do povo alemão contra a degradação que está sendo promovida pelos judeus. Perguntam pelo proprietário referindo-se a ele como anfitrião. Um dos frequentadores diz apontando para ele: é aquele porco judeu (*sic*). Em seguida, esse proprietário tem seu rosto lançado contra o piso da casa noturna incontáveis vezes e, ao final, exibe o rosto todo desfigurado em sangramento e ferimentos. A milícia coloca fogo no local e todos fogem desesperados.

Já com Manuela ele fala de tudo que está vivendo, que ao dormir vive um grande pesadelo, mas que quando acorda a realidade é ainda pior. Pela manhã, Manuela acorda e sai para o trabalho, Abel Rosenberg começa a segui-la tentando descobrir esse suposto trabalho matinal. Inicialmente ela para em uma igreja e assiste à missa matinal, na sequência faz um aconselhamento confessional e segue em direção a um imóvel funcional pertencente à Clínica Santa Ana. Nesse momento Abel Rosenberg entra no imóvel e pergunta o que significa isso tudo. Ela então diz que ali seria a nova moradia deles, e que era Hans Vergerus quem os ajudava, e que ele também iria trabalhar como arquivista na clínica. Depois do desconforto inicial ele aceita a ideia, afinal estavam ambos em trabalho e moradia. Ela diz que também iria trabalhar em outro setor da clínica. Eles têm uma reação bastante arisca e depois se abraçam e se beijam de modo erótico, e passam então a viver um relacionamento em outros moldes.

Abel Rosenberg se dirige a Clínica Santa Ana para iniciar suas atividades profissionais. É recebido pelos Drs. Silbermann e Soltermann. Eles conduzem Abel Rosenberg até o seu local de trabalho e o orientam a transferir alguns relatórios de experimentos secretos de pastas. Dizem, ainda, que tais experiências são conduzidas por Hans Vergerus e que se trata de algo secreto, que nem eles mesmos na condição de assistentes têm noção precisa desses experimentos. No intervalo de suas atividades Abel Rosenberg vai ao encontro de Manuela e a considera muito pálida com sinais aparentes de alguma enfermidade orgânica. Ela diz estar bem e volta à sua atividade.

Ao chegar à casa Abel Rosenberg encontra Manuela morta, com sangue escorrendo pela boca. No dia seguinte Abel Rosenberg é recebido por Hans Vergerus que diz estar querendo ajudar a ele e a Manuela, por mais que Abel Rosenberg não acreditasse. Em seguida o leva até sua sala de experimentos e começa a exibir alguns vídeos de seus experimentos. Cenas apavorantes em que as pessoas são submetidas a experimentações que as levam a situações de desespero incontroláveis, e muitas delas ao suicídio. Não existe gravação de cenas com seu irmão Marx, mas como ele também trabalhou com Hans Vergerus deduz-se que seu suicídio seguiu essa mesma lógica perversa.

Hans Vergerus diz sequencialmente que o ovo da serpente já pode ser visto na Alemanha através das membranas finas e sensíveis da serpente. Logo ele será procurado pela polícia, mas antes de ser capturado irá ingerir uma pílula de cianureto e nada irá revelar. Diz ainda que o projeto de poder de Adolf Hitler é estéril, pois irá levar à total destruição todas as partes envolvidas. Em seguida ouvem-se batidas na porta anunciando se tratar da polícia. Hans Vergerus, então, ingere sua capsula de cianureto e entra em total colapso até morrer. Dessa vez, Abel Rosenberg sai do ambiente e não se deixa levar pelo inspetor Bauer para esclarecimentos, ele some em meio à multidão, e nunca mais é visto.

Análise cinematográfica e de conteúdo

Um filme de Bergman. E temos à nossa frente o que existe de mais primoroso concebido pela condição na arte cinematográfica. Nenhum diretor conseguiu a mesma imersão na alma humana que ele; ninguém jamais conseguiu retratar a alma humana em seu dilaceramento mais contundente; tampouco alguém conseguiu retratar filigranas tão precisas do desespero humano.

Bergman é simplesmente sinônimo do que existe de mais grandioso na arte da cinefilia mundial. Proeminência da superação humana na partilha dos detalhamentos do que ocorre em nossa condição humana. E em *O ovo da serpente*, esse requinte se mostra ainda mais exuberante, encarnando a própria configuração de uma arte feita em detalhes de primor e de arrebatamento poucas vezes vista no cinema. Bergman, simplesmente Bergman, já poderia ser a análise cinematográfica de um filme por ele dirigido.

Bergman reconstitui em *O ovo da serpente* em detalhes precisos e absolutos de modo meticuloso a Berlim da época da República de

Weimar para tecer uma profunda reflexão sobre as origens do nazismo. O recurso das câmeras e das cores que se alternam na sequência das cenas é espetáculo à parte nessa obra tão magistral. Ora sépia, ora escura, ora em cores vibrantes, temos um jogo de cores em que Rolf Sehetbauer se articula de modo magnífico com Sven Nykvist para efetivar um filme de arte no sentido mais esplendoroso do termo. Filme de arte que apresenta ainda o requinte da magnífica música de Rolf Wilhelm a dar mais força à dramaticidade das cenas que se sucedem em alternância na maneira de colagem em que foram justapostas.

Bergman em muitos de seus filmes trabalha com câmeras em plano fechado para dar ênfase aos diálogos que dão sustentação a essas tramas. Em alguns filmes em que toda a trama é tecida em diálogos fortes e profundos, a câmera em plano fechado enfatiza de modo único quem está colocando através da palavra falada a expressão de sua alma. Em *O ovo da serpente,* temos, então, uma alternância dos planos de câmeras que igualmente se constituem em espetáculo primoroso para ser apreciado em detalhes, o requinte de sua constituição. Igualmente notório nessa trama é a arte envolvendo o figurino de época, simplesmente fantástico, mostrando uma reconstrução detalhista da maneira como as pessoas se vestiam e se ornavam na época. Um filme que, em qualquer detalhamento que se queira arrolar, mostra esplendor e superação de detalhes de modo único.

Na cena em que Abel Rosenberg se encontra pela primeira vez com Hans Vergerus no cabaré em que Manuela trabalhava, temos um fechamento de câmera tão esplendido a enfatizar tanto o diálogo como as expressões faciais provocadas pelo incômodo do encontro, que até mesmo a palavra falada se torna dispensável tamanha a magnitude dessas imagens captadas pela câmera nesse plano.

E de outra parte, em outras cenas, principalmente as que captam imagens externas, temos câmeras a mostrar o requinte maior da arte cinematográfica. Numa locação em que são mostrados os veículos transitando pela rua, temos a câmera em plano aberto inicialmente mostrando toda a dimensão da rua, para, em seguida, focar no bonde trazido à cena para emoldurar detalhes tão preciosos de época. E o bonde na cena traz também reminiscência dos tempos de bonde em nossas cidades a todos que tiveram essa experiência, aliás, como é o meu caso que, na tenra infância, presenciei os últimos momentos desse veículo nas ruas de São

Paulo. Ou, ainda, a lembrança desse veículo em viagens internacionais, algo sempre nostálgico a quem teve essa vivência.

A alternância das cores da lente ao captar principalmente as imagens em planos abertos traz quase que um quê onírico a essas cenas fazendo com que o filme, além da forte trama que apresenta, tenha também imagens que nos transportam para outras tantas situações da própria vida. Cenas em que pessoas e veículos transitam sob a chuva e a neve, trazendo resquícios de sentimentos difusos sobre a vivência nesses contextos, seja em termos reais, seja apenas no imaginário. A riqueza presente nessas cenas é digna dos grandes filmes de arte da história cinéfila. A impressão que se tem é que a fusão da grandiosidade de requintes de arte cinematográfica com a força de um enredo pungente e arrebatador encontram em Bergman sua melhor definição.

E nas cenas locadas no cabaré em que Manuela trabalha temos, além do fascínio do jogo de lentes dando cromatização e beleza ao desenrolar das cenas, uma música de época primorosa. Música e dança a caracterizar uma época, em que apesar do caos socioeconômico, ainda havia um grupo seleto que se divertia distante da crueza dos fatos. Esses detalhes rechaçam totalmente uma crítica que muitos críticos faziam, frise-se indevidamente, à sua obra, justamente por considerarem que ele não dava importância devida à música em seus filmes. Crítica totalmente indevida, inicialmente pelo fato de que seus filmes sempre foram emoldurados pela obra de Bach, Mozart, Beethoven, entre outros grandes compositores da música clássica. E ademais é de Bergman a transposição já feita de uma ópera para o cinema. Sua filmagem de *A flauta mágica de Mozart*[12] é simplesmente algo inigualável na história da música e da filmografia mundial. Uma perfeita junção da divindade da música de Mozart com a magia da direção de Bergman. Em *O ovo da serpente* tais críticas sobre o cuidado da música na produção de Bergman simplesmente se tornam totalmente indevidas diante da beleza do requinte trazido pela obra de Rolf Wilhelm. Wilhelm é compositor da música de inúmeros filmes, mas cuja presença em *O ovo da serpente* traz uma aura de magnitude e

[12] A FLAUTA MÁGICA de Mozart. Direção: Ingmar Bergman. Produção: Måns Reuterswärd. Intérpretes: Josef Köstlinger, Irma Urrila, Håkan Hagegård, Ulrik Cold. Suécia: Sveriges Radio, 1975. 1 DVD (135 min).

grandeza à obra de Bergman. A música emoldura as cenas dando-lhes constitutivos de altivez e magnitudes muito especiais. Mas, como dissemos, essas críticas envolvendo possíveis descuidos na música de seus filmes é totalmente indevida para Bergman. Basta analisar qualquer de suas obras para que isso caia totalmente em descrédito, e no presente filme tais críticas tornam-se acintosas, tal o esplendor da música de Wilhelm para *O ovo da serpente.*

Detalhe bastante proeminente na obra de Bergman é o fato de que seus filmes apresentam forte conteúdo emocional transpassado pela palavra falada, os cenários das diferentes locações de seus filmes apenas emolduram o que é transmitido emocionalmente por suas personagens. E isso em sentido contrário de outros grandes diretores em que, muitas vezes, a emoção é emoldurada pelos cenários das locações com as personagens apenas cumprindo papel coadjuvante diante do que é exibido.

E pelo fato de utilizar *O ovo da serpente* como guia de discussão em aula envolvendo a temática do suicídio, é incontável o número de vezes que já assisti a essa obra. E sua riqueza de detalhes é tão incrível que a cada vez que assisto encontro detalhes e mais detalhes a surpreender meu campo perceptivo. Seja nos detalhes de cada cena envolvendo as roupas, móveis e outros tantos apetrechos de época, seja ainda com a maneira magistral como Bergman conduziu a trama. Filme para ser assistido inúmeras e incontáveis vezes sempre com detalhamentos para serem captados, tal a magnitude do que nos é apresentado.

E tão logo Abel Rosenberg é interrogado no distrito policial, as perguntas que lhes são dirigidas pelo comissário denotam igualmente a busca incessante e irascível pelas possíveis causas do suicídio de seu irmão. Assim, desde questões como possível depressão, dívidas financeiras e até mesmo um impulso emocional incontrolável, se busca a possível causa para esse suicídio. Somente no diálogo com Manuela é que vamos encontrar uma compreensão sobre o suicídio de seu irmão de maneira mais ampla, pois quando ela diz que isso era esperado ela simplesmente está mostrando uma visão que contemplava seu possível desarvoro emocional, bem como a maneira como estava se desprendendo da própria vida.

E mesmo a trama apresentando uma sequência muito grande de mortes misteriosas e com sinais evidentes de sofrimento físico, o que fica evidente na busca de compreensão dessas ocorrências é a busca das possíveis causas para esses suicídios que pululavam naquela realidade.

Berlim era palco de todos os desatinos de desrespeito à própria condição humana, e toda a série de agressões e violência era praticamente parte do cenário urbano. O que não se sabia era que nesse rol estava sendo criado o ovo da serpente, o ovo do qual germinaria um dos maiores acintes à dignidade humana, o surgimento do nazismo. Sua erupção se dá nesse ambiente de insatisfação e desolamento com mortes por suicídio e que eram suicídios induzidos por experimentos laboratoriais que desesperavam suas vítimas de modo irreversível. Tudo absolutamente controlado por interesses governamentais que visavam a desestruturação das normas sociais vigentes para que houvesse a erupção de uma nova maneira de condução do país. Em várias cenas, surge a citação de que em Munique havia um líder político, Hitler, que estava ganhando projeção e que poderia tirar o país dessa ruína.

Cenas mostram pessoas argumentando que esse líder, Hitler, estava imprimindo uma condição à sua trajetória esquecendo que a Alemanha era uma democracia e que não iria permitir aventureiros entre seus líderes. Também é mostrado que os vários suicídios, mais do que uma forma de se levar um sem-número de pessoas a situações desesperadoras em nome de um experimento alucinado de um grupo de cientistas, tinham também a peculiaridade de estar envolvendo o desespero humano tornando-o ainda mais cáustico diante das condições sociais tão adversas.

Abel Rosenberg se vê envolvido nessa trama sem mesmo compreender os tentáculos que estavam a inseri-lo em questões tão prementes de autodestruição e também de aspectos que envolviam a própria violência e destrutividade social que corroíam a sociedade como um todo.

Em alguns momentos ele se desespera em busca de uma compreensão mínima para isso tudo, em outros simplesmente se vê arrastado por uma turbulência que o draga de modo impiedoso.

Uma das coisas que faz desse filme algo simplesmente magnífico é o modo como as diferentes vidas que se cruzam ao longo da trama se enfeixam e se tocam de maneira irreversível. E até mesmo em complementaridade com as filigranas do modo em que o esgarçamento social está levando um número incontável de pessoas às mais diferentes formas de desespero e sofrimento contundentes. Situações das mais diversas envolvem as personagens da trama e nos levam através de um fio condutor quase que imperceptível aos diferentes entrelaçamentos que ocorrem. Vidas angustiadas pelo desenrolar da crise social e econômica que as atinge impiedosamente. E o preconceito antissemita cresce de modo incontrolável e com requintes de crueldades na maneira como os judeus foram desumanizados para que toda a sorte de agressões se justificasse.

O título do filme, *O ovo da serpente*, por si já enuncia que de um ovo de serpente só pode nascer serpente, e a destruição dos laços interpessoais associados à crise econômica e ao crescimento do preconceito contra diversos grupos e etnias que passam a ser considerados inimigos pelas mais diferentes razões só poderia mesmo culminar em algo tão serpentário, nada menos do que o nazismo e seus matizes de destruição. O extermínio desses grupos que viria a seguir com a ascensão do nazismo ao poder é o ovo da serpente que está sendo erigido de modo bastante consistente em meio à destruição total dos preceitos humanos de dignidade e até mesmo de convivência com seus semelhantes.

A desumanização dos grupos considerados como inimigos da causa alemã, sendo assim definido tudo aquilo que era contrário aos interesses nazistas. E o que é vivido pelas personagens do filme nada mais é do que a própria reverberação desses futuros desatinos em níveis pessoais. Os suicídios que se sucedem vão sendo encadeados em uma causa maior; tudo passa a ser visto como interesse social mais amplo, e as pessoas vitimadas simplesmente consideradas apenas e tão somente como meros apetrechos a serem eliminados por não terem simplesmente razão para existirem.

Suicídios provocados por um desespero induzido por experiências que teriam que ser, no mínimo, consideradas criminosas, mas que se passam dentro desse desenvolvimento de crescimento do ovo da serpente, um serpentário em que várias serpentes se preparam para um domínio total dos tentáculos sociais.

Temos aqui também um filme em que nossas definições tradicionais de suicídio precisam ser revistas, pois, embora estejamos diante de situações envolvendo o desespero humano, temos como agravantes situações que são provocadas em nome de uma causa maior e, por assim dizer, do crescimento do serpentário que estava começando a emergir na Alemanha. E se o suicídio é um drama pessoal que sempre traz em seu bojo um drama social, seja pelo desespero da vítima em suas relações interpessoais, seja ainda pela total falta de aceitação de suas condições sociais e econômicas, temos um conjunto de suicídios em que o desespero do suicídio é simplesmente induzido de modo cáustico por razões igualmente sociais. E ainda que essas causas sociais sejam o crescimento do ovo da serpente e o crescimento do grande serpentário que se espraia pela Alemanha, o desespero provocado precisa de nova configuração conceitual para que seja minimamente refletido à luz de um ponteamento escasso de razão.

O serpentário do nazismo cresce em meio a um sentimento de desesperança e desalento tanto com as condições sociais e econômicas do povo alemão como também na alma ensanguentada das pessoas que começam a ser perseguidas por simplesmente serem consideradas as inimigas do povo alemão. E a questão de como o desespero vai envolvendo vidas de modo a esmigalhá-las de modo indefensável. O desmantelamento dos vínculos afetivos, e a própria desumanização daqueles que eram considerados inimigos pelas lideranças nazistas é sempre algo assustador, sempre a mostrar como as pessoas são manipuladas a partir de interesses de pequenos grupos. Vidas lançadas ao desespero e à total desesperança em nome de um projeto de poder que não considerou em momento algum a morte como uma perda irreparável nem tampouco que vidas humanas sempre são vidas humanas, independentemente de suas etnias. Algo que embora seja revestido de obviedade gritante levou consigo milhares de vidas nesse serpentário que se inicia no momento que a Alemanha ainda tinha a denominação de República de Weimar.

E os suicídios que se sucedem apenas mostram facetas da destruição que saem do campo meramente pessoal para encontrarem seus simulacros em outras formas de destruição. O desespero pessoal levado a extremos de sofrimento e dor tangíveis apenas pela destruição dos próprios tentáculos sociais que se esgarçavam de modo incontrolável e totalmente disformes.

O filme nos escancara de modo abrupto e bastante contundente a maneira como somos reféns desses desatinos que nos acometem de maneira abrupta e totalmente impiedosa. E uma das cenas mais emblemáticas é justamente aquela em Abel Rosenberg diante de uma loja de propriedade de um judeu com o seu sobrenome, Rosenberg, se vê transfigurado e age como se fosse um mero nazista destruindo as vidraças da loja. Ele, um Rosenberg, age contra outro Rosenberg com a mesma fúria desferida pelos nazistas contra os judeus. Estamos, assim, diante da destruição de todos os princípios de dignidade em que a subjetivação se vê esgarçada a ponto de não distinguir mais limites para formas de destruição tão violentas e carregadas de matizes de inconformismo diante de seus detalhamentos. Estamos diante de uma situação análoga, em princípio, aos construtos de Sartre[13] sobre o modo como a violência gera em seu bojo a contraviolência como antídoto à violência original. Assim, a violência cometida contra um determinado segmento social, seja pela brutal desigualdade social que ceifa inúmeras vidas, seja ainda pelos mais diferentes tipos de discriminação efetivados contra as minorias dos mais diferentes matizes, ou mesmo por formas de agressão provocadas pela escassez das condições mínimas de sobrevivência, se volta contra a violência original por atos de violência impetrados pelas vítimas contra seus algozes, o que significa dizer uma violência desferida como contraviolência ao bojo original da violência. Aqui temos uma violência cometida contra os judeus pelos nazistas e como contraviolência tem a ação de judeu agindo contra outro judeu simbolizando a total discrepância do próprio ato em si. O serpentário em suas diversas formas de destruição, em busca de significados e significantes para a sua própria configuração. Não temos um ato de violência de um judeu contra os nazistas e, sim, contra outro judeu, em total discrepância com tudo que se queira conceituar e definir. Vítimas que se transformam em algozes de outras vítimas. Vítimas que se destroem na própria corrosão da dignidade e dos preceitos mínimos da condição humana.

Colocamos em texto anterior[14] que a nossa subjetivação é forjada a partir de nossa historicidade. Das diferentes vivências que temos ao longo da vida. É dizer que a nossa vida subjetiva se molda com nossas experiências de vida, em âmbitos culturais e com toda a gama de estímulos que temos ao longo de nosso desenvolvimento. Dessa maneira, ao assistirmos um filme como esse, estamos expostos a um sem-número de sensações e de emoções que certamente irão vincar nossa subjetivação para sempre. A maneira como os diferentes processos de autodestruição se sucedem é, por si, um novo paradigma sobre esse fenômeno tão recorrente em nossa cotidianidade, mas que dificilmente é exposto de maneira tão lúcida e penetrante. Dramas pessoais que nos levam a processos projetivos e de identificação com o sofrimento e dor que nos são exibidos. E se é fato que não saímos indiferentes diante de uma exibição cinematográfica qualquer que seja, até mesmo às mais simples em termos de estruturação

[13] **Critica de la razon dialética**, op.cit.

[14] **Cinema e subjetivação.** Uma análise sensível de percepção e emoção, op. cit.

e enredamento, diante de uma obra como essa podemos definir, sem qualquer possibilidade de erro conceitual, que saímos diferenciados em nossa subjetivação diante de sua dramaticidade. Da emoção e sofrimento diante das diversas cenas que se sucedem e sacodem nossos valores de modo irrebatível. Algo simplesmente indescritível, verdadeiramente definível apenas e tão somente pela maneira, como dissemos anteriormente, com que Bergman penetrou as profundezas da alma humana.

O envolvimento amoroso de Abel Rosenberg com Manuela, viúva de seu falecido irmão, mostra, de outra parte, a maneira como buscaram sustentáculo emocional para a travessia tão difícil nesse momento de muita turbulência social. A morte de Manuela acaba se tornando apenas mais umas das tantas violências que se abatem sobre Abel Rosenberg em meio a tantos desatinos que surgem em seu caminho. A Alemanha caminha por trilhas de total destruição, e levando consigo vidas, sonhos e esperança das tantas pessoas envolvidas nesse serpentário. Os suicídios que se sucedem durante a trama estão enfeixados pelos experimentos de Hans Vergerus, o que torna a dramaticidade desses casos ainda mais desesperadores, afinal, o que temos são pessoas levadas ao extremo do sofrimento humano por experiências que visam apenas e tão somente o teste dos limites humanos diante de situações bizarras.

Manuela morre diante da situação de estresse físico que a levou a uma total desestruturação em termos emocionais. Seu desfalecimento nada mais é do que a consequência natural de sua vida crivada em desespero e sofrimento. Vida soterrada em amargor e em situações em que o desespero mostra uma faceta da crueldade mais difícil de compreensão de seus tentáculos.

O desespero de Abel Rosenberg se mostra em crescimento contínuo e irreversível ao longo da trama, e o que podemos constatar é a maneira como até mesmo preceitos básicos da dignidade humana vão sendo corroídos de modo impiedoso e totalmente irreversível. Na cena comentada anteriormente em que ele estilhaça a vidraça da loja de outro judeu, vemos a condição animalesca em que a precariedade humana se transforma diante de situações bestiais.

Hans Vergerus se mata através da ingestão de uma capsula de cianureto, instrumento que também levaria à morte outros líderes nazistas.

Evidentemente que quando Bergman concebe essa trama já se tinha conhecimento do modo como os principais líderes nazistas haviam se matado, e o que ele enfatiza nessa autodestruição é justamente o nascedouro do ovo da serpente, até mesmo do modo como os nazistas iriam se autodestruir. Modo operante de suicídio que se perpetuaria no seio da destruição nazista de maneira repetitiva e imponderável.

O desespero de Abel Rosenberg é o desespero de todos que de alguma maneira se sentem estranhos a tudo que acontece nesse caos social em que a Alemanha se encontra. É uma situação em que a desesperança se vinca em níveis pessoais e leva de roldão todos os sentimentos que signifiquem minimamente a preservação da vida. Mortes e um sem-número dos mais diferentes atos de violência se configurando como uma realidade que passa a fazer parte da cotidianidade das pessoas. Desolação, angústia que se materializa de modo a fazer com que as pessoas não tenham outra configuração que não a autodestruição. Desesperança que se torna concretude sem que se consiga estancar a origem de matizes tão destrutivos.

Bergman lanceta a alma humana nos quesitos de autodestruição e nos lança a situações projetivas que se tornam muitas vezes incômodas por mostrar não apenas ao que a condição humana está exposta diante de ações incontroláveis, como também os níveis de destruições provocadas ao homem pelo próprio homem. Suicídios se sucedem assim como mortes, cujas causas sempre estão a desafiar qualquer conceituação que se faça sobre elas. Vidas em desespero e a desesperança tornando tudo simplesmente caótico.

A fragilidade humana nessas circunstâncias torna-se simplesmente algo ainda mais frágil, pois deixamos de lado as meras suposições e hipóteses sobre autodestruição para adentrarmos nos campos de uma situação tal qual Abel Rosenberg descreve: a realidade sendo pior do que seus pesadelos.

E se existe a prepotência dos teóricos e profissionais da saúde no entendimento e criação de ações preventivas ao desespero da autodestruição, temos diante de nossa percepção um filme em que esses conceitos ruem de modo incontrolável a despeito de nossas crenças e ações preventivas.

Um filme de Bergman e a temática do suicídio ganha contornos de interpretação significativamente contundentes, pois, além da autodestruição em si, temos todo um enfeixamento de condições que levam pessoas ao desespero e à desesperança tanto das condições sociais como no próprio crivo das relações interpessoais.

Referências

A FLAUTA mágica. Direção: Ingmar Bergman. Produção de Måns Reuterswärd. Suécia: Gaumont, 1975. 1 fita de vídeo (135 min), VHS, son., color.

ANGERAMI, V. A. **A Ética Diante Dos Casos de Suicídio e A Ética na Saúde**. São Paulo: Cengage Learning, 1998.

ANGERAMI, V. A. **As Relações de Amor em Psicoterapia**. São Paulo: Cengage Learning, 2006.

ANGERAMI, V. A. **Cinema e Subjetivação.** Uma Análise Sensível de Percepção e Emoção. Belo Horizonte: Artesã Editora, 2017.

ANGERAMI, V. A. **Suicídio.** Uma Alternativa à Vida. Belo Horizonte: Artesã Editora, 2017.

MIL VEZES BOA NOITE. Direção: Erik Poppe. Produção de Finn Gjerdrum. Irlanda/Noruega/Suécia: Europa Filme, 2013. (117 min.).

O OVO da serpente. Direção: Ingmar Bergman. Produção de Dino De Laurentiis. Estados Unidos: Paramount Pictures, 1977. 1 fita de vídeo (120 min.), VHS, son., color.

OS CORRUPTOS. Direção: Fritz Lang. Produção de Måns Reuterswärd. Estados Unidos: Columbia Pictures, 1953. 4 rolos de filme (89 min.), son., B/W., 35 mm.

SARTRE, J. P. **Crítica De La Razón Dialéctica**. Buenos Aires: Editorial Paidós, 1979.

A COMILANÇA
(La Grande Bouffe)

2

Francisco B. Assumpção Jr.

O perigo ameaça que o homem de hoje não possa ouvir a sua linguagem. Em seus ouvidos retumba o fragor das máquinas que chega a tomar pela voz de Deus. Assim o homem se dispersa e se torna errante. Aos desatentos o simples parece uniforme. A uniformidade entedia. Os entediados só veem monotonia ao seu redor. O simples desvaneceu-se.[1]

Nunca, como neste início de século, a questão da solidão, da massificação e do tédio foram tão atuais. Talvez por isso seja interessante rever a obra em questão, uma fábula incrível de seu diretor, que discute uma série de temas atuais, mas, principalmente, se propõe a pensar a questão da própria humanidade, representada pela solidão e o desespero decorrentes de sua facticidade.

A Comilança (La Grande Bouffe), filme de 1973, é coprodução franco-italiana, dirigida por Marco Ferreri, produzida por Vincent Malle, com roteiro de Rafael Azcona, de Francis Blanche e do próprio Marco Ferreri. Sua fotografia é de Mario Vulpiani, com figurino de Gitt Magrini e música de Phillipe Sarde. Seu elenco, que, por si só, já justifica que o filme seja visto, é composto por Marcello Mastroianni, Ugo Tognazzi,

[1] HEIDEGGER, M. **O caminho do campo**. São Paulo: Duas Cidades, s/d.

Michel Piccoli e Philippe Noiret, secundados por Andréa Ferreol, que faz a única personagem feminina importante no filme.

Pela sua excepcional qualidade, foi vencedor do Prêmio de Crítica Internacional no Festival de Cinema de Cannes, como uma fábula filosófica, permeada por humor negro. Exatamente por essa contradição foi proibido, na época, em diversos países, inclusive aqui. É também por isso que o discutimos, uma vez que, como dizia o Pasquim[2], "é um daqueles filmes que, nos últimos anos, tanto se ouve falar, mas ver que é bom, ... neca".

Para que o pensemos podemos partir da premissa de que o homem, ao longo de seu desenvolvimento, constitui-se em um ser que, rompendo com a animalidade, tem que lidar, ao longo de seu processo evolutivo, com as consequências desse rompimento (Teixeira, 2015). Esse processo de rompimento estrutura-se, então, sobre interdições e restrições que ordenam sua vida dentro de um modelo gregário e social. Entretanto, a Natureza mantém de forma viva toda a sua energia que se manifesta naqueles comportamentos de excesso e é na prática simbólica e representativa, como no filme em questão, que podemos desnudar esse jogo de transgressão da lei, independentemente de uma nova ordem a ser criada, uma vez que nela a vida animal que se manifesta não tem nem o sentido que o homem dá as coisas, nem o não sentido delas quando as imaginamos sem uma consciência que as reflita (Teixeira, 2015).

Assim, a obra em questão carrega em si o que não é possível, o poder da perversão que permita que surja a animalidade no seio da experiência humana através de uma situação extraordinária. Trata-se, então, de uma situação de imediaticidade, de quatro amigos que se reúnem para uma "comilança" na qual nada é colocado fora do tempo atual para que, em seu desenrolar, os limites do humano permitam o surgimento da própria consciência em relação às coisas. Mais ainda, é uma obra que aborda o sofrimento humano enquanto fenômeno sensível, subordinado à contemplação de uma (teórica) essência, com esse sofrimento podendo ser minimizado a partir de um presente imediatizado.

Confronta-se o espírito e a natureza, a razão como juiz daquele que pergunta e busca respostas, obtendo-as, parcialmente, a partir do

[2] BAHIANA, A.M. **Almanaque anos 70**. Rio de Janeiro: Ediouro, 2006

desvelamento ocasionado pela dor que faz com que o ser se defronte consigo mesmo.

Traz, enquanto imagem, importantes modelos sociais que revelam o enfado, o tédio e o fastio de uma sociedade mobilizada e impulsionada (ou até mesmo controlada) pelos excessos e por seu consequente vazio. Traz à tona o refinamento enquanto fachada, apresentando a decadência de seus personagens, cavalheiros representativos da face brilhante e institucional de uma sociedade orientada para o sucesso e o dinheiro. Isso porque a maior parte das pessoas vive sempre na ilusão efêmera de que é o que de fato, e na prática, não é. Correspondem, assim, somente a aparências e a saída dessas aparências, na maioria das vezes, independe de um raciocínio lógico e formal, uma vez que ela envolve o conflito entre o finito e o infinito, entre o possível e o necessário, entre o temporal e o eterno, entre a possibilidade e a facticidade, facticidade essa que só pode ser experimentada de maneira individual e nunca coletivamente, o que leva o indivíduo a existir enquanto si-mesmo com suas possibilidades (não visualizadas nas vidas prévias dos quatro amigos, que persistem em seu caráter fáctico, observando-se nelas a supremacia da razão e o abandono da esfera do sensível) (Feijoo e Protasio, 2011).

O tempo que se gasta na construção e na manutenção desses modelos que tem (aparentemente) um fim que, em si, não traz muito significado, aponta a clara distinção entre fim e meio, no qual se separam o ser de seu uso e prática perdendo-se a continuidade entre eles. Isso porque sem essa continuidade esses seres se encontram perdidos e podemos dizer que, exatamente por isso, são dispensáveis por si mesmos, levando-os a não saber quem são.

Esses são nossos personagens. Quatro indivíduos ordenados e moldados conforme o mundo que os rodeia, presos em uma armadilha criada por eles mesmos em seu processo de humanização e que lhes dá contornos muito bem definidos. Assim, retratam-se quatro homens de sucesso (e já de meia idade) muito distantes da animalidade primitiva (posto que se mostram extremamente sofisticados) e que se trancam um fim de semana para comerem até a morte. A cultura, ao mesmo tempo em que transforma o mundo, civiliza e educa o homem, obrigando-o a reprimir seus desejos, sublimando-os, uma vez que, sem interdições, podemos dizer que não há vida humana (Teixeira, 2015).

Ao se afastar de si mesmo nessa heteronomia do cotidiano, a morte (enquanto um aspecto da animalidade que persiste em nós) traz o fundo de violência que permeará o ato transgressor. Nele dissolvem-se as formas constituídas, encarando-se aspectos da animalidade, rebelando-se contra o movimento no qual se encontrava engajado o que, aumentando a angústia, precipita e sensibiliza todo o movimento. Esse intuito destrutivo pode ser lido como resultante do tédio decorrente dos padrões existenciais estereotipados, e essa ideia, misto de tragédia e de ridículo, só pode ser compreendida se nos remetermos à questão da existência enquanto "*ek-sistere*", ou seja, enquanto estivermos abertos à profusão de significados que se nos anunciam, em cada momento, nas coisas do mundo.[3] Entretanto, essa disponibilidade apresenta um paradoxo, representado pelo fato de que a proximidade física (todos os personagens tem vidas estruturadas e pessoais, aparentemente, significativas) não representa a proximidade existencial,[4] o que dificulta as relações verdadeiras e espontâneas. A singularidade se constituiria então na manifestação primeira do espírito na busca da supressão da distância entre o sujeito e o objeto. Tem-se, assim, a dissolução e a ausência de determinações ontológicas, uma diversidade pautada pelo interessante e o novo, com uma visão idealizada da vida, das relações afetivas e o adiamento *sine die* das decisões. Todas essas características permeiam a vida dos quatro personagens, que é, então, inconstante, indeterminada e fugaz, sem relação de pertencimento aos acontecimentos e sem a compreensão do próprio existir para além do envolvimento com seus ímpetos mais imediatos (sejam eles orais, racionais, genitais ou de qualquer outra espécie), uma vez que a realidade em si não é aceita nem transformada, permanecendo-se sempre em uma relação ilusória para com ela. Transforma-se, assim, o existir em uma mera sucessão de momentos (Feijoo e Protasio, 2011). Isso porque nenhum deles concentra sua força no desejo, mas sim nos eventos, obtendo, assim, um prazer meramente discursivo, relativizado e finito com a sua mera realização, o que lhe dá ausência de sentido e impossibilidade de duração no tempo (tudo acaba por terminar). É isso que vemos, durante o desenrolar do filme, nos quatro personagens

[3] BOSS, M. Solidão e Comunidade. **Daseinanalyse**. n. 2, p. 36, 1976.

[4] BOSS, M. Solidão e Comunidade. **Daseinanalyse**. n. 2, p. 36, 1976.

apresentados. Suas angústias, fruto das interdições oferecidas por suas vidas medíocres, são superadas por fatos que os precipitam no vertiginoso movimento da vida em sua forma mais primitiva: o alimento e o sexo, liberando-os, assim, do mundo ordenado e organizado.

É um filme que fala da transgressão enquanto negação da interdição, não enquanto retorno a uma animalidade, mas enquanto uma desordem organizada que introduz, na ordem dos quatro amigos, excessos e violências que desorganizam o mundo humano por eles organizado, pois esse, ao negar a animalidade e a natureza, nega-se a si mesmo, e, no ato transgressor, ao ultrapassar essa negação, defronta-se com um ato sem retorno. O filme põe em xeque o limite ao prazer, que sabemos ser a principal consequência das transgressões que o sujeito exerce por habitar o espaço da cultura. Seus personagens convivem todo o tempo com a possibilidade da morte e da finitude, através de elementos que caracterizam dois atos comuns e requintados dentro do espaço cultural: a comida e o sexo. Esses dois aspectos são levados a um extremo uma vez que, na vida social, são revestidos com um sentido e uma linguagem que tenta distanciá-los daquilo que os animais fazem através da esfera do instintual. Faz-se, assim, uma aproximação sutil e perigosa que quebra as barreiras que separam a cultura da natureza, apresentando esse espaço transgressor como um espaço da morte, no qual se perde a capacidade simbólica de sentido, alinhando os personagens ao próprio animal. O filme constitui-se em um ato transgressor que retira a interdição, mas não a suprime, embora seja exercida de forma consciente e planejada. Guarda o sentido de uma abertura diante do existir, abertura que não se propõe voltar à animalidade, mas sim escapar do limite do mundo das coisas e das regras na busca constante da própria intimidade. Essa negação (no filme) é suficientemente forte para que se retorne ao processo de humanização, o que leva nossos quatro personagens a um caminho sem volta. Restitui-se a intimidade, mas reduz-se a ordem das coisas a uma ordem íntima. As experiências vividas pelos quatro amigos deixam de ser vividas a partir da exterioridade e a verdade do existir deles se revela percebendo-se a pobreza de seus significados e projetos, posto que não vivem uma experiência discursiva, mas uma experiência livre de quaisquer representações, de caráter quase místico.

Ele é um convite à nossa época e ao mal-estar construído pelos avanços da ciência e da tecnologia, que ultrapassam a barreira de certezas trazidas pelo religioso, e que eleva aquilo que Bataille (1980) nos apresenta no conjunto de sua obra como sendo a vivência do excesso e o erotismo consistindo na vida na própria morte. Ele apresenta o questionamento das proposições trazidas pela tradição que caracteriza o sensível, tradição essa que, ao ser questionada, tenta nos libertar dos preconceitos provocados inclusive pela ilusão dos sentidos (Feijoo e Protasio, 2011).

A vivência do excesso é sempre presente e esse começa a ser permitido a partir do momento em que o intelectual (Michel Picolli) diz "*To be or not to be*!", quando recebe um carro-frigorífico repleto de carnes e ergue uma cabeça de boi nos jardins da casa destinada pelos quatro amigos para ser a sede de um seminário gastronômico no qual vão se romper as barreiras entre o instintual (animal) e o restritivo (cultural). "*La Fête commence*!" é a frase proferida pelo comandante (Mastroiani) e se inicia a festa enquanto um ritual de permissividade, que oscila entre o lazer, o ócio e o sacrifício, expondo a própria vida à sua facticidade e finitude. O homem e o animal – morto e decapitado – resumem a própria existência. Ambos serão imanentes na morte. E a vida, alimentada pelo sexo e pela comida, traz consigo o dilema da cultura, fato que podemos observar em nosso momento pós-moderno, no qual o indivíduo vive em função do desespero pelo consumo enquanto forma de diminuição de seu próprio mal-estar diante do existir.

Temos, então, um primeiro personagem (vivido por Marcello Mastroianni), que se apresenta como um comandante de avião, bem-sucedido, principalmente entre as mulheres, que seduz e desfruta cotidianamente. Permanece, entretanto, totalmente só, apaixonado unicamente por carros antigos, uma vez que o sexo, por si só, representa mais um produto de consumo do que, verdadeiramente, um relacionamento dual e afetivo. Representa, assim, mais o papel do D. Juan, de Tirso de Molina, que o de Casanova. Acostumado a ser o comandante e ter atitudes lógicas e precisas, ele se depara com a impotência ao falhar no ato sexual, mesmo tendo sido ele a sugerir a companhia de prostitutas para tornar mais agradável essa ruptura com os limites da cultura. Entretanto, com a professora que surpreende a todos, ele se perde entre o desejo e a vontade, sobrando a angústia e o fetiche pela máquina, prova irrefutável de seu papel enquanto bengala provedora de conquistas e de limites existenciais.

Outro personagem (interpretado por Ugo Tognazzi) corresponde a um *chef* famoso, frequentador da alta sociedade e dos poderosos, porém totalmente menosprezado pela própria mulher, que não o respeita nem valoriza. Nele vemos a substituição da relação dual pelo primitivo, representado pelo prazer dos sentidos. Mais especificamente, pelo prazer (erótico e refinado) dos pratos sofisticados. Ele sela o encontro entre o alimento e o sexo mediado pelo amor pois, enquanto come orgiasticamente, resgata lembranças e afetos nos quais a dor e a satisfação se aproximam, mostrando o limiar entre prazer e desprazer. Entretanto, ao prestar as honras ao seu próprio texto culinário, ele morre desempenhando sua tarefa suprema, o cumprimento de seu dever social.

Um terceiro personagem é o intelectual importante (representado por Michel Piccoli), valorizado pela mídia, porém abandonado pela família, com a qual já não habita e que o informa, superficialmente, sobre o que faz e o que vive. Aqui, vive-se no mundo das representações, da substituição do material pelo imaterial, na substituição do corpo pela mente, com o sacrifício daquele (com a perda consequente do prazer). Ao morrer, ele envia uma mensagem inquietante, caracterizando o quanto viver e morrer são dois lados da mesma moeda, mostrando, em seu final, a mensagem do *merda* para todos (enquanto finalidade do próprio existir e que talvez seja a resposta da frase inicial *"To be or not To be!")*. Se o homem se compara ao próprio animal, nada mais significativo para a questão do que a *merda*, expressão biológica e inquestionável do existir sem significados ou possibilidades. A retenção da comida (ou do prazer) a partir de toda a sua racionalização dos eventos é que o leva a morrer naquilo que sua própria materialidade representa: *na merda*.

Finalmente, Philippe Noiret interpreta um importante juiz de direito, famoso, solitário e totalmente dominado por sua mãe, que controla, sistematicamente, todos os seus passos. A relação primitiva de dominação desenha a ausência de liberdade, com a consequente minimização da responsabilidade da escolha, responsabilidade essa que o torna inseguro e o apavora. Aliás, é em uma sua casa, nos arredores de Paris, que esses velhos amigos se reúnem, levando os mais diversos e sofisticados vinhos, queijos e comidas que, preparados pelo *chef* para que aproveitem o fim de semana, lhes proporcionarão a liberdade e o significado da própria existência, sem que nenhum dos familiares, ou amigos, sequer desconfiem.

O juiz tem o ar de alguém infantil e preguiçoso, apegado ao dormir e à figura materna, misturando, logo ao amanhecer, sexo, maternagem e cuidados higiênicos, fato que vai se opor diametralmente à figura maternal que faz jorrar o sexo sobre o cenário doméstico, enquanto uma figura nutriz com seios opulentos que nos poderia levar a pensar em um relacionamento de tipo incestuoso. Vê-se então, para surpresa dos espectadores, a chegada de uma infinidade de carnes, doces, massas, que servirão para que eles, cujo objetivo é até então desconhecido, desfrutem de um fim de semana digno do próprio *Satiricon,* de Petrônio. Gradualmente, com a ingestão excessiva de comida em refeições pantagruélicas, vão se definindo os destinos de cada um dos personagens.

O comandante, apaixonado por um carro velho ao qual restaura, lembrando de outros tempos e, principalmente, imaginando situações de prazer, morre congelado após dizer que vai partir, pois não suporta mais a angústia que aquele fim de semana representa. Mesmo quando prostitutas são trazidas para animarem a casa, os relacionamentos são vistos como realmente são (vazios e sem significado). Isso porque a atividade sexual utilitária contrapõe-se ao erotismo pelo fato desse ser o fim da vida, como algo que resiste à mumificação discursiva da vida (Araujo, 2015).

O seguinte é o intelectual, que, forçando-se a comer cada vez mais, mesmo quando já não consegue sequer ver a própria sofisticada alimentação preparada, morre em meio a desarranjos intestinais e fezes, numa típica representação da vida, sofisticada e rica mentalmente pelas racionalizações e intelectualizações, mas que, ao final de tudo, são convertidas em puro estrume. O próximo é o *chef* que, elaborando sofisticado jantar, morre em meio aos elogios que tece à sua própria comida, ao que contrapõe sua solidão e impotência. A autoimagem e a autovalorização pouco contribuem, assim, para que sua vida seja mais significativa.

Finalmente o juiz, o único que não morre só, uma vez que se apaixona por uma professora levada à casa para a noite orgíaca e que, observado a partir de sua expressão de prazer diante do alimento e do sexo, mostra as reais possibilidades do existir, com o sensório possibilitando a entrada no mundo dos significados. Ele é por ela acompanhado até seu último momento quando, em função de diabetes, morre sobre dois enormes pudins com a forma de dois seios que, imediatamente, trazem à nossa mente a ideia da mãe, nutriz e dominadora. Entretanto, a presença da mulher, esposa e amante, compartilhando seus significados e sua finitude, fazem dele aquele que consegue ver, na Morte, algo mais que o mero Nada. Sua morte, na qual se associa a oralidade da ingestão dos pudins com a genitalidade (a masturbação que a professora lhe proporciona no mesmo momento) integra ambas as características faltantes em seu existir. Isso porque é a professora que, no decorrer do filme, mostra ser a única pessoa que compartilha afeto e significado, de maneiras diversas, com cada um dos personagens e que, mesmo algumas vezes sendo considerada uma prostituta, todos dela desfrutam e tem nela aquilo que de humano existe nas relações apresentadas pelo filme. É ela que faz o limite da racionalização diante da existência, do gozo que não cede ao controle e do prazer independente da simbolização e da intelectualização. Ela é o eminentemente corpóreo que não se submete à satisfação exclusivamente intelectual, mas que ressurge ao final. Enquanto única mulher do grupo, ela é a própria representação da natureza, do ser para o outro e é ela que enfrenta a regra, a interdição e o espírito com total naturalidade. Ela, enquanto ser sensível por si mesma e não para algo, antecipa a própria liberdade do ser, proporcionando-lhe uma beleza natural e livre, desprovida de significado relativo a um fim, sem nenhum juízo de valor implícito. É ela quem proporciona o verdadeiro despertar do estético, do sensual e do erótico.

Todo o processo descrito mostra a busca do sentido estético kierkegaardiano, com o intuito do afogamento do desespero que brota de cada existência. Esse sentimento tenta superar o desespero durante o instante de gozo e de prazer, sendo, porém, instantâneo (Gonzáles, 2008).

Em um primeiro momento o desejo não se diferencia do objeto, o comer desmesuradamente. Essa é a agitação interior que os leva ao fim de semana, mas que tem, por fundo, somente uma nostalgia indefinida e sem real objeto. Em um segundo momento, é a mitificação do ato transgressor, separado dos próprios indivíduos, que surge. É, porém, em um terceiro momento, no qual, mediados pela figura feminina, surge o singular, o único e não mais o múltiplo em suas manifestações fenomênicas. A angústia, fruto do primeiro momento corresponde à própria falta do objeto e à perspectiva da liberdade, porém lança-os na transgressão através da qual descortina-se a liberdade que chega na forma de um guia calmo e silencioso, recordando tudo e nada e que, enquanto término de uma jornada, fornece o significado final de toda uma existência. A pergunta que permanece é: "Qual seria a motivação que levaria quatro homens, bem-sucedidos e respeitados, a decidirem morrer de forma tão cruel e grotesca?".

O tédio (do latim *taedium*, significando fastio, desgosto, aborrecimento, dissabor, enjoo) é um fenômeno que apresenta tudo aquilo que enfada, cansa, enjoa e estagna a existência. São a família, o Estado, o destino, essas forças que determinam um sujeito ético, porém trágico, que impedem o afloramento da animalidade transgressora, porém desejante, que só pode ser confrontada quando se coloca fora de si mesmo. Corresponde, pensando-se de maneira existencial, à própria Náusea sartriana, no defrontar-se com o Nada. Todos desfrutamos desse sentimento em determinados momentos, porém em alguns indivíduos ele se instala e domina, escravizando o Ser em toda a sua totalidade. A partir dele o tempo vivencial se estagna e o espaço se reduz. É exatamente essa a dificuldade dos personagens. Com toda a sua complexidade e sucesso, perderam o que há de mais peculiar e simples no existir humano, a capacidade de estarem junto aos outros, dando significados a isso, pois como diz Boss[5], somente se conseguir se libertar da massificação e da alienação, encontrando-se a si mesmo, é que o ser humano poderá mobilizar afeto, entrar em um relacionamento autêntico do eu, tu, nós e se tornar capaz de propor algum significado para a vida.

A comilança organizada pelos quatro amigos apresenta o significado de uma subversão programada, usualmente sem sobressaltos, mas que, por seu desenrolar, encaminha-se para uma real transgressão na busca do gozo absoluto que constitui um projeto "sadeano" de ultrapassar o simbólico permanecendo-se no território da pura materialidade e transitoriedade. Essa é a mensagem da professora, personagem não programado e não planejado no roteiro original dos quatro amigos, mas que aporta para um ponto de não retorno, a partir do qual a existência dos quatro se encaminha para o seu final e real significado, o desregramento absoluto sem parâmetros estéticos ou éticos, caracterizando-se um ser sempre aberto para mais, independentemente de suas limitações culturais e simbólicas, embora a facticidade encontre-se presente durante todo o desenrolar da comilança. Isso porque, diferentemente deles, nela o erotismo não é uma coisa ou um objeto exterior, mas sim algo que permeia vida e morte e que, impreterivelmente, interfere desorganizando um mundo de cultura e de trabalho.

Dessa maneira, a experiência dos quatro amigos é a experiência do limite, no qual a razão não mais exerce qualquer domínio, sendo

[5] BOSS, M. Neurose de Tédio. **Daseinanalyse**. v. 2, p. 50;1976.

inexprimível e inenarrável, produzindo-se no e pelo excesso, mas possibilitando ver o que não é possível de se ver ou de se pensar no cotidiano robotizado que, na falta de possibilidades, fabrica virtualidades corpóreas que preenchem um vazio a partir do imaginário.

Ao final, uma nova remessa de carne chega à mansão e é recebida pela professora, que deixa o cenário garantindo que o Existir continua presente com todas as suas características sensoriais e materiais que ultrapassam a mera racionalização e significação, uma vez que o elemento básico é a vida em si mesma, concreta e cotidiana, porém caracterizada pela sua própria singularidade. Isso porque o predomínio do elemento estético em momento algum vai prescindir do ético, ficando a própria unidade da existência nessa tensão ético-estético que possibilita diferentes possibilidades de existência, mas que tira o homem da ilusão da perfeição cristã, abrindo a possibilidade de o vermos enquanto a síntese entre o temporal e o eterno, uma vez que, se a possibilidade estética e sensorial é marcada pelo imediatismo e pela submissão às forças do acaso (fato visualizado na proposta dos quatro amigos), é o estado ético que propicia o conflito entre o sentir e o agir (também presente no questionamento dos quatro amigos a respeito de toda a sua existência). Dessa tensão, permite-se o surgimento de um estádio religioso no sentido kierkegaardiano, etapa de ação independente de justificativas de ordem racional, talvez expressa somente pela professora, que existe independentemente de qualquer justificativa ética ou estética (Feijoo e Protasio, 2011).

Talvez essa carência que observamos nos personagens dessa obra seja também aquela que nos faz falta neste momento histórico no qual abolimos, a partir da lógica da evolução, do crescimento, da produtividade, da superação, a possibilidade do "salto de fé" kierkegaardiano com a superação do caráter meramente sensível e temporalmente finito para a união, no momento vivido, do temporal com o atemporal, que passa a dar significado à existência a partir de sua própria percepção e compreensão.

Eu sou um bicho!
Eu sou um bicho!
Eu sou um bicho!
Um bicho nos pensamentos, nos sonhos, nos sentimentos.
Sou um bicho que ama, que usa, que excita o sexo e o reflexo de sentir prazer!
Eu sou um bicho!

Um bicho que tenta ser bicho, que rola na lama, suja-se de barro para poder viver.
Eu sou um bicho!
Chafurdo no lodo da vida, entrego-me a prazeres mundanos.
Eu bebo, eu fumo, eu jogo, eu acho no sexo as minhas flores de amor.
Eu sou um corrupto, mas eu vivo.
Eu sou um canalha, mas eu vivo.
Eu sou um bandido, um ladrão, mas eu vivo.
Eu sou impiedoso, espanco as crianças, mas eu vivo.
Eu sou um patife, desonro as mulheres, mas eu vivo.
Eu sou um tirano, sugo o sangue do povo, mas eu vivo.
Eu surgi do lodo e lama eu sou.
Infecta, imunda, sem alma, sem mente, sem intelecto, sem sentimentos que não sejam de bicho.
Não tenho consciência, não sofro.
Só vivo.
— *Senhor faça de mim um bicho!*
(Assumpção, 2018.)

Referências

A COMILANÇA. Direção: Marco Ferreri. Produção: Capitolina Produzioni Cinematografiche. França/Itália, 1973. 1 DVD (125 min).

ARAUJO, R.C. Bataille e as distintas faces de Eros. **Textura**, v. 33, p. 240-244, 2015.

ASSUMPÇÃO, Jr., **Poesias**. Minas Gerais: Virtual Books, 2018.

BATAILLE, G. **O erotismo**: o proibido e a transgressão. Lisboa: Moraes, 1980.

FEIJOO, A.M.L.C.; PROTASIO, M.M. O resgate do caráter estético da existência na filosofia de Kierkegaard. **Filosofia Capital**, v.6, p. 11-22, 2011.

GONZALEZ, D. Estética y singularización del sufrimiento em las obras tempranas de Soren Kierkegaard. **Convivium**, v. 21, p. 5-30, 2008.

TEIXEIRA, R.H. Gênese e irresolução de um Animal Humanizado: aspectos da passagem do animal ao homem em Georges Bataille. **Dissertatio**, v. 42, p.155-181, 2015

DE QUEM É A VIDA AFINAL?

Cenas e leituras sob um olhar da Psicologia da Saúde

3

Geovanna Santana de Souza Turri
Luana Cristina Silva-Santos
André Faro

Não quero morrer porque, no que me diz respeito, eu já estou morto. Eu simplesmente quero que os médicos reconheçam esse fato. Não posso acreditar que esta condição constitui a vida em qualquer sentido real da palavra.
(Badham, 1981)[1]

A Psicologia e o cinema nasceram no final do século XIX e ambos apresentam uma relação íntima, a qual tem sido alvo de estudos já há algumas décadas. Artes e filmes são considerados precursores de determinados comportamentos que foram objeto de estudo da Psicologia, funcionando como modelos sociais que são admirados e seguidos por uma massa de pessoas. Uma das formas de se compreender fenômenos psicológicos e sociais, como suicídio, eutanásia, ortotanásia e morte, é por meio de sua representação na arte cinematográfica; pois o cinema possibilita ouvir, ver e experimentar algo real, mas de forma protegida.

Especialmente os filmes são utilizados para debates relevantes nesses assuntos, dado o acesso de grande número de pessoas a tal tipo de arte (Young, 2014). Isso acontece desde o início do século XX, quando Münsterberg publicou o pioneiro trabalho na temática, então denominado

[1] Fala do personagem Ken Harrison, do filme *Whose life is it anyway* (Bahdam, 1981).

The photoplay: A psychological study, no qual reuniu várias abordagens para analisar diversos filmes da época (MÜNSTERBERG, 1916).

Atualmente, tem crescido o número de estudos que visam a analisar temas relacionados à saúde com base em filmes, incluindo temáticas no âmbito da Psicologia da Saúde. Em termos gerais, a Psicologia da Saúde investiga a enfermidade de um ponto de vista biopsicossocial, enfatizando o papel dos aspectos psicológicos na saúde e na doença (OGDEN, 2012). Nesse sentido, são comuns análises na literatura sobre como aspectos biológicos, psicológicos e sociais influenciam o curso de doenças (CAIXETA; NOGUEIRA; SABIÃO, 2019; LIMA JÚNIOR et al., 2019). A utilização da arte em conjunto com a Psicologia da saúde pode fornecer, então, instrumentos de entendimento de construtos e de intervenção profissional que são úteis para promover saúde e qualidade de vida por meio de linguagens sonoras, plásticas, dramáticas, corporais e literárias.

O presente capítulo objetiva analisar conceitos e temáticas relevantes do filme *Whose life is it anyway* (BADHAM, 1981). O filme relata a estória de um jovem escultor que sofre um acidente automobilístico, que culmina em tetraplegia. Ao se deparar com a perda de papéis em sua vida, o personagem opta pela ortotanásia, deparando-se com diversas dificuldades que tentam impedi-lo de ter seu desejo atendido, ou seja, adiantar a sua morte. O filme trabalha e problematiza uma série de objetos importantes à Psicologia da Saúde, a exemplo do processo de morte, direito de morrer, depressão, ortotanásia, entre outros.

Dentro da temática, é famoso o caso do francês Vincent Lambert, que sofreu um acidente automobilístico em 2008 e ficou tetraplégico. Ele permaneceu em estado vegetativo por 11 anos, até que, em 11 de julho de 2019, faleceu após serem desligados os equipamentos que o mantinham vivo até então. Muito se discutiu sobre esse caso, que se tornou símbolo do debate acerca da possibilidade de proporcionar uma morte digna aos pacientes terminais. Inclusive a própria família de Vincent Lambert discordava sobre o desligamento dos equipamentos, visto que ele não havia deixado explícito – escrita ou verbalmente – sua decisão em uma situação como aquela. Alguns familiares defendiam que ele não suportaria viver daquela forma, em estado vegetativo, enquanto seus pais se apoiavam na definição religiosa de morte natural e alegavam que, ainda que limitado, ele estava vivo e poderia ter alguma melhora, mesmo que a equipe médica tenha descartado essa possibilidade já em 2011. Por duas vezes Vincent chegou a ser desconectado dos aparelhos do hospital, mas, em ambas as vezes, o processo foi interrompido por decisões judiciais obtidas por seus pais. Com isso, os equipamentos foram religados. Durante 10 anos o caso foi discutido, até que o Comitê dos Direitos Humanos deu o aval final necessário para que sua vida não fosse mais estendida. Semelhante caso é retratado no filme *Whose life is it anyway*, entretanto, é o próprio paciente que defende seu desejo de não ter sua vida prolongada.

A fim de discutir entremeios da ortotanásia, da eutanásia e de conceitos afins, este capítulo utilizará do filme *Whose life is it anyway* para embasar a discussão sob a ótica da Psicologia. Em suma, será feito um resumo do filme e subsequente entrelaçamento de cenas e de conceitos específicos sob a ótica da Psicologia; particularmente na perspectiva da Psicologia da Saúde. Para tanto, inicialmente é feita uma breve explanação sobre o processo morte-morrer, bem como sua relação com o suicídio do ponto de vista da Psicologia. São apresentados conceitos relevantes para a posterior discussão da obra cinematográfica, tais como eutanásia, suicídio assistido, distanásia. Em seguida, após essa explanação teórica, as temáticas serão discutidas a partir da sua apresentação no filme, utilizando-se de trechos e de descrições de cenas.

Enfim, sabe-se que aspectos como funcionalidade social, mental, física e sexual são temas que estão inseridos na Psicologia e que auxiliam no entendimento dos indivíduos de forma geral, principalmente daqueles que perderam alguma funcionalidade. Logo, espera-se que com esta análise seja possível ilustrar a utilidade da arte cinematográfica como recurso de reflexão acerca de questões reais – e cotidianas – da nossa sociedade.

Processo morte-morrer e suicídio

A Psicologia da Saúde no debate

A Psicologia da Saúde, assim como a bioética, sempre se interessou pelas questões éticas ligadas à vida e à morte. Ela vê a bioética como um campo de reflexão e de atuação voltado para a importância das pesquisas psicossociológicas que podem atuar na explicação do processo de morte, dentre as quais têm destaque as questões da eutanásia, da ortotanásia e da distanásia (Torres, 2003). Dentro desse contexto, uma das questões desafiadoras da Psicologia da Saúde refere-se à própria conceituação da morte. Os debates que circundam as definições da morte surgem, principalmente, da dificuldade de definir o que seria (para além do sentido concreto) o fim de uma vida (Torres, 2003).

A morte não é um tema de fácil abordagem ou manejo (Siqueira-Batista; Schramm, 2004). Foram designadas variadas concepções ao longo da história da humanidade para a morte. Sendo encarada como um fato natural à ideia de finitude, fracasso e vontade de um Deus, ela é considerada um tabu, cercada por crenças negativas e mistérios (Negrini, 2014). Aprende-se, desde cedo, que a vida passa por um ciclo que tem início, meio e fim. Apesar disso, falar de finitude não é fácil, visto ainda ser um tema considerado difícil por muitas pessoas.

A finitude se caracteriza como um processo complexo que pode causar incompreensão por parte do ser humano (Barroso; Martel, 2010). O tema da finitude vital percorre caminhos acerca do desconhecido e gera sensações de desamparo, angústia, medo e intensificam o tabu relacionado à morte (Siqueira-Batista; Schramm, 2004). A ideia de finitude muitas vezes está atrelada à dor, sofrimento, luto, saudade e outras emoções negativas. Quando se trata do fim da vida ou do sofrimento causado por condições que fogem do controle humano, a exemplo de doenças terminais e limitações físicas severas, muitos têm buscado o direito de pôr fim à própria vida, seja por meio do suicídio assistido, da eutanásia ou da ortotanásia.

Tanatologia é o nome dado à área de conhecimento e aplicação que envolve cuidados a pessoas que vivem processos de morte (Kovács, 2008), incluindo aqueles causados por suicídio. O suicídio é definido pela Organização Mundial da Saúde (OMS, 2018) como a ação autoinfligida que objetiva interromper a própria vida. Anualmente, cerca de 800.000 pessoas cometem suicídio. Em 2014, 10.631 casos de suicídio ocorreram apenas no Brasil, 79% (n = 8.398) cometidos por homens (OMS, 2017). Entre 2011 e 2015, 55.649 pessoas tiraram a própria vida no Brasil, cujos Estados que se destacam em relação às taxas de óbitos são Rio Grande do Sul (10,3/100 mil habitantes), Santa Catarina (8,8/100 mil habitantes) e Mato Grosso do Sul (8,5/100 mil habitantes).

O suicídio, assim como outros tipos de morte, pode ocorrer de forma assistida ou não. A morte assistida trata-se da morte com intervenção, a qual ocorre por meio de um procedimento indolor para alguém que padece de sofrimento físico e/ou psicológico grave (Gomes; Melo, 2013). Tal tema levanta questões interessantes no campo da Psicologia, do direito e da bioética e gera questionamentos como:

- Cabe a alguém decidir sobre o próprio direito de morrer?
- No caso de optar por cessar com a própria vida e não poder fazer por si mesmo, outros podem assisti-lo em sua decisão?
- Considerando uma pessoa que perdeu total ou quase totalmente os movimentos do seu corpo, cabe forçá-lo a prolongar sua vida, mesmo que não deseje isso?

Esses questionamentos promovem reflexões acerca do processo de morte assistida. Assim, surgem conflitos éticos com diferentes pontos de vista a respeito da autonomia do indivíduo frente à vida e à morte. Mesmo que o desenvolvimento tecnológico e científico tenha promovido aumento na expectativa e melhora na qualidade de vida, para Vicensi (2016, p. 65), na contemporaneidade:

> Morrer, especialmente em hospitais e para as equipes de saúde, tornou-se símbolo de fracasso e ineficiência. As ciências da saúde tornaram-se obcecadas pela tarefa de evitar e impedir a morte. E o hospital tornou-se o espaço em que os acontecimentos mais naturais e mais presentes da vida, como dor, sofrimento e morte, passaram a ser tratados como algo a ser combatido a qualquer custo.

Nesse anseio de evitar a morte, vários procedimentos e técnicas são usadas para salvar a vida da pessoa doente, prolongando muitas vezes o sofrimento do paciente e dos seus familiares.

Morte, Suicídio e Entrelaçamentos

No âmbito da saúde, morte e suicídio se entrelaçam quando a discussão sobre atos como eutanásia, suicídio assistido e distanásia vêm à tona. Eutanásia vem do grego *eu*, que significa 'bom', e *thanasia*, que deriva de *thânatos* e se refere à morte. Literalmente, eutanásia significa a expressão "boa morte", constituindo o processo de abreviar a vida de um doente incurável a seu pedido, induzindo sua morte (Rocha, 2014). A eutanásia envolve decidir sobre a vida de uma pessoa que não pode decidir sobre sua própria vida ou optar por formas de tratamento médico

(Perasso, 2015). Exemplo disso seriam pacientes em estado vegetativo, sem sinais de consciência, e que são mantidos vivos artificialmente.

A distanásia teve origem do termo grego "*dis*" – mal, algo mal feito – e "*thánatos*", morte. Etimologicamente, é o contrário da eutanásia. Ela consiste em atrasar o momento da morte de uma pessoa usando todos os meios possíveis, mesmo que isso signifique infligir sofrimentos adicionais à pessoa doente (Bottega; Campos, 2011; Perasso, 2015). Para autores como Oliveira (2015), a distanásia significa prolongar a agonia de uma pessoa, causando uma morte com sofrimento psicológico e/ou físico a um indivíduo lúcido. O direito de os indivíduos decidirem sobre sua própria vida vem sendo debatido ao longo dos anos, tanto no que se refere à distanásia, como a outros tipos de morte, como o suicídio assistido e eutanásia (Schmitz, 2014).

A ortotanásia se trata da ideia de uma morte correta, isto é, morte ocasionada pelo processo natural. Na ortotanásia o doente já se encontra em processo de morte e recebe auxílio médico para que atinja o resultado natural de seu processo de morte (Silva; Campos, 2016). Atualmente, cabe ressaltar que somente o profissional médico pode realizar a ortotanásia.

Já o tema do suicídio assistido leva a reflexões sobre eutanásia, ortotanásia, distanásia e vice-versa. Desde a Grécia antiga, os valores culturais, éticos, sociais e religiosos eram evidenciados quando a morte era discutida. Pensadores como Platão e Sócrates apoiavam a ideia de que o sofrimento decorrente de uma doença terminal poderia justificar o suicídio. Porém, nem todos os pensadores concordavam com essa ideologia, condenando a prática do suicídio, a exemplo de Pitágoras e Hipócrates (Silva; Campos, 2016).

Em 1934, o Uruguai promulgou em seu Código Penal a possibilidade de juízes isentarem de pena o indivíduo que cometesse homicídio penoso, conceituado como aquele realizado por motivos de piedade, mediante solicitação da vítima, por indivíduo sem antecedentes criminais. Em termos de regulamentação da eutanásia em si, isso só ocorreu no ano 2002, na Holanda, com a lei sobre a cessão da vida a pedido e o suicídio assistido, seguida da Bélgica, após manifestação favorável do Comitê Consultivo Nacional de Bioética desse país.

Atualmente, apenas mais dois países europeus, além da Holanda e da Bélgica, possuem regulamentação para a prática de eutanásia: Luxemburgo e Suíça. Dos países americanos, cinco Estados dos Estados

Unidos da América já regulamentam o ato (Oregon, Washington, Montana, Vermont e Califórnia), assim como o Canadá e a Colômbia. No Brasil, eutanásia e suicídio assistido ainda são crimes qualificados como homicídio privilegiado, passível de punição com pena reduzida de um terço a um sexto em relação ao homicídio simples, conforme parágrafo 1º do Artigo 121 do Código Penal Brasileiro (Divisão de Informação Legislativa Parlamentar, 2016).

Portanto, partindo do contexto legal que entremeia esta temática, deve-se levar em conta que o desejo de morrer não vem desatrelado a outras inúmeras condições psicológicas e psicossociais, o que remete à necessidade de aprofundar o conhecimento e os debates em torno do tema. A Psicologia da Saúde, desde suas bases, esteve à frente de temas ligados à vida e à morte, entrelaçando a bioética de forma analítica e abstrata, mas também complexa e concreta (Kovács, 2016; Torres, 2003). Ela vai além do estudo das doenças mentais, dando muita importância também para pesquisas psicológicas que evidenciam como, quando e por que pacientes em estado terminal ou em condições incapacitantes passam a desejar pôr fim à própria vida. Logo, questões como a eutanásia, a distanásia e a ortotanásia entram em pauta para a construção do olhar – e posicionamento – do profissional de Psicologia frente a essa problemática, sobretudo, humana.

Dentro da Psicologia e de outras áreas da saúde, a bioética está relacionada a diversos pontos de vista sobre dilemas científicos, morais e sociais, e discute acerca da ética da vida. Para Torres (2003), a bioética tem como princípios básicos justiça, beneficência, fazer o bem, não causar danos a si ou aos outros, além de promover autonomia e liberdade aos indivíduos para agirem. Nesse sentido, a bioética afirma que respeitar a pessoa e a sua liberdade é algo fundamental. Portanto, isso remete ao seguinte questionamento: Se sou livre para fazer escolhas, a quem pertence minha vida, afinal?

De quem é a vida afinal?

O ser humano é biopsicossocial e sua autonomia ocorre dentro desse contexto desenvolvimental. No seu processo de desenvolvimento, o indivíduo é influenciado por diversas variáveis (biológicas, sociais, psicológicas, culturais e econômicas) que irão, em algum grau, determinar sua autonomia e influenciar o processo de escolha de tomada de decisão. Assim, discutir a liberdade e autonomia humanas e seus direitos a uma morte digna têm sido temas relevantes nas últimas décadas, sendo retratadas cientificamente por meio de artigos e livros, e cinematograficamente por meio de filmes e documentários sobre o tema.

O filme *De quem é a vida afinal?* (tradução livre de *Whose life is it anyway?*[2]) foi lançado em 1981 e retrata a estória de um homem com tetraplegia que deseja encerrar o tratamento que o mantém vivo, o que o levaria à morte. Esse personagem, ou qualquer outra pessoa, tem de fato alguma autonomia para decidir sobre os desfechos que sua vida pode ter? A seguir é relatado um resumo detalhado do filme para melhor compreensão das cenas. Traz à pauta, assim, temas centrais que norteiam as questões de vida e morte do personagem, a saber: tetraplegia, isolamento, dilema moral, a morte em diferentes facetas (social, funcional e sexual) e a decisão pela ortotanásia.

[2] Direção: John Badham. Roteiristas: Reginald Rose e Brian Clark. Lançado em 1981 nos Estados Unidos. Este filme foi financiado e/ou produzido por SLM Production Group e Metro-Goldwyn-Mayer. Drama. Classificação: 16 anos. Os personagens principais do filme são: 1. Ken Harrison – Personagem principal. Escultor que ao sofrer um acidente automobilístico lesionou a coluna espinhal, resultando em tetraplegia. Lutou judicialmente pelo direito de pausar o tratamento hospitalar com o objetivo de morrer (ortotanásia); 2. Sr. Hill – Advogado contratado por Ken. Ele cuidou das questões relacionadas ao seguro para vítimas de acidentes, contratado por Ken para representá-lo judicialmente na busca pela ortotanásia; 3. Pat – Noiva de Ken. Acompanhou Ken durante parte do tratamento hospitalar até o momento em que ele pediu para que ela não voltasse, visto ele não se considerar o mesmo homem de antes; 4. Dr. Emerson – Médico responsável pelo caso de Ken. Acompanha-o desde sua entrada no hospital e foi o principal responsável pelo desfecho da audiência judicial, visto ser contra a decisão de Ken de parar com o tratamento hospitalar; 5. Dra. Scott – Médica assistente no caso de Ken por quem ele desenvolve um afeto que vai além da tradicional relação médico-paciente; 6. Sra. Boyle – Psicóloga do hospital que tenta convencer Ken a ter um sentido de vida diante da sua condição atual; 7. Dr. Jacob – Psiquiatra designado pelo hospital para avaliação mental de Ken; 8. Juiz Wyler – Juiz responsável pelo desfecho da solicitação de Ken de pausar com o tratamento médico; 9. Enfermeira Rodriguez – Principal enfermeira responsável pelos cuidados de Ken. Personagem próxima a Ken, tornando sua rotina de cuidados menos exaustiva; 10. Enfermeira Mary Jo – Enfermeira auxiliar nos cuidados de Ken. É uma personagem neutra, que não o acompanha desde o início da hospitalização, porém logo se afeiçoa e se torna empática a ele; 11. John – Auxiliar de enfermagem responsável pelos cuidados de higiene de Ken. Ele e Ken se tornam próximos e se 'divertem' contando piadas durante os cuidados.

Resumo do filme

O filme *De quem é a vida afinal?* retrata a estória de Ken Harrison, um escultor que sofreu um acidente automobilístico que culminou em tetraplegia. Antes do acidente, Ken aparentava ser um homem saudável e com muitas expectativas em relação a sua vida. Estava sempre alegre e de bom humor, fazendo piadas dos acontecimentos cotidianos. Um dia, ao sair do trabalho em seu carro, ele colidiu com um caminhão desgovernado, que por pouco não tirou sua vida. Ao ser hospitalizado, ele passou por várias avaliações de profissionais que tentaram salvar sua vida de todas as formas. Ao acordar do coma, ele percebeu que seu corpo já não era o mesmo: os movimentos corporais foram perdidos devido a uma lesão na coluna. Cerca de seis meses após o acidente, ainda hospitalizado, Ken recebeu a confirmação de que não conseguiria voltar a andar, o que significa que não voltaria a viver sua vida como antes. Amargurado, Ken sentiu-se totalmente inútil, tanto como artista, quanto como ser humano. Ele não queria o amor de sua noiva, os cuidados dos seus médicos ou as ministrações medicamentosas da equipe de enfermagem. Ele queria apenas morrer, mas isso se configurava como algo difícil, dado o estado legal das coisas na década de 1970.

Depois da confirmação da irreversibilidade da tetraplegia, Ken sentia-se incapaz de criar arte, de manter relações sexuais ou ter qualquer estilo de vida que se associasse a uma existência normal. Diante disso, ele contratou um advogado que, ainda que relutante no início, aceitou representá-lo numa petição legal que solicitava o direito de findar com sua vida. No entanto, o médico responsável pelos cuidados de Ken mostrava-se firmemente oposto à eutanásia, de modo a dificultar a realização da mesma, insistindo em manter seu paciente vivo, mesmo contra a sua vontade.

A equipe médica e os enfermeiros que assistiam a Ken durante sua internação tentaram restaurar seu sentido de vida, falando e mostrando formas de continuar a viver, mesmo sofrendo com a tetraplegia. Porém, não havia nada que o fizesse mudar de ideia, visto que o mesmo já se considerava morto em vida. Para tornar sua decisão menos difícil, Ken afastou as pessoas próximas de sua vida, a exemplo da noiva, tentando minimizar os efeitos de sua morte ainda em vida.

Hospitalizado e com prognóstico de necessitar de tratamento hemodialítico[3] pelo resto da vida, além da tetraplegia, Ken e seu advogado conseguiram uma audiência legal solicitando autorização para voltar a sua residência. Indiretamente, Ken solicitou a permissão de abandonar os cuidados integrais e essenciais recebidos no hospital, os quais eram fundamentais para a manutenção de sua vida. O pedido de Ken tinha como principal implicação a inacessibilidade à diálise e, como consequência, complicações que levam o paciente renal crônico a óbito.

A equipe médica discordava de Ken, alegando que, contra todas as probabilidades, ele sobreviveu ao acidente, ao passo que ele alegava que, para si mesmo, as condições de sua sobrevivência significavam a morte, visto estar disfuncional de múltiplas formas. Para a decisão final, o juiz verificou os vereditos de, até então, poucos casos semelhantes na literatura jurídica norte-americana e, assim, chegou a uma conclusão favorável à solicitação de Ken: o paciente tinha um direito moral, ético e legal de escolher morrer. Logo, a hemodiálise e os medicamentos que o mantinham vivo deveriam ser pausados para que ele alcançasse seu objetivo: ir para casa e ter uma morte digna. Dada a decisão judicial favorável a Ken, ainda que contrário à decisão, Dr. Emerson (representando a equipe médica) concordou em proporcionar a ele a ortotanásia.

Tetraplegia

O filme *De quem é a vida afinal?* lança-nos a pergunta sobre a eutanásia, sustentada por Ken Harrison como algo legítimo de ser considerado, partindo-se do argumento de que somente ele poderia saber o que estava vivendo com a tetraplegia e que tipo de vida não lhe era suportável diante do prognóstico médico em relação a sua recuperação. Ken era um homem ativo, com uma vida profissional bem estabelecida e com uma relação amorosa estável. Ao não poder circular com autonomia pelo mundo, sua sensação era de ter morrido em vida.

[3] Hemodiálise é o método de filtração do sangue por meio de um aparato que emula um rim artificial. Esse processo permite a filtração do sangue, eliminando o excesso de toxinas, sais minerais e líquidos nas pessoas que possuem uma insuficiência renal grave. Sua ausência em um paciente renal grave leva a óbito.

De acordo com o Ministério da Saúde (BRASIL, 2015), a incidência mundial por ano de trauma medular é de 15 a 40 casos por milhão de habitantes. Os índices de lesão medular traumática ainda são desconhecidos no Brasil, visto que não existem dados precisos a respeito da sua prevalência e incidência por tratar-se de uma condição que muitas vezes não é sujeita à notificação. No entanto, as estimativas é que ocorram mais de 10 mil novos casos de lesão medular a cada ano no país, sendo que aproximadamente 80% das vítimas devem ser pessoas do sexo masculino e 60% encontram-se entre os 10 e 30 anos de idade, tendo lesão provocada por traumas, na maioria das vezes (Brasil, 2015).

Traumas que podem comprometer a região cervical são considerados uma patologia de alto impacto socioeconômico, pois seu custo por paciente é muito alto. Algumas das consequências decorrentes da lesão cervical são dor neuropática, osteoporose, alterações vasculares, bexiga e intestino neurogênico, úlceras por pressão, disfunção sexual, entre outros sintomas que prejudicam a qualidade de vida de um indivíduo.

A tetraplegia, também conhecida como quadriplegia, é uma das mais conhecidas lesões na coluna cervical e diz respeito à perda dos movimentos dos braços, tronco e pernas. Geralmente são traumas provocados por lesões que atingem a medula espinhal no nível da coluna cervical. A perda dos movimentos pode ocorrer de forma diversa, a depender da intensidade do trauma, podendo variar desde uma fraqueza até a perda total da capacidade de movimentar o corpo, comprometendo nos casos mais graves a capacidade respiratória de modo a ser indicado o uso de aparelhos para auxiliar a respiração (Ajiboye et al., 2017). No filme, a tetraplegia de Ken ocorre, segundo os médicos Tom (T) e Emerson (E), após trauma na medula espinhal:

> *T: Posso sentir pelo menos quatro costelas fraturadas nesse cara. E pélvis fraturada. [...] Fratura na tíbia direita, tíbia esquerda e fíbula.*
>
> *E: Vamos lá, você tem que lutar, amigo. Lute! [...] Você tem uma costela direita fraturada, perfurando o pulmão direito; assim temos um pneumotórax. Temos uma tíbia esquerda e fíbula fraturadas, tíbia direita e fíbula fraturadas.*
>
> *T: Deus, o que ele não quebrou?*
>
> *E: [...] Ele nunca vai dançar novamente. [...] Depois de dividir [a coluna espinhal], vamos ter que, muito gentilmente, fundir [corrigir] esta coluna espinhal conjuntamente.*

T: Eu posso fazer isso. Acho que o melhor que podemos esperar, no entanto, é uma tetraplegia.

E: Quero ele vivo, Tom.

T: Farei o melhor trabalho que eu puder.

Pacientes com tetraplegia experienciam mudanças nos diversos âmbitos de sua vida: emocional, relacional, ocupacional, valorativo e na autopercepção, provocando vários sentimentos como raiva, medo, desespero, ambivalência, ansiedade e desesperança (Marchi; Silva; Mai, 2012). Não obstante, os indivíduos ainda apresentam importantes alterações motoras e sensitivas, o que os tornam dependentes de outras pessoas para realizar atividades diárias que antes da condição presente realizavam sozinhos, como se alimentar, escovar os dentes e tomar banho.

Uma pessoa funcional que é acometida pela tetraplegia passa por um processo de luto, pois ela perde a si mesma devido às limitações que agora comprometem a funcionalidade de seu corpo (Balestrin; Moschen, 2019). Diante disso, podem começar a ter pensamentos negativos sobre si, os outros e o mundo, podendo desenvolver um quadro de depressão e ideação suicida. Desejos de morrer podem se instaurar e reflexões acerca da eutanásia podem ser desencadeadas e discutidas com médicos e familiares.

Isolamento e morte social

Na tetraplegia, geralmente há um processo de luto na perda de si mesmo, do "eu funcional" que outrora havia (Balestrin; Moschen, 2019). Para Ken (K), isso é evidenciado pela primeira vez na cena em que uma enfermeira novata vai lhe dar café da manhã e tenta fazê-lo beber um líquido, que ele recusa e, sem querer, bate com a cabeça no copo, derramando tudo sobre si mesmo:

K: Como alguém que não pode mover um músculo pode estragar uma cama toda?

K: Me sinto como Charlie McCarthy [boneco de ventriloquismo] [...] Como o tetraplégico atravessou a rua? Foi grampeado numa galinha [...].

Sua primeira fala demonstra sua percepção acerca dessa funcionalidade perdida, o que é evidenciado na continuidade da cena, quando a enfermeira está trocando os lençóis molhados por novos e, acidentalmente,

Ken cai parcialmente da maca, em dado momento ficando apoiado no chão pela cabeça. Muitos enfermeiros apressam-se para auxiliar, ao que Ken apenas murmura "*Oh, Deus*". Percepção semelhante ocorre quando Ken precisa ser barbeado por um enfermeiro e comenta "[...] *se eu pudesse, de algum modo, escapar, por mim mesmo, de onde estou deitado, seria ótimo*". Tal percepção é confirmada algumas cenas depois, quando Ken (K) pergunta ao Dr. Emerson (E) se ele tem alguma chance de recuperar algum movimento:

> *E: Bem, Sr. Harrison, parece que estamos fora de perigo. Agora, se pudermos mantê-lo nesta cama, fora da lista de acidentes, vamos ficar bem.*
>
> *K: Quando 'nós' vamos ter alta?*
>
> *E: Logo, eu espero.*
>
> *K: Sério? Alta ou transferido?*
>
> *E: Esta unidade é para os doentes graves, o que, estou feliz em dizer, o senhor já não é. Vou mandá-lo para uma clínica de reabilitação. Você vai se sentir confortável.*
>
> *K: Entendi. Aqui vocês só crescem os vegetais. A quitanda fica em outro lugar.*
>
> *E: Acho que você não entende.*
>
> *K: Acho que eu entendo. Que chances você acha que eu tenho de ser sempre, parcialmente dependente da enfermagem?*
>
> *E: Isto é difícil de dizer com qualquer certeza.*
>
> *K: Eu não estou pedindo uma garantia. Eu estou pedindo uma opinião profissional. Você acha que eu nunca vou voltar a andar?*
>
> *E: Não.*
>
> *K: Recupero o uso dos meus braços?*
>
> *E: Não.*
>
> *K: Ou minhas mãos?*
>
> *E: Não.*
>
> *K: Obrigado.*
>
> *E: Está me agradecendo pelo quê?*
>
> *K: Sua honestidade.*
>
> *E: Estávamos imaginando quando você ia perguntar.*
>
> *K: Por que não me disse antes?*
>
> *E: Não achávamos que você nos ouviria. Olha eu sei que é difícil, mas é surpreendente como podemos vir a aceitar...*

K: Quer dizer, coisas como cair fora da cama?

E: A Dra. Scott prescreveu algo que eu acho que vai ajudar [...].

A deficiência é caracterizada pela Lei brasileira de nº 13.146, de 06/07/2015, como "impedimento de longo prazo de natureza física, mental, intelectual ou sensorial, o qual em interação com uma ou mais barreiras, pode obstruir sua participação plena e efetiva na sociedade em igualdade de condições com as demais pessoas" (Lei n. 13.146, 2015, Art. 2º). A Pessoa com Deficiência (PcD) precisa ser compreendida tanto sob o ponto de vista médico, como o social. No primeiro, a deficiência relaciona-se à perda de funcionalidade, ao passo que no segundo ela é vista como resultado do ordenamento econômico capitalista e político que pressupõe um tipo ideal de indivíduo produtivo, ocasionando isolamento, repressão e exclusão social (Diniz, 2007). Dentro desse contexto pode haver um adoecimento mental, além do físico, devido a percepção de preconceito atribuída à limitação da pessoa. Termos como dependente, inválido e incapaz, podem dificultar a adaptação da pessoa com tetraplegia na sociedade, além de limitar suas interações sociais (Conceição et al., 2010).

Ademais, os papéis sociais que antes possuía já não podem ser os mesmos; dadas tantas limitações agora presentes na vida do indivíduo, este percebe-se como não mais capaz de desempenhá-los. No filme, Ken (K) não se sente mais capaz de ser noivo de Pat (P), retratando-se como um objeto e não mais uma pessoa, como alguém que não tem a capacidade de ser o que era antes, e isso o tortura.

P: Tenho novas músicas para você. Como está hoje?

K: Bem.

P: Você não parece o mesmo.

K: Você vem aqui todos os dias. É notável.

P: O que há de tão extraordinário nisso? Eu te amo.

K: Oh, eu sei. E eu estou honrado e comovido por isso.

P: O que há de errado com você hoje?

K: Quero lhe fazer uma pergunta. Fazemos piadinhas engraçadinhas sobre enfermeiras e dicas de sexo, sabe? Agora, obviamente, eu não dormi com qualquer pessoa pelos últimos seis meses. Você dormiu?

P: Não.

K: Porque não?

P: Não estou interessada em outros homens. Eu te amo.

K: Sem autopiedade. Não sou mais alguém para se amar. Sou um objeto que tem de ser cuidado pelo resto da vida.

P: Não sei porque você está fazendo isso.

K: Tenho que estar numa máquina de diálise quatro horas por dia.

P: Nada disso importa para mim.

K: Importa para mim. Pat, eu sei que você me ama e quando eu era Ken Harrisson, eu te amei, mas isso foi há muito tempo. Pelo menos há seis meses e uma espinha atrás. Eu já não sou o homem que te amou. Agora você tem sido leal e tem amado e você tem se autossacrificado. Quero que você saia daqui e não volte.

P: Ei.

K: Eu só quero que você encontre uma nova vida. Encontre um homem, se case e tenha filhos.

P: O que eu devo fazer? Ir pro exército da salvação?

K: Pat, se você estivesse deitada aqui e eu estivesse em pé onde você está, eu, francamente deixaria você.

P: Você deixaria, não deixaria?

K: Talvez eu ainda te amasse, mas eu te deixaria.

P: Bem, você tem muito culhão pra mentir e tomar decisões sobre o nosso futuro sem mim! Tudo o que já fizemos juntos, tudo o que tivemos juntos, ou fomos um para o outro, tudo que você me deu, que é parte de mim agora, eu não vou devolver. Eu não posso devolver.

K: Você sabe que cada vez que entra nessa sala você me lembra do jeito que as coisas eram? Toda vez que eu olho pra você, vejo o que eu não posso fazer e o que eu nunca vou fazer de novo. E eu não posso suportar isso. Sei que você me ama, Pat. Mas, se você não quer me torturar, vá agora por favor.

Para Maia (2011), a maioria dos problemas enfrentados pelas pessoas com lesão medular são de origem psicológica, social e sexual. Nesse sentido, a expectativa pela concretização da atividade sexual fica vulnerável a mensagens negativas do cérebro, aos eventos cotidianos, à ansiedade acerca da doença e das limitações profissionais, pessoais, sociais e sexuais. Isso pode ser visto quando Ken diz que já não é mais o homem que amou Pat. Esse homem ficou no passado, dando lugar a um incapaz, e por isso ela deveria deixá-lo.

A sexualidade da pessoa com tetraplegia é um dos pontos importantes a ser discutido. A sexualidade é uma necessidade básica do ser humano e é parte integrante da personalidade de todos os indivíduos, que não pode ser separada dos outros aspectos da vida (OMS, 1975). Ela influencia o pensar, o sentir e o agir, constituindo-se um importante elemento para a saúde física e mental. A sexualidade se mantém por toda a vida e deve ser entendida como um conjunto de comportamentos que vão além do ato sexual (atividades, interesses e formas de se expressar).

A sexualidade é intrínseca ao ser humano e ocorre independentemente das condições psicológica, física, econômica ou social. Para Mautner et al. (1993), é possível detectar nos homens duas "obsessões" básicas: o desempenho profissional e o desempenho sexual. Sentir-se útil e ativo profissionalmente e sexualmente são fatores essenciais para manter o equilíbrio emocional. Ao tornar-se tetraplégico, Ken perde sua percepção de utilidade nesses dois setores. O sofrimento causado pela ausência do "eu sexual" e da própria percepção de utilidade motiva-o a decidir por cessar com sua vida. Isso pode ser visto quando Ken, no relato acima, diz que Pat lembra-o que ele já não pode fazer e que nunca mais fará, ficando implícito que ele fala da sua função sexual e social.

França e Chaves (2005) acreditam que a sexualidade envolve o conceito de masculinidade e feminilidade, de modo a influenciar o modo como a pessoa reage aos outros e como é percebida por eles. Ser sexualmente ativo é considerado um atributo de autoafirmação e até mesmo de superioridade (Santos; Silva, 2017). Para alguns homens, por exemplo, a perda da capacidade de realizar o ato sexual tradicional, com penetração, por exemplo, causa uma série de consequências negativas que interferem na autoestima, na masculinidade e no autoconceito, podendo desencadear transtornos de ansiedade, depressão, baixa autoestima, entre outras coisas. No filme, é possível observar a mudança da percepção de masculinidade de Ken na cena em que ele (K) conversa com uma das médicas responsáveis pelo seu caso, Dra. Scott (S), e elogia seus seios:

K: Você tem belos seios.

S: O que você disse?

K: Eu disse que você tem belos seios.

S: Que coisa estranha de se dizer.

K: Por que? Sei que você é uma médica, mas você não vai me dizer que você só os considera como glândulas mamárias.

S: Não.

K: Você está perfeitamente segura, sabe?

S: Sim, eu sei.

K: Não vou pular da cama e te estuprar... Eu te embaracei?

S: Não, você não me embaraçou. Você só me surpreendeu um pouco.

K: E embaracei você.

S: Sim, só um pouco.

K: Por quê? Admito que é incomum para um homem elogiar uma mulher sobre seus seios quando só um deles está na cama... Uma das pessoas, não um dos seios... Não é a razão, é?

S: Olha, eu ... Eu realmente não acho que falar assim está ajudando você, não é?

K: Porque eu não posso fazer nada sobre isso, você quer dizer.

S: Bem, sim. Certo.

K: Sabe, notei você andando nesta sala, curvando-se sobre mim, examinando meu corpo. É incrível. É impressionante o quão relaxada uma mulher pode estar quando ela não está na presença de um homem.

S: Sim. Olha, me desculpe. Quer dizer, me desculpe se eu o tiver provocado de alguma maneira porque, acredite em mim, não foi intencional.

K: Não, não. Você não me 'provocou', como você chama isso. Mas você é uma mulher. E mesmo que eu só tenha um pedaço de corda atada entre as minhas pernas eu ainda tenho a mente de um homem. Agora, a outra coisa que eu notei é que agora eu me ocupo de brincadeiras sexuais com as jovens enfermeiras. Estou constantemente à procura do duplo sentido nas mais inocentes observações. Cada vez que elas saem do quarto, eu apenas sigo frio com constrangimento. Isso é nojento?

S: Não

K: Patético?

S: É triste.

Como visto na comparação feita por Ken sobre como ele agia com as mulheres antes e depois da tetraplegia, o indivíduo tetraplégico passa por uma mudança de sentido relacionada a todos os âmbitos funcionais de sua vida. Para as pessoas que o cercam, a percepção daquele indivíduo também se altera. Por exemplo, as pessoas com tetraplegia podem ser vistas como fisicamente dependentes, dificultando ou impedindo a execução de papéis sociais, amorosos e profissionais, visto acreditarem não ter, na maioria das vezes, condições físicas e/ou emocionais para exercer tais funções. No filme, a equipe do hospital começa a caracterizar Ken como deprimido e a tratá-lo como tal, inclusive farmacologicamente, como mostra o diálogo a seguir entre Ken (K) e Dra. Scott (S).

S: Eu trouxe uma coisa para te ajudar a relaxar.

K: Pra quê?

S: Pra quê?

K: A queda? Estou bem. Só estou irritado.

S: Não te culpo por estar irritado. Estou mudando a enfermeira. Ela não é experiente suficiente ...

K: Não faça isso.

S: Por que não?

K: Porque não foi culpa dela. Foi só um acidente. Pelo menos eu teria alguém por aqui com quem poderia falar.

S: Aqui, acho que isso vai ajudá-lo.

K: Não faça isso. Não me venha com essa.

S: Por que não? Vai fazer você se sentir melhor.

K: Mais silencioso, quer dizer.

S: Olhe Sr. Harrison, seu corpo não pode lidar com toda essa excitação. Agora, acho que o senhor precisa disso.

K: Por quê? Se eu quiser ser louco, eu serei louco. Se eu quiser fazer barulho, farei barulho. Sabe, só porque também está chateada por não poder fazer nada por mim não significa que eu seja o único que tem que ficar tranquilizado.

S: No entanto, está prescrito...

K: Não ouviu uma palavra do que eu disse, não é? Agora, me escute, Dra. Scott, a única coisa que me resta é a minha consciência e eu não a quero paralisada também. Você entende isso?

S: Sim, ouço o que o senhor está dizendo.

K: Bom. Muito bom. Então se você quiser alguma tranquilidade, tome você a pílula.

No diálogo há um embate entre Ken e a Dra. Scott, de forma a desconsiderar a vontade do paciente de não tomar o medicamento e tentar impor a sua administração mesmo sem a concordância de Ken. Isso pode se associar à uma percepção de fragilidade emocional, que pode, segundo os médicos, ter sido motivada pela presença de um quadro depressivo, o qual poderia incapacitar o paciente de tomar suas próprias decisões e justificar "erroneamente" qualquer decisão. Diante da imposição da administração do medicamento, Ken não se sente ouvido e compreendido, o que provavelmente faz com que ele não se sinta no controle do seu corpo e da sua vida.

De fato, depressão é um transtorno comumente associado a lesões cervicais e pode estar presente em casos como o de Ken, acometendo em maior prevalência àqueles com lesões mais graves (Conceição et al., 2010; Ferreira, 2012; Martins, 2011). Sabe-se também que depressão é um dos preditores de comportamentos suicidas (Assunção; Silva, 2019; Beck; Alford, 2011), podendo levar à perda do sentido de viver em muitos casos. Quando Ken decide por não prolongar mais sua vida, defendendo estar em plenas capacidades mentais para tomar tal decisão, a equipe médica do hospital justifica que essa decisão está definida pelo seu quadro depressivo e posiciona-se contrariamente ao pedido dele.

A qualidade de vida relacionada ao quadro de saúde de Ken mudou a percepção dele acerca da sua própria condição de bem-estar nas esferas de relacionamentos social, amoroso e profissional. Não é incomum que em quadros de pacientes que não enxergam a possibilidade de ter qualidade de vida com a tetraplegia haja uma mudança de percepção quanto aos seus objetivos futuros, expectativas e interesses pessoais (Capela et al., 2009). Seu quadro pode ter causado de fato uma redução de funcionalidade no paciente e com isso comprometido sua percepção de qualidade de vida, o que levou os médicos a pensarem na hipótese de que ele não poderia decidir seu destino devido a uma possível depressão.

Sabe-se que uma lesão medular não se limita à esfera motora. No entanto, cabe ressaltar que nem todas as pessoas com lesão medular sofre de depressão ou outro transtorno mental (Conceição et al., 2010). O indivíduo portador de alguma deficiência limitante como a tetraplegia acaba passando por uma desordem funcional em sua vida, principalmente nos casos em que ele se encontra inapto a cumprir seus papéis habituais (Fernandes et al., 2012). Toda essa situação gera uma gama de reações emocionais que são esperadas diante da mudança drástica ocorrida na vida do indivíduo.

A tetraplegia demanda custos emocionais incomensuráveis, visto que, de uma hora para outra, a pessoa que até então era independente, ativa e autossuficiente em seus cuidados, perde o controle de suas funções corporais e se torna dependente dos outros para satisfazer até as suas necessidades mais básicas (Conceição et al., 2010; Hammel, 1995). Inicialmente, após a descoberta da lesão medular, o indivíduo experimenta uma mudança drástica em quase todos os aspectos de sua vida e as respostas esperadas nesse período são as reações de uma pessoa frente a uma crise. Tais respostas podem incluir um breve período de ausência da realidade, distúrbios do sono, do apetite, da digestão, tensão, raiva, vergonha e evitação do problema, além de depressão e ansiedade. Essas respostas podem ser amplificadas durante as intervenções médicas, causando confusão e medo do desconhecido no paciente, o que sobrecarrega suas habilidades de enfrentamento e provoca um diagnóstico de depressão (Conceição et al., 2010).

Sintomas depressivos podem se manifestar no indivíduo durante o estágio inicial (Hammel, 1995), mas isso não necessariamente significa que o paciente deva ser considerado incapacitado para decidir sobre sua própria vida, como ocorreu com o personagem de Ken. Na cena a seguir é possível observar um diálogo entre Ken (K) e Dr. Emerson (E), no qual o médico alega estar mesmo agindo contra a vontade do paciente, pois ele não o considera apto para recusar o tratamento.

K: Eles mandaram o poderoso chefão.

E: Por que está dando sufoco no meu pessoal?

K: Dr. Emerson, devo insistir que o senhor não enfie essa agulha no meu braço.

E: Você nem sabe o que há nela.

K: Não. Suponho que ela é uma de uma série de medidas tomadas para me manter vivo.

E: Isso mesmo. Você, amigo, é uma vida valiosa.

K: Acho que não. Decidi que não quero ficar vivo!

E: Você não pode decidir isso.

K: Por que não?

E: Porque você está deprimido.

K: Isso surpreende você?

E: Não. Com o tempo, você vai aprender a aceitar. Até lá, vamos ajudá-lo.

Diagnosticado quase forçadamente com depressão após argumento médico de que o diagnóstico era necessário para impedir que o paciente assumisse a decisão de querer se matar de modo plausível diante do juiz, Ken (K) precisou passar por uma consulta com uma psicóloga, Sra. Boyle (B), a qual tentou fazê-lo mudar de ideia quanto à sua decisão de pausar o tratamento. A Sra. Boyle usou diversos argumentos na tentativa de convencê-lo de que havia outras possibilidades para que ainda tivesse uma vida profissional. No entanto, ao passo em que ela argumentava, ele continuava a justificar que não fazia sentido para ele, enfatizando que não queria apenas sobreviver.

K: [...] O que exatamente você faz, Sra. Boyle?

B: Vim para ver se posso ajudá-lo.

K: Sério?

B: Há um rumor circulando de que você não quer mais qualquer tratamento.

K: Bom.

B: Por que é bom?

K: Porque eu não acho que alguém aqui tenha me ouvido.

B: Eu ouvi você, e é por isso que quero saber porque você não quer mais qualquer tratamento.

K: Porque não quero viver assim.

B: Por que não? Quer dizer, é uma péssima ruptura, mas você vai se surpreender com as coisas que será capaz de fazer com treinamento e um pouco de paciência.

K: Tais como?

B: Você vai ser capaz de operar uma máquina de leitura e eu acho que uma máquina de escrever adaptada, talvez até mesmo uma calculadora.

K: Caramba e uau! Ler, escrever e calcular! Isso não faz exatamente uma vida abundante, não é?

B: Você faz ideia de que Monet estava quase cego quando pintou os Lírios de Água? E que as mãos de Renoir estavam tão mutiladas, que eles tinham que amarrar os pincéis para ele pintar? E que as pessoas que ...

K: Não, não, não. Não vá em frente, por favor. Por favor, não vá adiante. Eu sei, você vai ler para mim da revista Seleções "Meu aleijado mais inesquecível".

B: Você é um artista. Escultura não é a única arte. Alguma vez você já pensou em ditar em um gravador? Você poderia escrever um livro sobre escultura, um romance, poesia.

K: Espere um minuto. Você acha que muda a sua arte como muda de curso na faculdade? Sou um escultor. Todo o meu ser, toda a minha imaginação fala comigo através de... Falava comigo através de meus dedos. Eu era um escultor. E isto era o que toda a minha vida era. Agora, vocês pessoas parecem pensar que se trata de sobrevivência, não importa o quê. Agora, se eu quisesse escrever um maldito romance, eu teria feito isso. Se eu quisesse ditar poesia, eu teria feito isso.

[...]

B: Tá bem. Você venceu. Posso ver que você não está pronto para esta discussão, então só vou voltar quando você estiver.

K: Sabe, você é incrível, sabe? Todas vocês, malditas pessoas, são as mesmas. Toda vez que eu digo algo, mesmo um pouco estranho, vocês só fingem que eu não tenha dito absolutamente nada. É incrível. Por que vocês não podem tentar se relacionar com seus pacientes como seres humanos?

O diálogo acima mostra a confrontação de Ken em relação à não aceitação profissional da psicóloga e dos outros médicos, de forma a narrar que ele demanda escuta verdadeira. Ele demandava ser acolhido e respeitado, evitando não ser tratado como uma pessoa limitada cognitivamente devido ao seu sofrimento físico e psíquico. É preciso, de qualquer modo, considerar que a depressão pode estar presente em um quadro de tetraplegia, mas que também há uma série de outras reações emocionais, adaptativas ou não, que podem se manifestar durante o processo de tratamento e reabilitação. A escuta atenta, não baseada em pré-julgamentos ou em crenças transpostas de situações generalistas para demandas particulares, deve ser, portanto, o guia da atuação profissional.

Dilema moral: morte e aspectos psicológicos

A frequência de doenças crônico-degenerativas, incapacitantes e de maior complexidade configura-se como uma preocupação dos sistemas de saúde de todo o mundo (Marchi et al., 2012). As demandas de cuidado advindas da assistência aos indivíduos tetraplégicos tornam-se contínuas, podendo ser desgastantes tanto para o paciente, como para os diversos atores envolvidos no cuidado (profissionais de saúde, familiares, etc.). A tetraplegia demanda tratamento prolongado e gera complicações a longo prazo que, em geral, incapacitam o indivíduo de diversas formas. O luto sentido pela perda de uma vida que não voltará pode desencadear um adoecimento mental, que pode ser, muitas vezes, mais doloroso do que a própria condição física causada pela tetraplegia. Nesse contexto, cabe ao indivíduo decidir por cessar sua vida, seja por meio do suicídio assistido, da eutanásia ou da ortotanásia?

Casos como o de Ken, no qual o paciente tem a possibilidade de expressar seu desejo pela morte, não são incomuns. No entanto, o dilema moral pode se chocar com o desejo do paciente, dificultando, ou até mesmo impossibilitando, a concretização do processo de morte, sendo necessária interferência jurídica para realização do mesmo. No filme, Ken pede que o advogado Dr. Hill o represente juridicamente, justificando que advogados representam criminosos que sabem serem culpados e que ele deveria ter o mesmo direito.

> *K: Gostaria que o senhor fizesse algo para mim, se possível.*
>
> *H: Certo.*
>
> *K: Gostaria que o senhor me tirasse daqui.*
>
> *H: Bem, receio que não entendo o que quer dizer.*
>
> *K: É realmente muito simples. Eu gostaria de ter alta deste hospital.*
>
> *H: Para outro hospital?*
>
> *K: Não.*
>
> *H: Bem, eles não o manteriam aqui por mais tempo que o necessário.*
>
> *K: O senhor não pensaria assim, não é? ... Dr. Hill, não posso existir fora deste hospital. Eles têm que me manter aqui, a fim de me manter vivo. E eles parecem um pouco decididos a fazer isso. Mas eu decidi que eu não desejo continuar a viver assim, então eu gostaria de ter alta para que eu pudesse morrer.*
>
> *H: E o senhor quer que eu o represente?*
>
> *K: Azar.*
>
> *H: Pedido surpreendente. [...] O senhor quer dizer, apenas deitar-se em algum lugar e morrer?*
>
> *K: E morrer, sim.*
>
> *H: Bem, o que o hospital vai dizer?*
>
> *K: Eles ainda não sabem sobre isso.*
>
> *H: Mas o senhor percebe o que está me pedindo?*
>
> *K: Eu reconheço que não estou lhe pedindo para tomar qualquer decisão sobre minha vida e morte. Só estou lhe pedindo para representar minha posição a este hospital. Agora, advogados, como uma coisa natural representam criminosos que eles sabem serem culpados, não é?*

H: Sim.

K: Então, o senhor não acha que eu tenho os mesmos direitos que qualquer assassino que usa machado?

A opção por não mais viver sempre levanta questionamentos nos indivíduos que participam do acompanhamento daquele que decide por tal coisa. Desde familiares, como no famoso caso de Vincent Lambert, mencionado no começo do texto, até profissionais, precisam se posicionar sobre a decisão tomada. No caso de Lambert, que não podia expressar-se por estar em estado vegetativo, familiares se opuseram em um longo processo judicial litigioso, que durou 10 anos. Todavia, e quando o próprio indivíduo é quem decide por não mais viver? No caso de Ken, o médico-chefe, Dr. Emerson (E), tentou mantê-lo no hospital alegando incompetência mental, pois suas convicções pessoais eram contrárias. Já a Dra. Scott (S), ainda que não concorde com a decisão de Ken, acaba por, pelo menos, respeitá-la.

S: Então, você está internando Ken Harrison como mentalmente incompetente? Não acredito nisso, Michael.

E: Sei que isso fede [é claramente errado].

S: Sim.

E: Mas ele estaria morto em uma semana se não o fizéssemos.

S: Não entendo isso. Espere um minuto. De onde tiramos o direito de interná-lo? Essa decisão não é dele? Não estamos aqui falando sobre a vida dele?

E: Mas é nossa responsabilidade. Agora eu não posso aceitar o fato de que alguém com a inteligência de Harrisson escolheria o suicídio.

S: Sei o que quer dizer Michael. Mas, aparentemente, ele escolheu.

E: Portanto, eu digo que ele é desequilibrado.

S: Só porque não concordamos com a escolha dele, isso não faz dele um louco, não é? Quer dizer, olhe para ele. Ele parece louco para você, Michael? Olhe ele lá deitado, vamos. Quer dizer, Cristo, ele não tem nenhuma privacidade, não tem senso de dignidade. Vou te dizer, se isso acontecesse comigo eu também não sei se eu teria coragem de viver. E você, Michael, pode parar de brincar de médico por um segundo e me dizer honestamente se você queria viver assim?

Em conversa com o psiquiatra, Dr. Jacob (J), Ken (K) mais uma vez cita sua percepção de incapacidade na condição de tetraplégico, não havendo mais propósito em sua vida.

K: Você está a favor ou contra mim? Oh, isso soou como paranoia?

J: Você dificilmente espera que eu faça um diagnóstico imediato.

K: Bom, o Dr. Emerson o enviou?

J: Você se descreveria como sofrendo de paranoia?

K: Não.

J: O que você diria que seria a paranoia?

K: Bem, acho que dependeria da pessoa, mas falando de um modo geral acho que é alguém que acredita que o que ele pensa é certo e não admite negação. Agora, se essa pessoa fosse um escultor nós, de fato, diagnosticaríamos esta condição como paranoia. Se, no entanto, a pessoa fosse um médico, poderíamos chamá-la de profissionalismo.

J: Você não gosta de médicos.

K: Você gosta dos seus pacientes?

J: De alguns.

K: Eu gosto de alguns médicos.

J: O que há sobre os médicos, então?

K: Oh, eu não acho que muitos deles percebem que muitos dos seus pacientes podem e querem entender o que há de errado com eles. E que eles são capazes de tomar decisões sobre seus próprios corpos. E o que eles precisam, é claro, é informação. Bem, um médico distribui informações como um açougueiro kosher doa salsichas de porco.

J: Isso é verdade. Mas você não concordaria que pacientes precisam de conhecimento médico para tomar boas decisões?

K: Absolutamente. Eu ficaria muito grato por qualquer informação, para que eu possa tomar a decisão adequada. Seria, no entanto, minha decisão. Agora, vamos dizer, por exemplo, que você entrou no meu estúdio, deu uma olhada nas minhas peças e disse "bem, acho que vou levar a mãe e a criança" e eu disse "não, não, não, não, não, não, você não sabe porra nenhuma de escultura, você fica com o flamingo". Você pensaria que eu seria louco.

J: Mas não estamos falando de uma peça de escultura. Estamos falando da sua vida.

K: Exatamente. Minha vida. Pense sobre isso.

J: E sua óbvia inteligência enfraquece o seu caso. Não estou dizendo que você iria encontrar vida fácil. Estou dizendo que você tem recursos que uma pessoa sem inteligência não tem.

K: Não, isso não é justo. Isso é uma armadilha. Se você é inteligente o bastante e está são o bastante para desenvolver um argumento incrível para o suicídio, demonstra que você não deve morrer?

Como pode ser visto nos diálogos retirados do filme, a estória levanta questões que precisam ser debatidas em relação ao direito de escolha quanto à própria morte, ocorra ela por meio do suicídio assistido, da eutanásia ou da ortotanásia, sendo esta última o caso de Ken. Cabe dizer, ainda, que o dilema moral trabalhado no filme, através do qual os médicos discordam da abreviação da vida, argumentando que ela vai contra a ordem natural que é manter a vida a todo custo, revela a influência de princípios morais e/ou bioéticos no confronto com a decisão de atender (ou não) o desejo do paciente (Gomes; Melo, 2013). A situação de Ken não é algo que existe apenas em filmes. Certamente, há diversos casos reais de pessoas cuja vida é marcada pelo sofrimento devido à tetraplegia e que desejam parar o tratamento que as mantêm vivas. É preciso, portanto, repensar até que ponto a interferência na vida e decisão do outro é moralmente aceita e está adequadamente embasada, além do quanto isso pode ser prejudicial ou benéfico para o paciente que demanda algo que vai de encontro às crenças pessoais do profissional de saúde.

Ortotanásia

A ortotanásia é considerada uma eutanásia passiva, uma vez que nada se faz para induzir a morte, mas se dispensam as artificialidades que mantêm o paciente vivo. Embora ainda não tenha sido apreciada pela jurisprudência brasileira, profissionais da medicina possuem autorização para realizá-la desde 2012, prevista na Resolução 1.995 do Conselho Federal de Medicina (CFM, 2012). A ortotanásia apresenta a característica de geralmente ser realizada em hospitais, após relato de desejo do paciente e de seus familiares, sendo necessário consentimento expresso.

Como visto anteriormente, o conceito de morte tem sua concepção de acordo com a sociedade, temporalidade e cultura, enraizando-se em valores, significados e crenças. Assim, falar do processo morte-morrer é importante para compreender o ser humano ao longo de sua vida. Relacionando o fenômeno da morte ao filme, vê-se que estar vivo não significa de fato viver – isso em sentido pleno –, pois a vida vai além de aspectos biológicos e funcionais. Isso pode ser relacionado à cena em que o Dr. Jacob (J) e Ken (K) conversam sobre a morte e o sofrimento envolvido no processo morte-morrer.

J: Legalmente, o senhor está vivo.

K: Acho que eu poderia desafiar até mesmo isso. Qualquer definição razoável da palavra vida deve incluir a ideia de que ela seja autossustentável. Agora, não é verdade que em casos de transplante de coração é legal tirar o coração de alguém se ele só pode ser mantido vivo pelo uso de respiradores e outros equipamentos médicos?

J: Há também que não haver nenhuma atividade no cérebro. O seu está, certamente, funcionando, Sr. Harrison.

K: Certamente funcionando e certamente de forma saudável.

J: É isso que estamos aqui para decidir.

K: Meritíssimo, não estou pedindo para ninguém me matar. Só estou pedindo para ter alta deste hospital.

J: Coisa que vai te matar.

K: É exatamente o meu ponto. Vou passar o resto da minha vida neste hospital com tudo engatado apenas para manter meu cérebro vivo. E eu nunca vou ter uma possibilidade que seja de estar apto a direcionar uma maldita coisa boa. Agora, até onde eu sei, isso é um ato de crueldade deliberado.

J: Não seria mais cruel para a sociedade permitir que as pessoas morram quando, com algum esforço, ela poderia salvá-las?

K: Não, porque a crueldade não é uma questão de salvar a vida de alguém ou deixá-lo morrer. A crueldade é que a escolha é retirada de uma pessoa em causa. Gostaria de ser capaz de decidir o que acontece com meu próprio corpo.

Ao considerar a vida e o corpo de uma pessoa, deve-se ponderar as demais facetas, como a questão psicológica, as interações sociais, a atividade profissional, o sofrimento e a saúde mental do indivíduo. Nesse contexto, a ortotanásia provoca reflexões sobre a vida e a luta pelos direitos à autonomia e à liberdade referentes à tomada de decisões sobre o próprio corpo e a morte de um indivíduo que está sofrendo por estar biologicamente vivo. Ken não teve o direito de decidir sozinho sobre a própria morte, até entrar na justiça para pleitear a dignidade de tal escolha, como ele mesmo retrata nas suas falas durante o julgamento.

Em um caso como o de Ken, a bioética e a promoção à saúde devem se unir pela defesa da vida, na tentativa de melhorar o respeito à dignidade humana e à morte digna (Biondo; Silva; Secco, 2009). Morrer com dignidade deve ser considerado tão importante quanto viver dignamente. Como destacou o próprio personagem, mantê-lo vivo naquelas suas condições poderia ser definido como crueldade. Faz-se necessária, então, a constante reflexão a respeito da postura profissional em casos em que o paciente não mais deseja a continuidade do tratamento e, sobretudo, apresenta condições cognitivas e emocionais suficientemente preservadas para ponderar suas decisões.

O debate e a decisão

O médico não pode cessar a vida do paciente sem o consentimento dele, bem como não deve impor o tratamento para prolongar a vida do paciente se ele assim não desejar. Nesse sentido, o debate ético (e moral) se instaura e talvez precise de intermediações externas para que se chegue a um desfecho. No filme, essa intermediação ocorreu por meio da audiência solicitada por Ken e seu advogado. Como destacado na literatura, por vezes isso se constitui no cerne da questão da ortotanásia, uma vez que a escolha e o atendimento ao desejo da finitude chocam-se com valores de outrem – que não o paciente – envolvido na situação (Barroso; Martel, 2010).

No filme, o juiz responsável pelo caso (J) ouviu as partes (paciente, médico, advogados, peritos da psiquiatria) a fim de decidir se daria um parecer favorável ao desejo de Ken (K) ou iria de encontro a ele. Na cena, Ken diz que não quer morrer, mas que já não está mais vivo. Alega não estar pedindo para alguém matá-lo, mas para darem a ele o direito de decidir sobre sua própria vida.

K: Bem, como o senhor disse, Meritíssimo, essa é a questão a ser decidida.

J: Certo. O senhor me diz. Diga pra nós. O senhor me diz porque é uma escolha razoável que o senhor escolheu morrer.

K: Ok. A parte mais importante da minha vida era meu trabalho. E o ativo mais valioso que eu tinha para isso era a minha imaginação. Agora, é simplesmente uma maldição muito ruim que minha mente não tenha sido paralisada, juntamente com o meu corpo, porque minha mente, que havia sido meu bem mais precioso, tornou-se minha inimiga e ela me tortura. Ela me tortura com pensamentos do que poderia ter sido e o que está por vir, e eu posso sentir minha mente muito lentamente quebrando. Agora, o senhor sai com mulheres, por exemplo. Eu costumava amar o que elas eram, como elas pensavam e como cheiravam. Agora eu temo quando elas vêm para o quarto, porque detesto o jeito como fazem eu me sentir. Sabe, eu estou cheio. Estou com um senso absoluto de indignação de que vocês, que não tem qualquer conhecimento sobre mim, têm o poder de me condenar a uma vida de tormento porque vocês não podem ver a dor? Não há sangue, não há gritos, então vocês não podem vê-la? Meritíssimo, se o senhor visse um animal mutilado ao lado da estrada, o senhor o mataria? Só estou pedindo a mesma misericórdia que o senhor mostraria a esse animal. E não estou pedindo para ninguém cometer um ato de violência. Apenas me levem para algum lugar e me deixem.

No julgamento, Ken fala do seu sofrimento e justifica sua escolha. O juiz, buscando ter uma compreensão maior sobre a situação e o pedido de Ken, investiga e recebe a confirmação dos médicos de que Ken não terá melhora em relação ao seu quadro físico, sendo completamente dependente da hemodiálise para continuar vivo. É com o debate acima que Ken tem seu desejo "autorizado", como pode ser visto abaixo com a fala do juiz (J):

> *J: Existem precedentes em abundância para ambos os lados desta questão. No caso Karen Ann Quinlan, Supremo Tribunal de New Jersey, foi reconhecida a preservação de um direito pessoal à privacidade, contra intrusões corporais. Em Belchertown contra Saikewicz, o tribunal considerou que o direito de recusar tratamento médico em circunstâncias adequadas, se estende a ambas pessoas, competentes e incompetentes. E a lei diz que uma decisão deliberada de embarcar em uma ação com a qual acabará por levar à morte não é ipso facto [pelo mesmo fato] evidência de insanidade. Se fosse, a sociedade teria que condenar muitos homens a enterros desonrosos em vez de medalhas póstumas. Ainda temos que lembrar que a mente do Sr. Harrison está afetada e nós devemos, neste caso, ter cuidado. Não para permitir que a inteligência do Sr. Harrison nos cegue para o fato de que ele pode estar sofrendo de uma doença depressiva, o que diminuiria sua capacidade para tomar uma decisão esclarecida. Devemos ignorar o apelo convincentemente arguido pelo Sr. Harrison para ser autorizado a morrer, se acreditarmos que isto seja o produto de uma mente perturbada ou clinicamente deprimida. No entanto, estou satisfeito que o Sr. Harrison seja um homem valente e pensativo que está em plena posse de suas faculdades mentais e eu, portanto, ordeno que ele seja posto em liberdade.*

A partir desse extrato de fala, é possível entender o momento em que o juiz reflete sobre o caso e apresenta o veredito final. Considerando outros casos semelhantes, o juiz chegou à decisão de que Ken tinha o direito de decidir sobre sua morte e de recusar continuar recebendo tratamento para permanecer vivo, dando um parecer favorável ao desejo de Ken; enfim, ele teve seu desejo de ir para casa, com todas as consequências dessa decisão, atendido.

Considerações finais

Este capítulo objetivou discutir acerca do direito de viver e de morrer, trazendo conceitos associados a esta temática, como a eutanásia, o suicídio assistido e a ortotanásia, sob o olhar da Psicologia. Nesse sentido, o filme *Whose life is it anyway* foi utilizado como recurso didático e reflexivo para discutir questões acerca do direito de viver e de morrer, assim como sobre os impactos psicológicos e emocionais envolvidos nesse processo.

Ao retratar a vontade de morrer de um escultor que ficou tetraplégico após um acidente e o fato de a equipe médica não concordar em atender seu pedido, o filme mostra diferentes argumentos sobre o direito de escolha entre a vida e a morte do personagem. Como decidir entre a liberdade para morrer e o dever de salvar vidas? Após a perda de sua funcionalidade física, social e sexual, o personagem principal relata não mais ter propósito de vida, somado ao fato de que será dependente de cuidados constantes cotidianos. Em contrapartida, sobreviveu a um grave acidente e possui um intelecto peculiar, o que, segundo a equipe médica, deveria funcionar como motivação para continuar vivendo.

Assim, trazendo o enredo à atualidade, permeado de dispositivos legais que delimitam as práticas relacionadas à eutanásia, à ortotanásia, à distanásia e ao suicídio assistido, buscou-se levantar questionamentos a partir dos argumentos apresentados. Nesse sentido, tais aspectos foram apresentados e discutidos a partir de cenas que trazem questões importantes relacionadas à temática e à tomada de decisão sobre o paciente ter ou não direito de decidir sobre sua vida e morte. No filme, após o embate que foi levado a julgamento, o paciente é considerado pelo juiz apto mentalmente e capaz de decidir sobre a recusa do tratamento, o que o levaria à morte.

Vale ressaltar que o filme apresenta como principal limitação a ausência da narrativa sobre os aspectos religiosos, os quais tendem a interferir fortemente na decisão sobre a morte assistida. A influência religiosa foi excluída do debate do filme, visto não estar presente em nenhuma das cenas. No entanto, se o filme tivesse considerado tal influência, possivelmente a discussão teria sido conduzida de modo distinto, pois algumas religiões manifestam posicionamento frontalmente contrário a qualquer ato que incite a morte.

Em suma, as discussões a respeito dos modos de morrer tornam-se delicadas na medida em que são pautadas em valores e dilemas morais, culturais e religiosos. Cabe à sociedade, ao Direito, à Medicina, à Psicologia e a outras áreas do saber refletirem e se posicionarem quanto ao assunto, a fim de trazerem argumentos para esse debate. Vale ainda ressaltar a possível importância de individualmente, esteja-se ou não em condição de limitação física de funcionalidades, pensar sobre o direito de decidir viver e morrer dignamente, ainda que isso possa vir a mobilizar suas próprias convicções ou vá de encontro às convicções de pessoas ou organizações a si relacionadas.

Referências

AJIBOYE, A. B. et al. Restoration of reaching and grasping movements through brain-controlled muscle stimulation in a person with tetraplegia: a proof-of-concept demonstration. **The Lancet**, Londres, v. 389(10081), p. 1821-1830, 2017.

ASSUNÇÃO, W. C.; SILVA, J. B. F. Depressão e suicídio sob a perspectiva da Psicologia comportamental. **Revista Saúde em Foco**, Teresina, v. 6, n.1, p. 85-102, 2019. DOI: 10.12819/rsf.2019.6.1.6

BALESTRIN, P. R.; MOSCHEN, S. Z. O laço social e o sujeito paralisado pela tetraplegia. **Cadernos de Psicanálise,** Rio de Janeiro, v. 41, n. 40, p. 203-223, 2019.

BARROSO, L. R.; MARTEL, L. D. C. V. A morte como ela é: dignidade e autonomia individual no final da vida. **Revista da Faculdade de Direito da UFU**, v. 38, p. 235-274, 2010.

BECK, A. T.; ALFORD, B. A. **Depressão:** causas e tratamento. Porto Alegre: Artmed, 2011.

BIONDO, C. A.; SILVA, M. J. P.; SECCO, L. M. D. Distanásia, eutanásia e ortotanásia: Percepções dos enfermeiros de unidades de terapia intensiva e implicações na assistência. **Revista Latino-Americana de Enfermagem**, [S. l.], v. 17, n. 5, p. 613-619, 2009.

BOTTEGA, C.; CAMPOS, L. S. F. Considerações sobre eutanásia, distanásia e ortotanásia e a bioética. **UNIC – Revista Jurídica da Universidade de Cuiabá**, v. 13, n. 2, p. 39-62, 2011.

BRASIL. **Diretrizes de atenção à pessoa com lesão medular**. Brasília: Ministério da Saúde, 2015.

BRASIL. Lei n. 13146, de 06 de julho de 2015. Institui a Lei Brasileira de Inclusão da Pessoa com Deficiência. **Estatuto da Pessoa com Deficiência.** Brasília: Senado Federal, 2015. Disponível em: http://www.portaldeacessibilidade.rs.gov.br/uploads/1436282266LEI_No___13.146_DE_6_DE_JULHO_DE_2015___ESTATUTO_DA_PESSO_A_COM_DEFICIENCIA.pdf. Acesso em: 15 jan. 2020.

CAIXETA, C. A. D.; NOGUEIRA, E. M.; SABIÃO, R. M. Análise do filme "Uma mente brilhante: as perturbações da esquizofrenia". **Revista Psicologia e Saúde em Debate**, [S. l.], v. 5, Suppl.1, p. 6, 2019. Disponível em: http://psicodebate.dpgpsifpm.com.br/index.php/periodico/article/view/483. Acesso em: 05 jan. 2020.

CAPELA, C. et al. Associação da qualidade de vida com dor, ansiedade e depressão. **Fisioterapia e Pesquisa**, São Paulo, v. 16, n. 3, p. 263-268, jul./set. 2009.

CONCEIÇÃO, M. I. G. et al. Avaliação da depressão em pacientes com lesão medular. **Revista Brasileira de Terapia Comportamental e Cognitiva**, São Paulo, v. 12, n. 1-2, p. 43-59, jun. 2010. DOI: 10.31505/rbtcc.v12il/2.415.

CONSELHO FEDERAL DE MEDICINA. **Resolução CFM Nº 1.995/2012**, de 31 de agosto de 2012. Brasília, 2012. Disponível em: http://www.portalmedico.org.br/resolucoes/cfm/2012/1995_2012.pdf. Acesso em: 04 jan. 2020.

DE QUEM é a Vida Afinal? Direção: John Badham. Produção: Lawrence Bachmann. New York: Warner Bros, 1981. 1 DVD (119 min).

DINIZ, M. H. **O estado atual do biodireito**. São Paulo: Saraiva, 2011.

DIVISÃO DE INFORMAÇÃO LEGISLATIVA E PARLAMENTAR (DILP). **Eutanásia e suicídio assistido**. Lisboa, 2016.

FERNANDES, C. P. et al. Ansiedade e necessidades dos cuidadores de crianças com e sem deficiência. **Revista de Enfermagem Referência**, v. 6, p. 181-189, 2012.

FERREIRA, M. **Adaptação à lesão vertebro-medular:** influência da felicidade, sentido de vida, suporte social, depressão e coping na qualidade de vida. Dissertação de Mestrado – Faculdade de Psicologia e de Ciências da Educação, Universidade do Porto, Portugal, 2012.

FRANÇA, I. S. X.; CHAVES, A. F. Sexualidade e paraplegia: o dito, o explícito e o oculto. **Acta Paulista de Enfermagem**, v. 18, n. 3, p. 253-259, set. 2005.

GOMES, A., L.; MELO, R. L. Sobre a eutanásia. **Dat@venia**, v. 5, n. 2, p. 190-212, 2013.

HAMMELL, K. W. **Spinal cord injury rehabilitation.** Norwell: Chapman & Hall, 1995.

KOVÁCS, M. J. Desenvolvimento da tanatologia: estudos sobre a morte e o morrer. **Paidéia**, Ribeirão Preto, v. 18, n. 41, p. 457-468, 2008. DOI: 10.1590/S0103-863X2008000300004.

KOVÁCS, M. J. Curso Psicologia da morte: educação para a morte em ação. **Boletim Academia Paulista de Psicologia**, São Paulo, v. 36, n. 91, p. 400-417, jul. 2016.

LIMA JÚNIOR, A. A. S. et al. Tecnologia e transtornos psicológicos: uma análise do episódio "Toda sua história", da série Black Mirror. **Pretextos**, v. 4, n. 7, p. 538-557, 19 jul. 2019. Disponível em: http://periodicos.pucminas.br/index.php/pretextos/article/view/18711. Acesso em: 05 de janeiro de 2020.

MAIA, A. C. B. A sexualidade após a lesão medular: análise de uma narrativa biográfica. **Interação em Psicologia**, Curitiba, v. 16, n. 2, p. 227-237, jul./dez 2012.

MARCHI, J. A.; SILVA, R. H. D.; MAI, L. D. O cuidado domiciliar a indivíduo com tetraplegia: um relato de experiência. **Ciência, Cuidado e Saúde**, v. 11, n. 1, p. 202-209, out. 2012.

MARTINS, D. I. **Qualidade de vida e função respiratória na tetraplegia.** Dissertação de Mestrado – Universidade Católica Portuguesa, Portugal, 2011.

MAUTNER, V. F. et al. Neurofibromatosis 2 in the pediatric age group. **Neurosurgery**, v. 33, n. 1, p. 92-96, 1993.

MÜNSTERBERG, H. **The photoplay:** a psychological study. Nova York: D. Appleton and Company, 1916. Disponível em: https://www.gutenberg.org/files/15383/15383-h/15383-h.htm#chapter8. Acesso em: 05 jan. 2020.

NEGRINI, M. A significação da morte: um olhar sobre a finitude humana. **Revista Sociais e Humanas**, v. 27, n. 1, p. 29-36, jan./abr. 2014.

OLIVEIRA, E. G. Eutanásia: conflito de garantias fundamentais? **Âmbito Jurídico**, Rio Grande, XI, n. 58, out 2008. Disponível em: http://www.ambitojuridico.com.br/site/index.php?n_link=revista_ artigos_leitura&artigo_id=522. Acesso em: 03 jan. 2020.

OGDEN, J. **Health Psychology:** a textbook. New York: McGraw Hill, 2012.

ORGANIZAÇÃO MUNDIAL DA SAÚDE. **Educação e tratamento na sexualidade humana:** a formação de profissionais de saúde. Genebra, 1975.

______________. **Brazil**. Genebra: 2017. Disponível em: www.who.int/mental_health/suicide-prevention/country-profiles/BRA.pdf?ua=1. Acesso em: 05 jan. 2020.

______________. **Suicide rates (per 100 000 population)**. Genebra: 2018. Disponível em: www.who.int/gho/mental_health/suicide_rates/en/. Acesso em: 05 jan. 2020.

PERASSO, V. Suicídio assistido: que países permitem ajuda para morrer? **BBC Brasil**, 12 set. 2015. Disponível em: https://www.bbc.com/portuguese/noticias/2015/09/150911_suicidio_assistido_rb. Acesso em: 04 jan. 2020.

ROCHA, R. Eutanásia, suicídio assistido, distanásia, ortotanásia e testamento vital: Aspectos éticos e jurídicos acerca da morte digna. **Jus Humanun:** Revista Eletrônica de Ciências Jurídicas e Sociais, v. 1, n. 3, p. 141-162, jul. 2014. Disponível em: http://revistapos.cruzeirodosul.edu.br/index.php/jus_humanum/article/view/891/707. Acesso em: 05 jan. 2020.

SANTOS, B. M. S.; SILVA, A. M. V. Representação social do gênero masculino e suas implicações na sexualidade de pacientes com paraplegia. **Gênero na Amazônia,** Belém, v. 7, n. 12, p. 97-107, jul./dez. 2017.

SCHMITZ, M. R. Eutanásia: assassinato, suicídio assistido ou libertação? **Revista Pensar Acadêmico**, Manhuaçu, v. 11, n. 2, p. 46-56, 2014.

SILVA, R. C.; CAMPOS, J. "Mar adentro": um mergulho dentro da eutanásia e da legislação mundial. **Revista Eletrônica da Feati**, Ibaiti, v. 1, n. 12, p. 134-151, jan./jul., 2016.

SIQUEIRA-BATISTA, R.; SCHRAMM, F. R. Eutanásia: pelas veredas da morte e da autonomia. **Ciência & Saúde Coletiva**, Teresópolis, v. 9, n. 1, p. 31-41, 2004.

TORRES, W. C. A bioética e a Psicologia da saúde: reflexões sobre questões de vida e morte. **Psicologia: Reflexão e Crítica**, Rio de Janeiro, v. 16, n. 3, p. 475-482, 2003.

VICENSI, M. D. C. Reflexão sobre a morte e o morrer na UTI: a perspectiva do profissional. **Revista Bioética**, Brasília, v. 24, p. 64-72, jan./abr. 2016.

YOUNG, S. D. **A Psicologia vai ao cinema:** o impacto psicológico da sétima arte em nossa vida e na sociedade moderna. São Paulo: Cultrix, 2014.

MA BELLE CADINHO

Valdemar Augusto Angerami

Isabella

Sempre te amei...
Mesmo antes de te ter já te amava...
Nas tuas mãos alvas vi o sonho colorido da esperança...
Nos cabelos dourados sobre os ombros um quê de fascínio...
No teu sorriso encontrei as marcas da vida de outrora...
Nos teus olhos a dimensão do infinito...
E a emoção de um olhar que incendeia minha alma...
Na tua feminilidade o detalhamento de algo maior para a vida...
De como você mordisca as palavras para dizer das tuas coisas...

Você surgiu e suavemente me envolveu...
De uma força e tenacidade que ao ser mostrada surpreende...
E encanta, fascina, te torna ainda mais grandiosa...
Mais linda, mais exuberante, Ma Belle...
Do tanto que aprendi a te admirar... E te respeitar...
E te adorar é minha mais doce sina...
Pelas ruas de Belo Horizonte... Pela vida...
Ouro Preto, Cantareira... E pelos sonhos...
Do sonho azul de ter novamente estreitada em meus braços...
Desde séculos é assim, apenas estou te reencontrando...

Um cadinho de prosa... Um cadinho de você...
Uai é detalhe da tua mineirice... Meu Lindo, expressão do teu amor...
Fiz o chá de cidreira com torradas... Tão você, tão preciosa...
Ah, beijinho e carinho no Rin Tin... Suavidade tão dengosa...
De cada vez que te vejo a certeza inquebrantável de mistério...
Mistério insondável... Mistério que a razão não alcança...
De como você se infiltrou em minha alma...
E me fez refém da tua graciosidade... Da tua feminilidade...
Você sem trégua no pensamento... Doce ternura de alma...
Sem possibilidade de voltar atrás...

Serra da Cantareira, numa manhã azul de Verão...

BIRD BOX

Quando o suicídio parece a única solução para o sofrimento

4

Henrique Landim Santos
Everson Sercundes de Lira
Pedro Paulo Viana Figueiredo
Maria Suzane da Silva Barbosa

Introdução

O filme *Bird Box* (2018) foi dirigido por Susanne Bier e escrito por Eric Heisserer a partir de uma obra literária homônima do autor americano Josh Malerman. O romance *Bird Box* (2014) é obra de estreia do autor e foi publicado inicialmente no Reino Unido pela Harper Voyager e posteriormente nos Estados Unidos através da Ecco Press, sendo lançado no Brasil em 2015 pela Intrínseca e com o título em português *Caixa de Pássaros*. A adaptação cinematográfica traz uma perspectiva pós-apocalíptica, pautada na autodestruição humana diante da contemplação do insuportável não visível.

Os primeiros minutos do filme nos apresentam à protagonista, Malorie Hayes, interpretada pela atriz Sandra Bullock. Apática e insegura, devido à recente separação conjugal, Malorie é caracterizada como uma personagem complexa e intensa. Ao receber o resultado de sua gravidez, Malorie opta por não saber o gênero do bebê, nem escolher seu nome, aparentando dificuldades na aceitação e na adaptação à maternidade.

No primeiro momento, as peculiaridades das relações humanas são apresentadas não apenas sob a perspectiva da personagem principal, mas também de sua irmã Jessica (Sarah Paulson), que busca apresentar à Malorie, na iminência do nascimento do bebê, a importância da convivência social com os vizinhos e a criação de vínculos no desenvolvimento da criança, valorizando contextos de criação e de interação socioafetiva.

Casos de suicídios são subitamente apresentados às personagens através dos noticiários, onde a mídia explora de maneira veemente os crescentes números de ocorrência, exibindo imagens fortes de pessoas promovendo violências autoprovocadas de maneira deliberada, que por motivo até então desconhecido, são representadas através do comportamento de autodestruição coletiva.

Na trama, o fenômeno (agente) que leva ao suicídio atinge a comunidade da qual Malorie faz parte, causando espanto e chegando a assumir um caráter familiar, como na cena em que Jessica busca destruir a si mesma enquanto dirige de volta para casa, colocando as duas e o bebê em risco. O suicídio de Jessica se dá como consequência da contemplação de algo imaterial e insuportável ao ponto que acaba por causar a autodestruição.

A morte de Jessica resulta no desamparo e fragilização imediata de Malorie, que, confusa e desnorteada após o incidente, passa a vagar pelas ruas, sendo exposta a um cenário de caos coletivo causado pelo desconhecido fenômeno. Tal contexto altera o ritmo da jornada da personagem, que sem tempo para conseguir compreender a morte de sua irmã, acaba levada por uma multidão tomada pelo pânico. O comportamento social de busca pela sobrevivência no filme possui dimensões grandiosas, acabando por impulsionar seus personagens a agirem de forma intensa na busca pela sobrevivência.

Em consonância com aspectos sociais contemporâneos, em conjunto com o medo frente ao desconhecido, que nesse contexto é representado pela finitude através do suicídio. Para Bauman (2007) o Medo é o pior dos demônios, pois nasce do sentimento de impotência e alimenta-se das inseguranças do presente e das incertezas do futuro. O autor aponta tais características como aquelas que corroboram para a perda do controle, seja essa percepção de controle a nível individual ou coletivo.

Grupos de pessoas da comunidade fogem tentando desesperadamente se salvar da "contemplação" que leva ao suicídio, sem saber sua causa e origem, em um contexto caótico e anárquico, resultando na perda do autocontrole. Tais dúvidas sobre o suicídio não são apenas ficção cinematográfica, são aspectos mundiais que acompanham o desenvolvimento humano.

Para Durkheim (1897/2000), as razões para o suicídio são muito íntimas e de difícil destaque, pois estão pautadas na multifatorialidade do ato e possuem conexão quanto à sua finalidade, onde o foco é acabar com o que provoca o sofrimento insuportável que é fruto do desespero. Contudo, pode haver ciência na ação e em sua motivação, permitindo então, o suicídio ser considerado resultado direto ou indireto de uma construção consciente.

Outros personagens são inseridos quando Malorie precisa de ajuda, como Lydia (Rebecca Pidgeon), que acaba se deparando não apenas com a imagem da protagonista grávida, fragilizada e caída nas ruas, mas também contempla o insuportável e invisível. Ela ajuda Malorie, porém não suporta enxergar por muito tempo tal cenário caótico e se lança sob um carro em chamas, tirando a própria vida. Tom (Trevante Rhodes), que até então era desconhecido pela personagem principal, levanta Malorie das ruas e a leva para se abrigar em uma casa. Nessa moradia estão outros personagens que se escondem do que provoca a autodestruição, embora ainda sem saber como evitá-la.

Pouco tempo depois há um momento de tensão ao decidir se eles irão abrigar ou não outra pessoa que bate à porta. A decisão de Malorie é tomar a frente da situação e possibilitar a entrada da mulher, Olympia (Danielle Macdonald), que surpreende a todos por também estar grávida. Na sequência, o grupo descobre que observar o ambiente fora da residência implica em atos impensados e intensos para causar a própria destruição.

No decurso da trama alguns aspectos são fortemente simbólicos, talvez o principal deles sejam as vendas utilizadas para não enxergar o que provoca o suicídio, que podem significar mais do que o distanciamento de algo que tem potencial para causar a destruição por meio do contato visual. É possível refletir que essa contemplação das características pessoais ou ainda de questões sociais pode vir a causar indagações e angústias sobre a existência, o que diante do contexto pode ser destrutivo. Vendar-se sugere uma busca pela não afetação.

Embora na afetação haja corporeidade, o que para Merleau-Ponty (1999) é a forma mais antiga de comunicação, mais ancestral do que o próprio pensamento, a privação de um dos sentidos não extingue, no caso do filme, o risco ou a problemática, onde o ato de "vendar-se" pode assumir uma forma limitadora ou libertadora, dependendo do que se assume como prioridade. O que as destrói está ao redor, e mesmo que não seja visto, ainda pode ser sentido. Assim, a afetação por meio da acentuação da corporeidade vai tomando maiores proporções e isso significa dizer que as relações entre os personagens são intensificadas, destacando-se as relações estabelecidas principalmente entre Malorie, Olympia e Tom.

O momento do nascimento dos bebês é extremamente relevante para a trama, acontecendo quase simultaneamente, Olympia entra em trabalho de parto primeiro, Malorie busca pegar toalhas e água para ajudá-la durante o processo, mas logo em seguida a sua bolsa contendo o líquido amniótico estoura e ela sente as dores inerentes ao processo de nascimento. Tom percebe a situação e busca ampará-la. É perceptível como ela nega a iminência do nascimento de seu bebê, chegando a afirmar para Tom: "Isso não está acontecendo", indicando claramente sua insatisfação com a maternidade, que se faz presente no decurso da jornada da personagem.

Olympia acaba exposta após o parto ao lado de fora da residência, um dos ocupantes recebido há pouco a força a se deparar com o exterior, que pela personagem é descrito como algo "não tão mal", colocando-a em um estado próximo a um transe. Malorie intervém visando salvar Olympia, e provavelmente esse seja o ato primeiro de maternidade da protagonista.

Olympia está prestes a se autodestruir e Malorie consegue convencê-la a entregar sua filha antes que a mulher se jogue pela janela. O que fatidicamente acontece, não apenas para Olympia, mas para os demais ocupantes da casa, o homem recém-recebido por eles age no intuito de mostrar-lhes o que há lá fora, mesmo que seja por meio da violência, o que resulta em confrontos e mortes, restando vivos apenas Malorie, Tom e as crianças.

A relação posteriormente desenvolvida entre a protagonista e as crianças possui caráter peculiar, onde as mesmas são tratadas com certa impessoalidade e distanciamento afetivo, resultando no não recebimento de nomes próprios, sendo chamadas de "garoto" (Julian Edwards) e "garota" (Vivien Lyra Blair). A passagem de tempo expõe a relação da protagonista com as crianças, "garoto" (Julian Edwards) e "garota" (Vivien Lyra Blair), ou seja, os bebês de Olympia e da própria Malorie. Essa ligação possui caráter peculiar, pois as crianças são tratadas com certo afastamento relacional, resultando no não recebimento de nomes próprios.

Tal negação em "nomear" aponta para a dificuldade em se reconhecer mãe, ainda mais quando assume os cuidados de mais uma criança, no caso a "garota" filha de Olympia e que agora é sua filha por adoção. É uma batalha pessoal para Malorie nomeá-los, em lhes dar mais identidade, o que pode significar um conflito contra a própria afetação ou, ainda, a insuficiência das palavras, de nomes que representem o que se sente, ou seja, algo interno sendo, assim, transformado em algo externo.

Nomear as crianças pode ser considerado como uma forma simbólica de apropriação, de 'torná-los seus", concretizando a maternidade, mudando a ótica sobre o ser mãe. Há uma conversa entre Olympia e Malorie, na qual Olympia fala sobre as opções de nome para sua filha e afetuosamente explica os significados desses nomes, mas para Malorie é "só ela", ela logo se afasta e sai. Evita ser afetada, busca distanciar-se do conteúdo da conversa e do que ela causa. Mas com a morte de Olympia e as crianças sob seus cuidados as situações e sensações são inevitáveis.

Heidegger (1927/2006) afirma que há momentos nos quais sensações e situações não podem ser exprimidas em palavras, as palavras faltam ao tentar explicar. Desde o início, Malorie não consegue nomear seu bebê e tal comportamento perdura durante quase toda jornada, mas o cuidado, o afeto, a proteção, a preocupação que ela mantém por eles estão claramente estabelecidos, mesmo frente a tais condicionantes.

Tal disputa interna mostra-se, de fato, como um aspecto angustiante para Malorie, tornando-se combustível de sua jornada para chegar a um lugar seguro. A busca por um local seguro se dá através do percorrer de um caudaloso rio, onde ela e as crianças são levadas para além de sua autonomia, visto que não há controle sobre a correnteza. A trajetória lhes apresenta a sujeitos que olharam para o agente causador da autodestruição e sobreviveram, mas que, por sua vez, são apresentados como "pessoas insanas e perigosas", como o homem recebido por último na casa e que causou tantas mortes e que possuem o intuito de retirar as vendas e promover a "contemplação fatal".

Bird Box, adoecimento e suicídio

> *O que vocês acham que aconteceria com um homem já louco se ele visse as criaturas lá fora? Acham que elas não o afetariam, que a mente dele já estaria destruída? Ou acham que a loucura alcançaria outro nível de insanidade, um nível superior? Talvez os doentes mentais herdem este novo mundo, por serem incapazes de ficarem mais loucos do que já são. Não sei mais sobre isso do que vocês.*
>
> (Gary relatando escritos de um companheiro, Frank, no livro Caixa de Pássaros [Malerman, 2015])

No que diz respeito à maneira pelo qual o filme retrata doença mental e suicídio, podemos dizer que se dá de maneira controversa. Ao lançamento do filme diversas pessoas em plataformas digitais, a exemplo do *Twitter,* alertaram como o filme pode servir de gatilho para pessoas com ansiedade, depressão ou ideações suicidas, dado à maneira gráfica como o filme retrata cenas de suicídio (Cassidy, 2018). De outro lado, também foi alertado que o filme retrata tanto o suicídio como doença mental de maneira imprudente, desperdiçando uma ótima oportunidade para falar sobre os temas que mais perpassam o filme – trauma e sobrevivência – de uma maneira mais profunda (Corrall, 2019; Joho, 2018).

O mundo é perseguido por monstros que fazem as pessoas se suicidarem apenas por vê-los, com exceção das pessoas com doenças mentais (que, no filme, são pessoas "fugidas" de hospitais psiquiátricos e manicômios judiciários) que, ao invés de suicidarem-se das maneiras mais grotescas possíveis, acabam por se tornarem literalmente "agentes do mal", completamente obstinados a levarem a cabo o plano dos "monstros" em destruir a humanidade. Nesse sentido, a crítica cultural Joho (2018) afirma:

> Os exemplos desse efeito são vistos em personagens explicitamente estabelecidos como vivendo com uma doença mental: ex-pacientes de um hospital psiquiátrico, além de um balconista de supermercado descrito como tendo ido "para a prisão e sempre sido um pouco louco". (*tradução livre nossa*).

A metáfora dos monstros para explicar um possível transtorno mental de maneira amorfa, algo com o qual o simples flerte faz com que as pessoas enlouqueçam e tirem a própria vida, acaba por banalizar o que seria adoecimento psíquico ao perpetuar uma visão arcaica presente nas mídias de massa sobre doença mental na qual pessoas que tem um transtorno são vilões perversos, malignos (Tartakovsky, 2018; Wahl, 1997; Wedding; Nimiec, 2014). Seja em livros, filmes ou quadrinhos,[1] permanece essa construção sobre doença mental e seu tratamento. No que diz respeito à maneira como os filmes apresentam as doenças mentais, Wahl (1997) afirma:

> Mais comum e mais perniciosa do que qualquer imagem midiática sobre doença mental (...) é a representação de pessoas com doenças mentais como violentas e criminosas. O "assassino louco" é um estereótipo midiático tão persistente, pervasivo e poderoso que se pode achar em qualquer lugar. Ele ocorre repetidamente dentro de nossa mídia popular e consistentemente através de virtualmente qualquer forma de mídia de massa. (p. 56, *tradução livre nossa*).

Tal representação faz com que, ao apresentar os monstros como alegoria para o contato com o horrendo que provocará inescapavelmente morte, a mensagem que permaneça no filme é de que existem experiências que não tem possibilidade de serem elaboradas, levando necessariamente à morte. Pessoas com ideação suicida ou em processo depressivo ao ver o filme podem acreditar que de fato não há razão em buscar ajuda: "aquilo" as alcançará e não há como escapar, ou o suicídio ou a loucura restam.

Podemos utilizar a alegoria dos monstros como sendo Sombra – para usar o termo Junguiano[2] – que talvez só pessoas que já conviveram com depressão ou algum outro transtorno psicológico já estejam familiarizadas. No filme, isso é percebido pela maneira indireta por meio da qual podemos saber o que cada personagem viu antes de morrer: o suicídio é provocado por um estado de profunda depressão diante daquilo que é visto.

[1] Para uma crítica nesse sentido, recomendamos o livro *O Asilo Arkham e a Psicopatologia dos Vilões de Gotham City* (ASSUMPÇÃO JR., 2009).

[2] Um dos modos de definir brevemente o arquétipo de Sombra, desenvolvido por Carl Gustav Jung, seria a de vivências e conteúdos não aceitáveis em nós mesmos, certas tendências de personalidade que foram reprimidas ou são incompatíveis com a atitude consciente (JUNG, 1978; 2000).

Um dos autores desse capítulo, a título de exemplo, teve que fazer uma escuta emergencial de uma cliente com sintomas depressivos e ideações suicidas que, após ver o filme, começou a fantasiar que, tal como quando era criança e acreditava em demônios, tinha algo dentro de casa a vigiando e que a encontraria. Naquele momento, encontrava-se em psicoterapia tentando elaborar a experiência de abuso sexual vivida na adolescência e as diferentes emoções que essa violência provocou – inclusive que talvez tenha "sentido prazer físico" (sic) mesmo sabendo que se tratava de violência. Para ela foi angustiante a perspectiva de que, a algo traumático ser confrontado (a "verdade" ser vista, como é dito no filme), só restar a morte ou a perda do contato com a realidade. Porém devemos lembrar que, por tratar-se de um filme de ficção, o mesmo também deve ser tomado numa perspectiva simbólica, tendo Malorie como personagem principal.

> Com um monstro que não se vê como protagonista, *Bird Box* recorre à atualização da metáfora da cegueira, tema ancestral que está presente nas mitologias de diversas culturas. Dentre elas, destacamos as que se alinham com a perspectiva adotada em *Bird Box* e exploram a premissa paradoxal de que a *cegueira* – o *não olhar* ou o *não ver* – é fonte de sabedoria, ou de que o ato de *olhar* ou *ver* é ameaçador. Ela está presente em mitos gregos, como o da Medusa, criatura mortal para quem para ela olhasse, e o de Narciso, jovem belo que ao olhar a si próprio como reflexo é tomado pela *hybris* que o leva ao suicídio. (Ceretta; Anaz, 2019, p.560, *grifos no original*).

Dessa forma, trata também da própria jornada de Malorie em resolver seus dilemas pessoais – sendo o principal deles o fato de ser mãe em um momento indesejado e tendo que assumir uma filha que não foi gerada por ela. Nesse sentido, confiar em si mesma como cuidadora, mesmo que não consiga ver tudo aquilo que precisa enfrentar, trata-se de uma jornada heroica, na qual a cegueira faz com que ela enfrente sua própria Sombra (no caso, a relação da personagem com a maternidade) de outra maneira:

> A espinha dorsal da história é a da *heroína que supera o monstro para salvar algo*, neste caso, a *heroína* é Malorie Hayes (Sandra Bullock), que *supera o monstro* ao completar sua jornada, sem sucumbir à

> ameaça de algo que ao ser visto pelos personagens no mundo diegético torna-se letal a esses, para *salvar* Tom/o garoto (Julian Edwards), seu filho biológico, e Olympia/a garota (Vivien Lyra Blair), sua filha adotiva. A relação da heroína com a maternidade – da relutância/rejeição à aceitação – estabelece a premissa do filme de que o *instinto materno*[3] *vence todos os males*. (Ceretta; Anaz, 2019, p. 561, *grifos no original*).

Por conseguinte, mesmo que as pessoas cegas tenham uma função alegórica em *Bird Box*, o filme tenta resolver a questão de se ter algum tipo de incapacidade como sendo algo ruim ao final: Malorie, a Garota e o Garoto encontram finalmente um paraíso numa comunidade administrada por pessoas cegas.[4] Como dito acima, a cegueira coloca-as no lugar de líderes que vão guiar aqueles que seriam "normais" para um novo mundo. Porém, falha ao recolocar as pessoas que enxergam em posição de privilégio ao encontrarem o lugar seguro (Kremell, 2019).

De outra forma, a desestigmatização da cegueira como algo negativo ou penoso não torna esse paraíso habitável para pessoas com doenças mentais, que continuam a serviço dos monstros. Trata-se de um filme que, assim como no livro que o origina, acaba por não explorar uma possível complexidade nas pessoas que se suicidam e o que torna aquilo que é visto insuportável; ou ainda, o que o pode ter feito os ditos "loucos" adoecerem psiquicamente, colocando-os como vilões a serviço do mal.

Malorie encontra um fim para sua jornada, sua personagem aceita o papel da maternidade e não precisa deparar-se com o monstro e ter que olhar aquilo que pensava ser incapaz, o que poderia levá-la ao suicídio. Em relação ao fim da jornada heroica, afirma Jung (2014, parágrafo 756, *tradução nossa*):

> Em mitos, o herói é quem conquista o dragão, não quem é devorado por ele. E, no entanto, ambos têm que lidar com o mesmo

[3] Contrariando os autores, preferiríamos dizer que se trata simplesmente da relação da personagem com a maternidade e não um *instinto materno*, dado que o mesmo se trata de uma ficção (Cf. BADINTER, 1985, 2011).

[4] No livro, a descrição é mais trágica: algumas das pessoas que ela encontra lá teriam propositadamente tirado a visão e Malorie tem medo de que ela tenha que fazer o mesmo. Porém, Rick diz que isso foi necessário como medida logo no início da "praga", mas agora o lugar é seguro o suficiente para que isso não seja mais preciso.

> dragão. Além disso, ele não é um herói que nunca encontrou o dragão, ou que, se ele uma vez o viu, declarou depois que não viu nada. Da mesma forma, apenas quem arriscar a luta com o dragão e não for derrotado por ele ganha o tesouro escondido, o "tesouro difícil de alcançar". Ele sozinho tem uma reivindicação genuína de autoconfiança, pois enfrentou o terreno escuro de si mesmo e, portanto, ganhou a si mesmo (...) Ele adquiriu o direito de acreditar que poderá superar todas as ameaças futuras pelos mesmos meios.

Contudo, o filme se desenvolve de uma maneira que nega qualquer forma de humanidade e/ou salvação para aquelas pessoas que tenham algum tipo de adoecimento mental, que se tornam fanáticas que sobrevivem apenas como extensões de um mal monstruoso (Joho, 2018). Por outro lado, evidencia na personagem de Malorie que as pessoas "normais", para suportar o confronto com a Sombra/Monstro, precisam enfrentar uma jornada em plena escuridão, confiando em si próprias e em suas capacidades, até o lugar seguro.

Bird Box e o Efeito Werther

Frente as correlações socialmente levantadas sobre transtornos mentais, *Bird box* e suicídio, faz-se necessária a avaliação dos meios e das formas de divulgação, debate e construção dialética sobre tais temáticas. A mídia é um dos principais espaços que mais paradoxalmente contribuem para o desenvolvimento de ações de cuidado em saúde mental ou adoecimento psíquico e replicação de comportamentos.

O "Efeito contágio" ou "Efeito Werther" foi cunhado por David Philips (1974), sociólogo que promoveu pesquisa sobre a correlação entre notícias de violências autoprovocadas publicadas pelo *New York Times* e a ocorrência de novos casos (Nunes, 2018). Tal alcunha apoia-se no livro produzido em 1774 pelo autor alemão Johann Wolfgang von Goethe (Goethe) intitulado *Os sofrimentos do Jovem Werther* (*Die Leiden des Jungen Werthers*), que retrata os suplícios de Werther ao viver o amor pela jovem Charlotte, prometida por sua família a outro homem.

No livro, Goethe retrata o suicídio do jovem Werther através da descrição minuciosa de sua morte e de seu sofrimento existencial, onde a personagem se suicida desferindo um tiro de pistola em sua cabeça. De acordo com Meyers (2009), após a publicação da obra no continente europeu (1774), alguns jovens passaram a trajar vestes parecidas com as utilizadas pela personagem (Werther), e também foram retratados óbitos por suicídio utilizando o mesmo método descrito no livro. Durante o período, tal fenômeno resultou na proibição da obra em alguns países e na destruição de seus exemplares.

Stack (2002) promoveu um levantamento bibliográfico entre pesquisas que correlacionam suicídio, mídia e figuras públicas. Tal avaliação apontou que existem 14,3 vezes mais possibilidades de encontrar nos resultados apresentados a interligação entre as variáveis. Em pesquisa publicada pela *US National Library of Medicine National Institutes of Health*, realizada na Áustria por Etzersdorfer e colaboradores (1992), que comparou a relação entre o suicídio por arma de fogo de uma famosa figura pública, a abordagem, distribuição e consumo de jornais e o comportamento dos óbitos por suicídio. Foi percebido nas três semanas seguintes à veiculação da notícia um aumento significativo nos óbitos por suicídio pelo mesmo método (15,9%).

Elaborado em 1999 e publicado em 2000, o manual *Prevenção ao suicídio: Um manual para profissionais da mídia* compõe o conjunto de ações do SUPRE (Suicide Prevention Program), programa elaborado pela Organização Mundial de Saúde (OMS) para profissionais de educação, saúde pública e mídia na percepção, cuidado e assistência sobre os fatores de risco e proteção às violências autoprovocadas. Utilizando o conceito de Schmidtke e Schaller (1998, p. 2), o manual define Imitação e Contágio como:

> Imitação é o processo pelo qual um suicida exerce um efeito modelador em suicídios subsequentes. *Clusters* (agrupamentos) referem-se ao número de suicídios que ocorrem em estreita proximidade temporal e/ou geográfica, com ou sem qualquer ligação direta. Contágio é o processo pelo qual um determinado suicídio facilita a ocorrência de outros suicídios, a despeito do conhecimento direto ou indireto do suicídio.

A submissão a uma exploração midiática intensa, "romantizada" e de cunho especulativo, associada a fatores socioeconômicos, culturais e interpessoais conflituosos, pode contribuir para o processo de imitação e contágio. Para tal, torna-se "complexa" e "estrutural" a avaliação das correlações que dão base à discussão pública do fenômeno, evitando a "simplificação" e a "minimização" de possíveis razões e causas.

Durante o filme, o papel da mídia limita-se à impressão pública do caos social causado pela onda de suicídios, apresentando cenas de mortes violentas e de grande impacto para as personagens. Durante as imagens retratadas pelo noticiário, foram apresentadas cenas reais do acidente ocorrido em Lac-Megantic (Quebec/Canadá), onde um trem que transportava petróleo saiu dos trilhos e causou a morte de 47 pessoas,[5] fator de possível impacto emocional aos familiares e amigos das vítimas e demonstrando a necessidade de maior observação e cuidado na produção de material midiático.

De acordo com o Google Trends, durante o mês de lançamento do filme (12 de novembro a 21 de dezembro de 2018) houve um pareamento na plataforma no interesse de pesquisa relativo entre o título do filme (*Bird Box*) e a palavra "*suicide*" (**Gráfico 1**) a nível mundial. As motivações relacionadas a tais buscas não são especificadas pela plataforma, mas demonstram o impacto de produções midiáticas na busca por informações relacionadas às violências autoprovocadas.

Gráfico 1 – Indicadores de busca global relacionados à busca entre a palavra "*suicíde*" e o título *Bird Box*, 2018

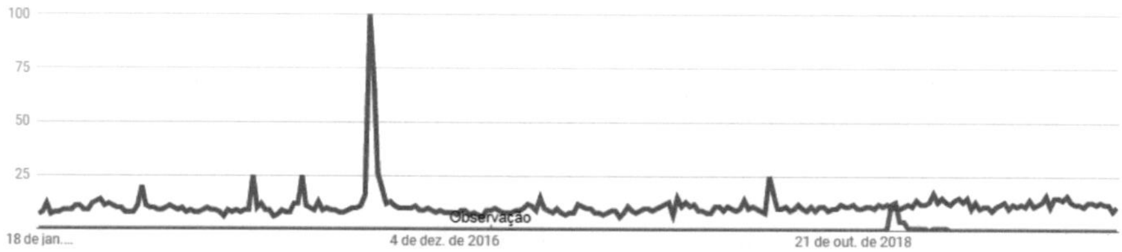

Fonte: Google Trends. Dados extraídos em janeiro de 2020.

A produção de obras dramatúrgicas ou explicitação pública de cenas ou informações relacionadas ao suicídio despertam variadas reações e comportamentos. Devido a tal potencial, a OMS (2000) recomenda que

[5] A Netflix e a Pondo 5 (produtora que forneceu as imagens) retrataram-se publicamente, informaram que eventuais futuras produções tomariam mais cuidado, mas não alteraram o conteúdo original.

noticiar casos de violências autoprovocadas de maneira pouco cuidadosa, banal, valorizando os meios do óbito e promovendo julgamento social não deve ser prática estimulada em detrimento a abordagens de cuidado em saúde mental e valorização da vida.

Conclusão

O filme aborda a temática do suicídio e suas configurações, valorizando seu foco nas relações interpessoais em ambientes de hostilidade e caos. No grupo de sobreviventes do período pós-apocalíptico relatado, alguns dos personagens ao longo da trama trazem situações pontuais vivenciadas durante a vida, promovendo reflexões sobre as facilidades e dificuldades em realizar e/ou manter conexões sociais. A personagem principal (Malorie) tem a sua história mais bem explorada nesse sentido, evidenciando que desde a infância suas questões familiares podem ser a chave para a formação das reações de medo e insegurança evidenciadas por ela na trama.

Essa dificuldade em se conectar com o outro e sentir-se pertencente ao grupo é bastante vivenciada atualmente em nossa sociedade contemporânea, sendo um dos fatores de risco que podem, juntamente com outras condições, levar ao suicídio (Braga; Dell'Aglio, 2013). Não é preciso ir longe para observar o impacto de tal fator. Ao observarmos as relações interpessoais contemporâneas podemos utilizar, como exemplo, um grupo de indivíduos reunidos num restaurante/bar, que ocupam o mesmo espaço, porém, sem realizar reais conexões de cunho vincular. Passando horas debruçadas em aparelhos eletrônicos que "aproximam" pessoas distantes geograficamente, mas se privando a oportunidade do toque, do carinho, da real conexão.

Outro fator interessante já discutido neste capítulo é a questão dos medos e inseguranças de cada personagem. Apesar de não mostrar o que os amedronta, fica claro que todos temos nossos próprios medos. Porém, sendo insuficiente no que diz respeito à questão do "encarar esses medos/demônios", nos fazendo acreditar que isto nos levaria necessariamente ao suicídio.

A forma como o suicídio é abordado e divulgado na mídia também é algo a ser debatido, pois é importante salientar que, segundo dados do IPEA (2013), a mídia é o terceiro maior motivador do suicídio, perdendo apenas para o desemprego e a violência no Brasil, sendo interessante a reflexão sobre o efeito contágio nas taxas de suicídio de uma população. A exploração da mídia sobre o tema deve ser promovida pautada na valorização de espaços de fala, de cuidados em saúde mental e não em "sensacionalismo" de cunho moral e culposo, pois tais veículos possuem um grande alcance social, podendo despertar reações diversas e perigosas no telespectador.

Referências

ADLER, G.; HULL, R. F. C. (Eds.) **The Collected Works of C.G. Jung**: Complete Digital Edition (English Edition). Princeton University Press, 2014.

ASSUMPÇÃO Jr., F. B. **O Asilo Arkham e a Psicopatologia dos Vilões de Gotham City**. São Paulo: Livraria Médica Paulista Editora, 2009.

BADINTER, E. **Um amor conquistado**: O mito do amor materno. Rio de Janeiro: Nova Fronteira, 1985.

BADINTER, E. **O conflito**: a mulher e a mãe. São Paulo: Record, 2011.

BAUMAN, Z. A vida-líquido moderna e seus medos. *In*: **Tempos líquidos**. Rio de Janeiro: Zahar; 2007, p.11-32.

BIRD BOX. Direção: Susanne Bier. Produção: Jan Roelfs. Estados Unidos, 2018. Netflix (124 min).

BRAGA, L. L.; DELL'AGLIO, D. D. Suicídio na adolescência: fatores de risco, depressão e gênero. **Contextos Clínicos**, v. 6, n. 1, p. 2-14, janeiro-junho, 2013.

CASSIDY, E. **People Are Warning Each Other About Mental Health Triggers in Netflix's 'Bird Box'**. Disponível em: https://themighty.com/2018/12/warning-suicide-depiction-bird-box-netflix/ Acesso em: 20 dez. 2019.

CERETTA, F. M.; ANAZ, S. L. A. O monstro que não se vê e a cultura da participação em Bird Box. **Comun. Mídia Consumo**, São Paulo, v. 16, n. 47, p. 554-577, set/dez 2019. Disponível em: http://revistacmc.espm.br/index.php/revistacmc/article/view/2060/pdf. Acesso em: 02 jan. 2020.

CORRALL, C. Bird Box recklessly villainizes mental illness and suicide. **Chicago Reader**. 15 jan. 2019. Disponível em: https://www.chicagoreader.

com/chicago/in-bird-box-mental-illness-and-suicide-are-recklessly-villainized/Content?oid=66555218 Acesso em: 20 dez. 2019.

DURKHEIM, É. et al. **O suicídio, estudo de Sociologia**. Introdução. São Paulo: Martins Fontes, 1897/2000. p. 9-26. Disponível em: https://edisciplinas.usp.br/pluginfile.php/4239077/mod_resource/content/0/Émile%20 Durkheim%20-%20O%20Suicidio%20%282000%29.pdf Acesso em: 05 jan. 2020.

ETZERSDORFER, E. SONNECK, G. NAGELKUESS, S. Newspaper reports and suicide. **New England Journal of Medicine**. v. 327, n. 7, p. 502-503, 1992.

GOOGLE. Google Trends 2019. Disponível em: https://trends.google.com.br/trends/explore?date=today%205-y&gprop=news&q=Bird%20Box,Suicide. Acesso em: 13 jan. 2019.

HEIDEGGER, M. O Ser – em como tal. **Ser e Tempo:** Parte I (MSC Schuback, trad.) 15. ed. Petrópolis: Vozes, 1927/2006. p.184-242. Disponível em: http://www.unirio.br/cch/filosofia/Members/ecio.pisetta/PFC.%20 HEIDEGGER-%20Martin.%20Ser%20e%20tempo-%20parte%201.pdf/view. Acesso em: 09 jan. 2020.

IPEA – INSTITUTO DE PESQUISA ECONÔMICA APLICADA. **Os efeitos da mídia sobre o suicídio: uma análise empírica para os estados brasileiros**. Brasília: Ipea, 2013.

JOHO, J. **Netflix's 'Bird Box' is blind to the issue of stigmatizing mental illness**. Disponível em https://mashable.com/article/bird-box-netflix-mental-illness-suicide/ Acesso em: 20 dez. 2019.

JUNG, C. G. **Psicologia e religião**. Petrópolis: Vozes, 1978.

JUNG, C. G. **Os arquétipos e o inconsciente coletivo**. Petrópolis: Vozes, 2000.

JUNG, C. G. Mysterium Coniunctionis. *In*: ADLER, G.; HULL, R. F. C. (Eds.) **The Collected Works of C.G. Jung:** Complete Digital Edition (English Edition). Nova Jersey: Princeton University Press, 2014.

KREMELL, L. R. Blind Survival: Disability and Horror in Josh Malerman's Bird Box. **Studies in Gothic Fiction**, v. 6, n. 1, p. 42–52, 2019. Disponível em: https://sgf.cardiffuniversitypress.org/articles/abstract/10.18573/sgf.18/. Acesso em: 21 dez 2019.

MALERMAN, J. **Caixa de pássaros**. Rio de Janeiro: Intrínseca, 2015.

MALERMAN, J. **Bird box**. Londres: Harper Voyager, 2014.

MERLEAU-PONTY, M. Corpo. *In*: MERLEAU-PONTY, M. **Fenomenologia da percepção**. 2. ed. São Paulo: Martins Fontes, 1999. p. 102-111. Disponível em: https://monoskop.org/images/0/07/Merleau_Ponty_Maurice_Fenomenologia_da_percep%C3%A7%C3%A3o_1999.pdf. Acesso em: 08 jan. 2020.

MEYERS. D.G. Social Psychology (10th Ed). **New York: McGraw Hill**, 2009.

NUNES, E. D. O suicídio: reavaliando um clássico da literatura sociológica do século XIX. **Cadernos de Saúde Pública**, vol.14, n.1, p.7, jan. 1998.

ORGANIZAÇÃO MUNDIAL DE SAÚDE. **Prevenção do suicídio**: Um manual para profissionais da mídia. Genebra: Organização Mundial da Saúde, 2000. p.15-23.

PHILLIPS, D. The influence of suggestion on suicide: substantive and theoretical implications of the Werther effect. **American Sociological Review**, v. 39, p. 340-354, 1974.

PHILLIPS, D. P. The impact of fictional television stories on U.S. adult fatalities: new evidence on the effect of the mass media on violence. **The American Journal of Sociology**, v. 87, n. 6, p. 1340-1359, mai. 1982.

SCHMIDTKE, A. SCHALLER, S. What do we do about media effects on imitation of suicidal behaviour. **Kluwer Academic Publishers**, vol I. p. 121-137. Dordrecht: 1998.

STACK, S. Media coverage as a risk factor in suicide. **Journal of Epidemiology and Community Health**, n. 57, p. 238-240, 2003.

TARTAKOVSKY, M. The Media and Mental Illness: The Good, the Bad and the Ridiculous. **PsychCentral**. 8 out. 2018. Disponível em: https://psychcentral.com/lib/the-media-and-mental-illness-the-good-the-bad-and-the-ridiculous/. Acesso em: 21 dez. 2019.

WAHL, O. F. **Media Madness**: Public Images of Mental Illness. New Jersey: Rutdgers University Press, 1997.

WEDDING, D.; NIEMIEC, R. M. **Movies and mental illness**: using films to understand psychopathology. San Francisco: Hogrefe Publishing, 2014.

VAMOS AO CINEMA COM KIERKEGAARD?

Os estádios da existência nas imagens de François Truffaut e de Stephen Frears

5

Luiz José Verissimo

Um filme pode nos arrebatar de modo indefensável.
(Angerami, 2017)

Foi com gratidão e satisfação que aceitamos o convite de Angerami para escrever sobre suicídio e cinema. Logo nos ocorreram dois filmes, duas estórias românticas que envolvem o suicídio. Esses enredos nos levaram à imagem de Kierkegaard e a sua descrição dos caminhos que podemos tomar na existência.

Nosso projeto se inicia com uma tentativa de compreensão do que seriam as etapas de uma existência sob inspiração do pensamento do filósofo Kierkegaard. Pedimos um pouquinho de paciência ao leitor, pois, optamos por dar os primeiros passos apresentando certas concepções de etapas distintas das de Kierkegaard. Acreditamos que essa tarefa ajuda a compor o cenário em que iremos posicionar as lentes de nosso olhar. Uma das formas de se estudar uma noção é começar pelo seu avesso, ou seja, por aquilo que ela não é. Trata-se de uma espécie de epistemologia negativa,[1] por assim dizer.

Após esse procedimento preparatório, seguimos com a exploração do significado de etapas ou caminhos da existência para Kierkegaard.

[1] Na teologia, chama-se *teologia negativa*, o esforço de pensar Deus começando pelo que Ele não é (finito, contingente, causado, inconsciente, impotente, etc.).

Finalmente, começamos a conjugação dos filmes escolhidos com o pensamento de Kierkegaard. O primeiro filme trabalhado é *A mulher do lado* (1981), sob a direção de François Truffaut, que é também um dos autores do roteiro. A segunda película de nossa lista é *Ligações perigosas* (1988, direção de Stephen Frears). Com essas obras de arte, tentamos compor uma interlocução entre o cinema e as concepções kierkegaardianas trabalhadas. Imaginando-nos no escurinho da sala de projeção, fomos iluminados pela temática do enlace entre vida e morte, desespero e suicídio, paixão e amor, o trágico e o sublime.

Não à toa, usamos a imagem do escuro da sala de projeção. A vivência ímpar de um filme em um cinema é precisamente descrita por Camon, e convém reproduzir.

> Aqui reside a grande diferença de um filme a que assistimos no cinema e outro a que assistimos no limite de nossa casa. No cinema simplesmente ocorre um hiato, uma pausa em nossa vida. Do início ao fim do filme, estamos absortos ao enredo. Nada irá nos interromper naquela sequência de minutos e horas. Diferentemente de um filme assistido em casa, em que sua concentração é interrompida por um telefonema, por conversa de familiares, ou até mesmo para se continuar assistindo em outro momento, por cansaço ou qualquer outra razão. (Angerami, 2017, p. 70).

Sobre a noção de etapa

Kierkegaard descreve a existência de inúmeros modos. Ele atravessa, em sua navegação pelo estar no mundo, temas como a angústia, a fé, o amor, o encantamento, a sedução, o desespero de ser e de não ser si mesmo, a possibilidade, a culpa, o desejo, as relações humanas, a relação com Deus, a relação entre gêneros, a multidão, a solidão, o autoengano, o suicídio, o tédio, etc.

Uma das formas com que Kierkegaard desfia a existência é através do que ficou conhecido como *os estádios da existência*. Podemos designar os estádios como *Etapas no Caminho da Vida*, como estampa o título de uma das obras de Kierkegaard (1997). A expressão *etapas no caminho da vida* pode sugerir que estamos postos a caminho, rumo a algum lugar. Essa especulação embaralha uma penca de perguntas. Existe um lugar para se chegar, uma meta a alcançar? E se lá chegarmos, o que iremos encontrar? Nós mesmos? Deus? O absoluto? A revelação sobre em que consiste a essência da existência? A felicidade? A morte? O nada?

Concepção positivista e evolucionista de etapa

Na senda de Kierkegaard não nos sentimos à vontade para subscrever uma definição de estádios como etapas de um processo evolutivo, como encontramos no evolucionismo antropológico ou no positivismo de Comte. Comte traça uma linha evolutiva da humanidade, marcando uma ideia forte de progresso. Sua escola ficou conhecida como *positivismo*. Positivo é aquilo que se assenta no que se toma como o real, no caso dessa escola, o universo empírico. O positivismo é agregado à ideia de progresso. A humanidade caminha em três etapas ou estados básicos na direção de uma culminância civilizacional, na qual se observa o triunfo da ciência e da moral. O primeiro deles é o teológico, regido pela crença e pela imaginação. A crença, por sua vez, evolui de um estado primário fetichista (crença no poder sagrado de objetos e de seres naturais) para a crença em deuses (politeísmo), até chegar na representação de um Deus, o monoteísmo. O estado metafísico sucede o estado teológico. Nesse campo, o conhecimento já consegue lidar com conceitos metafísicos abstratos, que substituem as imagens do sobrenatural cultuadas anteriormente. Esses conceitos perdem o vigor à medida da constatação de seu caráter especulativo. Sucede o estado metafísico o estado final, positivo, no qual o espírito humano avança na direção da pesquisa do que pode ser observado e verificado: os fatos científicos. Esse patamar de desenvolvimento humano lança as bases para uma moral de ordem e de progresso, condição de possibilidade para um desenvolvimento social positivo (ou seja, efetivo), objetivo precioso para o positivismo.

Dessa forma, desfilam três etapas que irão descobrir a lei que regula os fenômenos em sua positividade, vale dizer, efetividade. Nas palavras de Comte (1978, p. 4), "a primeira [etapa] é o ponto de partida necessário da inteligência humana; a terceira, seu estado fixo e definitivo; a segunda, unicamente destinada a servir de transição". Observamos, aqui, algo como degraus de uma escada rumo à evolução humana segundo valores positivos.

Modelo semelhante segue a antropologia evolucionista, capitaneada por pioneiros como Edward Tylor, Lewis Morgan, James Frazer (Laplantine, 2005). A progressão evolucionista concebe três etapas básicas em escala ascendente. Ela teria as suas raízes numa unidade psíquica constituída de tal modo que todo e qualquer grupo humano, indistintamente, abrigaria "o mesmo potencial de desenvolvimento, embora alguns estivessem mais adiantados que outros" (Laraia, 2004, p. 114, nota 9). Essa abordagem unilinear considera que cada sociedade segue o seu curso histórico através de três estágios: selvagem, bárbaro e civilizado. O estado selvagem corresponde à "infância da raça humana" (Castro, 2016, p. 19). Os seres humanos sobreviviam da caça e da pesca, utilizavam a técnica de forma rústica, como o arco e flecha. O estado bárbaro caracterizava-se pela manufatura de objetos de cerâmica, domesticação de animais, cultivo de alimentos. Finalmente, a última e derradeira etapa do percurso evolutivo corresponde à civilização, composta pela invenção do alfabeto fonético e o uso da escrita.

Alguns pioneiros estudos científicos que envolviam religião também acolheram da mentalidade positivista os graus da sua suposta escala evolutiva. Segundo Piazza (1983, p. 36), o esquema de Frazer estampava a seguinte ordem: magia, religião e ciência.

> Para Frazer, a magia não é, propriamente, uma forma religiosa, mas uma pré-ciência, pois consiste no emprego de certas técnicas para dominar as forças misteriosas da natureza. No fundo, Frazer pensa, como Lévi-Bruhl, que os povos primitivos não tinham capacidade intelectual para perceber a causalidade física dos fenômenos naturais e, por isso, atribuíam tudo o que acontecia no mundo a entidades misteriosas sobrenaturais (Piazza, 1983, p. 36).

Etapa entendida como mediação

Outra forma possível para pensar um estado ou caminho ou estádio é pensá-lo como uma etapa da consciência. A mudança ou salto para outra etapa mais ampla é feito pela *mediação*.

Em termos genéricos, uma mediação pode se fazer notar no confronto entre duas polaridades: duas pessoas envolvidas num determinado conflito, dois argumentos, duas vontades não convergentes, etc. Aliás, onde tem mediação, leia-se, tem *diferença*. Não faz sentido mediação entre iguais. Essa compreensão é o cerne da lógica *dialética*. A tensão entre a posição A e a posição B na dialética hegeliana situa-se num sistema. A mediação entre a antinomia das posições é exercida por um terceiro (uma terceira posição ou perspectiva). A mediação é o que permite equacionar o conflito, sair do impasse, permite a superação do *status* anterior e a ressignificação da discussão ou do conflito inicial.

No pensamento hegeliano, a mediação é a condição de possibilidade do salto qualitativo da consciência, instaurando uma nova etapa no processo do devir dialético. A consciência, em cada etapa do percurso dialético, nega a si mesma, num devir que vai delineando o seu próprio ser ou essência, até se tornar ela própria plena consciência de si ou Razão Absoluta. "O verdadeiro é o todo. Mas o todo é somente a essência que se implementa através de seu desenvolvimento" (Hegel, 1997, p. 31). O processo dialético faz vir à luz a essência do ser como um sistema: "o saber só é efetivo – e só pode ser exposto – como ciência ou como *sistema*" (Hegel, 1997, p. 31). Cada reflexão, cada ação, posicionamento, percepção nada mais são do que instâncias de um processo inserido num sistema, que descobre a si mesmo paulatinamente, mediado por negações sucessivas (das posições anteriormente assumidas), cujo resultado é o saber absoluto.

Aqui, pomos em cena Kierkegaard, para ressaltar a sua recusa em adotar os estádios da existência como etapas inseridas no devir de um sistema global. Em outras palavras, não podemos tomar os estádios kierkegaardianos como se fossem mediações para algo, na direção de um *telos* (meta) final, absoluto. Nesse caso, estaríamos não mais do que retomando o caminho traçado por Hegel, que Kierkegaard parece enfaticamente recusar. O próprio Sartre, assíduo leitor tanto de Kierkegaard como de Hegel, apontou o que constitui problema para Kierkegaard. "O homem *existente* não pode ser assimilado por um sistema de ideias; por mais que se possa dizer e pensar sobre o sofrimento, ele escapa ao saber, na medida em que é sofrido em si mesmo, para si mesmo, onde o saber permanece incapaz de transformá-lo." (Sartre, 1987, p. 116).

Para Sartre, Kierkegaard procura combater incansavelmente "a terrível 'mediação'" (Sartre, 1987, p. 116). As armas para o combate, Kierkegaard encontra na seriedade com que encara a si mesmo. "Ele descobre em si mesmo oposições, indecisões, equívocos que não podem ser superados; paradoxos, ambiguidades, descontinuidades, dilemas, etc." (Sartre, 1987, p. 116). Sartre ressalta a vida em seu caráter pessoal, descomedidamente idiossincrático. Para Sartre, nesse momento leitor de Kierkegaard,

> De fato, a vida *subjetiva*, na medida mesmo em que é vivida, não pode jamais ser objeto de um saber; ela escapa por princípio ao conhecimento e a relação do crente com a transcendência não pode ser concebida sob a forma de *superação*. Esta interioridade que pretende afirmar-se contra toda a filosofia, na sua estreiteza e profundidade infinita, esta subjetividade reencontrada para além da linguagem como a aventura pessoal de cada um em face dos outros e de Deus, eis o que Kierkegaard chamou a *existência*. (Sartre, 1987, p. 116).

As etapas no caminho da vida, concebidas por Kierkegaard, não são meios para se chegar a algum lugar, que permitiriam descortinar a lei que regula os fenômenos em sua positividade, descascar o real somente acessível por métodos empíricos e experimentais. A primeira etapa seria um ponto primário, cujos potenciais para desenvolvimento estariam latentes, a segunda, unicamente destinada a fazer a transição para a derradeira, que, por sua vez, coroaria um processo universal que legislaria sobre toda natureza e conduziria o homem do arco e flecha à civilização, nos moldes de uma visão eurocêntrica e tecnocêntrica. A filosofia de Kierkegaard enfatiza que cada estádio envolve uma consciência de si e uma concepção de mundo e não apenas mera passagem para a próxima etapa, como quer a ciência positivista. A conversa com Hegel é mais complexa. Em Hegel, compreendemos como necessária (obrigatória) a mediação de um outro para que a consciência mude o seu ponto de vista e assuma uma nova perspectiva. Como *outro*, podemos entender, aqui, desde um outro ponto de vista em relação ao nosso, até o outro experimentado como um outro de si mesmo (quando, por exemplo, contestamos uma convicção que vínhamos acalentando). Desse modo, o absoluto ou o Espírito vai paulatinamente tomando ciência de si enquanto tal. Cada nova instância da consciência é, a um só tempo, negação da anterior e mediação para o próximo estádio, enriquecendo a epifania (aparição e revelação) do absoluto.

O salto da consciência para Kierkegaard trata da irrupção do acontecimento de um modo de viver que se dá sem a mediação de um terceiro elemento. Cabe ao próprio indivíduo, em sua angústia, a possibilidade de realizar o salto para as suas possibilidades.

Kierkegaard: pelos caminhos da vida

Explorados alguns sentidos para estado, estádio, etapa e afins que não passam pelo crivo de Kierkegaard, precisamos retomar a pergunta: afinal, o que é uma etapa ou estádio ou caminho da existência?

As etapas no caminho da vida entendemos como modalidades da existência. Kierkegaard, como é bastante conhecido entre os seus estudiosos, concebe três estádios: o estético, o ético e o religioso. Antes da descrição sumária desses modos, voltemos a pensar o que seja estádio. Esses modos, de fato, descrevem a existência em sua totalidade. Mas, não como um sistema, em que cada etapa seria algo como uma consciência que sabe de si e do mundo de forma incompleta, como um aluno da escola que estaria numa série inferior de aprendizagem. Nem inferior, nem superior. Superior e inferior compõem a escala de valores que atribuímos a pessoas, objetos, seres vivos, ideias, etc. Os estádios concernem diretamente ao que propriamente pertence à existência: a paixão, o desejo, o amor, o desespero, a angústia, a fé, assim por diante. Os estádios implicam visões de mundo, perspectivas, atos, construção de uma relação consigo e com o mundo que envolve a alma e o corpo, mas que não se reduz a eles, pois é fundada no espírito: a pessoa, para Kierkegaard, é "uma síntese de alma e corpo, que é sustentada pelo espírito" (Kierkegaard, 2010, p. 52).

De que forma vivenciamos o que nos pertence como existentes? Nos modos ou estados encontramos as formas com que o eu se relaciona com o finito e com o infinito, com o real e com o imaginário, com o instante (o que irrompe e se abre às possibilidades em nossa existência sem aviso prévio), e com a ocasião (afinada com o nosso desespero por manipular o que nos advém na existência), com o possível e com o necessário. Bem conhecida é esta passagem de *O desespero humano:* "O homem é uma síntese de infinito e de finito, de temporal e de eterno, de liberdade e de necessidade; é, em suma, uma síntese" (Kierkegaard, 1979, p. 195). Ao realizar essas sínteses, a tarefa que orienta a vida do espírito, o tornar-se si mesmo, nunca está concluída. Ela só acaba na morte, ou seja, é marcada de ponta a ponta pelo seu pertencimento à existência de cada um.

Como alguém se relaciona consigo mesmo na sua relação com as instâncias assinaladas? O eu pode, de maneira obstinada, permanecer numa fuga de si mesmo, configurando um perfil estético para a sua vida; pode estabelecer a autorrelação numa problemática ética: pode se sentir em desespero, conflitado entre assumir o que pensa e faz e, ao mesmo tempo, escamotear-se, usando a moral, especialmente no que toca aos comportamentos geralmente aceitos, como escudo para se justificar socialmente; pode relacionar-se consigo arremessando-se às possibilidades próprias. Para Kierkegaard, cada um pode conhecer-se na relação com o finito e o infinito ao se atirar nos braços da angústia, o que envolve a fé. Trata-se do aprender a conhecer-se, a amar e a mergulhar nas possibilidades, disposto a assumir todas as consequências de se aventurar na escola da angústia.

A passagem de um estado para outro se dá como um *salto*. Dá-se no *instante* e não por mediações. Por isso, para a psicologia, é impossível explicar satisfatoriamente o salto de cada um em suas possibilidades, ou o "pecado" (Kierkegaard, 2010), isto é, a queda de cada um no mundo pela "angustiante possibilidade de ser capaz de" (Kierkegaard, 2010, p. 48). Angústia, tonalidade fundamental existencial, é a realidade da liberdade como possibilidade para a possibilidade (Kierkegaard, 2010, p. 45).

O âmbito estético da existência

O modo estético implica um estilo de vida, certos modos de agir, uma visão de mundo que gravitam em torno das sensações, como já indica a etimologia de estética, do grego *aísthesis*, faculdade ou ato de sentir, sensibilidade (Gorby, 2007, p. 13). Assiduamente, na literatura de Kierkegaard, o estético aparece em manifestações do desejo, da busca de prazer, da sedução. O desejo estético é frequentemente retratado como desejo de posse da liberdade do outro: a pessoa que é objeto de interesse do sedutor é tomada com uma espécie de alvo a ser conquistado. Leda Hühne resume bem um *telos* significativo do estético: "O sedutor é alguém que busca o prazer como sentido de vida" (Hühne, 1989, p. 167). É bom explicitar esse prazer ligado à sedução. Não é o prazer como algo biológico. Há que se ressaltar que não é qualquer prazer, e, sim, aquele que provoca o desejo passional mobilizador do esteta. Ele não se contenta apenas com a posse, e, sim, com a posse da consciência e da liberdade alheia. Sartre nos oferta um esmiuçamento da tese ora apresentada.

> Se o Amor, com efeito, fosse puro desejo de posse física, poderia ser, em muitos casos, facilmente satisfeito. [...] Não há dúvida, [...] de que o amor deseja capturar a "consciência". Mas por que o deseja? E como?
>
> Esta noção de "propriedade", pela qual tão comumente se explica o amor, não poderia ser primordial, com efeito. Por que iria eu querer apropriar-me do outro não fosse precisamente na medida que o Outro me faz ser? Mas isso comporta justamente certo modo de apropriação: é da liberdade do outro enquanto tal que queremos nos apoderar. (Sartre, 2001, p. 457).

Tentando pensar a partir de Kierkegaard, evidentemente, o outro não me faz ser. Mas, na medida em que estou esvaziado de minha interioridade, não levo a existência com a devida seriedade, de fato, é como se o outro me fizesse ser. Ser o quê? Ser o quê para quê? Para quem? Retomamos Hühne: "O sedutor age como um ator que representa um papel que ele mesmo desenvolve, etapa por etapa, à luz da razão" (Hühne, 1987, p. 267-268). Comportar-se como um ator, vestir uma persona, é uma forma de evitar assumir uma assinatura própria; é, portanto, fuga de si mesmo. Quem se encontra investido no estético kierkegaardiano acha as mais variadas justificativas para suas rotas de fuga de si próprio, inclusive, a de que a sua atitude visa ensinar a uma jovem inexperiente (Cordélia) o que é o amor, como lemos Johannes justificar a sua intenção em *O diário de um sedutor* (Kierkegaard, 1979). Nossa referência nos lembrou a resolução de Constantin Constantius em *A repetição* (Kierkegaard, 2009). Ele tenta convencer o jovem (e a persuasão é um dos modos da sedução), supostamente por compaixão, a aceitar o seu ensinamento acerca dos artifícios a serem adotados para evitar a aproximação amorosa da moça amada pelo jovem. Constantin presta-se a ensinar ao mancebo como fugir do que para o jovem é um insuportável sofrimento despertado pelo que sente pela sua amada, como se fosse possível resolver um problema tão íntimo sabotando um relacionamento a conta-gotas, como se fosse possível ao jovem fugir do amor que sente, como se fosse possível a alguém não ser ele próprio. O jovem, por sua vez, reclama da perda da sua liberdade, tomada de assalto por seu estar terrivelmente apaixonado.

Ao descrever o estético não devemos ficar somente nas fugas de si mesmo, nas manipulações e maquinações passionais na vã tentativa de manipular o amor como um jogo. É preciso estender a compreensão para um âmbito aquém dessas descrições. Estamos falando, agora, da relação do amante com o finito e com o infinito. No estético, o amante expressa claramente um desejo pelo infinito. Encontramos esse desejo nos outros estádios, o ético e o religioso. No entanto, aqui, no campo estético, costumamos nos deparar com um desejo pelo infinito que *recusa o finito*. Diz Johannes, o sedutor por excelência: "Que ama o amor? O infinito. – Que teme o amor? Limites [o finito]" (Kierkegaard, 1979, p. 103). A pessoa que toma o estético como o elixir para suportar a existência recusa a interioridade, recusa encarar a existência em todos os seus matizes, recusa enfrentar a rejeição, os percalços da vivência amorosa, o confronto com a liberdade do outro, com o desejo do outro, estremece ante o descontrole sobre o devir, sobre o outro, sobre si mesmo, refuga os seus próprios limites. Talvez alguns imersos no estético queiram o descontrole passional, o transbordamento dionisíaco, mas não desejem o dia seguinte. O dia seguinte requer o amor como um *exercício*, uma prática constante, e não como gozo permanente de um fruto. Podemos dizer, sob inspiração de Kierkegaard, que o dia seguinte é da alçada do ético. Para não poucos, na vivência do estético, quanto mais difícil ou até proibido, maior o gozo. O dia seguinte é o limite da ocasião. Na inocência do estético, na sua vã tentativa de permanecer em estado de sono, refugiado da angústia, quer-se uma busca de felicidade ingênua, como se coubesse ao seduzido ser quem definisse o valor do amante, como se coubesse à ocasião definir a natureza do amor.

Dirce Solis nota que "nenhuma tarefa, nenhuma ação se configura para ele [para o esteta] como compromisso" (Solis, 1995, p. 100). Nesse sentido, pode-se dizer que quem se escolhe dessa forma, libera-se de fazer qualquer escolha de si mesmo que não aquela que envolva uma preocupação utilitária com o outro.

Pela ocasião ser finita, pela juventude ser finita, pela sedução ser finita, pelo gozo ser finito, assim por diante, quem quer permanecer na fonte do eterno esteticismo, falha desde o princípio, procura aquilo que não pode encontrar. Quer ser amado, fazer-se amado, acima de tudo, mas não pode encontrar sentido onde o sentido é por natureza efêmero, fugaz, imaginativo, idealista e narcísico ao extremo. Está, portanto, preso à sua própria teia de *maya* (ilusões).

Solis assim sumaria o estético.

> Na esfera estética da existência, o homem se coloca sob o domínio da Aisthésis [sic], da impressão sensível. Sensibilidade à flor da pele, o caçador de sensações é um esteta. Sem limites, deseja o imediato, o instantâneo, o fugaz, o irrepetível. Seu hedonismo dirige sua existência ao gozo ilimitado da vida e de si mesmo [...]. A vida estética, portanto, é aquela inteiramente consagrada ao prazer. O esteta é um diletante. (Solis, 1995, p. 100).

As vivências do estético aqui desfiladas não sugerem que se trata de um nível inferior da existência, e que deva ser sucedido pelos estádios posteriores. Ana Feijoo e Myriam Protasio, estudiosas zelosas de Kierkegaard, fizeram um artigo para esclarecer e discutir o problema de se conceber os estádios da existência sob o prisma de uma escala evolutiva.

> Um problema que identificamos nas diferentes interpretações de caráter evolucionista e de superação dos estádios é o de interpretar a esfera estética como carente de positividade, a partir de sua característica de instantaneidade e de sensibilidade. Constituindo-se apenas pelos elementos negativos do sensível, que só podem ser experimentados de forma imediata, parece que sua materialidade ou positividade só pode acontecer na entrega à esfera ética, espaço de superação dos elementos negativos do estético. [...] Preferimos arriscar outra interpretação, que considera os elementos negativos e positivos em cada um dos estádios, que são, na verdade, possibilidades existenciais e, logo, jamais são superadas, mas antes se sustentam retidas inevitavelmente nas infinitas possibilidades que são a própria vida cotidiana. (Feijoo e Protasio, 2011, p. 16).

Submetendo a sedução a uma análise etimológica e hermenêutica, podemos desfiar sentidos que não se restringem aos significados familiares. Começado pelo senso comum, escrutinamos um tangenciamento entre as dicções do senso comum e uma avaliação moral de sedução, como nos mostra Solis.

> Pensar a sedução nos remete imediatamente aos seus significados mais comuns: seduzir quer dizer nos dicionários enganar

> ardilosamente, ou, então, induzir artificiosamente ao erro e ao mal, ou ainda, desonrar, desencaminhar.
>
> Tais conotações, entretanto, nos colocam apenas diante de um tipo de sedução mais frequente e mais facilmente vulgarizada: a sedução referenciada moralmente. (Solis, 1995, p. 96).

Kierkegaard levanta um sentido de sedução que pode ficar soterrado pelas opiniões correntes sobre a natureza da sedução. A sedução na redação de Kierkegaard se faz notar pelas ações e convicções de vários personagens (Johannes, Constantin Constantius, o modista, etc.), que a mostram assimilada às intenções manipuladoras, narcísicas e utilitárias estampadas nas estratégias de caça ao outro. Visto isso, precisamos ir adiante. O comportamento do sedutor revela algo mais do que uma suposta deturpação moral. Kierkegaard convida o leitor a acompanhar a desesperada tentativa de fuga do sedutor de ninguém menos do que ele mesmo, a alergia ao insuportável estar consigo próprio, estampado no desespero de se manter na inocência, tentando se blindar da culpa e da angústia. Deslocam-se, assim, os juízos morais sobre a sedução para uma problematização psicológico-existencial do que o estético envolve.

Importa, também, levar em conta um outro sentido de sedução. "Seduzir, do latim *seducere*, significa também atrair, encantar, fascinar, deslumbrar." (Solis, 1995, p. 96). Podemos sintetizar esses verbos numa palavra: *encantamento*. Impossível conceituar o encantamento. Será sempre um *como se*. Podemos arriscar imaginar que o encantamento seria como um voo inebriante, o torpor dionisíaco com que somos tomados por Eros, o deus do Amor. O olhar, a voz, o corpo de quem desperta o desejo, são tomados por um magnetismo experimentado por muitos de nós como se fosse pela primeira vez, como se fosse derradeiro.

Para nos socorrer na descrição do encantamento, encontramos o personagem de Goethe, o jovem Werther, a narrar o deslumbre do amor de um jovem camponês pela musa de seu desejo. Em carta a um amigo, rabisca Werther:

> [...] seria necessário repetir palavra por palavra para que você entendesse a pura inclinação do amor e da fidelidade desse homem. Sim, eu precisaria ter o talento do maior do poetas, para conseguir ao mesmo tempo transmitir a expressão de seus gestos, a harmonia de sua voz, o fogo secreto de seu olhar. Não, nenhuma palavra

> expressa a ternura em sua essência e expressão, tudo que eu disser se reduzirá a uma pálida reprodução. [...] Nunca na minha vida vi a vontade urgente, o desejo ardente, intenso – e sim, posso até dizer: nunca sequer pensei ou sonhei com tamanha pureza [...] (Goethe, 2014, p. 36-37).

E o próprio Werther não escapa de se sentir alvejado pela flecha de Eros. Em nova carta a um amigo, noticia:

> Por que não lhe escrevo? Você me pergunta isso, apesar de ser o sábio que é. Você deveria imaginar que estou bem, e que, para ir direto ao ponto – conheci alguém que toca mais de perto o meu coração. Eu... Eu não sei.
>
> É muito difícil contar tudo na ordem em que aconteceu. Conheci uma das mais amáveis criaturas. Estou contente e feliz, ou seja, não sou um bom contador de histórias.
>
> Um anjo! – Ora! Todos dizem isso das suas amadas, não é? E, mesmo assim, não tenho condições de lhe dizer o quanto ela é perfeita, por que ela é perfeita; resumindo: ela tomou conta de meus sentidos.
>
> [...] Pois, cá entre nós, desde que comecei a escrever estive a ponto, por três vezes, de largar a pena, arrear o cavalo e galopar até ela. (Goethe, 2014, p. 37 e 38).

Abram alas para o romantismo! Goethe foi um dos inspiradores do romantismo (final do século XVIII a meados do século XIX) e um dos mentores do movimento cujo nome é bastante sugestivo para transitar pelo estético: *Tempestade e Ímpeto*. O romantismo se bate contra a apoteose da razão, acendida pelas lamparinas do Iluminismo (século XVIII), cosmovisão que acreditava no poder de criar categorias metodológicas e científicas, ordenar e disciplinar a vida humana no âmbito gnosiológico, moral, social e político. A enciclopédia iluminista funcionou como uma prévia do Google acadêmico, uma espécie de oráculo científico onde se podia adquirir conhecimento como quem investe num terreno para fermentar e expandir as suas economias.

O romantismo quer despertar do esquecimento os dejetos dessa razão iluminista: o sentimento, a natureza, a paixão, o inconsciente, o súbito, o sagrado como "o gosto e o sabor do infinito" (Schleiermacher, 1996, p. 23). Historicamente, Kierkegaard se situa após o romantismo.

Além disso, as suas concepções acerca do indivíduo e da existência não aderem de todo ao romantismo. Por outro lado, acompanhando Solis, não nos constrangemos a admitir uma relação entre o romantismo e o estético retratado por Kierkegaard.

> Trata-se em Kierkegaard de ressaltar a existência como a realidade concreta do homem, não do homem em geral, mas de cada indivíduo; "Existir é sempre ser indivíduo."[2] [...] Em Kierkegaard predomina o romantismo do sentimento e a crítica ao [...] idealismo hegeliano. Estão presentes, portanto, em seu pensamento quase todos os elementos do romantismo do sentimento: a exaltação da sensibilidade que aparece como um infinito mais verdadeiro e seguro que a razão; a revelação do infinito através da beleza; a exaltação da dor; a exaltação do eu; o sentimento do fracasso do eu traduzido pelo tédio, pela inquietude, pela angústia e desesperança. (Solis, 1995, p. 98 e 99).

O romantismo deixa a sua marca não apenas pela utopia do chamado amor romântico, mas, igualmente pelo seu avesso, o trágico. O jovem Werther exalta o amor, a natureza, a interioridade, mas, sucumbe ao seu amor não correspondido, constrangido pelo compromisso assumido pela sua amada Lotte, que está noiva de outro homem. Bem ao gosto do estádio ético retratado por Kierkegaard, ela nada cede, e segue o estatuto moral que estabeleceu: honrar o seu compromisso de noivar e casar. Cabe, para desespero de Werther, contentar-se com o indisfarçável bem-estar de Lotte com a sua companhia e uma amizade consolidada. É tudo que ela se permite oferecer.

O resultado da fixação de Werther pela sua amada, "absurda", como diria Camus (veja Veríssimo, 2019), é tomar para si uma tarefa digna de Sísifo, carregar uma pedra que volta a rolar continuamente a cada escalada. Ele não consegue ficar muito tempo longe dela. Ao mesmo tempo, o seu amor não recebe nenhum aceno de esperança. Resta ao jovem, cada vez mais incontido em seu sentimento, uma melancolia crescente que culmina numa explosão de sangue, sem atenuantes. O livro de Goethe *Os sofrimentos do jovem Werther* (2014 [1774]) termina com a descrição da cena do suicídio do rapaz sem qualquer maquiagem.

[2] Aqui, não há indicação da fonte pela autora.

O suicídio foi a resolução que Werther/Goethe encontrou para o enlace romântico. Note-se, como é sabido, a onda de suicídios entre jovens ao lerem o romance. A leitura da obra desencadeou uma onda de suicídios de adolescentes e jovens por vários países da Europa, "através do mesmo método utilizado por Werther, vestindo as mesmas roupas ou ainda deixando um exemplar do livro no seu leito de morte" (Frazão, 2003, p. 454). Frazão sublinha que o impacto da obra foi de tal ordem que "ela foi banida de países como a Itália, Alemanha ou Dinamarca para tentar travar a epidemia de suicídio" (Frazão, 2003, p. 454).

Conversa com a estética de Truffaut em *A mulher do lado* regada pelo pensamento de Kierkegaard

É com o amor romântico, com seus matizes sublimes e trágicos, que vamos entrar na sala de projeção para assistir em nosso imaginário ao filme de Truffaut que atravessa o nosso tema.

Truffaut fez vários filmes estrelados pela paixão, pelo amor, pela relação entre gêneros, todos deliciosamente inspiradores para vivenciarmos o estético kierkegaardiano. Aqui, o nosso *script* nos convida a pensar o cinema de Truffaut articulado à filosofia de Kierkegaard, e mais especificamente, ao suicídio. O suicídio nos remeteu a um tema casado: a morte. Assistimos a várias mortes nos filmes de Truffaut. Encontramos um *maridocídio*: a esposa que mata o seu cônjuge em *Um só pecado*, no original francês *La peau douce*. Assistimos, com angústia e compaixão, a uma fixação da protagonista pelo amado. Isso seria como uma morte, pelo adoecer por amor sem peias, no filme *A história de Adèle H.*, que narra a estória da filha do renomado escritor Victor Hugo. "De Halifax a Barbados, ela vai como uma sombra seguir Pinson [o seu amado] antes de se tornar ela mesma a sombra. Dia após dia, ela vai se degradando e tornar-se-á uma miserável, a miserável de Hugo." (Tanguy e Martins, 2014, p. 250). Como é sabido, Victor Hugo escreveu o conhecido romance *Os Miseráveis* (com várias adaptações para o teatro e para o cinema).

> [...] chega o colapso: tal qual uma equilibrista, ela erra pela cidade. Quando Pinson for nomeado em Barbados, ela o seguirá. Rapidamente ela se degrada e se torna uma miserável, a miserável.

> Nesse meio tempo, Pinson se casa e Adèle já perdeu a razão. Ela fica em Barbados e se recusa a voltar. É uma mulher, uma negocista, que a levará de volta à França em 1872. Seu pai não irá buscá-la, ele enviará um médico que a internará em uma casa de repouso em Saint-Mandé. Na volta de uma visita, o poeta escreverá "minha filha mais morta que os mortos". (Tanguy e Martins, 2014, p. 249).

A morte aparece nas lentes de Truffaut até sob a veste de um personagem que faz o papel de um ator que morre durante as filmagens (*A noite americana*).

No elenco dos filmes de Truffaut constam, também, a fragilidade, a susceptibilidade, a sedução, o conflito consigo próprio e com o outro, o segredo, a cumplicidade, o encontro, o desencontro, o surpreendente, o encanto, a decepção, o êxtase e a dor, e, sobretudo, a estrela maior, o desejo, o insaciável desejo, que parece mover o mundo nos filmes de Truffaut.

O filme *A mulher do lado* começa narrado diretamente por Odile Jouve, uma mulher de uns 55 anos, que usa muletas. Ela é dona de um clube de tênis onde o pessoal de Grenoble vem para relaxar. Grenoble é uma cidade na histórica região Rhône-Alpes, no sudeste da França.

O clube de tênis é um cenário marcante do filme, vira uma espécie de personagem agregado. Não por coincidência, muitas cenas importantes se passam nesse local. O clube de tênis é onde as pessoas se encontram e o pretexto aglutinador é o jogo de tênis. Não é à toa que cenas importantes do filme se passam no clube. O jogo de tênis é uma bela imagem simbólica para a problemática do amor e das relações.

No tênis, a jogada consiste em rebater-se as bolas. Bem conhecida é a crônica de Rubem Alves que versa sobre a comparação de dois jogos: o tênis com o frescobol. Ele confronta esses dois jogos com um relacionamento amoroso. "O tênis é um jogo feroz. O seu objetivo é derrotar o adversário. E a sua derrota se revela no seu erro: o outro foi incapaz de devolver a bola. Joga-se tênis para fazer o outro errar." (Alves, 2003, p. 52). O frescobol é um jogo de parceria, onde ninguém sai vencedor ou perdedor.

> O frescobol se parece muito com o tênis: dois jogadores, duas raquetes e uma bola. Só que, para o jogo ser bom, é preciso que

> nenhum dos dois perca. Se a bola veio meio torta, a gente sabe que não foi de propósito e faz o maior esforço do mundo para devolvê-la gostosa, no lugar certo, para que o outro possa pegá-la. Não existe adversário porque não há ninguém a ser derrotado. (Alves, 2003, p. 52).

Um dos limites do campo de tênis é a rede, rede que aprisiona, enlaça, desafia e separa os jogadores. O sedutor e o seduzido nem sempre parecem coincidir em sua satisfação. A bola, vale dizer, o afeto, não é, a princípio, compartilhado, parece ser disputado. É como chega à conclusão Johannes: "Sei tudo isto, mas sei também que o supremo prazer imaginável é ser amado, ser amado acima de tudo" (Kierkegaard, 1979, p. 51). Uma analogia aqui do tênis com o estético indica: eu tenho que ter o controle do jogo, a bola não pode cair no meu campo (isso nos lembra a desresponsabilização pelas atitudes e intenções apontada por Sartre através da enunciação de Garcin, personagem da peça *Entre quatro paredes*: "o inferno são os outros" (Sartre, 2005, p. 125).

Enquanto o tênis é uma imagem fortemente simbólica, Jouve é o próprio espírito do filme. Ela conversa com a câmera, ou seja, conosco, apresenta-nos os personagens, assume a narrativa, inclusive, participa dela (como veremos adiante), recebe as pessoas da comunidade no seu clube. Ela é um ponto de encontro, uma convergência entre várias linhas que entrelaçam estórias e relações. O núcleo central de sua narrativa desfia uma trama envolvendo dois casais. No recorte temporal do início do filme, eles se conhecem quando um deles vai morar numa das casas separadas por uma rua. São casas vizinhas, muito próximas, dá para se falar com o vizinho da janela, e a *fronteira de contato*, como se diz em Gestalt-Terapia (Polster, 2001), o limite que coloca em contato e ao mesmo tempo em que separa as duas casas é marcado por uma rua. Uma pequena rua separa uma casa da outra, uma pessoa da outra, separa e une desejos.

Tentando imaginar a situação no prisma kierkegaardiano, diríamos que a situação dos casais no início da película exprime o que o filósofo estima como *estádio ético*. O ético não é mais regulado pela sedução, paixão, hedonismo e narcisismo como o fim a ser buscado, mas pela tentativa de cada pessoa para se inserir na convivência, participar dela, construí-la, afirmar-se como pessoa na interação social e interpessoal. A vida social, como se costuma dizer, o terreno das normas e dos deveres é captura dos valores éticos. O que o poeta tem de transgressor das normas correntes, de assinatura de seu criativo e espontâneo eu deve dar lugar ao *nós*. Não poucos se apegam ao social como afirmação de si mesmos, como *telos* da vida. Ser alguém na vida: ser respeitado pela profissão, pelo casamento, pelos filhos, pela família que construiu. Valores éticos inestimáveis para uma multidão de almas sedentas por reconhecimento.

O ético pode ser experimentado como uma batalha. Uma luta interior entre o desejo de ser si mesmo e o desejo de agir e pensar de acordo com o que estima ser justo, bom, valioso, decente, edificante, honrado, conforme o consenso geral histórico de seu círculo de convivência. No ético, nunca foi tão atual a dramaticidade de Shakespeare, um dos pontos culminantes da tragédia *Hamlet*:

> Ser ou não ser, eis a questão. [...]
> Morrer, dormir, não mais. Em sono apenas,
> Que as angústias extingue e à carne a herança
> Da nossa dor eternamente acaba,
> Sim, cabe ao homem suspirar por ele.
> Morrer, dormir, Dormir? Sonhar, quem sabe!
> Ai, eis a dúvida. Ao perpétuo sono,
> Quando o lodo mortal, despido houvermos,
> Que sonhos hão de vir? [...]
> Que guarda o homem para lá da morte,
> Esse eterno país misterioso
> Donde um viajor sequer há regressado?
> (Shakespeare apud Alves, 1964, p. 41-42, tradução de Machado de Assis).

Enquanto ressoa uma das frases mais icônicas do pensamento de Shakespeare, *ser ou não ser eis a questão*, Kierkegaard nos encanta com a sua descrição literária da existência, ou melhor, nos arranca da inocência para a angústia ao pontuar o desespero de não querer ser si mesmo e o desespero de querer ser si mesmo. No ético, está perdida a inocência de um perambular inconsequente pelo mundo. O Tu, que assombrava o esteta, e que ele procurava mantê-lo em segura distância pela sedução e por um não que era sim e um sim que era não, sem nunca desejar assumir as consequências efetivas de suas escolhas, desta feita, no âmbito ético, é quem convida o eu a experimentar o desespero. Desespero por uma síntese do finito com o infinito, das necessidades próprias com o reconhecimento do desejo do outro, das normas preconizadas socialmente com a interioridade. No ético, entra em cena a intimidade do casamento, do relacionamento amoroso com os seus desafios de convivência, com a perspectiva da descoberta de si e da alteridade.

Bem, retomando a narrativa do filme de Truffaut, a família que já morava numa das casas é composta por Bernard, 32 anos (interpretado pelo conhecido ator Gerard Depardieu), sua mulher, Arlette, 28 anos, e seu filho, Thomas, um menino de uns seis anos. Eles aparecem posando para um fotógrafo. A cena desperta-nos a sensação de estar assistindo a algo que já vimos em tantas e tantas propagandas. Aparece aquela família aparentemente tranquila, em paz, enfim, que parece adequada aos cânones do amor romântico. É como se pousassem para quem estuda Kierkegaard, na moldura perfeita para o ético.

Eis que se muda para a casa ao lado (o nome do filme é *A mulher do lado*, não esqueçamos) a outra família protagonista do filme, composta por um casal, Philippe, um homem de meia idade, e sua linda mulher, mais jovem que ele, Mathilde. Eles não têm filhos.

A chegada do casal é um acontecimento, uma novidade, que rompe a rotina tranquila do lugar. Assim que o casal em mudança chega, Philippe é recebido afavelmente por Bernard e por Arlette. Eles entram na casa ao lado e Philippe quer apresentar o casal recém conhecido a sua esposa Mathilde. Nesse momento, Truffaut constrói a cena de tal forma que Bernard se vira para onde seria uma janela ou uma porta, tanto faz, para onde seria uma *saída*. Seu rosto parece algo mudado, como se estivesse intuindo o que estaria por vir. Descendo a escada aparece a bela Mathilde... para desgosto de Bernard. Eles se olham num misto de constrangimento, ressentimento, paixão em brasa sobre cinzas. Fica insinuado ao espectador que Bernard e Mathilde já se conheciam. É uma cumplicidade entre eles e o espectador. Philippe, em sua inocência, fala uma frase quase oracular para o caso aqui em exposição. Sobre a casa recém-alugada, profere Philippe: "O problema de alugar uma casa é misturar as suas coisas com as que já estavam nela" (A MULHER DO LADO, 1981).

Isso é o que os gestalt-terapeutas concebem como *situação inacabada* (POLSTER, 2001), um retorno a um contexto psicológico que insiste em se dar como se o campo vivido estivesse atolado numa situação psicológica pendente. Em Kierkegaard (2009), podemos tomar a noção de *repetição*. Não se trata de uma simples volta ao passado, como costumamos nos referir às nossas lembranças, e sim, de um retorno a determinadas vivências. Certas vivências podem nos dar a impressão de, como se diz no francês, *déjà vu*, o já visto, o já estive por aqui antes, já transitei por esse cenário e esse drama antes. O que vivenciamos pode se manter girando em recordações, que parecem jamais escoar, e sim, presentificam-se como espectros que não se afastam.

Por outro lado, as nossas vivências podem retomar o que supostamente seria passado de tal forma a extrair do que seria um retorno ao mesmo ponto, efetivas possibilidades. Nesse caso, a retomada não trata de um simples retorno ao passado, como experimenta a recordação, mas, da emergência do *instante*, que rompe as amarras de ideias, comportamentos, imagens, sentimentos repetitivos na direção de um devir que se dá como ruptura, ou seja, como salto.

Bernard, o jovem marido, fica muito perturbado. Para piorar, sua esposa Arlette toma a iniciativa de convidar os novos vizinhos para um jantar na sua casa à noite. Foi demais para Bernard. Ele foge do novo encontro com Mathilde e diz que tem que ficar até mais tarde no trabalho. Bernard trabalha com maquetes de navios. Seu vizinho, Philippe, não é piloto de avião, como acreditou, a princípio, Arlette, mas controlador de voo. Bem simbólicas essas atividades. Bernard é como um navegante, prepara protótipos de navios. Há uma cena, em que Bernard aparece em cima de uma maquete de um grande navio que balança sobre as ondas, dando, inclusive, a impressão de que se não tomar cuidado, pode cair no tanque de provas. As ondas remetem a nossa imaginação ao vai e vem, a falta de estabilidade, ao risco de queda inerente à paixão. Philippe, o mais velho de todos, expressa a encarnação do bom senso, o que zela pela segurança (se o controlador de voo se distrair, pode ser fatal). Philippe parece espargir serenidade. Enquanto Bernard é expansivo, quente, Philippe parece mais contido, aquele de quem falamos "é uma pessoa educada, de fino trato".

À noite, no jantar oferecido por Arlette, enquanto Mathilde e Philippe esperam em vão por Bernard, ele se refugia, após o expediente, no clube de tênis e fica conversando com Jouve, a nossa narradora que é também personagem, uma sobrevivente de sua própria história. Na conversa, no refúgio da cozinha, Jouve faz uma revelação sobre a causa de não poder andar sem muletas, de ter uma prótese numa das pernas.

Ela pergunta a Bernard o que disseram a ele. E ele diz que soube que ela ficou no estado atual devido a uma queda de uma janela do oitavo andar. Ela responde: "nunca se esqueça as aspas, meu jovem". Ou seja, o que Bernard tem em conta é uma versão. Aliás, não só ele, como nós. Alguém está sempre nos relatando alguma coisa. Ratifica essa constatação a retificação de Jouve: "não foi do oitavo, mas [a queda] foi do sétimo andar" (A MULHER DO LADO, 1981). A algumas enunciações damos crédito, autoridade ou nos submetemos; discordamos ou não damos estatuto de verdade a outras proposições. A referência às aspas mostra o ancestral problema da filosofia acerca do que seja a verdade e a sua possibilidade.

Jouve diz que machucou em definitivo o seu corpo por amor, não foi um acidente. "Eu não caí da janela, me joguei como um pacote de roupa suja." (A MULHER DO LADO, 1981). Por sorte, havia uma estrutura de vidro, que amenizou a queda e salvou Jouve, observa Bernard, segundo versão confirmada por Jouve. Um certo (para usar uma palavra amena) desprezo por si mesma podemos pescar aqui. Um pacote é um objeto. E de roupa suja é um objeto de descarte. Bernard a vê de outra forma, dizendo-lhe que ela é muito corajosa. Imediatamente, a nossa narradora, replica, enfaticamente, que isso nada tem a ver com coragem. "Foi um ato de desespero. Eu estava desesperada, é isso. Apaixonada e desesperada." O seu amado abandonou-a e foi para Nova Caledônia. Jouve prossegue: "Depois, fiquei sabendo que ele se casara. Então um, dois, três ... tufft!". Bernard pergunta como ele ficou quando soube. "Provavelmente, nunca soube. É melhor assim", responde Jouve (A MULHER DO LADO, 1981).

Impressionante como essa conversa reproduz precisamente o que enfatiza Camon, *ipsis litteris*: deixa claro que o problema do suicídio não é moral (covardia, virtude), e, sim, é um problema de desespero. "Algo muito comum é o de atribuir ao ato de suicídio a um ato de covardia, ou então de coragem. Não se trata nem de covardia, nem de coragem, mas de um ato de desespero." (ANGERAMI, 2018, p. 24). Desespero, dor, falta de horizontes, perda de sentido da vida, decepção amargurada, ressentimento agudo e implosivo, vergonha insustentável, as palavras são modestas tentativas de dizer o inefável, compreender o incompreensível, o mistério que é o entrelace da vida com a morte.

Por falar nisso, no mesmo livro que recorremos a um dito de Angerami, redigimos um pensar que é uma descrição do embate entre Eros e Tanatos, do amor romântico com o caráter trágico da existência:

> O amor parece nos encher de vitalidade, fervor, balança as nossas tentativas de nos mantermos continentes, instiga o desejo a pulsar incontido e descabido dos padrões costumeiros de nossas rotinas. O amor nos leva a sonhar, eleva-nos a devaneios poéticos, pode suscitar abrir mão da individualidade acomodada e confortável em nome de um compartilhar uma convivência íntima de modo a desejar formar uma estória significante. Mas, é também quem anuncia a angustiante perda do Paraíso, o desespero, a dor, a dilaceração do coração, e pode "levar-nos" a desejar a morte, levar-nos entre aspas porque é mais fácil objetivar o amor como uma "experiência" "boa" ou "ruim" do que assumi-lo em nosso modo de ser. A sensação que pode nos trazer um amor frustrado é o odor da morte. Como se o mundo que edificamos e sonhamos se cobrisse de escuridão. Como se uma estranha noite se achegasse, sem estrelas para contar. Como se o nosso mundo ficasse em ruínas. E, dessa forma, poderemos pensar na morte, ou mais do que isso, desejar a morte. A morte dos nossos sonhos, do que foram um dia nossos sonhos, pode atiçar a ideia de nossa própria morte. Nesse caso, Eros deseja encontrar repouso no sono da morte. (Veríssimo, 2018, p. 193-194).

Apesar do refugo de Bernard em encontrar Mathilde, eles se reencontram, por acaso, numa situação trivial, no supermercado. Acaso: a porta dos fundos da ciência positivista. Andado para os seus carros, no subterrâneo do mercado, no estacionamento, acontece a catarse. Primeiro, o desabafo, os reclames daqui e dali, o destilar da separação não bem equacionada, como quase todas as separações amorosas, ou, pelo menos, muitas e muitas. Depois, o beijo acontece, Eros se vinga de ter sido deixado para trás. Daí, começam os (re)encontros, na surdina, no motel. Regados com muita paixão e encantamento recíproco. As cenas amorosas provocam suspiros na plateia, parecem infinitas, sem antes nem depois. É como se o tempo, de alguma forma, ignorasse o calendário, retirasse o lacre dos dias, meses, anos da separação.

Enquanto Bernard vai se entregando, parece renovado, parece pleno novamente, vai se perdendo do que seria um estado ético, do que seria uma preocupação com o seu casamento, Mathilde recua, culpa-se, põe em dúvida se vale a pena o que está sendo vivido, o que foi vivido com Bernard. Na descrição do estético, Kierkegaard ressalta que o sedutor deve se retirar de cena, assim que a sedução for consumada. Eis as palavras exatas: "Eu sou um esteta, um erótico, [...] e apenas me reservo a opinião muito pessoal de que uma aventura galante só dura, quando muito, seis meses, e que tudo chegou ao fim quando se alcançam os últimos favores" (Kierkegaard, 1979, p. 51).

No caso de Mathilde parece que ela se seduz não pelo prazer, mas, sobretudo, pela dor. Apesar de repleta de sensualismo, feminilidade, beleza, êxtase, parece atraída ainda mais pela dor. Ela vive em dor, algo que é revelado por seus colapsos psíquicos ao longo do filme. Em termos simbólicos, ela parece flertar mais com a Penia (a deusa da falta, das aflições), e com o aspecto de dor de Dioniso do que com Eros ou o gozo do orgasmo dionisíaco (lembremos que Dioniso concerne tanto ao prazer quanto à dor). Todo o seu êxtase escoa para uma negação do que possa ser experimentado (mesmo de forma fugaz) como aquela expressão francesa *joie de vivre*, consumação jubilosa da vida.

A compreensão da afetividade na interface do estético com o ético

Resumamos parte do que trabalhamos até aqui. O romantismo presente nos escritos de Kierkegaard sobre o amor vislumbra o ético com dois aspectos. No primeiro, temos um formalismo moral: a instituição do casamento, o noivado, os contratos, o agir segundo o que se considera o dever, a adoção das regras carimbadas socialmente é o que orienta as relações, inclusive as suas idealizações. Por outro lado, o ético pode implicar uma parceria efetiva, em que se procura construir uma vida em comum, uma aceitação dos perigos, dos desafios, dos reveses, feridas, limites, etc., sem que isso anule as singularidades e sem fazer com que o desejo de um ameace sucumbir a pessoa do outro.

Enquanto no ético a paixão e o amor são vivenciados como um exercício de convivência diário, como o girar de uma roda que envolve encantamento, desencantamento, reencantamento, no estético, a paixão e o amor, não raro, mostram-se seduzidos um pelo outro, porém, inconciliáveis.

Na película de Truffaut em análise, a aproximação de Bernard parece ser de alguma forma insuportável para Mathilde. Enquanto seu marido, Philippe, é calmo, equilibrado, protetor, cuidador, Bernard passa a impressão de ser livre para se entregar, e, com perdão do senso comum, faz acender a paixão em Mathilde, combustão que parece tangenciar com uma insustentável abertura à vida por parte de Mathilde, que se retrai, encasula-se.

A conduta de Mathilde, cada vez mais constante de ir ao encontro e *de* encontro a Bernard, de se retirar de cena após o êxtase, deixa Bernard perplexo, machuca-o, enfurece-o, deixa-o cada vez mais transtornado. Bernard explode seu drama numa festa. Ele não se contém, e reclama sua paixão por Mathilde na frente de todos. O que, por sua vez, perturba ainda mais a frágil Mathilde e os afasta.

Após um rompante ciumento intempestivo de Bernard na festa em que Mathilde e Philippe anunciam a sua lua de mel tardia, o envolvimento entre Bernard e Mathilde é exposto publicamente. Ele não se contém, e reclama a sua paixão por Mathilde, persegue-a e tenta agarrá-la de modo furioso, expressa o seu desespero na frente de todos. Bernard finalmente conversa com a sua esposa Arlette sobre o problema. Eles tentam superar o momento desafiador e retomar uma vida conjugal nos moldes em que viviam antes do surgimento de Mathilde. Arlette engravida do segundo filho. Mathilde, por sua vez, não consegue elaborar a situação inacabada com Bernard, na verdade, sua angústia parece-lhe insuportável. Ela reforça sua baixa estima, o sentimento de ser a outra, não se implica com o que escolhe, irrefletidamente, para si mesma, parece paralisada por um nada niilista, ou seja, ela experimenta as possibilidades como *impossibilidade*. Esse quadro chega ao ponto da quebra da sua já frágil resiliência. Mathilde colapsa, se ensimesma e é hospitalizada. Ela recebe apoio e carinho de todos, inclusive de Bernard, a pedido do próprio Philippe, que ama sua esposa, preocupa-se diligentemente com ela e reconhece ser Bernard o grande amor da sua vida. Após um tempo de convalescência, Mathilde tem alta, sai do hospital.

A resolução do filme surpreende o espectador. Mas, se nos apoiarmos em Kierkegaard, faz bastante sentido o seu fecho. Ele não está tão fora da rota como parece o susto que tomamos como espectadores nas cenas finais.

O filme segue a mesma lógica do livro de Kierkegaard *In Vino Veritas* (2005): ao estético, o que lhe pertence. Expliquemo-nos. A obra do filósofo gira em torno de um banquete em que os participantes do simpósio se dispõem a falar e a discutir sobre o amor, a paixão, a relação entre o homem e a mulher. Chamou a nossa atenção que os convivas não saem desses temas rubricados sempre pela atmosfera do estético. Permitam-nos uma digressão: comportam-se e pensam tal qual quem diz: "Dai a César o que é de César e a Deus o que é de Deus" (Mateus, 22, versículo 21). Tradução: ao mundo das coisas as coisas do mundo.

Mathilde e Philippe partem da casa vizinha. Ela está vazia agora, está para alugar, como no começo do filme. Cena: Bernard e Arlette estão dormindo, parece ser madrugada. Na casa ao lado, onde iriam morar Mathilde e Philippe, uma porta está batendo. Isso acorda Bernard. Ele espia, da sua janela, o que pode estar havendo. Ao olhar para a casa do lado, vê luzes. Bernard pega uma lanterna e vai até lá verificar o que está acontecendo. Ao entrar na casa, vê Mathilde. Os dois se abraçam, se beijam, alucinadamente, entregues, embriagados pelo êxtase amoroso. Bernard, mais uma vez, é todo desejo, é todo Mathilde.

Truffaut parece brincar, a sério, com a expectativa de um final feliz, que sugere a cena culminante do filme, intensificado pelo romantismo expresso na música, somente com instrumentos de cordas (violinos, *cellos*...). A paixão parece reger o encerramento do enredo, parecemos convidados ao êxtase. Só que, desta feita, Mathilde se traveste de viúva negra, aquele bicho que devora (mata) os seus amantes após o gesto de amor. Na casa, agora vazia e às escuras, Mathilde e Bernard se enovelam, mais e mais, num encontro seminal, carinhosíssimo, quase sacro, e, de repente, Mathilde tira da bolsa um revólver, atira na cabeça do amante e mata Bernard, que desaba em cima dela, com breve espasmo. Após o feito, ela se mata.

A estética de Truffaut não seduz para deixar a audiência dócil e feliz. Nem quer fazê-la triste, sair do cinema arrasada. Há uma sedução na estética de Truffaut de outra ordem, que não trata de agrado ou desagrado. Truffaut não compôs esse final para agredir o espectador. Ele o fez porque o amor é o que é, e não o que gostaríamos que ele fosse. O amor é vitalidade, e por que não confessar, a sensação, mesmo impermanente, de plenitude, de felicidade, mas, igualmente, morte, dilaceramento e dor.

Quanto à ânsia por um final feliz, por um filme como entretenimento, Camon comenta o desabafo de uma aluna sobre os filmes que ele exibia para que fossem compartilhados vivencialmente entre os seus alunos como forma de assentar a aula no arrebatamento. Disse a aluna: "Professor, os filmes que o senhor traz nunca têm final feliz. Gosto de ir ao cinema para ver coisas bonitas e não essas tão tristes que o senhor nos traz" (ANGERAMI,

2017, p. 52). Na verdade, ela não amava os filmes, ela amava a expectativa da promessa de felicidade supostamente encerrada neles.

A sedução de Truffaut em sua estética não apenas nos convida para o ético, como nos arremessa nele. Não há como permanecer indiferente na cadeira, mero espectador. "Uma obra cinematográfica é algo que, ao assistirmos, não nos deixa impunes. Somos levados a um turbilhão de emoções e reflexões que seguramente podem, muitas vezes, até nos transformarem emocionalmente de maneira radical." (Angerami, 2017, p. 71).

Mathilde não consegue viver sem o estético, sem a paixão, a sedução. Bernard oferece tudo isso a ela. Mas, ao mesmo tempo, e tragicamente, ela não se suporta em seu modo de ser.

O assassinato-suicídio de Mathilde é decifrado pela nossa querida narradora, Jouve, a que sobreviveu ao suicídio, sobreviveu a Eros, sobreviveu ao seu sucumbir para nos contar essa estória. É uma testemunha que sabe, por conhecimento de causa, as ranhuras da paixão.

E a conclusão que nos revela Jouve para o que sente Mathilde por Bernard: *Nem com você, nem sem você*. Sugestivo para aprendermos a pensar sobre a afetividade. Quantas vezes já desejamos rejeitando, rejeitamos desejando? Quantos de nós rezaram em noites insones pelo amor, imploraram a Eros escapulir da solidão e, uma vez engatadas numa relação, rogaram pragas ao escolhido pelo deus do amor, senão ao próprio Eros? Quando a pessoa que se diz amada está longe, ou se foi, vem a saudade queimando a alma. Quando se está no cotidiano, quando a pessoa parece próxima, algo de enfadonho se insinua. Irritamo-nos, ficamos impacientes, alguns se sentem "invadidos", outros acham que perdem a liberdade. Por que a proximidade parece assustar tanto, e a distância se torna tão idealizada? Trabalho de Sísifo? Levar uma pedra até o cume, donde ela torna a cair, será esse o heroísmo do amor?

Tereza Erthal nos ajuda a pensar o problema pela reflexão acerca da temporalidade. De alguma forma, o que Erthal expõe aqui tem relação com uma espécie de compromisso de Mathilde com o passado, inclusive com o passado vivido com Bernard, antes de conhecer o seu atual marido.

> O passado é aquilo que se acha fora da perspectiva de mudança, pois ele não pode ser alterado. Retornar, donde se costuma observar, nas pessoas presas às chamadas situações inacabadas, acaba por incrementar uma grande dose de remorso, arrependimento, ressentimento e culpa. Elas sentem como se a situação passada

retornasse, ou como se o tempo não passasse. O que, na verdade, não percebem é a sua relação com o tempo. Para que o futuro seja um possível realizável, o passado precisa ser apenas passado, com uma existência honorária somente. Embora o passado tenha algum componente em vigência, como um acontecimento traumático, por exemplo, o componente mutável é a significação dada a ele, que é presente. Quem escolherá que uma crise afetiva levará a uma reformulação da forma como as próximas relações se estabelecerão, ou se haverá negação de qualquer forma de relação, é a pessoa que lhe confere um dos significados, de acordo com os fins pelos quais ilumina esses eventos passados.

> Existem indivíduos que escolhem fidelidade ao passado, fugindo, disfarçadamente, do devir. Neste caso, o passado é vivo e precisa ser alimentado sempre, para não morrer. (ERTHAL, 2017, p. 186-187).

Erthal acrescenta que "o futuro assusta pelo caráter de possibilidade" (ERTHAL, 2017, p. 187). Se quem se anela ao passado precisa mantê-lo vivo, precisa sempre alimentá-lo para ele não morrer, pensando em Mathilde, ela precisou matar o presente (Bernard) e matar-se para que o passado pudesse viver para sempre.

O cinema como pensamento-imagem provoca-nos, tira-nos do lugar de referências familiares, leva-nos ao estranho. Na cena decisiva, na casa agora vazia onde Bernard e Mathilde se encontram, tudo está às escuras. O amor em segredo se faz no escuro. Esse escuro se revela, pois, como um manto de morte. Mathilde arma uma situação em que eles serão flagrados em ato de amor, um dentro do outro, literalmente. Eles serão eternizados. Como observa Sartre a respeito da morte, eternizados pelo olhar de um outro.[3] Estarão juntos para sempre, não mais na vida, mas na morte.

A próxima película

No que acabamos de contar, não temos nada parecido com etapas sucessivas evolutivas no caminho de uma vida, nem regressão de um

[3] "Do ser de Pedro morto, hoje, sou o único responsável, na minha liberdade. E os mortos que não puderam ser salvos e transportados a bordo do passado concreto de um sobrevivente não são *passados*; eles e seus passados estão aniquilados." (SARTRE, 2001, p. 164).

estado para outro, nem mediações dentro de um sistema moldado por um fundamento absoluto. O que vivenciamos são como fotos da vida: são escolhas e condições psíquicas concomitantes às escolhas, paixão e amor, desejo, enredamento e fissura, vida e morte, são sínteses a fazer, até a morte.

Achegamos à existência por estádios, caminhos, modos de ser, estados, atmosferas, focados nos campos do estético e do ético. Faltou trabalhar o estádio religioso. Para isso, escolhemos o filme *Ligações perigosas*, baseado no romance de mesmo nome assinado por Choderlos de Laclos e publicado em 1782. Esse filme, dirigido por Stephen Frears (1988), contempla todos os estádios desfilados por Kierkegaard, culminando no religioso.

Precisamos pontuar que não vamos descrever o filme em todos as suas nuances, pois o nosso espaço é finito, e também porque convidamos o leitor, se ainda não viu o filme, a assisti-lo e a destacar as figuras que lhe forem mais significativas.

Cena: A maquiagem

A abertura do filme se dá com um dos protagonistas, Visconde de Valmont, se arrumando. São vários minutos de uma minuciosa maquiagem. Ele utiliza até uma máscara, para se proteger do pó usado para maquiagem. A máscara lembra as máscaras usadas pelos que tratavam da peste para se protegerem dela, apenas sem o protetor de nariz adunco que os curandeiros usavam. Estamos na sociedade aristocrática francesa do século XVIII, o rei e a corte detêm o poder. Para eles, a peste é o povo, que ameaça contaminar o beneplácito dos ricos e nobres. Estamos às vésperas da queda da Bastilha.

Cenário: A escolha do alvo

Após preparar-se como um artista dos megaespetáculos de *show business*, Valmont (John Malkovich) parte para os seus jogos de amor. A pauta é a sedução. Como na ópera Don Giovanni, de Mozart, ele tem um criado que o ajuda a armar e sair das suas tramas incólume. A musa da vez é Madame Marie de Tourvel. Linda, de uma beleza clássica, devotada à religião cristã, casada, dotada de valores morais sólidos, interessada na solidariedade ao próximo, aos mais necessitados, conversa com os mais velhos, é paciente, cuidadosa, sensível. É encarnada pela grande atriz Michelle Pfeiffer. E o que a torna uma joia ainda mais atraente, um teste de valor digno de um sedutor é que ela é casada. Quanto maiores os desafios, os obstáculos, maior é o prestígio do sedutor, odiado pela sociedade, mas, na surdina, admirado e desejado por muitos.

Argumento estético: o interessante

Se nos inspirarmos em Kierkegaard, temos em Madame de Tourvel a encarnação do ético, uma pessoa que adota conscientemente os valores morais da sociedade. Respeitada, temente a Deus, goza de um *status* de honra e admiração geral. Importa notar que Madame de Tourvel cativa o sedutor por aparecer como uma pessoa interessante. O interessante não é o esteticamente ligado às primícias do corpo. A sedução estética encarnada pelo personagem de Kierkegaard Johannes prescreve: uma sedução deve ser como uma obra de arte e não uma conquista vulgar. Nesse caso, as relações "não são belas, nem interessantes, mas sim picantes; e o picante vem sempre em último lugar" (Kierkegaard, 1979, p. 19).

Confirma esse rumo da prosa Laura Sampaio. [...] "a noção de 'interessante' **não deve ser entendida como experiência banal, grosseira**" [...] (Sampaio, 2010, p. 58). No diário de Johannes: "De modo algum me interessa possuí-la no sentido grosseiro, o que importa é fruí-la no sentido artístico." (Kierkegaard, 1979, p. 54). A tradução francesa deixa claro a recusa de Johannes à vulgarização "grosseira" (Kierkegaard, 2008, p. 290) da sedução, enquanto na tradução de Elisabete Souza lemos Johannes declarar: "Para mim, nem sequer se trata de possuir a rapariga em sentido exterior, mas antes de a desfrutar artisticamente." (Kierkegaard, 2013, p. 404).

A antagonista

Uma personagem decisiva no filme é a marquesa de Merteuil, interpretada por outra grande atriz, Glenn Close. Ela é uma mestra nas armações da sedução e nas articulações amorosas, inclusive envolvendo vingança. Ela exerce um poderoso magnetismo sobre o experiente

Valmont. Ela parece cativar o protagonista com um misto de mulher elegante e experiente, habilidosa nos jogos amorosos, mestra nos negócios do amor, mulher-desafio que está sempre, como em contos de fadas, a pôr obstáculos ao seu pretendente Valmont para que ele lhe demonstre o seu valor. Para Valmont, demonstrar valor é uma tarefa essencial, um capital de vitrine. Importa para ele, exibir-se na alta sociedade como um perigoso e irrecusável caçador bem-sucedido em suas investidas.

A promessa ou o contrato

A marquesa de Merteuil promete uma recompensa a Valmont; fica sugerido que se trata dela própria (eles tinham se paquerado em outra época), desde que o nosso herói cumpra as suas exigências: manipulação e vingança contra quem ela sente que a prejudica. Marteuil parece nutrir certa estima por Valmont, não o trata como um qualquer, mas não consegue expressar outra coisa que não o usar como um dos seus brinquedos. Eis a urdidora da trama, detalhada por Marcelo Bulhões.

> A marquesa de Merteuil, viúva recente, confia ao visconde de Valmont, seu ex-amante, a tarefa de ser protagonista de um plano para se vingar do nobre que a havia abandonado, o conde de Gercourt: seduzir e iniciar sexualmente a filha de sua prima, madame de Volanges, a jovem Cécile de Volanges, que foi tirada do convento e prometida em casamento a Gercourt. Valmont acha a tarefa indigna de sua fama de grande sedutor, por considerar a empreitada fácil demais. Tarefa mais digna de seu ofício de libertino é vencer as resistências da recatadíssima presidenta de Tourvel que, na ausência do marido, visita o palácio da tia de Valmont. No entanto, Valmont descobre que madame de Volanges escreve a Tourvel para adverti-la sobre o caráter nefasto de Valmont. Assim, para vingar-se de madame de Volanges, ele aceita seduzir a filha, a jovem Cécile Volanges, ao mesmo tempo em que investirá na conquista de Tourvel. (Bulhões, 2012, p. 81).

Assim, Valmont acredita que obterá um triplo ganho. A grande conquista de Madame Tourvel, a recompensa prometida pela ardilosa marquesa de Merteuil (entregar-se a ele) e vingar-se de Madame de Volanges através do assédio irresistível a sua filha.

A entrada no ético: a sedução do sedutor por Eros

O destino também é feito por tecedeiras.[4] Ele articula as suas tramas. Valmont, por sua vez, fica cada vez mais encantado, sem o perceber, pela sua presa, Madame de Tourvel. Ao pretender usar Eros para ampliar o círculo de brilho e admiração social, Valmont acaba sendo certeiramente flechado pelo deus do amor, que, cá entre nós, convém uma certa prudência quando se o evoca. Madame de Tourvel soube da péssima reputação moral de Valmont, que, por sua vez, se desespera com as refugas, com a firmeza do caráter de Tourvel. Não entende que está caindo cada vez mais nas artimanhas de Afrodite e de seu filho, Eros. Ao tentar manejar o amor, reduzindo-o a um jogo, acaba sendo definitivamente ferido por ele. Afinal de contas, convém não esquecermos a sabedoria dos antigos, segundo a qual, "Eros: o mais belo entre Deuses imortais, [...] ele doma no peito o espírito e a prudente vontade" (Hesíodo, 1992, p. 111).

A propósito do poder fascinante e terrível de Eros, certa vez, escrevemos:

> Ora, o amor é, a um só tempo, experimentado como fascinante e tremendo. Causa fascínio, atração "fatal", irresistível, ilumina a alma de vitalidade e vigor, a põe em movimento, ao mesmo tempo em que é terrível, provoca tremor e temor, pode ser experimentado como o que paralisa. Sem esquecer que tempestades podem se irromper sem aviso. O amor é uma força tremenda e, para alguns, assustadora, que dá a impressão, de como Eros, domar a alma, que perturba e transtorna não só o juízo até dos mais contidos e serenos seres humanos como o dos deuses. (Veríssimo, 2018, p. 199).

Madame de Tourvel também não consegue manter a sua cidadela incólume às investidas de Eros. Valmont e Tourvel vão se envolvendo amorosamente, enredam-se nas tramas de Eros. Tourvel entra em conflito, entre o que ouviu maldizer da fama de Valmont e o que se passa

[4] O fio da vida era concebido pela mitologia homérica como uma tecedura feita por Cloto (a que tece o fio), Láquesis (a que dá a sua medida) e Átropos (a que corta o fio da vida).

em sua alma na sua interação viva e recíproca com ele (quando estão um na presença do outro); entre a situação moral de mulher respeitada e admirada socialmente e o seu escoar amoroso na direção de Valmont. A madame acaba por adoecer diante da tensão amorosa que guarda em seu espírito e implora a Valmont para se afastar dela.

Por seu turno, definitivamente, ela se torna interessante para ele. Ou seja, nada parecido com a vulgaridade triunfante de sua constelação de conquistas. O que Valmont começa a sentir o projeta de um confortável cotidiano no estético para debutar num sentido ético para o eterno. Valmont se vê esmagado entre o desespero do infinito e o desespero do finito. O desespero do infinito é revelado pelo seu amor desmesurado por Tourvel. Esse desespero ainda não é consciente de si. Valmont, com toda a sua verve, mantém-se na inocência, e, portanto, a sua a angústia encontra-se latente. Aliás, ele nos lembra uma vestal, ou seja, uma virgem, em outras palavras, está sendo iniciado no âmbito do que parece nunca ter sentido na sua vida. Quanto ao desespero do finito, Valmont parece manter um pé ainda na sua sanha de conquistas das almas femininas, o que, até deparar-se com Tourvel era celebrado orgulhosamente. Seu papel e tarefa de sedutor, que lhe confere uma estampa social, quando entra em cena Tourvel, começa a ser infiltrado por uma espécie de desconforto. Em termos existenciais, diríamos que ele está se abrindo à culpa e ao ético, está perdendo a inocência tão zelosamente preservada até então. Exatamente, porque Valmont está descobrindo mais do que o ideal estético-artístico preconizado por Johannes. Valmont está se seduzindo, por assim dizer, pelas insinuações do que seja o modo ético, em que o narcisismo cede à descoberta que o outro não é um objeto, mesmo que interessante, o outro *existe*, vale dizer, o outro importa. Sem essa consideração, resta uma vida condenada ao tédio e ao desespero não consciente de si, que quer tomar por infinito o que não passa da ordem do finito: o prazer e o jogo.

Cabe, aqui, uma observação de Johannes, que se adequa bem para conhecermos o drama inédito vivido por Valmont. Quando entra no cenário o ético, o jogo deixa de ser uma inocente brincadeira, e se torna fatigante. Ouçamos Johannes: "Sob o céu da estética tudo é leve, belo, fugitivo, mas assim que a ética se mete no assunto tudo se torna duro, anguloso, infinitamente fatigante." (Kierkegaard, 1979, p. 51).

Tourvel foge de Valmont, saída que escolheu para livrar-se da dor de amar. No entanto, sua tia, uma sábia anciã, cheia de compaixão e doçura, lhe advertiu que não há como disparar do amor, especialmente, acrescenta a tia, para um coração feminino. Valmont vai atrás dela, envia o seu criado para vigiar todos os seus passos, seus gestos, seus arregos, suspiros. Até que vai ele próprio visitá-la. E se declara, derrete-se, e assim, ambos, param de fugir de Eros, entregam-se.

Valmont, tem um comportamento hesitante. Após se entregar, vai correndo, como uma criança, contar a Marquesa de Merteuil e buscar a sua prometida recompensa. "Sucesso!" ele grita, subindo jubilosamente as escadas ao encontro da sua parceira de jogatinas. Quando se encontra com a ardilosa Marquesa, para cobrar o seu prêmio, acaba deixando escapar, com uma boa dose de inocência, tudo o que sentiu no último encontro com Tourvel. Isso causa a ira da Marquesa. Ela não pode suportar ser suplantada por ninguém, especialmente por uma rival, jovem, linda, verdadeiramente virtuosa. E, sobretudo, não pode suportar que o amor triunfe, especialmente o que sentem Valmont e Tourvel um pelo outro. Não pode suportar que o que experimentou com Valmont no passado, esteja sendo obscurecido por uma paixão sem controle, nas palavras do próprio Valmont.

A jogada da marquesa manipuladora é lançar mão da persuasão, o que combina muito bem com a sedução. Conta que um amigo dela foi alvo de zombarias por envolver-se com uma mulher "inadequada". Com isso quer assustar Valmont, tentar convencê-lo do risco da incompetência, da perda de prestígio, da traição a sua carreira de mestre excelso da sedução. E joga mais uma carta fétida, sempre de forma dissimulada, como se estivesse amigavelmente aconselhando o seu amigo. A marquesa lança no ar uma terrível equação envolvida na situação relatada: já pensou o que irão pensar de você? Aqui entra o parecer de Sartre (2001) acerca do ser-para-outro: preciso do outro para definir a mim mesmo, para obter o meu valor. Hum... Então, explica-se a sua busca infantil pelo prêmio prometido pela marquesa. Valmont quer ser reconhecido. Não bastou experimentar vivamente com Tourvel a reciprocidade amorosa. Valmont retorna para uma relação umbilical e percebe que decepcionou a sua preceptora, não ganhará o seu prêmio. A sua prenda passa a ser uma obsessão. Ter o seu desejo de posse concedido pela poderosa Marquesa de Merteuil. É novamente Sartre (2001) quem vem à memória, quando ele ressalta a luta das consciências pelo reconhecimento.

Valmont decide romper com Tourvel. Arma uma situação em que é flagrado por ela com uma mulher. E finge não se compadecer do seu sofrimento. Não consegue fazer mais nada além de corroer-se no desespero de sua própria dor reprimida. Quando, também desesperada, incrédula, Tourvel pergunta-lhe: "Por quê? Mas, por quê?" "É porque está fora do meu controle. Está fora. Do. Meu. Controle", repete mecanicamente Valmont (Ligações perigosas, 1988). É uma dilaceração recíproca, mas Valmont quer prosseguir na rota suicida de negar assumir um sentido ético para o amor que ele mesmo prova como quem bebe uma taça de vinho e, ao mesmo tempo, de veneno. Parece apavorado com o que lhe destilou a marquesa, com o que possam pensar a seu respeito caso não leve a termo a conquista do troféu de caça. Nesse momento, parece batido por si mesmo. Mais do que apavorado, parece paralisado. Aparentemente, ainda conta o desejo de ser reconhecido. O sedutor precisa ser amado, amado acima de tudo. É como se Johannes conversasse com Valmont, para consolá-lo e afirmar-se no estético:

> Eu sou um esteta, um erótico, que apreendeu a natureza do amor, a sua essência, que crê no amor e o conhece a fundo, e apenas me reservo a opinião muito pessoal de que uma aventura galante só dura, quando muito, seis meses, e que tudo chegou ao fim quando se alcançam os últimos favores. Sei tudo isto, mas sei também que o supremo prazer imaginável é ser amado, ser amado acima de tudo. Introduzir-se como um sonho na imaginação de uma jovem é uma arte, sair dela, uma obra-prima. (Kierkegaard, 1979, p. 51).

Mas Valmont experimentou algo do ético, ao menos, nas suas bordas. A angústia está lhe ensinando que amar é reconhecer-se perdido, cada vez mais longe do porto seguro de um eu triunfante. Sua obra prima não passou de obra de um desastre, anunciando o trágico que está acenando, como nuvens sinalizam uma tempestade no horizonte.

Ocorre que Valmont já abriu a guarda para Eros, sente-se flechado pelo amor. Uma viagem sem volta. Ele está se iniciando na escola da angústia, está perdendo o que lhe restou de inocência. Após o rompimento com Tourvel, Valmont procura a marquesa para, novamente, reclamar a sua recompensa. E é atravessado como uma espada por toda a verdade, num diálogo pesado entre ele e a marquesa. A marquesa lhe diz que não se tratou do triunfo de uma mulher sobre a outra. Diz a marquesa: "a minha vitória foi sobre você. Você amava essa mulher. E ainda ama. Desesperadamente. Não a trataria cruelmente se não se envergonhasse [do que iriam pensar de você]. Não suportava ser alvo de zombarias" (Ligações perigosas, 1988). Sigamos, agora munidos da obra original de Laclos:

> Sim, visconde, éreis muito afeiçoado a madame de Tourvel, e ainda hoje o sois; vós a amais como um louco. Mas, como eu me divertia em envergonhar-vos por isso, bruscamente a sacrificastes. Teríeis sacrificado mil outras de preferência a suportar uma brincadeira. Aonde nos conduz, pois, a vaidade! Tem toda a razão o sábio quando diz que ela é inimiga da felicidade. (Laclos, 2013, p. 430).

A angústia tardia do que significa o cavaleiro da fé

Nosso amigo faz ainda uma lacônica intimidação à mestra dos artifícios: "sim ou não, depende de você, é claro. Restrinjo-me a observar que um 'não' será considerado declaração de guerra". E a marquesa, com um sorriso contido e triunfante em sua máscara responde: "Guerra!" (Ligações perigosas, 1988).

A próxima cena é um duelo entre Valmont e o jovem Danceny (Keanu Reeves), que ficou a par que Valmont também seduziu a sua jovem amada (Uma Thurman). Na verdade, Valmont iniciou a moça nas artes sexuais para se vingar da sua mãe (madame de Volanges), que espalhava para Tourvel fofocas comprometedoras sobre ele. Sem nada desconfiar, Danceny (Keanu Reeves), considerava Valmont seu amigo. Exposta a traição, Danceny e Valmont duelam. É um duelo de espadas sob um cenário frio e nevoso. Se o rapaz mal sabe da vida, imagine lutar espadas. E Valmont é mestre também nessa arte. Subitamente, mas, de forma predeterminada, o Visconde se deixa ferir. E é fatal. Danceny, pessoa de boa índole, corre para acudi-lo. Mas, é tarde demais. Valmont, então, pede um último favor a um moribundo. Entrega-lhe as cartas trocadas com a marquesa de Merteuil. E também entrega uma carta dirigida a sua amada Tourvel, que está, igualmente, agonizante, muito doente, num convento. Diz Valmont: "Diga-lhe que não sei por que rompi com ela do modo que fiz. Mas, desde então, minha vida não vale nada. Fiz a espada penetrar mais fundo do que você, rapaz, e preciso que me ajude a retirá-la." (Ligações perigosas, 1988).

É uma confissão que assina o amor romântico; às portas da morte, Valmont assume que ama, assume sua mais autêntica possibilidade. Confessar tudo, ficar nu diante de todos, diante de quem mais ama, um ato de fé? Perdendo todas as máscaras, todas as capas e pompas com que se vestia, restou-lhe apenas um único sentido, o mesmo para viver e para morrer: não teria mais como viver sem sua amada Tourvel.

Ele se matou. Mas, na verdade, matou-se bem antes do ferimento da espada. Matou-se ao fugir do amor, por desespero estético, por um apego infantil a sua imagem. Mas, quem sabe, essa fosse apenas a desculpa. Matou-se, diante da síntese não realizada entre o desespero de não ser si mesmo e o desespero de ser si mesmo, cuja senha foi "está fora do meu controle". Matou-se por infidelidade ao amor, por trair o seu próprio amor, por fazer padecer quem mais amava nesse mundo.

Tourvel está às portas da morte, muito doente, quando recebe a carta do Visconde entregue por Danceny. Ela lê a confissão de Valmont. Uma só palavra é suficiente: "Basta". E se vira para o outro lado, para morrer.

O suicídio de Visconde de Valmont, seu trágico desespero, nos fez pensar. Quanta gente não mata aquilo que lhe é mais precioso nesse mundo e, assim, mata-se impiedosamente? Não cabe julgar, apenas o silêncio do pensar para irrigar o compreender. Tourvel adoece de tanto amar, foge, de tanto amar. Perde-se, de tanto amar. Entrega-se, de tanto amar. Despedaça-se, de tanto amar. Valmont despedaça-se com sua própria imaturidade esteticista e inconstante. Tem na morte a maca para o seu desespero. A morte colheu ambos, e foi, ao mesmo tempo, a escolha de ambos para eternizar o seu amor.

O enlace entre amor e morte nos leva a um grande silêncio. Um silêncio que nos convida a meditar e, mais do que isso, a vivenciar, a permitir vivenciar o amor, sob inspiração de uma imagem de Kierkegaard, assinada pelo pseudônimo Johannes de Silentio (que não é o Johannes, o sedutor). O filósofo traz uma personagem que é vida e morte, mas num sentido que não se prescinde da vida, nem se nega a morte. É a rica figura do *cavaleiro da fé*. A atmosfera do cavaleiro da fé envolve um sentido mais do que belo (estético), mais do que enlaçado no amor ao amado (o ético), um sentido originário de *fé*.

> O cavaleiro da resignação infinita [...] nem pela maior glória deste mundo renuncia ao seu amor. [...] Começa por se assegurar que esse amor é realmente para ele a substância da vida. Sente a alma

> demasiado sã e orgulhosa para permitir que o acaso se apodere da menor parcela do seu destino. Não é covarde pois não receia que o seu afeto penetre até o âmago dos seus mais ocultos pensamentos nem que envolva, como apertada rede, cada uma das articulações da consciência; e mesmo que o torne desgraçado jamais se poderá dele desligar. Experimenta então deliciosa voluptuosidade com deixá-lo vibrar em cada um dos seus nervos; no entanto a sua alma vive a mesma solenidade que a daquele que esvaziou a taça de veneno e sentiu o líquido infiltrar-se, gota a gota, no sangue... porque esse instante é vida e morte. (Kierkegaard, 1979, p. 132).

REFERÊNCIAS

A MULHER do lado. Direção: François Truffaut. Roteiro: François Truffaut, Suzanne Schiffman e Jean Aurel. France: Les Films du Carrosse/TF1 Films Productions, 1981. São Paulo: Master Digital. 1 DVD (101 min).

ALVES, A. T. **Antologia de poetas estrangeiros**. São Paulo: Logos, 1964.

ALVES, R. **O Retorno e Terno.** 24. ed. São Paulo: Papirus, 2003.

ANGERAMI, V. A. Atitudes do psicoterapeuta diante de casos de suicídio. *In:* ANGERAMI, V. A. (org.). **Sobre o suicídio.** A psicoterapia diante da autodestruição. Belo Horizonte: Artesã, 2018, p. 15-106.

ANGERAMI, V. A. **Cinema e subjetivação:** uma análise sensível de percepção e emoção. Belo Horizonte: Artesã, 2017.

BULHÕES, M. Les liaisons dangereuses na tela: ligações "perigosas" entre cinema e literatura. **Alceu**: revista de comunicação, cultura e política. Departamento de Comunicação social da PUC-Rio. v. 12, p. 80-93, jan./jun. 2012.

CASTRO, C. **Textos básicos de antropologia**: Cem anos de tradição: Boas, Malinowski, Lévi-Strauss e outros. Rio de Janeiro: Zahar, 2016.

COMTE, A. **Curso de filosofia positiva**. Trad. de José Arthur Giannotti. São Paulo: Abril Cultural, 1978.

ERTHAL, T. C. S. Temporalização e liberdade. É o ser humano livre para mudar? *In:* ANGERAMI, V. A. (org.). **Psicoterapia fenomenológico-existencial.** Belo Horizonte: Artesã, 2017, p. 173-188.

FEIJOO, A. M. C.; PROTASIO, M. O resgate do caráter estético da existência na filosofia de Kierkegaard. **Revista Filosofia Capital**. Brasília: Edição Especial – dossiê Søren Aabye Kierkegaard, v. 6, p. 11-22, 2011.

FRAZÃO, P. De Dido a Dédalo: Reflexões sobre o Mito do Suicídio Romântico na Adolescência. **Análise Psicológica:** Revista do ISPA – Instituto Universitário. Lisboa: v. 21, n· 4, p. 453-464, 2003.

GOBRY, I. **Vocabulário grego da filosofia**. Trad. de Ivone C. Benedetti. São Paulo: Martins Fontes, 2007.

GOETHE, J. W. **Os sofrimentos do jovem Werther**. Trad. de Claudia Cavalcanti. São Paulo: Martin Claret, 2014.

HEGEL, G. W. F. **Fenomenologia do Espírito**. Parte I. Trad. de Paulo Menezes e Karl-Heinz Efken. 3. ed. Petrópolis: Vozes, 1997.

HESÍODO. **Teogonia.** A origem dos deuses. Trad. de Jaa Torrano. 2. ed. São Paulo: Iluminuras, 1992.

HÜHNE, L. M. O irracionalismo de Kierkegaard. *In:* REZENDE, A. (org.). **Curso de Filosofia**. Rio de Janeiro: Jorge Zahar, 1989, p. 164-183.

KIERKEGAARD, S. A. **A repetição.** Trad. de José Miranda Justo. Lisboa: Relógio D'Água, 2009.

KIERKEGAARD, S. A. **Diário de um sedutor. O Desespero humano. Temor e tremor**. Trad de Carlos Grifo, Maria José Marinho e Adolfo Casais Monteiro. São Paulo: Abril Cultural, 1979 (Os Pensadores).

KIERKEGAARD, S. A. Étapes sur le chemin de la vie. Trad. F. Prior et M.-H. Guignot. Paris: Gallimard, 1997.

KIERKEGAARD, S. A. **In Vino Veritas**. Trad. de José Miranda Justo. Lisboa: Antígona, 2005.

KIERKEGAARD, S. A. **O Conceito de Angústia**. Trad. de Álvaro Luiz Montenegro Valls. 2. ed. Petrópolis: Vozes; São Paulo: Editora Universitária São Francisco, 2010.

KIERKEGAARD, S. A. **Ou – Ou**: um fragmento de vida. Trad. de Elisabete M. de Sousa. Lisboa: Relógio D'Água, 2013.

KIERKEGAARD, S. A. **Ou bien... ou bien...** Trad. F. O. Prior e M.H. Guignot. Paris: Gallimard, 2008.

LACLOS, C. **As relações perigosas**. Trad. de Carlos Drummond de Andrade. São Paulo: Globo, 2013.

LAPLANTINE, F. **Aprender antropologia**. Trad. de Maria-Agnès Chauvel. São Paulo: Brasiliense, 2005.

LARAIA, R. B. **Cultura:** um conceito antropológico. 17. ed. Rio de Janeiro: Jorge Zahar, 2004.

LIGAÇÕES PERIGOSAS. Direção: Stephen Frears. Estados Unidos: Warner Home Video, 1988, 1 DVD (120 min).

PIAZZA, W. O. **Introdução à Fenomenologia Religiosa.** 2. ed. Petrópolis: Vozes, 1983.

POLSTER, E.; POLSTER, M. **Gestalt**: Terapia integrada. Trad. de Sonia Augusto. São Paulo: Summus, 2001.

SAMPAIO, L. C. F. **A existência ética e religiosa em Kierkegaard**: continuidade ou ruptura? 2010. Tese (Curso de Doutorado em Filosofia) – Programa de Pós-Graduação em Filosofia da UFSCAR, São Carlos.

SARTRE, J. P. **O ser e o nada.** Tradução de Paulo Perdigão. 9. ed. Petrópolis: Vozes, 2001.

SARTRE, J. P. **Questão de método**. Tradução de Bento Prado Júnior. São Paulo: Nova Cultural, 1987.

SARTRE.; PAUL, J. **Entre quatro paredes**. Tradução de Alcione Araújo e Pedro Hussak. Rio de Janeiro: Civilização Brasileira, 2005.

SCHLEIERMACHER, F. **On Religion.** Speeches to its Cultured Despisers. Trad Richard Crouter. Cambridge University Press, 1996.

SOLIS, D. E. N. A Sedução estética. **ARETÉ – Revista do Departamento de Filosofia da Universidade Santa Úrsula**. v. 2, p. 95-116, 1995.

TANGUY, C.; MARTINS, M. Três destinos do feminino à luz do "caso" Adèle Hugo. **Tempo psicanalítico**. Rio de Janeiro, v. 46, n. 2, p. 238-252, dez. 2014.

VERÍSSIMO, L. J. Amor, mito e suicídio. Considerações hermenêuticas para um aporte existencial. *In:* ANGERAMI, V. A. (org.). **Sobre o suicídio.** A psicoterapia diante da autodestruição. Belo Horizonte: Artesã, 2018, p. 191-222.

VERÍSSIMO, L. J. Conversa em torno do suicídio, absurdo, desespero e fé. Interlocução com Schopenhauer, Camus, Sartre e Kierkegaard. *In:* ANGERAMI, V. A. (org.). **Suicídio e suas interfaces.** O ardiloso emaranhado da autodestruição. Belo Horizonte: Artesã, 2019, p. 333-355

ESTREMECIMENTO

Moisés Coppe

Minha essência, substância e existência se estremecem em minha angústia.
A chuva torrencial se achega em nuvens densas e eu me encolho em papéis.
Vejo-a se aproximar do cume do monte.
Nem sei como lá cheguei. Talvez tenha sido levado pelas tintas e pincéis.
Ela se torna a minha tempestade.
Agonia com cheiro bem selvagem.
Carinho sem nenhuma caridade...
Ela se achega com beleza e lágrimas quentes. Ambas me remetem à tragédia.
As ruas e vielas serão inundadas. A urbanidade da humanidade será transtornada.
O spray das nuvens ofuscará o meu olhar.
Chuva violenta, que me violenta, que me faz amargar.
Contido, me atenho humilde ao silêncio e à observação.
Espero a tempestade passar.
Que a enxurrada a leve para longe, que leve também o que sinto, o que sofro...
Pisco os olhos. Quero vislumbrar mais longinquamente, mas em vão!
Só consigo me recolher à minha insignificância.
O céu esbranquiçado me faz chorar.
Depois a névoa, o cheiro bom e a neblina.
Aquele silêncio depois da procela.
Meu pensamento divaga, dá asas à imaginação.
Um sopro de vida em meu chão.
Sorrio. Quero um lastro de sol.
Encontrar um sentido na palma da mão.

INVASÕES BÁRBARAS

Hermenêutica da existência, da eutanásia e do suicídio assistido

6

Moisés Abdon Coppe

Eu tive muito prazer em viver esta modesta vida
na companhia de vocês, meus amigos.
E são os seus sorrisos que eu vou levar comigo.
(Rémy – Invasões Bárbaras)

Para início de conversa

Um lago. Patos selvagens que voam na típica formação em "V", sibilando continuamente. Árvores que se inclinam e chacoalham ao movimento dos ventos. Um horizonte aquarelado em um tom crepuscular, nas cores âmbar, laranja, amarelo e cinza. Eis as semióticas que emolduram a morte premeditada de Rémy, personagem central do filme *As Invasões Bárbaras*.

Excetuando-se todas as interpretações que poderiam decorrer de nossa simples observação estética do filme, bem como toda e qualquer intencionalidade crítica, oriunda dos campos sociopolíticos, econômicos ou religiosos, resolvemos nos debruçar sobre os desafios e as complexidades que envolvem a eutanásia e o suicídio assistido, articulando-os em uma reflexão no campo da psicologia humanista-existencial.

Obviamente, essa articulação não será extensa em virtude da singularidade aqui proposta, especialmente por causa da análise do filme em questão. Não pretendemos divagar sobre todas as chaves interpretativas que o filme nos apresenta. Focaremos, mais precisamente, nas discussões que envolvem o encontro com o limiar que separa a vida da morte e a morte da vida.

Este texto se organiza em cinco tópicos e quatro pequenos desdobramentos, como segue: Em primeiro lugar, apresentaremos uma sinopse do filme, elencando as partes que mais nos interessam para a presente abordagem. Em segundo lugar, apontaremos alguns pontos da pulsante filosofia existencial de Sartre, especialmente os aspectos correlacionados à liberdade do ser humano. Este autor se torna uma importante referência, justamente pela radicalidade com que expõe suas abordagens sobre as contradições presentes na existência humana. Em terceiro lugar, dialogaremos de maneira mais detida com o conceito de liberdade, coligado ao humanismo em busca da concretude existencial. Em quarto lugar, discutiremos alguns pontos sobre a questão da eutanásia e da bioética, para, enfim, correlacionar todos as ideias, visando apontar alguns desafios que se apresentam aos psicólogos e às psicólogas na clínica psicoterápica humanista-existencial.

Sinopse do filme

O filme *As Invasões Bárbaras*, dirigido por Denys Arcand, produzido em 2003, foi premiado em Cannes, como sendo o filme com o melhor roteiro produzido. Em 2004, foi indicado ao Globo de Ouro e, no mesmo ano, venceu o Oscar, como o melhor filme estrangeiro.

O filme de 2003 reúne os mesmos atores e atrizes que protagonizaram um filme anterior: *O Declínio do Império Americano* (de 1986), do mesmo diretor. Este filme é um dos mais reconhecidos, oriundos do cinema canadense. Ele apresenta as conversas que giram em torno da "guerra dos sexos". Há quadros marcados por um humor fino, acompanhados por uma abordagem aos discursos oriundos de acadêmicos das universidades, que acabam sendo ridicularizados em conversas jocosas. Ao mesmo tempo, o diretor, através dos seus personagens, faz questão de denunciar a hipocrisia reinante nas falas públicas, contrapondo-as aos dramalhões da vida pessoal de cada personagem, especialmente as inseguranças enfrentadas pelos homens e mulheres nas suas respectivas vivências sexuais.

Já, em *As Invasões Bárbaras*, a declaração da morte das ideologias numa sociedade dominada pelo neoliberalismo se apresenta, semiologicamente, no câncer incurável que se acomete a Rémy, o professor universitário "*bon vivant*".

O roteiro do filme começa com a ligação que Sebastién (Stéphane Rousseau), filho de Rémy (Rémy Girard), recebe de sua mãe, Louise (Dorothée Berryman), informando-o da condição moribunda de seu pai. Sebastién é um bem-sucedido operador do mercado financeiro, casado com Gaëlle (Marina Hands), ambos estabelecidos em Londres. O seu pai está internado em um hospital público no Quebec, onde os corredores estão completamente lotados de pacientes, que, por sua vez, denunciam a falência das seguridades sociais.

Rémy possui opiniões bem contundentes em relação à sua posição política e religiosa. Demarca em todas as suas falas seu pedantismo, mediante as suas conquistas acadêmicas, embora se entrechoque, pessoalmente, com a solidão em sua maturidade.

A questão de fundo é a morte, melhor dizendo, a forma como a morte se apresenta no palco da existência. Isso fica notório no momento em que Rémy passa por uma tomografia com emissão de pósitrons. Antes de entrar na máquina, a personagem expressa ao seu filho: "Conhece aquele provérbio? Natal no *scanner*, Páscoa no cemitério". E seu corpo entra na máquina. Momentos depois, o médico que acompanha o caso recebe o laudo e a indicação de que havia um câncer raríssimo no cérebro. Telefona ao filho, dá-lhe a notícia e quando inquirido sobre o diálogo no telefone, pelo pai, o filho diz estar tudo bem e sorri.

Sebastién quer remover o pai para os Estados Unidos, mas o pai se recusa. Eles discutem duramente e Sebastién confessa à sua mãe a sua vontade de voltar para Londres, abandonando a convivência junto ao seu pai. Sua mãe o sensibiliza, contando histórias de sua infância esquecida, especialmente exaltando memórias afetivas, informando ao filho os dias em que o pai ficou acordado acudindo-o, quando este estava sob forte suspeita de meningite. Depois de acordos diversos, Sebastién volta atrás. Resolve ficar e conviver com os últimos dias de existência do pai.

Rémy também tinha uma filha: Sylvanie (Izabelle Blais). Ela, todavia, velejava em um veleiro de pesquisas pelo oceano Pacífico. Sequencialmente, logo após assistir a transmissão da sua filha, a trama é interrompida para revelar cenas do choque dos aviões ao World Trade

Center, em Nova York, no dia 11 de setembro de 2001. O comentarista do evento, na rede televisiva, aborda o atentado e suas nuanças, aparecendo pela primeira vez a expressão: as invasões bárbaras. Não vamos entrar no mérito de quais são as invasões bárbaras que interessam a Arcand. São múltiplas e elas são evocadas no decorrer do filme. A possibilidade da eutanásia é uma delas.

Sebastién, que não tem problemas com a questão financeira, compra todo o sistema público. Manda reformar um quarto, no segundo andar do hospital, para que o pai seja mais bem acolhido e cuidado. Com essa nova possibilidade adquirida, Sebastién faz contato com os quatro principais amigos do pai – Diane (Louise Portal), Dominique (Dominique Michel), Claude (Yves Jacques) e Pierre (Pierre Curzi), que passam a conviver com ele em seus dias finais.

Como o quadro de Rémy é irreversível, o filho fica sabendo, por intermédio de um médico americano, sobre um tratamento à base de heroína. No enredo entra Natalie (Marie-Josée Croze), filha de Diane, amiga de Rémy. Ela é usuária de heroína e ajuda o moribundo em seu tratamento. Doravante, o filme se envereda pelas trilhas dos relacionamentos e afetividades, complexidades que envolvem a sociedade, ao longo dos milênios. A descrença no amor é evidenciada e a dor da morte aparece de uma forma bem vívida. Rémy declara o seu medo de morrer, de deixar as viagens, os vinhos, as músicas e as mulheres. Declara também o seu receio de ser esquecido, de não ter deixado um legado e de não ter se apresentado, claramente, quanto ao que veio. Uma de suas frases, que revela a sua cobiça pela vida, assim se expressa: "Eu vou desaparecer para sempre. Sinto-me tão indefeso quanto no dia em que eu nasci".

Na casa do seu amigo Pierre, às margens de um lago, na companhia de todos os seus amigos e amigas, Rémy vive seus últimos suspiros existenciais. No momento derradeiro, recebe uma bolsa de soro e uma overdose de heroína. O filho Sebastién, a quem ele chamou de seu "anjo da guarda", segura a sua mão e ele tem uma "morte doce" – a eutanásia.

Sartre e a complexidade do existir humano

O filme em questão, nos coloca, inevitavelmente, diante do confronto com as complexidades e paradoxos da existência. Tal confronto nos lança, necessariamente, aos limiares existenciais e o subsequente percurso reflexivo daqueles que almejam se deparar com algum sentido na vida. O julgamento quanto aos desafios e absurdos que são abarcados pelos sentidos humanos e pelos sentimentos mais aprofundados, muitas vezes, impõe ao ser humano a pergunta se, de fato, vale a pena viver.

Isso acontece porque o ser humano é o animal que reflete, de forma consciente e inconsciente, sobre o seu próprio sofrimento e morte. Esta convicção de que se é visitado cotidianamente pela sombra da morte, provoca a angústia, em geral, e o desespero em particular, fazendo com que muitas pessoas deixem de esperançar e continuar o investimento, com vias a uma vida mais digna. É preciso olhar toda essa questão com olhos mais humanizados. A existência precisa ser respeitada em sua singularidade.

Dentre os filósofos existencialistas, Jean Paul Sartre se destaca, por causa da sua relação dialógica com o mundo, que reúne uma precisão hermenêutica alinhada a uma carga explosiva de realidade, bem como uma extensa presença e participação política.

Esse tripé ressalta a importante identificação de Sartre à sua percepção sobre a radicalidade da liberdade humana. Todavia, é preciso atenção ao conceito de liberdade em Sartre, pois não se trata de liberdade em toda a sua totalidade. Para o filósofo existencialista francês, a liberdade implica uma não liberdade, consequentemente a angústia de não poder optar por não ser livre. Essa condição é a facticidade, que, por sua vez, corresponde a "aquilo que a pessoa é", num processo profundamente singular e subjetivo.

Veríssimo, ao considerar a interlocução da prática psicoterápica ao pensamento de Sartre, afirma que as palavras fundamentais que norteiam a sua filosofia são: liberdade, escolha e responsabilidade. Esse tripé lança o ser humano e sua singularidade a um contexto onde a subjetividade é relacional, portanto, intersubjetiva. (Veríssimo, 2017, p. 266). Nesse processo heurístico, onde a filosofia sartriana emoldura o processo psicoterápico, não somente em sua coluna epistemológica, mas essencialmente existencial, cabe a advertência de Veríssimo:

> É preciso dar à existência aquilo que lhe pertence – o reconhecimento da angústia como o que nos revela que nada está assegurado de uma vez por todas. A angústia revela o nosso ser possível. A instabilidade no ser (a contingência de nosso ser;

> sermos de um modo e podermos ser de outro) é um sentido para a angústia, é um sentido para a própria liberdade. A náusea, por seu turno, pode ser para alguém, num certo momento da sua história, um convite à mudança de rumos na vida. A experiência do *nonsense*, do não sentido, pode ser um momento decisivo, inclusive numa psicoterapia. Restam, ainda, certas escolhas, como, por exemplo, arriscar se posicionar de outra maneira que não a repetição de hábitos sedimentados. (Veríssimo, 2017, p. 267).

É presumível, portanto, entender que o que não está dado se torna o terreno para a abordagem mais coerente. Em outras palavras, o ser que busca pela resposta em si, conscientemente, somente pode se entender enquanto ser em desdobramentos no mundo, na dimensão própria de sua singularidade e subjetividade.

> O que Sartre entende como subjetividade é se fazer a cada situação dada. A cada situação concreta põe-se em jogo a nossa forma própria de ser, no glossário de Sartre, o nosso ser-Para-si, que não está pronto, nunca está completo, é faltante e é uma busca perpétua por completar-se, ou seja, por uma intencionalidade fundamental: dar sentido à vida, às relações, às nossas experiências. (Veríssimo, 2017, p. 269).

Essa noção sartriana indica que a falta – ser-Para-si – se estabelece como o movimento contínuo para a completude do ser, que, por sua vez, é entendido como ser-Em-si e não pode ser definido e limitado em sua existência. Em outras palavras, não há relaxamento para o ser, pois ele está por fazer-se. Nas próprias palavras de Sartre:

> O si, o Para-si e sua relação mútua mantêm-se nos limites de uma liberdade incondicionada – no sentido de que nada faz existir o valor, salvo esta liberdade que simultaneamente faz com que eu mesmo exista – e ao mesmo tempo nos limites da facticidade concreta, na medida em que, fundamento de seu nada, o Para-si não pode ser fundamento de seu ser. (Sartre, 2008, p. 145).

Na mesma esteira reflexiva, Rosolen levanta uma observação que muito nos instiga em nossa reflexão. Ele assim expressa: "Sartre media o sucesso individual pela capacidade em estabelecer uma verdadeira conexão com os outros, consigo mesmo e com a morte". (Rosolen, 2017, p. 297).

Com base nessas abordagens apontadas, importa-nos afirmar que a consciência em Sartre é marcada pela intersubjetividade, portanto, é relacional. Ela se relaciona com o mundo, questionando-o, ao mesmo tempo. O (im)preciso movimento entre o ser-Para-si para o ser-Em-si, sem a necessidade de completude.

Na esteira do "nada"

Nos intercruzamentos que ocorrem no presente vivencial, no agora que também é o nada, mantendo o processo de incompletude, o passado também vem à tona, alimentado pelas expectativas quanto ao futuro. Rosolen expressa que o nada é "o que faz lembrar, desejar, sentir saudade, pois é o lugar do encontro e manifestação" (Rosolen, 2017, p. 313). Nessa mesma linha, nas palavras de Sartre:

> Não é a rigidez de uma situação ou os sofrimentos que ela impõe que constituem motivos para que se conceba outro estado de coisas, no qual tudo sairá melhor para todos; pelo contrário, a partir do dia em que se pode conceber outro estado de coisas que uma luz nova ilumina nossas penúrias e sofrimentos e decidimos que são insuportáveis. (Sartre, 1997, p. 538).

A decisão tomada, decorrente do que se revela insuportável, deslinda o complexo jogo onde ser livre consiste em deixar de sê-lo e vice-versa. Nas palavras de Rosolen:

> Sentimos uma incompletude perpétua, caminhando em direção ao nada. O nada se faz presente de diversas formas; frequentemente, vive-se no agora o desejo de ser, ou de ter algo amanhã. De voltar a viver algo, que foi vivido outrora. Em tempos de império do consumismo, de possuir bens de consumo, para driblar o vazio do momento. Incompletude de ser, de saber, de ter, de sentir, faça o que fizermos deixará de fazer sentido e deixará de valer, nadificará. (Rosolen, 2017, p. 313).

É justamente essa consciência do nada, suscitada pela angústia que deflagra a realidade de um ser inacabado, que indica a distância entre onde nos encontramos e onde gostaríamos de estar. A consciência estabelece um processo dialógico que, *a priori*, define o ser humano como nada e o "nadifica" quanto aos seus projetos futuros. Por exemplo, no filme, esta perspectiva fica bem evidente quando Rémy declara seus medos e sua insatisfação quanto ao que viveu e o que vive, ao mesmo tempo em que aspira a um futuro que não mais possui. Ele se percebe nada quando se vê, em sua maturidade, como uma criança indefesa. Nessa percepção do nada, como ser que gostaria de ser, mas não é, Rémy se torna o único capaz de decidir sobre a sua existência e seus encaminhamentos com vias ao alcance dos seus objetivos. É através da sua liberdade para a escolha que ele busca realizar a sua essência. E a sua essência é estabelecida pelas escolhas que faz diante das alternativas que se lhe apresentam. Mesmo a recusa quanto às escolhas, já é uma escolha. Rémy, escolhendo o que não pode escolher, depara-se com a sua essência existencial.

Para Sartre, então, a inquietação existencial tem seu fundamento na liberdade de escolha, donde decorrem as respostas que levam o ser humano, desde a aceitação, passando pela acomodação, até a reação combativa. Todavia, é de suma importância que o ser humano se torne autônomo em suas escolhas, jamais culpando pessoas que estejam ao seu redor pelas glórias e fracassos alcançados.

Nossa abordagem foi panorâmica, todavia buscou apresentar o problema central em Sartre que muito nos interessa em nossa busca por uma ação psicoterápica que coloque o cliente em uma posição livre e responsável quanto ao seu presente e porvir, sem desconsiderar o passado e suas angústias. Abordaremos essa questão mais adiante, no tratamento mais específico alusivo à clínica numa dimensão humanista-existencial.

Liberdade existencial e humanismo

Os dias finais da trajetória existencial de Rémy, ilustradas pelo filme, revelam os paradoxos da liberdade, evidenciados pelas nossas argumentações baseadas na filosofia de Sartre. O conceito de liberdade, embora sendo um referencial para a dinâmica da vida humana, só pode ser concebido na dinâmica da subjetividade e singularidade de cada ser.

É inerente à natureza humana a liberdade de escolha e a necessidade de satisfação dos desejos. Tanto um, como o outro, lançam os seres racionais ao anseio pela felicidade. Em geral, o ambiente em que se vive atualmente se encontra encharcado da busca desenfreada pela felicidade. A grande gama de exposições nas mídias sociais, bem como a ampla divulgação de livros de autoajuda atestam, de forma muito diretiva, o quanto a sociedade se expõe às suas vontades pela celebrização de momentos que deveriam permanecer na esfera do privado. Ilustrando a nossa constatação, um *insight* interessante no filme demarca a exposição que a esposa de Pierre faz de uma literatura de autoajuda que poderia tirar Rémy daquela situação. Os personagens presentes no quarto ficam em silêncio, num ato de ignorância ao comentário típico do senso comum, acompanhado do protesto de que, jamais, a grande gama de afirmações positivas resultará em sucesso ou cura.

Retomando nossa sucinta crítica aos desejos pela felicidade, é notório que alguns poucos momentos diante dos aparelhos digitais nos colocam frente à angústia de sermos menos gente, por não possuirmos isto ou aquilo. A geração desse nível de ansiedade se liga, diretamente, à condição de não ter, em detrimento da condição de ser. Todavia, a vida humana não pode ser qualificada ou quantificada pelas posses adquiridas ou mesmo pelos bens simbólicos. A vida humana precisa ser orientada pela própria expressão do humanismo. Em outras palavras, somente pelas composições axiológicas, ou seja, as composições valorativas inerentes ao ser humano, se pode perceber e conceber que a existência que precede a essência caracteriza o ser humano livre em sua capacidade para decidir ou escolher os encaminhamentos de sua própria vida.

Universalismos abstratos e a concretude

Um dos elementos fundamentais que visam o favorecimento desse nível de percepção refere-se à classificação dos universalismos abstratos e da concretude no tecido social. Para a melhor percepção do humanismo e da sua inerente liberdade, torna-se fundamental, a nosso ver, a distinção entre os universalismos abstratos e a concretude. *A priori*, podemos identificar que a grande gama dos discursos que nos acompanham em nossas experiências vivenciais, mesmo os presentes no campo da psicologia, se vê, muitas vezes, pautada pela fixação nos universalismos abstratos. Por exemplo, em nossa abordagem sobre o filme e as interlocuções decorrentes, podemos cair na armadilha hermenêutica que desemboca em narrativas inscritas nos universalismos abstratos, discursos etéreos que não favorecem o tônus da ação na realidade existencial. Poderíamos relatar toda a cena do drama de Rémy, iluminando-a com as expressões de autoajuda ou religiosas, qualificando toda a situação como sendo da vontade de um ser superior ou nos atentarmos aos sentimentos e emoções presentes nas falas sofridas do personagem, sem a percepção do chão cotidiano e do processo intersubjetivo.

Tanto a expressão "humanismo", quanto a expressão "liberdade", se não bem interpretadas, podem facilmente ser aglutinadas em um discurso emoldurado por palavras, conceituações e argumentações abstratas. Todavia, a vida existencial e todos os seus desdobramentos devem ser compreendidos em sua concretude. Numa sociedade estruturada por uma arquitetura simbólica, marcada por discursos diversos oriundos de várias esferas interpretativas, inclusive os presentes nos campos das ciências, a hermenêutica da concretude é, muitas vezes, deixada de lado. Ilienkov, ao considerar a questão dos universalismos abstratos e da concretude, a partir da análise de *O Capital*, de Karl Marx, assim expressa:

> No latim, *concretus* significa simplesmente "misturado", "fundido", "composto", "combinado"; enquanto a palavra latina *abstractus* significa "retirado", "retirado de", "extraído" (ou "isolado") ou "distante". Isso é tudo que está contido no significado etimologicamente original dessas palavras. O resto pertence à concepção filosófica que é expressa através delas. (Ilienkov, 1960).

A informação desse autor russo, oriunda de outro campo interpretativo, nos ajuda em nossa incipiente reflexão. Não vamos aprofundar esta reflexão, por não ser o nosso objetivo. Importa-nos, tão somente, frisar que, em nossa abordagem, o fundamental é refletir a ideia de que as abordagens que devem acompanhar a perspectiva humanista existencial se inscrevem na realidade vivencial, no chão onde as ações acontecem, sob a determinação do tempo e do espaço, ou na dialética da liberdade e angústia em Sartre na dimensão da corporeidade. É o corpo que sente e vivencia todas as experimentações que indicam emoções e sentimentos.

Uma possibilidade, para o estabelecimento de uma avaliação do humanismo e da liberdade na esfera da concretude, pode ser encontrada no livro *A Condição Humana* (2004), de Hanna Arendt. Em sua obra, a filósofa judia apresenta as três primordiais áreas da **vida ativa**: o labor, o trabalho e a ação. O **labor** é a atividade marcada pela necessidade do processo biológico e que assegura a manutenção da espécie, evidenciando o *animal laborans*; o **trabalho** é a atividade marcada pelos artificialismos da existência humana, ou seja, a ideia de mundanidade, marcada pela criação de artefatos que engendram um mundo diferente do natural, atribuída por Arendt ao *homo fabers*; e a **ação**, atividade única ou condição política dos homens na sua extrema pluralidade, sem a mediação das coisas ou matérias. Somente a ação é tipicamente humana e eterniza os seres humanos por intermédio da criação de algo novo que ultrapassa a sua morte. Assim, é a condição humana fundamental, pois além de envolver os outros aspectos, apresenta o *bios politikus*.

Arendt denuncia o fato de que a modernidade fragilizou a condição política do ser humano favorecendo, por exemplo, o surgimento de regimes totalitários que dominam a massa e substituem a ação. A referida autora afirma que na antiguidade a dimensão de ação nas pólis gregas era ideal e favorecia a expressão na dinâmica da liberdade.

Na Idade Média, a ação se iguala a trabalho e labor, passando a representar apenas uma necessidade de luta pela sobrevivência numa dimensão mundana. Isso enfraqueceu consideravelmente a atividade da ação, mesmo porque o sujeito não era considerado, a não ser laconicamente, nas esferas estruturais da cristandade. Segundo Arendt:

> Assim, a Vida Ativa como um todo passa a denotar o engajamento do homem nas coisas deste mundo desprovido de qualquer significado de liberdade ou de transcendência, coisas presentes agora na vida contemplativa, vista como "*único modo de vida realmente livre*". (Arendt, 2004, p. 22).

Entretanto, com o advento da modernidade e com a emergência do estado social, que não é privado, tampouco público, efetivado na configuração de um Estado Nacional, tornou-se difusa a dicotomia entre público e privado, dificultando também a ação. Ora, a clara divisão de antes, favorecia a atividade da ação. Com a fronteira difusa, a ideia massificadora do social levou o ser humano a um isolamento que se caracteriza na perda da esfera pública como palco da ação política, colocando os seres humanos no terreno da ***não ação*** e da ***não palavra***. Decorre de tudo isso uma grande valorização do *homo faber*, em detrimento das outras atividades. Essa posição será alterada posteriormente, quando a aspiração à imortalidade só podia ser encontrada dentro do projeto de salvação proposto pela cristandade. Assim, o ser humano que perdeu seu lugar no campo político e também na sociedade industrial, passa a constituir a vida numa dimensão puramente subjetiva com aura religiosa. Decorreu desse processo um isolacionismo que levou o ser humano a uma conduta "entorpecida e tranquilizada" (Arendt, 2004, p. 335).

Nesse arcabouço, Arendt procura compreender como a humanidade favoreceu a emergência de regimes totalitários. E numa linha antagônica e pertinente, esta autora sinaliza a recriação da esfera pública como um caminho para que os seres humanos exerçam a liberdade por intermédio da ação e da palavra. Essa recriação favorece, numa dimensão coletiva, o escape do controle massificador da sociedade atual. É nesse ponto que poderíamos perguntar, também, pelas ações evocadas pelas subjetividades nas concretudes onde o humano é entrechocado com a sua liberdade existencial. Em um aprofundamento mais específico, poderíamos até abordar o desespero humano e suas agonias depressivas, que acabam por desembocar nas relações com a eutanásia e o suicídio.

Obviamente, devido à complexidade da temática, nossas considerações são, ainda, provisórias. Todavia, procuramos deixar claro em nossas argumentações anteriores a ideia de que as atividades humanas se dão em conjunto, e a ação se encontra dentro da sociedade humana, sem excetuar-se o fato de que o ser humano é único e inigualável. Assim, a prerrogativa do ser humano depende da presença do outro e do si, o que fica bem representado no ato final do filme em evidência. Rémy não morre sozinho.

Eutanásia, suicídio assistido e a bioética

Não podemos nos furtar à reflexão que exige de cada um de nós uma percepção sobre a profundidade da existência. Nessa dimensão, conjugam-se os aspectos subjetivos, em excelência, com o reconhecido processo da intersubjetividade, mais do que a objetividade. Entretanto, não podemos nos furtar ao fato de que, quando tratamos a questão da eutanásia e do suicídio assistido, bem como a consequente e aparente resolução quanto ao sofrimento, duas perspectivas podem ser abertas em nossa argumentação: a primeira, efetivada no encerramento da vida, mediante uma passagem que seja digna e honrada, sem os sofrimentos dos tempos finais, quando todos os órgãos vitais cessam seu funcionamento; a segunda, encerrando os sofrimentos das pessoas que cercam o moribundo.

O fato mais evidente, decorrente do processo de percepção da subjetividade, refere-se à autoconsciência imediata, perspectiva, a qual a subjetividade não é capaz de conferir nem nome nem forma. Em termos filosóficos, este é o princípio de identidade que, na perspectiva da subjetividade não é estática, e sim fluída, justamente por causa da nossa condição de seres no caminho.

Isso quer dizer que, precisamente, nenhuma tentativa de rotulação do ser humano, por intermédio das disposições dos códigos e dos sistemas preordenados, se torna secundária em relação ao que, de fato, cada ser humano é. Em outras palavras, cada ser-Para-si em seu movimento contínuo como ser-Em-si é uma potência e deve se perceber em seus paradoxos emocionais e sentimentais, aos quais está sempre defronte. Essa condição humana coloca-o, necessariamente, entre a base e o abismo. Em outras palavras, a autoconsciência de sua angústia, liberdade e finitude. Lançado a essa angústia e ao desespero, busca pelo sentido em sua vida, condenando a sua própria liberdade.

O ser humano em seu processo de autoconsciência e busca de sentido não pode se perceber indiferente. Sua percepção de si, dos outros e do mundo deve favorecê-lo em sua entrada no campo das alternativas ou ausências delas. Digamos que, na tentativa de se buscar a autoconsciência e sua singularidade nos paradoxos existenciais, o ser humano acaba se perdendo em suas convicções e conquistas reflexivas, entremeado por uma série de elementos estruturais – externos à sua corporeidade –, que podem afetá-lo preponderantemente.

No seu processo buscador contínuo, o ser humano revela as contradições e ambiguidades experimentadas entre o seu ser-Para-si no encontro do ser-Em-si. Todavia, essa busca pelo sentido, que jamais poderá ser alcançado e, portanto, nunca realizável, sempre se qualificará em seu caráter de provisoriedade. Nesse terreno de perspectivas aparentemente fluidas, torna-se preponderante a conscientização de que a vida não se configura mediante palavras e simbologias, mas a uma ação que deflagra a concretude – a ato alusivo à eutanásia ou ao suicídio assistido, como no caso de Rémy. Na deflagração do ato concreto, torna-se fundamental e coerente a discussão que envolve a questão da bioética.

Considerações sobre a bioética

A expressão bioética, cunhada por Van R. Potter, da Universidade de Wisconsin,[1] é um neologismo que nasceu na década de 1970. Formado por duas palavras bastante conhecidas: *bios* – vida – e *ética* – conjunto de valores morais que regem a vida pessoal e em sociedade –, refere-se à necessidade de coligar os conhecimentos biológicos dos seres vivos aos valores da sociedade. Com os avanços tecnológicos e as pesquisas com DNA's e células-tronco, houve a necessidade de se estabelecer os limites da ação científica, decorrendo daí a necessidade de uma ética da vida na ciência e no meio ambiente. Essa informação denota que a bioética não é uma área específica da medicina. Tem ampla abrangência e envolve os problemas antigos que se configuram como desafios na sociedade atual. Portanto, embora o termo seja relativamente novo, a ética da vida ou a bioética sempre existiu. Os códigos culturais presentes nas narrativas tratadas pelas arqueologias, sempre procuraram estabelecer os limites das ações sociais nos seus respectivos contextos, visando a preservação da vida. É o caso, por exemplo, dos tabus decorrentes dos preceitos das múltiplas religiões.

O dicionário define bioética como: 1. Conjunto de considerações que pressupõem a responsabilidade moral dos médicos e biólogos em suas pesquisas teóricas e na aplicação delas; 2. Estudo sistemático da conduta humana na esfera das ciências da vida e da saúde, considerando-se tal conduta à luz de valores e princípios morais, ainda que os temas bioéticos sejam, por definição, irredutíveis a um consenso moral, como o demonstram, por exemplo, as questões do aborto e da eutanásia.[2]

1 Disponível em www.crpsp.org.br/portal/comunicacao/jornalcrp/155/frames/fr_questoes_eticas.aspx. Acesso em 20 jan. 20.

2 Disponível em: https://michaelis.uol.com.br/moderno-portugues/busca/portugues-brasileiro/bioetica/. Acesso em 10 jan. 2020.

Bioética e a questão da morte

Tudo na existência possui aspectos positivos e negativos. Com a bioética não é diferente. Infelizmente, muitos cientistas têm utilizado recursos espúrios para justificarem suas pesquisas, muitas delas agressoras dos seres viventes. No que tange ao campo de ação da bioética, a discussão em relação a muitos temas ainda está no campo da reflexão. É por isso que surge no arcabouço das doutrinas do Direito a ideia de um biodireito. Trata-se de um campo novo que visa estabelecer os limites às múltiplas possibilidades da ciência, em suas pesquisas e experimentos na atualidade. Como não se pode saber ao certo em que estágio se encontram as pesquisas com células-troncos, os avanços em relação à clonagem e o direito ao aborto e a eutanásia, códigos de lei, os mais diversos, estabelecem alguns parâmetros mais significativos para demarcar as garantias de vida ao ser humano e a outros seres também. Além disso, há a necessidade de se estabelecer um limite ao avanço econômico que tem destruído o meio ambiente. O problema da escassez de água no planeta é outro assunto que está sob o "guarda-chuva" da bioética.

O problema que mais nos interessa, especificamente no campo da bioética, refere-se às questões que envolvem a eutanásia e o suicídio assistido. O fato é que durante a nossa parca existência neste terreno chamado planeta terra, deslindamos uma série de reflexões sobre a existência, suas alegrias, sofrimentos e as simbologias da morte. Dentre todos os seres vivos sobre essa crosta ou nas profundezas dos oceanos, o ser humano é o único que enfrenta o medo de deixar de existir. Talvez, por esta razão, sofra o estigma consciente da finitude e tenha tanta dificuldade para discutir e enfrentar a morte, o que pode ser exemplificado de diversas formas.

O camaleônico Darcy Ribeiro, que vivia às voltas disfarçando-se para não ser pego pela morte, escreveu um poema, intitulado Morte, que revela o mesmo medo que aplacara Rémy:

> MORTE
> A morte para mim sempre é morte dos outros.
> Coitados. Lá se vão hirtos, sérios, apagados, carregados.
>
> Minha morte, impreterível, a que virá inexorável, é uma ideia vaga,
> Mais temor que compreensão

Sei que não serei alma do outro mundo, vagante, ou fantasma sem corpo, boiando no éter.
Serei tão-só o que restar desta carne que me veste.
Carne boa, que foi eu, gasta, putrefata.

Que sou eu, eu mesmo?
O eu que minha carne me veste.
O eu que morrerá comigo, para mim.
Nada.
Um epifenômeno da carne viva.
Acabada, chega, ela me apaga, implacável.
(Ribeiro, 1988, p. 59).

Raul Seixas, tomado pela fascinação que se estabelece ao viver e morrer, compôs uma comovente canção, em 1984, um tango memorável, cujas letras falam da finitude e de sua vontade de ter uma morte boa e esteticamente linda:

Canto para a minha morte

Eu sei que determinada rua que eu já passei
Não tornará a ouvir o som dos meus passos.
Tem uma revista que eu guardo há muitos anos,
E que nunca mais eu vou abrir.
Cada vez que eu me despeço de uma pessoa,
Pode ser que essa pessoa esteja me vendo pela última vez.
A morte, surda, caminha ao meu lado
E eu não sei em que esquina ela vai me beijar.

Com que rosto ela virá?
Será que ela vai deixar eu acabar o que eu tenho que fazer?
Ou será que ela vai me pegar no meio do copo de uísque?
Na música que eu deixei para compor amanhã?
Será que ela vai esperar eu apagar o cigarro no cinzeiro?
Virá antes de eu encontrar a mulher, a mulher que me foi destinada
E que está em algum lugar me esperando
Embora eu ainda não a conheça?

Qual será a forma da minha morte?
Uma das tantas coisas que eu não escolhi na vida

Existem tantas... Um acidente de carro.
O coração que se recusa a bater no próximo minuto.
A anestesia mal aplicada.
A vida mal vivida, a ferida mal curada, a dor já envelhecida.
O câncer já espalhado e ainda escondido, ou até, quem sabe,
Um escorregão idiota, num dia de Sol, a cabeça no meio-fio.

Oh morte, tu que és tão forte!
Que matas o gato, o rato e o homem!
Vista-se com a tua mais bela roupa quando vieres me buscar.
Que meu corpo seja cremado e que minhas cinzas alimentem a erva.
E que a erva alimente outro homem como eu,
Porque eu continuarei neste homem,
Nos meus filhos, na palavra rude
Que eu disse para alguém que não gostava.
E até no uísque que eu não terminei de beber aquela noite.

Vou te encontrar vestida de cetim
Pois em qualquer lugar esperas só por mim
E no teu beijo provar o gosto estranho
Que eu quero e não desejo, mas tenho que encontrar
Vem, mas demore a chegar
Eu te detesto e amo morte, morte, morte
Que talvez seja o segredo desta vida
Morte, morte, morte que talvez seja o segredo desta vida.

(Seixas, 1984).

E, ainda, Rubem Alves ao considerar a questão da morte, a vê como Gustavo Corção, que escreveu um livro intitulado *Lições do abismo* e via a morte como uma sonata de Mozart, que não dura mais que 20 minutos (Alves, 2001, p. 160). Ao que corrobora:

> Compreendi, de repente, que a dor da sonata interrompida se deve ao fato de que vivemos sob o feitiço do tempo. Achamos que a vida é uma sonata que começa com o nascimento e deve terminar com a velhice. Mas isso está errado. Vivemos no tempo, é bem verdade. Mas é a eternidade que dá sentido à vida. Eternidade não é o tempo sem fim. Tempo sem fim é insuportável. Já imaginaram uma música sem fim, um beijo sem fim, um livro sem fim? Tudo o que é belo tem de terminar. Tudo o que é belo tem de morrer.

> Beleza e morte andam de mãos dadas. [...]. Compreendi, então, que a vida é uma sonata que, para realizar a sua beleza, tem de ser tocada até o fim. Dei-me conta, ao contrário, de que a vida é um álbum de minissonatas. Cada momento de beleza vivido e amado, por efêmero que seja, é uma experiência completa que está destinada à eternidade. Um único momento de beleza e amor justifica a vida inteira. (Alves, 2001, p.162 e 164).

O fato que fica para nós, evidentemente, destaca a dicotomia que envolve a discussão sobre a temática da morte, pois, além de apresentar a sua beleza e tragédia, adentra, também, o campo das complexidades científicas.

Para Siqueira-Batista e Schramm, a morte tem sido tratada no círculo do tabu, onde os que a refletem assumem o tônus da esquiva, sempre acompanhada dos sentimentos de angústia e desamparo. Nas palavras dos autores:

> Ademais, a dimensão elegíaca da perda quase invariavelmente atrelada ao "ocaso" é também partícipe dessa intrincada textura de resistência à ideia da morte. Esta, como evento em si, não é o único problema. Não se pode perder de vista que a morte está geralmente relacionada, em muitas circunstâncias, ao sofrimento de uma doença grave ou mitigante – desfecho nefasto desse processo – ou à crueza de um acidente ou de outra causa violenta de fenecer, que ceifa a vida nos melhores dias. (Siqueira-Batista; Schramm, s/d, p. 32).

O que os autores sugerem, frente às formas abruptas que envolvem a chegada da morte, é que não se pode prescindir de uma reflexão, bem como revisão de conceitos e superação dos paradigmas. Nesse ponto, adentra-se à discussão que envolve os processos de morrer, ligados diretamente ao sofrimento e à qualidade ou precariedade do modo de existir.

> Em uma das possíveis confluências da finitude com as questões levantadas pela tecnociência – avanços nas técnicas de manutenção da vida e prolongamento da sobrevida – está todo o debate sobre a eutanásia, a distanásia e o suicídio assistido, o que parece exigir a compreensão do fenômeno próprio representado pela morte, para uma delimitação mais adequada do problema, tanto em termos individuais, quanto coletivos. (Siqueira-Batista; Schramm, s/d, p. 32).

No pano de fundo dessa discussão, encontra-se a questão da senilidade. Obviamente, a morte não se achega somente às pessoas em sua idade senil, mas é no tempo crepuscular que ocorrem as reflexões mais detidas sobre a eutanásia, a distanásia e o suicídio assistido, pois as pessoas que se debruçam sobre esta possibilidade estão atentas à qualidade de vida e ao ofuscamento do sofrimento sem sentido. No caso de Rémy e seu câncer incurável, as possibilidades de cura eram impensáveis. O mesmo se viu diante de cuidados paliativos, especialmente na utilização da heroína, para amenizar as dores e distúrbios decorrentes da doença. Na sua senilidade, não viu outra alternativa.

Especialmente, no texto de Siqueira-Batista e Schramm, a questão da eutanásia[3] é tratada em sua complexidade inerente, mas, seguindo as observações de Lepargneur (1999), os autores corroboram com a conceituação atual de que a eutanásia seria o emprego ou a abstenção de procedimentos que permitem apressar ou provocar o óbito de um doente incurável, a fim de livrá-lo dos extremos sofrimentos que o assaltam (s/d, p. 33).

A questão de fundo, especialmente quanto à provocação da eutanásia, está diretamente ligada à qualidade de vida que se leva. Nessa linha reflexiva, Pereira e Pinheiro registram, com base em uma perspectiva mais materialista:

> Se a vida lhe possibilita alegria e realizações, nada mais justo do que aproveitá-la, ao passo que, se lhe traz padecimentos e tristezas, suprimi-la é a melhor solução. Neste caso, abrevia-se a vida de maneira imediata para pôr fim à agonia prolongada. Os sofrimentos do paciente extrapolam o nível de resistência humana quando se aplicam determinados narcóticos, não para dar a morte, mas para amenizar a dor. Toda e qualquer consideração que se faça necessária deverá ceder perante o propósito de extinção da dor. (Pereira; Pinheiro, 2008, p. 183).

[3] "O termo *eutanásia* é oriundo do grego, tendo por significado 'boa morte' ou 'morte digna'. Foi usado pela primeira vez pelo historiador latino Suetônio, no século II d.C., ao descrever a morte 'suave', do imperador Augusto: *A morte que o destino lhe concedeu foi suave, tal qual sempre desejava: pois todas as vezes que ouvia dizer que alguém morrera rápido e sem dor, desejava para si e para os seus igual eutanásia* (conforme a palavra que costumava empregar) (Suetônio, 2002). Séculos depois, Francis Bacon, em 1623, utilizou eutanásia em sua *História vitae et mortis*, como sendo o 'tratamento adequado às doenças incuráveis' (apud Jiménez de Asúa, 1942)." (Conforme Siqueira-Batista e Schramm, p. 34.)

No filme aqui analisado, os sofrimentos de Rémy fizeram com que seu filho fosse ao encontro de um tipo específico de narcótico para aliviar as dores do pai. A heroína, no contexto do filme, também foi considerada uma invasão bárbara no organismo do moribundo. Tudo isso leva-nos novamente à reflexão sobre o viver e a qualidade desse viver. O fato é que pessoa alguma em sua condenação à liberdade, optaria por viver uma vida com restrições e limitações. A vida e a existência já apresentam uma série de dificuldades em seu percurso corriqueiro. Acrescidas de uma doença fatal e terminal, tornam-se, para muitas pessoas, inviáveis.

Longe da possibilidade de entrar nos méritos das questões alusivas à eutanásia, torna-se importante afirmar que essa forma de morrer bem, não defende a morte *a priori*. Ela é a resultante dos múltiplos fracassos e tentativas frustradas vivenciadas por um moribundo, sua família ou pessoas próximas.

Enfim, sem nenhuma pretensão de se esgotar o assunto, o importante é destacar o conjunto de observações para que cada caso seja respeitado em sua singularidade e intersubjetividade. Julgamentos preconceituosos em nome de uma defesa da vida, a qualquer custo, especialmente oriundos das esferas religiosas ou das referências hermeticamente fechadas dos códigos de éticas das respectivas disciplinas científicas não podem negar a iminência da morte no confronto com a necessidade radical de dignidade humana.

Práticas psicoterápicas humanista-existenciais

No filme, não existe nenhuma alusão específica em relação à prática psicoterápica em uma perspectiva humanista-existencial, nem sequer a qualquer prática. Todavia, mesmo sem esse direcionamento, podemos considerar alguns apontamentos sobre a possibilidade de uma atuação efetiva e afetiva nessa dimensão.

O fundamento basilar da psicoterapia humanista-existencial é o ser humano. Obviamente, outras linhas psicoterápicas se ocupam do mesmo fundamento, mas existe uma radicalidade no dimensionamento que estamos defendendo, justamente pela concepção do ser humano em sua singularidade e historicidade no tempo e no espaço. Por isso, fizemos questão de abordar a importância de fugirmos dos universalismos abstratos para a perspectiva da concretude. O caminhar desse campo da psicologia não pode prescindir do mundo e de suas contradições na realidade social. Nesta linha reflexiva, Angerami corrobora:

> É na experiência do mundo que todas as nossas operações lógicas de significação devem fundar-se; e o próprio mundo é, portanto, uma certa significação, comum a todas as experiências, que teríamos através delas, uma ideia que viria animar a matéria do conhecimento. O objetivo da psicoterapia é, entretanto, ampliar a visão perceptiva do paciente para que ele possa ter uma concepção de mundo mais abrangente e repleta de possibilidades. (Angerami, 2002, p. 3).

A visão que se amplia, mediante a abordagem psicoterápica pode favorecer a ampliação dos horizontes existenciais do cliente, clareando as experiências dicotômicas que envolvem as bases e abismos de cada um. Não se trata de uma pura autoconscientização ou racionalização sobre a vida sem o respeito próprio à peculiaridade de cada cliente. Angerami amplia a nossa argumentação ao expressar:

> Nesse ponto surge a necessidade de um exercício intermitente por parte do psicoterapeuta que é o respeito ao tempo de absorção do paciente. Por maior que seja a minha experiência profissional, a qual me dá a condição de antever os possíveis desdobramentos de um paciente, o respeito à sua característica exigirá que eu me atenha a esperar que o seu desabrochar ocorra no seu limiar e dentro de suas próprias possibilidades existenciais. (Angerami, 2002, p. 9).

O apontamento de Angerami nos ajuda em nossa condução reflexiva sobre as ações efetivadas pelos seres humanos como respostas ou alternativas ao desespero. Nas situações que envolvem as ideações ou tentativas de encerramento da existência, por intermédio da eutanásia ou do suicídio assistido, a ação psicoterápica, mesmo considerando a singularidade da condição humana e o preceito da liberdade, pode oferecer a abertura de uma mudança do campo perceptivo da pessoa. Em geral, as pessoas que possuem ideações e comportamentos pró-eutanásia ou mesmo suicidas, não expressam o desejo pela morte, mas pela anulação da condição desesperadora na qual se encontra. "*Embora possa parecer algo completamente paradoxal, a pessoa recorre à morte querendo terminar com uma situação desesperadora, mas não necessariamente querendo morrer*". (ANGERAMI, 2002, p. 14).

A prática psicoterápica pode contribuir para que o embotamento da consciência seja ressignificado, pois ela não exclui as vísceras da condição humana, tampouco as suas polissemias contraditórias e ambíguas experimentadas entre o seu ser-Para-si no encontro do ser-Em-si. Ao que Augras corrobora:

> Preocupado em sua ambiguidade, o ser no mundo só pode permanecer como ser do projeto. Ou seja, assumindo a existência em sua temporalidade. O ser no mundo transforma-se destarte no ser para a frente de si mesmo. A sua projeção para o futuro permite-lhe transcender as limitações oriundas do sistema de tensões internas. Assim passa o homem a morar no cerne das suas possibilidades. Mas esta morada tampouco é descanso. O mundo dos possíveis supõe a liberdade. (AUGRAS, 1996, p. 22).

Obviamente, os percursos estáticos e as respostas prontas e finalizadas são próprias dos tolos. Na psicoterapia humanista-existencial, só há espaço para o acolhimento da singularidade do ser em suas demandas existenciais. O desafio é perene e extenso. E, mais do que nunca, o mundo e suas demandas requerem ações que se qualifiquem mais humanas e acolhedoras. Olhar o ser em seu momento derradeiro, no enfrentamento de uma doença terminal e as consequentes ideações com vias à prática da eutanásia, sem julgamentos ou preconceitos, é das mais pertinentes tarefas para os psicólogos e as psicólogas. Compreender os conflitos psíquicos e cuidar do ser humano em seu desespero é condição, mais do que importante, essencial.

Considerações finais

O poeta português Flávio Miguel Mota Pereira escreveu um poema intitulado: *Eutanásia (morte assistida)*. Fizemos questão de aqui transcrevê-lo pois, excetuando-se os valores ao poeta, cuja poesia não conhecemos na íntegra, seu poema revela as pujantes contradições presentes na discussão sobre a eutanásia:

A dor que percorre o corpo em si desconjuntado
Teme-se a morte, dando-lhe agora ouvidos.
Quer-se morrer a comprimidos
Que baixam o ritmo corporal lentamente

A ciência não preserva os bons direitos
O doente já se sente fora de si
Não quer mais abrir os olhos e ver por si
Que o seu corpo ou mente já não aguentam

Há quem por mal estar familiar
Procure o suicídio assistido
Lentamente o corpo antes temido
Rasga o seu funcionamento

A sociedade proíbe,
É ilegal tirar a vida a um ser humano
Ato este que apesar de não ter grande dano
Tem mais boca que coragem na medicina

A religião proíbe
É contra as leis do santo ofício
Tirar da vida seu beneficio
Só porque a vontade fortalece

A ciência contra-ataca
Não é mal matar por assistência
Desde que como principal conveniência
Se saiba o que se faz. (coisa que pouco médico é capaz)

Oh morte, oh morte
Porque és tão requerida
O ser humano não está bem com a própria vida
E tens tu que ser chamada ao forte

Vida, oh Vida
Porque dás sempre tantas voltas
Ou por doença ou por confusões tortas
Há sempre quem não se sinta bem com a tua ferida

Acabe-se as grandes conversar deste tema.
Simplifiquemos o complexo, em poema.[4]

[4] Disponível em: https://www.luso-poemas.net/modules/news/article.php?storyid=194047. Acesso em: 20 jan. 2020.

É difícil falar em conclusão do tema. Ainda há muitas possibilidades de reflexão. Escrever um texto como este foi como abrir todas as janelas dos quartos. Novas luzes adentraram o interior e provocaram novas hermenêuticas.

A discussão sobre a eutanásia foi, é e continuará sendo um grande desafio para as ciências ocupadas com a vida e a existência humana. No caso da psicoterapia, o desafio vivo continua sendo o da escuta singular e atenta. É preciso acolher as emoções e os sentimentos daquele que vive a agrura de ser visitado pela sombra da morte.

Enfim, ao considerarmos o drama de Rémy, no filme *As Invasões Bárbaras*, é-nos impossível não o acolher em todos os seus dramas. Não por pena, mas por compaixão. Na prática psicoterápica humanista-existencial, é fundamental que o psicoterapeuta "padeça com" o seu cliente. Em outras palavras, é preciso sentir a dor que o outro carrega em si, não para emitir opiniões ou receitas prontas e acabadas, mas para acolher genuinamente aquilo que é singular em cada um de nós. O afeto, em suas expressões simbólicas em geral, e nas ações e cuidados, em especial, é o fundamento primordial que qualifica a nossa humanidade.

O lago plácido e sua lâmina d'água refletem o céu acinzentado. Nas suas profundidades, mistérios estão escondidos. A morte chegou para Rémy, não da forma como ele a esperava, mas chegou. Morreu suave e com dignidade, embora esperasse morrer de outra maneira. Talvez.

Referências

ALVES, R. **As cores do crepúsculo**. A estética do envelhecer. Campinas: Papirus, 2001.

ANGERAMI, V.A. Psicoterapia, detalhes e nuances. *In*: ANGERAMI, V. A. (org.). **Psicoterapia Fenomenológico-Existencial**. São Paulo: Cencage Learning, 2002, p. 1-43.

ANGERAMI, V. A. Trajetória de suicídios. *In*: ANGERAMI, V. A. (org.). **Suicídio e suas interfaces. O ardiloso emaranhado da autodestruição**. Belo Horizonte: Artesã Editora, 2019, p. 405-419.

ANGERAMI, V. A. **Psicoterapia fenomenológico-existencial**. Belo Horizonte: Artesã editora, 2018.

ANGERAMI, V. A. **Psicoterapia fenomenológico-existencial**. Belo Horizonte: Artesã Editora, 2017.

ARENDT, H. **A condição humana**. Rio de Janeiro: Forense, 2004.

AUGRAS, M. **O ser da compreensão: fenomenologia da situação de psicodiagnóstico**. Petrópolis: Vozes, 1996.

ILIENKOV, E. V. **A dialética do abstrato e do concreto em o capital de Karl Marx**, 1960. Disponível em: https://www.marxists.org/portugues/ilyenkov/1960/dialetica/02.htm. Acesso em 01 jul. 2021.

LEPARGNEUR, Hubert. Bioética da Eutanásia. Argumentos éticos em torno da eutanásia. **Revista de bioética**, v. 7, n. 1. Disponível em: https://revistabioetica.cfm.org.br/index.php/revista_bioetica/article/view/292/431. Acesso em 01 jul. 2021.

PEREIRA, S. A.; PINHEIRO, A. C. D. E. Eutanásia. **Revista de Direito Público**, Londrina, v.3, n. 3, 2008, p. 180-196. Disponível em: uel.br/revistas/uel/index.php/direitopub/article/viewFile/10965/9649. Acesso em 01 jul. 2021.

RIBEIRO, D. **Eros e Tanatos.** A poesia de Darcy Ribeiro. Rio de Janeiro: Record, 1988.

ROSOLEN, D. E. B. A clínica psicológica inspirada na obra sartriana. *In*: ANGERAMI, V. A. (org.). **Psicoterapia fenomenológico-existencial**. Belo Horizonte: Artesã Editora, 2017, p. 295-318.

SARTRE, J. P. **O ser e o nada: ensaio de ontologia fenomenológica.** Tradução e notas de Paulo Perdigão. Editora vozes. 16. ed. Petrópolis. 2008.

SIQUEIRA-BATISTA, R.; SCHRAMM, F. R. **Eutanásia: pelas veredas da morte e da autonomia**. Teresópolis/RJ: ENSP/ Fiocruz/ NEFISA-FESO, s/d. Disponível em: scielo.br/pdf/csc/v9n1/19821.pdf. Acessado em: 10 jan. 2020.

SOUZA, C. O.; MAIORAL, D. F. **Reflexões sobre eutanásia**. Santa Catarina: UFSC, 2015. Disponível em: psicologia.pt/artigos/textos/A0939.pdf. Acesso em: 10 jan. 2020.

VERÍSSIMO, L. J. Interlocução com o pensamento de Sartre: fundamentos e prática de uma psicoterapia. *In*.: ANGERAMI, V. A. (Org.). **Psicoterapia fenomenológico-existencial**. Belo Horizonte: Artesã Editora, 2017, p. 265-293.

NO SILÊNCIO DA MATA...

Valdemar Augusto Angerami

Isabella

Abraçar teu corpo em silêncio...
Silêncio quebrado apenas pelos teus sussurros...
Pelos teus beijos e pela tua respiração...
Sentir teu peito junto ao meu em sublime oração...
Ajoelhado diante da tua feminilidade...
Sorver a tua divindade em teu orgasmar...
Boca molhada de paixão pela tua seiva em meu ser...
Em silêncio dizer da minha adoração por você...
Do tanto que te amo desde outros tempos...
De outros caminhos...
De jornadas de reencontros...
No silêncio da mata te abraçar...
Uma cantiga de amor sob as estrelas e o Luamento...
Do temporal estrondoso na mata...
E da paz trazida pela tua presença...
Pelo teu abraço... Por você...
Pelas tuas carícias... Pelo teu jeitinho...
Pela tua graciosidade de me dizer coisas tão preciosas...
No silêncio da mata envolver nossos corpos em prazer...
Prazer levado ao extremo das sensações corpóreas...
Nossas almas em harmonia... De um intenso amor...
Nossos corações na mesma pulsão...
Em silêncio sentir teu orgasmar em minha boca...
Do meu beijo molhado e apaixonado...
No silêncio da mata consagrar nosso envolvimento...
Nosso amor... Nossa centelha de paixão...
Em silêncio a oração do nosso amor...

Serra da Cantareira, numa tarde chuvosa de Verão...

ANTICRISTO

Culpa e autodestruição

7

Sueli Guerreiro

Ouvidos novos para música nova. Olhos novos para o mais distante. Uma consciência nova para verdades que até agora permaneceram mudas. E um desejo de economia em grande estilo – acumular sua força, seu entusiasmo... Autorreverência, amor próprio, absoluta liberdade para consigo...
(FRIEDRICH NIETZSCHE – Anticristo)[1]

Introdução

Título original: *Antichrist*
Ano: 2009
País: Alemanha, França
Classificação: 18 anos
Duração: 104 min
Direção: Lars von Trier
Roteiro: Lars von Trier
Fotografia: Antony Dod Mantle
Elenco: Willem Dafoe, Charlotte Gainsbourg, Storm Acheche Sahlstrøm

[1] NIETZSCHE, F. **O Anticristo**. Escala, 1895.

O enredo do filme levou-me a refletir sobre o quanto o conservadorismo político pode enternecer qualquer luta contra a moral dominante. O quanto uma cultura com um moralismo estático e enrijecido pode exacerbar comportamentos autodestrutivos por uma culpabilização moral. E que, na grande maioria das situações, é indevida e sem um fundamento que ainda não esteja a serviço dos interesses de uma classe política-econômica-ideológica dominante. Pensar o filme no âmbito das discussões além das de gênero e descrever a vivência diante da trama do filme como uma contestação a partir de ponto de vista estético-político-social: o moralismo cristão e seu aspecto promotor de comportamentos autodestrutivos. Nesse sentido, demonstrar o quanto nossa subjetividade pode ser forjada diante da percepção deste filme. Descrever e analisar o conteúdo a partir de uma leitura existencialista e a partir de minha historicidade vivida numa cultura judaico-cristã.

Como Angerami[2] (2017) demonstra como a arte do cinema pode forjar nossa subjetividade:

> *...diante de uma sequência cinematográfica com recursos de música, fotografia, imagens, temos uma consciência ampliada do mundo, e a própria realidade adquire contornos de subjetivação ainda mais amplos em sua magnitude...Seja um filme, quadro, música, livro e tudo que se quiser arrolar, sempre o balizamento da emoção é dado pela historicidade que permeia nossa subjetivação.*

Descrição da trama do filme e os primeiros apontamentos

O Anticristo (2009) foi o primeiro filme da trilogia chamada Trilogia da Depressão, do cinema autoral do diretor dinamarquês Lars Von Trier, composta por *Anticristo* (2009), *Melancolia* (2011) e *Ninfomaníaca* (2013). O filme tem dois personagens principais: um terapeuta (Willem Dafoe) e uma escritora (**Charlotte Gainsbourg), além** de seu filho (**Storm Acheche Sahlstrøm).** O enredo do filme é dividido em capítulos: um prólogo, seguido de quatro capítulos ou atos – inicia-se com "Grief"

[2] ANGERAMI, V. A. **Cinema e subjetivação**: uma análise sensível de percepção e emoção. Belo Horizonte: Editora Artesã, 2017a.

(Sofrimento), "Pain" (Dor [Caos Reina]), "Desespero" (Ginocídio) e "Os Três Mendigos" – e, por fim, um epílogo.

O prólogo tem a duração de seis minutos e inicia-se com imagens pintadas em giz contrastando com cenas em câmera lenta e preto e branco ao som de uma bela ópera, tendo como base o poema épico *La Gerusalemme Liberata* e o tema trata da Primeira Cruzada Cristã: A ária é *Lascia ch'io pianga*, da ópera Rinaldo de G.F. Händel._As cenas seguintes e até o final são de erotismo e tragédia, cenas de sexo explícito de um casal, Dafoe[3] e Gainsbourg, que culminam em uma cena de orgasmo, simultâneas às cenas de uma criança que desce do berço, sem que percebam e caminha para a janela aberta, tropeça em 3 estátuas e em seguida cai de uma janela alta. As cenas iniciais, que definem toda a trama, são cheias de detalhes. O casal é filmado em um banheiro e embaixo de um chuveiro e a água caindo em câmara lenta. A água vai se esmaecendo e a neve caindo aparecendo também em câmera lenta, em imagens de beleza artística indescritível. Ora mostra a máquina de lavar roupas funcionando e objetos caindo. As imagens do casal e as da criança vão se entrelaçando: o casal em cenas de sexo explícito mostrando uma agressividade maior, cenas que resgatam os instintos mais selvagens sem necessidade de formalidade ou elegância intercaladas com a leveza da criança desbravando o seu próprio espaço, saindo do berço e observando os pais em ato sexual. Pareceu atraído pela neve que invade a sala através da janela que se abre e o bebê empurra uma cadeira para poder subir à mesa. Já em cima da mesa derruba as estatuetas com nomes escrito "pain", "grief" e "despair". A cena de orgasmo do casal intercala-se com a cena da criança caindo lentamente de uma janela, esta cena é longa, a criança cai carregando seu ursinho, o ursinho chega primeiro ao chão coberto de neve e o rosto criança é mostrado em cada momento da queda, ela começa com um rosto que demostra surpresa e curiosidade, e, em seguida, começa a demonstrar traços de medo e cai ao chão coberto de neve. A última cena deste prólogo, captada pela câmera em plano fechado, é a de uma máquina de lavar em funcionamento, cheia de roupas.

[3] Os dois personagens aparecem sem nome. Iremos nos referir ao personagem masculino como Dafoe e à personagem feminina como Gainsbourg, sobrenomes dos atores. Para o filho do casal, usaremos Nic, como aparece no decorrer do filme.

No primeiro ato, "Grief" (Sofrimento), aparece o casal no cortejo fúnebre do filho. O pai aparece chorando copiosamente e a mãe mostrada com câmera fechada em seu rosto, que demostrava muito sofrimento, e imediatamente em seguida cai desfalecida. As cenas seguintes são em um hospital, onde parece que ela já estava internada há um mês e apresenta falta percepção da passagem do tempo, já sob medicação e cuidados médicos. Já, também, nestas primeiras, o casal começa a discutir sobre a necessidade da permanência dela no hospital. Diagnosticada pelo médico recém-formado como apresentando um comportamento com *um padrão de sofrimento anormal*[4]. Os sintomas identificados como consequência de um luto e por não aceitar a perda do filho. O marido terapeuta refuta o diagnóstico do médico argumentando que não haveria padrão anormal de sofrimento no comportamento dela. Ela se desmancha em argumentos sobre a gravidade do seu estado e diz que tudo foi por sua própria culpa, e é consolada pelo marido que diz que também estava lá o tempo todo quando aconteceu a tragédia. Ela continua dizendo que já vinha observando que a criança estava saindo do berço com frequência nos últimos meses. A seguir discutem sobre o diagnóstico dela, há um embate pelo marido não concordar com o diagnóstico e com os procedimentos médicos. Ele defende que o sofrimento é uma reação natural e saudável. Ela contrapõe discorrendo sobre a questão ética de que por ser o marido dela não poderia propor e nem executar qualquer forma de tratamento para ela. Neste momento aparece uma imagem de um vaso com uma planta e do lado os remédios receitados pelo médico. Seguidamente, mesmo diante dos argumentos dela, saem do hospital e ela fica sob os cuidados de terapeuta do marido. Já em casa ela joga seus remédios em vaso sanitário. Ela começa a externar a sua dor pelo sofrimento que se intensifica a cada instante e começa ter sintomas de ansiedade. Começa também a discorrer sobre a autoanálise que começara a fazer, acusa o marido de ser ausente, na vida dela e do filho, do desinteresse dele pelos projetos dela, de interferir negativamente com comentários entendidos por ela como desqualificantes e que foram fatores determinantes para que declinasse de seu projeto de mestrado. Acusa-o por não se importar com a situação de sofrimento dela e parecer não se

[4] Fala da personagem Gainsbourg.

importar se o filho estaria vivo ou morto. Ele se defende dizendo que entendeu que ela queria ficar só para executar o projeto de mestrado. Esta cena segue com imagens da floresta da cabana e closes em partes do corpo dela mostrando sinais físicos de ansiedade, diagnosticados pelo marido como fase do luto. Na tentativa frustrada de ter relação sexual, com a negativa do marido terapeuta, começa a ver imagens da floresta novamente. Em seguida, cenas do marido tentando aplicar uma técnica de exposição ao momento do trauma, o do banho no dia da morte do filho, que não teve êxito. Ela tem ataques de autoagressão. E ele admite a falta de êxito da técnica. Em seguida ele aplica uma nova técnica de enfrentamento do medo, que consistiu em estabelecer escalas de medo, em que ela colocou a floresta Eden, a da cabana, em segundo lugar. Eles trocam carícias e ela o morde e pede desculpas. A caminho desta floresta, em um trem, ele aplica novas técnicas de enfrentamento utilizando imagens da memória dela da floresta, solicita que ela se transporte para floresta sentindo todos os lugares externos, inferindo que o medo seja no espaço externo à cabana, e pede para ela se imaginar deitada e se mimetizando com o verde da grama. Chegam efetivamente à floresta. Durante o caminho ela reclama que seus pés estão queimando e que precisava descansar. Enquanto ela descansa, ele observa animais na floresta. A última cena é de um animal nascendo.

Em seguida, o segundo ato: "Pain" (Dor). Este capítulo começa com a retomada da caminhada do casal rumo à cabana. No caminho ele tenta ajudá-la a vencer seu medo de ponte, ela o ignora e atravessa a pequena ponte correndo. A primeira noite de sono foi interrompida com o barulho de bolotas de carvalho no telhado. Na primeira manhã retomam exercícios de enfrentamento dos medos dela. Presenciam cenas de animais predadores comendo suas presas. Retornam à cabana e ela entende que seu medo começou em sua estadia anterior e nesta ocasião anterior decidiu por interromper sua pesquisa sobre feminicídio. Ela também, neste mesmo momento da conversa com o marido, rememorou um momento especifico no qual estava trabalhando com os recortes para sua a pesquisa e escutara o choro do filho. Lembrou também de uma imagem de toda a floresta, como se vista de cima. Em seguida, volta para o momento atual e as bolotas de carvalho recomeçam a cair no telhado. Neste momento discorre sobre seu conhecimento de que a árvore de carvalho é centenária. Ele a desqualifica desdenhando seu conhecimento. Então, um vento forte invade a cabana por uma janela, o qual ela nomeia como o bafo do Diabo. Ao cair da noite, o marido percebe o envelope da autópsia no bolso, enquanto ela dorme, e neste momento a câmera fecha em seu rosto, enfatizando o que parecia ser uma descoberta muito reveladora. Sai da casa e fica embaixo de uma chuva de bolotas de carvalho. Neste dia, ela esboça uma melhora e se decepciona com o aparente desinteresse dele sobre esta melhora. Na última cena do capítulo, ele assiste um animal comendo as próprias vísceras e recitando: "O caos reina".

Terceiro ato: "Desespero" (Ginocídio). O capítulo começa com imagens de chuva e o marido sobe ao sótão, na tentativa de estancar uma goteira, e depara-se com imagens na parede e as anotações do mestrado dela. As imagens com as quais se depara são reveladoras. Em Kruger[5] temos uma descrição primorosa e detalhada dos objetos e seu conteúdo histórico:

> Sobre a mesa, vemos seu caderno de pesquisa ilustrado com a obra *Escena de brujas* (1797-98) de Francisco Goya, revelando pela primeira vez sobre o que é sua tese: feminicídio (*gynocide*), tema que é também pela primeira vez abordado de maneira tão explícita em um filme. A pintura de Goya traz um grupo de bruxas carregando uma cesta com bebês mortos, um boneco de vuduísmo, um livro de encantamentos e uma vela; elas são acompanhadas de morcegos e corujas e de um ser misterioso que surge do céu com alguns ossos humanos. Acuado pelas bruxas, na base da pirâmide que as figuras formam está um homem com traje de dormir, detalhe que acrescenta um dado interessante à atmosfera já bastante onírica da pintura. Podemos identificar, também sobre a mesa, diversas imagens e livros referentes à sua pesquisa, como uma ilustração de H. Grobert, à direita do caderno, mostrando três mulheres sendo queimadas em uma praça pública alemã sob os olhares de diversos membros da sociedade. É também relevante notar que nas três principais imagens de sua pesquisa são exibidos grupos de mulheres representadas como bruxas, ao invés de personagens isoladas, o que ratifica o significado de feminicídio enquanto coletividade de mulheres vítimas da violência patriarcal. (p. 181).

[5] KRUGER, P.A. **Penetrando o Éden**: Anticristo, de Lars von Trier, à luz de Brecht, Strindberg e outros elementos inquietantes. 2016. Tese (Doutorado em Estudos Linguísticos e Literários em Inglês) – Faculdade de Filosofia, Letras e Ciências Humanas, Universidade de São Paulo, São Paulo, 2016. doi:10.11606/T.8.2016.tde-20122016-152701.

O diálogo de Dafoe, após a sua ida ao sótão e ver anotações, com Gainsbourg foi um dos pontos altos da obra. Neste momento do capítulo ele propõe um exercício para ela e explica que é para agir como se fosse no teatro porque o exercício consiste em interpretar papéis.[6] Diálogo este muito importante para a compreensão do filme.

Em seguida às cenas, uma discussão em meio ao ato sexual; ela sai e se masturba deitada na relva e ele se aproxima e o ato sexual continua em cima de uma raiz de árvore e são mostradas partes do corpo de pessoas entre as raízes da arvore. No dia seguinte discutem novamente. Dafoe acha fotos do filho com os sapatos trocados. Acha também suas anotações sobre a pirâmide de medo de Gainsbourg e anota no topo da pirâmide: "Me" (eu). Pareceu que o autor quis mostrar que ela tinha medo dos seus próprios impulsos, fazendo alusão ao medo do poder feminino dela mesma. Neste momento, ela o observa e se aproxima golpeando-o pelas costas e acusando-o de ter a intenção de deixá-la. Ele nega de pronto. Ela tenta iniciar um ato sexual e, vociferando a sua descrença no amor dele, golpeia-lhe os genitais com um pedaço de tronco de árvore e, ao vê-lo desacordado, o masturba e o sangue da genitália dele escorre pelas mãos dela. Em seguida, ela pega uma ferramenta de rosca e fura a perna dele,

[6] Transcrição das falas dos personagens: **Dafoe**: — Eu serei...Todos os pensamentos que geram medo em você. E você (Gainsbourg) é o pensamento racional. *Depois do aceno dela com a cabeça, concordando, ele continua:* — Eu sou a natureza, tudo aquilo que você chama de Natureza. **Gainsbourg**: — Certo, Sr. Natureza! O que você quer? **Dafoe**: — Te machucar o máximo que eu puder! **Gainsbourg**: — Como? **Dafoe**: — Como você acha? **Gainsbourg**: — Talvez me assustando. **Dafoe**: — Matando você! **Gainsbourg**: — A natureza não pode me machucar. Você é apenas o verde lá fora. **Dafoe**: — Não! Sou mais do que isso! **Gainsbourg**: — Eu não entendo. **Dafoe**: — Eu estou lá fora, mas também...dentro de você. Eu sou a natureza dos seres humanos. **Gainsbourg**: — Esse tipo de natureza? O tipo de natureza que leva pessoas a...fazerem coisas terríveis contra as mulheres? **Dafoe**: — É exatamente o que eu sou! **Gainsbourg**: — Esse tipo de natureza me interessava muito quando estive aqui. Esse tipo de natureza era o tema da minha tese. Mas você não deve subestimar o Éden. **Dafoe**: — O que o Éden fez? **Gainsbourg**: — Descobri mais no meu material do que esperava. Se a natureza também é má, isso também vale para a natureza **Dafoe**: — Da mulher? A natureza feminina? **Gainsbourg**: — A natureza de todas as irmãs? As mulheres não controlam os seus próprios corpos. Eu escrevi isso em meus livros. **Dafoe**: — A literatura que você usou em suas pesquisas falava de atos cruéis cometidos contra mulheres. Mas você leu isso como prova da maldade das mulheres? Tinha que ter olho crítico, essa era a sua tese! Ao invés disso, abraçou a ideia! Sabe o que está dizendo? **Gainsbourg**: — Esquece. Nem sei por que eu disse isso. **Dafoe**: — Não consigo mais trabalhar agora.

colando a ela um haltere com rosca pesada e saindo da casa. Ele acorda e arrasta-se com o peso até uma toca de raposa ouvindo-a chamando por ele. Ela grita, sem conseguir encontrá-lo, que não pode abandoná-la. Nesta toca ele encontra um corvo que tenta matar para silenciá-lo. Ela escuta o corvo, encontra-o e tenta enterrá-lo nesta toca.

Quarto ato: "Os três mendigos". Este capítulo começa com a cena em que a personagem Gainsbourg volta à toca onde enterrara o marido e desenterra e pede perdão. Quando tenta arrastá-lo até a casa, ele a orienta a tirar o peso que ela colocou em sua perna. Ela vai até a casa e retorna dizendo que não encontrara a chave. Ele a observa por um instante e pergunta se ela tinha a intenção de matá-lo. E ela prontamente responde que não porque os três mendigos ainda não haviam chegado. Ele pergunta o que isso significava. Ela explica que o sentido seria porque quando os três mendigos chegam, alguém tem que morrer. Em seguida, neste mesmo episódio, começa a lembrar da cena traumática do início do filme. Em seguida automutila seu clitóris com uma tesoura enferrujada. Dafoe, após livrar-se do peso, e depois de um novo ataque a assassina por asfixia. Em seguida, queima o corpo da esposa em uma fogueira e vai embora da cabana. No caminho, aparecem imagens de corpos de pessoas às margens.

Epílogo: Ao som da ária ele caminha pela floresta, alimentando-se das pequenas frutas nos arbustos; os três animais aparecem novamente. A última cena do filme consiste em centenas de mulheres sem rosto subindo uma montanha.

Análise do filme

> *A própria palavra "cristianismo" é um mal-entendido - no fundo só existiu um cristão, e ele morreu na cruz. O "Evangelho" morreu na cruz. O que, desse momento em diante, chamou-se de "Evangelho" era exatamente o oposto do que ele viveu: "más novas"...*
>
> (Nietzsche) [7]

[7] NIETZSCHE, F. *Op. cit.*

O incômodo, irreal e o distanciamento

Para Kruger[8], o cinema de Lar von Trier é autoral e do incômodo. Acrescenta que se pensarmos que a maioria dos filmes nos oferecem diversão, este, ao contrário, nos coloca essa sensação de incômodo. Cita que o diretor Trier diz que sempre pretende colocar uma pedra no sapato do espectador. Menciona o movimento que ficou conhecido como **Dogma 95** e foi lançado a partir de um manifesto publicado em 13 de março de 1995, criado pelos diretores dinamarqueses *Lars Von Trier* e *Thomas Vinterberg*, movimento com intenção de um cinema mais realista e menos comercial, em um ato de embate ao que era feito antes da exploração industrial.

A narrativa nos transporta, por isso poder ser reconhecido com *status* de arte, para o *irreal* para além do enredo representado pelos personagens, e é o que Sartre[9] nos demonstra em um modo existencial da obra de arte, a saber: *a obra de arte é um irreal.* Discorre referindo uma obra, uma pintura de Carlos VIII, sobre o que captamos como *irreal* quando assumimos *uma atitude de contemplação estética diante dos acontecimentos:*

> Trata-se de algo muito claro quando considerávamos, por exemplo, um retrato de Carlos VIII. Compreendemos logo que este Carlos VIII era um objeto. Claro, não se trata de um objeto como o quadro, a tela, as camadas reais da pintura. Na medida em que consideramos a tela e o quadro por si mesmos, o objeto estético "Carlos VIII" não irá aparecer. Não porque esteja escondido pelo quadro, mas porque não pode dar-se a uma consciência realizante. Irá aparecer no momento em que a consciência operando uma conversão radical que supõe a nadificação do mundo, constituir-se-á ela própria como imaginante... Esse Carlos VIII figurado é forçosamente correlativo do ato intencional de uma consciência imaginante. E, como esse Carlos VIII, que é um irreal enquanto apreendido na tela, é precisamente objeto de nossas apreciações estéticas (é dele que diremos que é "emocionante", "pintado com inteligência, com poder e graça", etc.), somos obrigados a reconhecer que, num quadro, o objeto estético é um irreal. [...] o objeto, dando-se como atrás de si,

[8] KRUGER, P. A. *Op.cit.*

[9] SARTRE, J.P.O **imaginário**. São Paulo: Ártica, 1996.

> torna-se intocável, está fora do nosso alcance; daí um desinteresse doloroso em relação a ele. (p. 246 e 252).

O que nos faz alcançar, por exemplo, uma das estruturas às quais Trier denuncia: o cristianismo e o capitalismo. A obra denuncia a naturalização das violências vividas cotidianamente entre casais. Os gêneros bem definidos, masculino e feminino, traduzindo o que seriam o moralmente e socialmente aceitos em muitas culturas. O quanto a culpabilização moral imposta por regimes conservadores pode promover um desespero que culmina na perda da condição humana imposta pelo cristianismo contemporâneo que, segundo Nietzsche (1895)[10], não tem nada a ver com o cristianismo original. O *status* de arte seria mais claro no instante em que como espectador possamos ver algo além do que está nas imagens fílmicas, concretamente representado pelos personagens, o que incomoda seria o que estaria no *irreal*. Vir o que está de forma menos clara, o que poderia facilmente passar desapercebido em sua elaboração estética, o que evidencia um fundo político e social da obra. Seria, também, o que o filme mostra a cada um, o que forja as subjetividades. E, por esse ser um de seus aspectos, ao que não é somente dado pelo processo projetivo e da identificação com os personagens. O incômodo nos leva a uma experiência estética muito distante do que o cinema comercial se propõe a ser: uma experiência de entretenimento com intenção de divertir. O incômodo é o que poderia ampliar o campo perceptivo do espectador e forjar, sim, nossa subjetividade. Kruger[11] nos orienta a observarmos a letra da música, e não se conduzir somente pelas imagens e falas dos personagens sem observar a bela letra da ária *Lascia ch'io pianga*, da ópera *Rinaldo*, de G.F. Händel, e atentarmos para o descompasso também entre as imagens e o que expressa esta letra , como o exemplo da cena em que a personagem feminina vivencia um grande êxtase sexual e a letra da música cantada, com voz também feminina, falando em dor e a "suspirar pela liberdade":

> Aqui, destaca-se um embate entre o conteúdo que é cantado e o que é mostrado, uma espécie de confronto tese-antítese que

[10] NIETZSCHE, F. *Op. cit.*

[11] KRUGER, P. A. *Op.cit.*

> tem por objetivo induzir o espectador a formular uma síntese final... O objetivo da compatibilização inusitada seria, assim, "tornar o espectador um observador", despertando sua atividade e forçando-o a tomar decisões. Por conseguinte, ele é inscrito como "signo material da obra", atravessando esta os limites da ideologia e completando-se na sua recepção. O espectador seria então transportado às dores da jovem Almirena, personagem que canta a ária pertencente à ópera *Rinaldo*, de Händel. (p. 24).

A letra da ária contrasta com a cena, o que não seria uma preocupação do cinema convencional em que a trilha sonora apenas reforça o que é mostrado, ampliando nosso campo perceptivo:

> ***Lascia Ch'io Pianga***[12]
>
> *Lascia ch'io pianga*
> *mia cruda sorte,*
> *e che sospiri*
> *la libertà.*
> *Il duolo infranga*
> *queste ritorte*
> *de' miei martiri*
> *sol per pietà!*

Há uma descrição desta ópera logo a seguir que ilustra e mostra uma quantidade de símbolos importantes para que possamos adentrar e sentir a riqueza da letra desta ária. Kruger[13] refere um aparelhamento simbólico que a inclusão dessa ária oferece:

> [...] a ópera Rinaldo, ambientada no período de 1096-1099, na qual o exército cristão de Goffredo avança em direção à conquista

[12] Deixe que eu chore,
Minha sorte cruel,
Que eu suspire
Pela liberdade.
A dor quebra
Estas cadeias
De meus martírios,
Só por piedade!

[13] KRUGER, P. A. *Op.cit.*

> de Jerusalém. A cidade é governada por Argante, pai da jovem e chorosa Almirena, apaixonada pelo cavaleiro que dá nome à ópera. Na ária em questão, Almirena lamenta seu triste destino longe de seu amado Rinaldo após ser sequestrada pela feiticeira e rainha de Damasco, Armida, em cujo jardim é feita prisioneira. Aliada de Argante e antagonista de Almirena, Armida é a autoridade feminina dotada de poderes mágicos – uma feiticeira –que também se apaixona por Rinaldo. Tais imaginários femininos explorados na ópera não deixam de ter relação com os registros misóginos vinculados à ideologia cristã – o dualismo entre a mulher casta e pura (Maria) e a mulher sedutora e vil (Eva), além de frisar a necessidade da relação de embate entre as mulheres. Ao final da ópera, triunfam a fé, com a conquista de Jerusalém e a conversão ao cristianismo de Armida e Argante, e o amor romântico, com o anúncio do casamento de Almirena com Rinaldo...O espectador às dores da jovem Almirena, que lamenta seu triste destino longe de seu amado Rinaldo após ser sequestrada pela feiticeira e rainha de Damasco, Armida. Vale destacar que muitos temas da ópera Rinaldo podem ser levantados e confrontados com as temáticas do filme: a ação da ópera se passa em Jerusalém, durante a Primeira Cruzada, o que implica a validade de uma aproximação entre a retórica imperialista cristã – aí inclusos seus diversos registros misóginos – e as reminiscências deste discurso numa ordem contemporânea que ainda é bastante sexista.

A técnicas e objetos, bem como qualquer detalhe, foram pensados pelo artista Trier cuidadosamente para a apreciação do espectador mais exigente que procura o cinema como a uma obra de arte. Como a trilha sonora mostrada anteriormente. Alguns outros procedimentos utilizados pelo artista para provocar este incômodo que seus espectadores já esperam ao assistir seus filmes. Kruger[14] nos mostra como se dá a técnica do distanciamento no decorrer dos capítulos do filme:

> A ostensiva divisão de Anticristo em prólogo, capítulos e epílogo, (e todas as implicações retóricas que apontamos nessa configuração) por exemplo; o olhar de Dafoe dirigido à câmera, quebrando a quarta parede; os recursos de edição que incitam a percepção de

[14] KRUGER, P. A. *Op.cit.*

> relações entre campos aparentemente distantes do conhecimento e o foco súbito e calculado em elementos que não possuem relação causal no desenrolar da narrativa, todos esses procedimentos poderiam ser relacionadas à técnica de distanciamento de Brecht.

E continua magistralmente discorrendo sobre os efeitos dessa técnica de distanciamento na subjetividade do espectador.

> O termo refere-se ao Verfremdungseffekt, literalmente "efeito de alienação", mas comumente traduzido por "efeito de distanciamento" ou "efeito de estranhamento". Sua utilização pelo artista serviria ao propósito de fazer com que eventos tidos como naturais e comuns fossem estranhados. Para tanto, a ilusão dramática deveria ser perturbada por meio de estratégias que fizessem a plateia ater-se ao aspecto de construção, de artificialidade da obra em questão. O papel político de tal efeito seria estender a observação crítica da plateia ao aspecto de construção das demais situações sociais cotidianas, tidas como naturais e irreversíveis. Seguramente, não atingindo esse fim social, que ultrapassa o alcance do objeto artístico e estimula a ação intelectual e a tomada de decisão pelo espectador, o recurso esvazia-se de sentido e cumpre uma mera função estética,largamente explorada por obras pós-modernas. (p. 34).

Referências significativas de Trier

Kruger[15] nos mostra como Trier estabelece relações com as elaborações estéticas de algumas obras do dramaturgo sueco August Strindberg e do dramaturgo alemão Bertolt Brecht, tomando-os como base para estabelecer um viés crítico para o espectador utilizar para alcançar uma síntese. As armadilhas nas imagens fílmicas são inúmeras, induzindo o desatento ao erro. Essa obra do autor é questionadora e política. Ainda nesta sua tese de doutorado nos mostra esta importância:

> *Anticristo* mostra-se capaz de apontar dinâmicas histórico-sociais relevantes para a compreensão de seu tempo, além de desnudar diversas características substanciais do pensamento hegemônico,

[15] KRUGER, P. A. *Op.cit.*

> espantosamente naturalizadas. Nesses termos, a tese proposta é a de que o filme reapropria-se de um método estético-político brechtiano com o fim de criar uma contraposição ao modelo dramático que orienta grande parte das produções cinematográficas *mainstream*. Sendo responsável por sua estruturação mais ampla, essa reapropriação vincula-se à formatação do foco narrativo do filme, associado à personagem masculina e plasmado com várias nuances de obras de Strindberg e de Freud, bem como do Expressionismo. Configura-se, portanto, essencial o exame da inter-relação que *Anticristo* apresenta entre os planos histórico e social, e os planos do indivíduo e de sua subjetividade, inclusive de sua construção psíquica. A partir dessa análise revelam-se contradições fundamentais da sociedade ocidental, sobretudo no que se refere às questões de gênero, guarnecidas pela inquietante alusão que o filme faz à caça às bruxas. (p. 47).

Trier refere-se à influência de Nietzsche, um existencialista; e, também, se autonomeia um humanista. Trier garante manter *O Anticristo*, de **Nietzsche (1895)**[16], o manifesto anticristianismo, em sua cabeceira desde os 12 anos de idade. O livro trata da questão do cristianismo moderno. No filme as referências bíblicas, me pareceram, denunciam o processo do moralismo cristão. As figuras simbólicas caras às culturas judaico-cristãs expressas na trama são primorosas e cruciais, contribuem para estruturação da obra e não são neutras. Cada uma traz em si um importante significado. E permeia o foco narrativo e denuncia violências já naturalizadas no discurso judaico-cristão hegemônico que legitima a violência contra o sexo feminino e contra a humanidade.

Há a influência da obra expressionista de Munch. Kruger[17] refere que Trier também faz uma interessante citação desse pintor em uma entrevista concedida logo após o lançamento do filme, quando indagado sobre as imagens amedrontadoras do filme:

> *LvT: Filmes são uma pálida imagem especular da realidade. Chorar sentado no cinema é uma pálida imitação de uma emoção similar que você teve na vida real. Filmes são um meio de segunda classe nesse sentido, porque eles sempre*

[16] NIETZSCHE, F. *Op. Cit.*

[17] KRUGER, P. A. *Op.cit.*

viverão de emoções emprestadas da vida real. Se alguém se assusta, provavelmente é porque tem algum medo que pode ser extraído e usado na experiência de assistir a um filme. Mas filmes têm outras qualidades além de evocar emoções. Peguemos O Grito, *de Munch, que meu filho mais novo acabou de copiar em um desenho.* O Grito *é uma engenhosa expressão de uma emoção, mas as pessoas não saem gritando do museu.*

KR: Os seus filmes são "Gritos"?

LvT: Hmm. Anticristo é o que mais se aproxima de um grito.

Mais uma questão técnica importante para a elaboração estilística do artista observada por Kruger:[18] Réplicas imagéticas:

> ... as gotas do chuveiro, com seu eco na chuva de bolotas de carvalho que cai sobre a cabana do Éden; a neve e seu duplo agourento na tempestade de granizo que é invocada também na floresta do Éden; o livro recheado de recortes, também sobre a mesa, que retornará como o caderno de pesquisa de Gainsbourg, na cabana; os sapatos do bebê, no chão, posicionados de forma invertida, e seu retorno na forma da submissão da criança a calçar sapatos invertidos; as estrelas nas meias de Nic e em seu móbile, que serão ecoadas nas constelações que Dafoe observa tanto no sótão, quanto no céu, afirmando sua inexistência; o vapor presente no chuveiro, que retornará como a neblina preenchendo os arredores da cabana na floresta. (p. 31).

Culpabilização moral. Culpa como dever

> *Uma nação se reduz a ruínas quando confunde seu dever com o conceito universal de dever.*
> (Nietzsche, 1895)[19]

A culpabilização moral na maioria das situações é imposta pelo cristianismo desde sempre. O cristianismo moderno nos delegou à quase clausura. Os valores impostos pelo cristianismo moderno, esse criado

[18] KRUGER, P. A. *Op.cit.*

[19] NIETZSCHE, F. *Op. cit.*

depois de Cristo, depois de sua morte, são impraticáveis. Dessa impossibilidade de prática no nosso cotidiano pode advir uma culpa maior. Angerami (2017b)[20] nos ensina que a culpa já é um sentimento inerente à condição humana e que existencialmente sempre estamos nos sentindo em dívida nas relações que estabelecemos pela vida, sempre devendo para alguém; e não tem como saldar. Em algumas outras situações evocamos a culpa por não poder responder as expectativas dos outro, isso é indevido e totalmente criada no nosso imaginário, algo que devemos abrandar mesmo.

O casal enlutado do filme apresenta comportamentos destrutivos e mútuos. Ela cobra-lhe cuidados e proteção. Culpabiliza-o por deixá-la abandonada aos próprios cuidados a tal ponto de se sentir compelida a declinar de projeto de escrever sua pesquisa. Os personagens a todo momento, de certa forma, traduzem o que se observa em relacionamentos afetivos amorosos, o quanto o que é tradicional e moral tem desfecho para comportamentos destrutivos. O possível distanciamento do que seria o papel convencional, esperado, pode ser desesperador e gerar a culpa e a destruição. O fio condutor, através da escolha de um foco narrativo, foi sentir o filme no aspecto da culpabilização moral imposta aos protagonistas com papéis bem definidos, denunciando um conservadorismo ideológico. A autodestruição do casal vem a partir da cobrança por não terem desempenhado os papéis esperados para cada um. Ela o culpa por não receber os cuidados devidos, o culpa por sua solidão por não ele não ter exercido o papel de cuidador. Há um total esgarçamento que culmina em uma tragédia.

Moral e relações amorosas

Geord Sand *apud* Angerami[21] (2006) nos descreve o percurso de um relacionamento do início até seu esfacelamento:

> De outra parte, se tomarmos a obra de Georg Sand, veremos que a maneira como abordou a condição humana é de tamanha

[20] ANGERAMI, V.A. **Psicoterapia existencial**: noções básicas. Belo Horizonte: Editora Artesã, 2017b.

[21] ANGERAMI, V. A. **As relações de amor em psicoterapia**. São Paulo: Pioneira Thomson Leaning, 2006.

> envergadura que os teóricos em psicologia e psicoterapia que se debruçam sobre sua obra engrandecem a maneira ímpar e perspicaz com que aborda os detalhamentos da alma humana. Um de seus romances, intitulado *Ele e ela*, narra a trama de um casal naquilo que é peculiar na maioria dos relacionamentos, ou seja, mostra inicialmente todo o processo de sedução e envolvimento e, na sequência, o esgarçamento da relação e a deteriorização da própria condição humana diante dos conflitos e da dificuldade de separação. (p. 13).

Angerami (2006)[22] descreve um relacionamento de um casal em que o esgarçamento se dá já desde o início do relacionamento. O casal enfrentou problemas de adaptação à nova configuração, a esposa Waldecy apresentou dificuldade de representar o papel em sua nova família, que seria somente dela e do marido. Depois de mudanças de moradia sucessivas com intenção de atender aos apelos da esposa, de ficar próxima da mãe, acabaram por ir morar na casa da própria mãe. O marido, imbuído de amor romântico, referendando o que é esperado de um papel social preestabelecido fazia todas as suas vontades. E assim ele nos alerta: "E a família torna-se protetora de propriedade e conservadora do destino do ser humano". A seguir trechos deste seu atendimento:

> Waldecy era uma jovem de cerca de 30 anos quando procurou ajuda da psicoterapia. Estava casada há quatro anos e seu relacionamento conjugal vivia crises constantes em razão do apego excessivo que tinha por sua mãe. Tão logo casou, ela se mudou com o marido para um bairro próximo ao de sua mãe... Tudo foi feito segundo seu desejo, pois o marido fazia todas as suas vontades, imbuído de um amor forte e ardente... Waldecy começou a perceber que seu relacionamento começava a estremecer na base, pois, ainda que fosse sólido, não parecia ter condições para suportar seus desatinos...O marido se sentia acabrunhado diante de tantas querelas e cada vez mais se dava conta que seu amor não seria o suficiente para justificar tantos infortúnios...Deixou a terapia ao começar a perceber que suas reflexões culminariam com a necessidade de assumir a sua nova condição, o que implicaria abandonar o papel de filha. Foi-se, sem deixar qualquer vestígio atrás de si.

[22] ANGERAMI, V. A. *Op. Cit.*

Moral e erotismo

Uma mulher e um homem ficam cerceados de expressar seu erotismo e ficam submetidos a um moralismo sem fundamento. A mulher precisa ser comedida e elegante na maioria das culturas. Diferentes valores morais, na sua grande maioria fundamentados no cristianismo distorcido e desde sempre. Hoje vivemos sob a égide de um cristianismo revisitado, moderno, que, segundo Nietzche (1895)[23], na verdade nem existe mais, morreu com Cristo na cruz, e seus efeitos são subliminares a diversas culturas e definem comportamentos sexuais. Assumpção (2017)[24] quando fala de erotismo denuncia também o quanto precisa ser velada qualquer forma de expressão de erotismo e pontua:

> ...o homem tem o poder de transmutar a sexualidade em erotismo, e conseguindo falsear o instinto selvagem em ato elegante. Mas as precauções são infinitas e a repressão sempre acentuada. Não há espaço para o instinto selvagem em nossa sociedade moderna. (p. 177).

Em outro aspecto do erotismo e a moral vigente destaca também, citando Engel *apud* Assumpção (2017), um embate moral entre as culturas alemã e francesa relativo as suas novelas:

> (...) quando compara a questão do casamento com as novelas alemãs e francesas, "o clima de aborrecimento da novela alemã inspira aos leitores da burguesia francesa o mesmo horror que a 'moralidade' da novela francesa inspira ao filisteu alemão". (p. 126).

Moral e liberdade

Bornhein[25] descreve a ideia de moral e liberdade em Sartre. Pontua que Sartre questiona Heidegger por observar conteúdo moral tácito em seus conceitos de existência *autenticidade e inautenticidade*, mas que também o conceito de *má-fé* apresenta o mesmo teor. Acrescenta que

[23] NIETZSCHE, F. *Op. cit.*

[24] ASSUMPÇÃO JUNIOR, F.B. **Da Paixão**: sobre um fenômeno humano. Rio de Janeiro: Atheneu, 2017.

[25] BORNHEIN, G. **Sartre**: metafísica e existencialismo. São Paulo: Editora Perspectiva, 2011.

toda probabilidade de se definir uma *moral só poderia ter seu fundamento na subjetividade do sujeito.* E *na relação sujeito-objeto não haveria uma relação intersubjetiva no existencialismo,* e explica: como *o conflito que preside o relacionamento com o outro termina por frustrar qualquer tentativa de superar a categoria do objeto.*

> O para-si é liberdade compreendida como autonomia de escolha, e Sartre leva essa autonomia às suas últimas implicações. Por ela determina-se o conceito-chave da ética: o valor. Se a liberdade é absoluta, o valor não poderia apresentar consistência objetiva... Libertação de tudo o que não ser confunde com a própria subjetividade. (p. 124).

O conservadorismo ideológico de várias culturas ao redor do mundo se vale de uma natureza humana e de papéis bem estabelecidos. Kruger[26] também argumenta de forma contundente e extraordinária:

> ...mais inquietante em *Anticristo* não são as cenas de mutilação explícita, que fizeram com que tantos espectadores se recusassem a ver o filme. O horror está, na verdade, nas implicações que o filme traz sobre a vigência do patriarcado na sociedade ocidental contemporânea, sobre os meios culturais e institucionais que o atestam e naturalizam, e sobre sua influência, muitas vezes bastante sutil. (p. 262).

A natureza humana

A interpretação a partir dos papéis muito bem definidos dos personagens abre mais uma armadilha. Vê-los concretamente em seus papéis é muito mais uma denúncia de algo como pano de fundo que está além das questões de gênero: o moralismo do cristianismo moderno. O filme nos apresenta a cada instante, arrebatando-nos com sua força subversiva, tangencialmente e, também, mais profundamente. Em oposição ao que poderia ser uma interpretação feita mediante o cinema convencional hegemônico, não há o fenômeno da identificação com os personagens, visto que não tem nomes. A síntese deve sempre ser feita pelo espectador.

[26] KRUGER, P. A. *Op.cit.*

Em momentos apresentam aspectos individuais e em outros aspectos mais coletivos. O incômodo seria não pelo enredo, mas por colocar em xeque o que se é tido como natural como reprodução da realidade e aceito de forma tão natural. Uma experiência única. O enredo é instigante e questiona os papéis definidos. Cada personagem precisa apresentar comportamentos já esperados, referendar uma natureza humana predefinida, estanque, cristalizada através da história. Sartre (2002)[27] nos mostra que deveríamos prescindir de uma natureza humana.

> [...] a experiência reflexiva e o conhecimento quase reflexivo são perfeitamente homogêneos quando se trata de revelar os vínculos sintéticos da história. O próprio conteúdo desses vínculos, em sua materialidade, deve servir somente para distinguir e diferenciar: deve-se assinalar que uma amizade no tempo de Sócrates não tem o mesmo sentido, nem as mesmas funções, de uma amizade contemporânea; mas, por essa diferenciação, que exclui rigorosamente toda crença em uma "natureza humana", limitemo-nos a revelar com maior clareza o vínculo sintético de reciprocidade (que, aliás, descreveremos adiante) que é um universal singularizado e o próprio fundamento de todas as relações humanas. Se tomarmos estas precauções, será suficiente escolher os melhores exemplos dessa reciprocidade fundamental nesse passado não vivido por nós e que, no entanto – por intermédio da cultura – nossa e de uma ponta à outra. Com efeito não se trata de reescrever a aventura humana, mas fazer a experiência crítica das empresas, estruturas ou acontecimentos reais, embora quaisquer , a resposta para esta questão de princípio: na aventura humana, qual é o papel respectivo das relações de interioridade e de exterioridade Se nessa experiência total – que é, em suma, a de toda a minha vida na medida em que ela se dissolve em toda a História, de toda a História na medida em que está reunida em toda uma vida – devemos estabelecer que é o vínculo de exterioridade (Razão analítica e positivista) é, por sua vez, interiorizado pelas multiplicidades práticas e que só age nelas (como força histórica) na medida em que se torna negação interior da interioridade, encontrar-nos-íamos situados por essa pesquisa no âmago de uma totalização em andamento. (Sartre, 2002).

[27] SARTRE, J.P. **Crítica da razão dialética**. IPUD, 2002.

A não redução ao conhecido

O ódio instintivo contra a realidade: a consequência de uma extremada suscetibilidade à dor e irritação — tão intensa que meramente ser "tocado" torna-se insuportável, pois cada sensação manifesta-se muito profundamente.
(Friedrich Nietzsche, O Anticristo)[28]

Há uma cilada a observar-se a contrapelo a partir da interpretação de um espectador desatento que se fixa no personagem de Willem Dafoe; na sua perspectiva, tal foco insere-se em pano de fundo maior que perturbaria um espectador mais atento. Quando não percebida abre precedente para interpretações apressadas, equivocadas, como as ideias tão divulgadas por alguns críticos da presença da misoginia como central, o que me pareceu somente elemento singular de uma estrutura maior. Aqui novamente a questão de gênero, discussão que seria para desviar o foco mesmo, penso que para nos mostrar algo menos evidente. Lars von Trier não compactua com uma leitura pragmática, hegemônica e capitalista. Não há intenção em seus filmes de divertir, como já citado anteriormente, há o cuidado com distanciamento necessário e que não passaria por fenômeno psicológico de identificação e catarse. Há mais uma preocupação estética mais política e social e cultural e que dista também de concepções mais hegemônicas de mundo. O refinamento estaria na ampliação da visão de mundo dos espectadores. Assistir ao filme com uma visão positivista bem representada, por exemplo, pelo personagem de Dafoe. Poderia ser uma visão de mundo reducionista e, por consequência, uma redutibilidade equivocada e falaciosa do conteúdo do enredo na visão dos protagonistas. Um contraponto seria observar uma possível irredutibilidade entre o que é mais evidente no enredo e a força que o cinema de Lars von Trier pretende. Há um irreal que corrobora o *status* de arte e desnudaria o que incomodaria o espectador. A armadilha seria desfeita se pensarmos na irredutibilidade. Em uma adesão ao um novo campo da moral, uma ampliação,

[28] NIETZSCHE, F. *Op. cit.*

uma reinvenção. Um insulto a todos os papéis sociais vincados a um moralismo judaico-cristão moderno. A arte não deveria se render a uma estrutura tão rígida, positivista, idealista. Sartre[29] nos incita em a *Crítica da razão dialética* a pensarmos estando diante de algo novo e não o reduzirmos ao conhecido.

> [...] movimento pelo qual determinados totalizadores produzem, superando suas contradições, um momento novo e irredutível da totalização deve aparecer-nos, ao mesmo tempo, como realidade e como iluminação. Ou, em outras palavras, se a Razão dialética existe, é necessário que ela se defina como a inteligibilidade absoluta, uma novidade irredutível na medida em que esta é uma irredutível novidade. É o contrário do esforço positivista e analítico que tenta iluminar os fatos novos, reduzindo-os a fatos antigos. E de certa forma, a tradição do positivismo está tão ancorada em nós, inclusive atualmente, que a exigência de inteligibilidade pode parecer paradoxal. O novo, na medida em que é novo, pode escapar ao intelecto: aceita-se a qualidade nova como uma aparição bruta ou, melhor ainda, supõe-se que sua irredutibilidade é provisória e que, mais tarde, a análise há de descobrir nela elementos antigos. (Sartre, 2002, p. 174).

Considerações finais

Incorrer nas armadilhas da trama sem nos atermos às elaborações e jogos estéticos tão cuidadosamente e artisticamente oferecidos pelo autor seria não apreciar sua obra. Uma abertura para os conteúdos implícitos e explícitos se faz necessária. Os aspectos simbólicos podem ter materiais somente encontrados para além do enredo e no campo histórico e político. É importante nos atentarmos aos aspectos econômicos-culturais-políticos-ideológicos dos sintomas do casal enlutado. Poderíamos também, como proposto anteriormente, buscar na conjunção entre os preceitos do cristianismo e do capitalismo, material para a violência que nos é imposta. Os comportamentos autodestrutivos podem ser projetos

[29] SARTRE, J.P. *Op. cit*, 2002.

de ideação suicida e que culminam em atos suicidas na maioria das situações e que, segundo Angerami (2017c)[30], o ato suicida não é um ato de coragem e nem de covardia e sim de desespero.

O comportamento autodestrutivo, nas mais variadas formas e graus, que se manifesta, como resultado de um desespero, pode se apresentar no vão entre o que é exigido em sociedades capitalistas e neoliberais e neocristãs (cristãs modernas) em algumas culturas e o limite da condição humana para executar. Os recursos técnicos e estéticos por trás de cada imagem, objetos, falas dos personagens, trilha sonora escolhidos cuidadosamente nos mostram o quanto os comportamentos dos personagens são autodestrutivos e destrutivos, bem como quaisquer sintomas que queiramos inventariar, então, na relação dos personagens com estruturas históricas e sociais. O escândalo desta obra não está nela e, sim, no que denuncia, a saber: Todas estruturas opressoras da sociedade moderna. O processo interventivo da obra na nossa realidade. As questões sociais e históricas transbordam da tela e nos invadem.

Poema de Gabriel Guerreiro

Aprendi na igreja
que os ricos não entram no céu
mas então
por que os donos da igreja
são ricos?
Tudo marcha
à privatização
e eu sigo sendo
privado de tudo
— nem de mim tenho posse
meus desejos são enforcados
dividido entre o amor a Deus
e a fé ao livro
em minha memória
— entre tanto —
ressoa

[30] ANGERAMI, V. **Suicídio**. Uma alternativa à vida. Fragmentos de psicoterapia. Belo Horizonte: Editora Artesã, 2017c.

o que há muito
disse o poeta:
Deus é a natureza
e o corpo
uma festa

Parêmia da culpa e do pecado...

Valdemar Augusto Angerami

Do corpo em ardência que pede o toque de outro corpo. Da sexualidade que de algo prazeroso foi tornada pecaminosa. Da culpa que nos impuseram em nome de valores judaico-cristãos. E de como a vida se tornou complexa pelo gozo contido, pelo beijo furtivo e pelo abraço negado. Da vida que seria plena se nos fosse permitido viver a plenitude do que sentimos. Da perseguição que o moralismo faz aos que rompem padrões. Da ruptura diária para nos livrarmos da culpa por simplesmente vivermos nossos anseios. E de como o pulsar do coração precisa ser solitário. Da vida que nos chega pela brisa do vento nas manhãs azuis de Verão e na neblina da madrugada. E viver sem culpa, sem gerar culpa no outro e sem culpar o outro por nossos desatinos. E de que pecado verdadeiramente não é viver o clamor do sexo, e, sim, a indiferença aos que estão combalidos e desvalidos ao longo do caminho...

Serra da Cantareira, numa manhã nublada de Verão...

Referências

ANTICRISTO. Direção e roteiro: Lars von Trier. Produção: Peter Garde. Italia/Dinamarca/França/Polônia/Alemanha. 2009. 1 DVD (108 min).

ANGERAMI, V. A. **As relações de amor em psicoterapia**. *São Paulo: Pioneira Thomson Leaning, 2006.*

ANGERAMI, V. A. **Cinema e subjetivação**: uma análise sensível de percepção e emoção. Belo Horizonte: Editora Artesã, 2017a.

ANGERAMI, V. A. **Psicoterapia existencial**: *noções básicas*. Belo Horizonte: Editora Artesã, 2017b.

ANGERAMI, V. A. **Suicídio**. *Uma alternativa à vida. Fragmentos de psicoterapia*. Belo Horizonte: Editora Artesã, 2017c.

ASSUMPÇÃO JUNIOR, F.B. **Da paixão**: sobre um fenômeno humano. Rio de Janeiro: Atheneu, 2017.

BORNHEIN, G. **Sartre**: metafisica e existencialismo. São Paulo: Editora Perspectiva, 2011.

NIETZSCHE, F. **O Anticristo**. São Paulo: Escala, 1895.

KRUGER, P.A. **Penetrando o Éden**: Anticristo, de Lars von Trier, à luz de Brecht, Strindberg e outros elementos inquietantes. 2016. Tese (Doutorado em Estudos Linguísticos e Literários em Inglês) – Faculdade de Filosofia, Letras e Ciências Humanas, Universidade de São Paulo, São Paulo, 2016. doi:10.11606/T.8.2016.tde-20122016-152701.

SARTRE, J.P. **Crítica da razão dialética**. Rio de Janeiro: Lamparina, 2002.

SARTRE, J.P. **O imaginário**. São Paulo: Ártica, 1996.

SOCIEDADE DOS POETAS MORTOS

Sobre filmes e suicídio

8

Bruno Gonçalves

O texto não tem a intenção de fazer uma análise cinematográfica, deve-se lembrar de antemão que o autor não é nenhum especialista em filmes, mas um psicólogo de formação e psicoterapeuta de profissão, apesar disso, tampouco se intitula especialista. Em síntese é um texto escrito por um amador, só isso. Mas, antes que se espantem ou percam o interesse, destaco que esse livro não é somente sobre filmes, ele abrange um assunto extremamente importante, o suicídio. Em se tratando de tal tema, o autor pode garantir que é consideravelmente leigo; isso mesmo. Mas, isso também não é surpreendente, afinal "ninguém sabe nada sobre suicídio". Pode-se até admitir que nos últimos anos houve um aumento de estudos sobre o problema do suicídio que, se por um lado, permitiu aumentar o conhecimento sobre os fatores de risco, por outro lado, nos traz pouquíssimas certezas quanto a sua prevenção. As questões discutidas aqui no texto indicam o quanto estamos muito distantes, em vários casos, de prever, prevenir e evitar o suicídio. De fato, pode-se dizer que apesar das pesquisas e análises, o comportamento suicida ainda causa terror e perplexidade nas pessoas.

O suicídio é um desses fenômenos que esgotam todas as tentativas de explicação, sendo importante que, ao invés de tentar explicar, busque-se compreender; compreender o suicídio em seus significados e aceitá-lo em sua integralidade, pois, se não há explicações, não se pode negar que cada ato suicida é repleto de significados. O suicídio é uma resposta diante de uma situação dolorosa, assim argumentam as ideias correntes, mas nem mesmo o sofrimento pode explicá-lo, já que o sofrimento de um indivíduo pode até ter semelhanças com o sofrimento de outro, mas, por ser carregado de subjetividade, é único e singular. O ato de atentar contra a própria vida será sempre pleno de interioridade; por vezes uma maneira de responder a uma situação, e embora seja uma resposta extrema frente a uma situação insuportável, é a melhor resposta que o indivíduo consegue dar naquele momento de desespero. Portanto, uma das tarefas mais importantes na tentativa de entender o comportamento suicida é esclarecer por que esse comportamento específico aconteceu num determinado momento específico, serviu a uma função específica, para aquele indivíduo específico. Isso pode ser alcançado pela fenomenologia, que é o esforço para tomar o fenômeno tal como nos é dado (May 1979).

No entanto, outra forma de abordar o tema do suicídio é enfatizando seu caráter social. Essa abordagem pioneira teve na figura do sociólogo Emile Durkheim seu principal expoente. Durkheim (1982) não estava interessado em analisar o suicídio específico, pelo contrário, ele alerta para o caráter social: "o suicídio é um fato social", ainda que as sociedades não saibam lidar com o suicídio. Se o ato é cometido por um adolescente, a perplexidade é ainda maior. A grande maioria das pessoas não sabe o que fazer diante da tentativa ou de um ato suicida, os adultos até que tentam, muitas das vezes sem sucesso, criar maneiras para ajudar a próxima geração a evitar os piores excessos dessas sensações selvagens e angustiantes, e assim impedir que os jovens causem danos duradouros.

Na visão de Durkheim (1982), o suicídio é expressão de uma doença coletiva da qual a sociedade sofre, ele acredita que investigar o suicídio ajudará a entender melhor a sociedade em que vivemos. Antes de negar o sofrimento singular ou negar que o suicídio seja um tópico intrínseco na psicologia individual, Durkheim mostra que o suicídio em um contexto social não pode ser esgotado pela psicologia. O suicídio, que, segundo ele, é um fenômeno social, só pode ser explicado pelas circunstâncias sociais. Segundo a sociologia, é necessário separar fenômenos que afetam a sociedade e fenômenos que afetam um indivíduo, mas o que se vê é que isso não existe; até mesmo o suicídio que, em primeira análise, possa parecer um evento individual, depende do contexto social.

Na perspectiva de Marx (2006), o suicídio possui aspectos tanto sociais quanto individuais, ele vai dizer que o suicídio é um sintoma da organização deficiente de nossa sociedade, mas também diz, acerca do caráter individual e subjetivo do ato suicida, que o "sangue não corre do mesmo modo nas veias de gente desesperada e nas veias dos seres frios", desse modo, os parágrafos a seguir tentam conectar essas duas perspectivas e analisar o suicídio tanto sob os aspectos subjetivos quantos sociais, ou seja, procura compreender o que se passa com o indivíduo desesperado, mas também tenta desvendar até que ponto o destino do indivíduo é influenciado pela realidade de seu entorno. Para isso, utiliza-se de subsídios da Psicologia e da experiência clínica para explorar a dinâmica da esperança no sofrimento suicida, busca examinar com minucioso cuidado as palavras e as últimas ações de um indivíduo que o desespero ou o desgosto da vida arrastou à morte voluntária. Ao invés de utilizar um caso concreto e arriscar-se a estigmatizar as vítimas desse suicídio, o texto utiliza-se de um caso fictício, o desfecho ocorre nas cenas de um filme, onde é possível discutir as influências tanto positivas quanto negativas para o ato suicida e ao mesmo tempo observar as transformações subjetivas ocorridas em um indivíduo.

De fato, atentar contra a própria vida é uma questão extremamente importante para sociedade e, dada a quantidade de filmes que contêm cenas de suicídio, pode-se dizer que a indústria do cinema não tardou a perceber a importância de trazer à ficção um fenômeno tão presente na realidade. Certamente trata-se de casos em que a arte imita a vida e que podem servir de laboratório social e individual para análise da realidade.

Sociedade dos Poetas Mortos

Sociedade dos Poetas Mortos é um filme estimulante no sentido de incentivar a realização de sonhos e anseios; o filme aborda temas como a independência intelectual, o processo de individuação e a luta pela liberdade, mas apesar de trazer uma mensagem inspiradora ilustrada nas cenas de um professor incitando seus alunos a valorizarem a vida, traz também um final controverso devido ao suicídio de um dos principais personagens. A história, que é contada inicialmente de forma leve, termina como uma tragédia. É um filme que causa a sensação de absurdo, mexe não só com a razão do espectador, mas também com sua subjetividade.

A história é contada principalmente no ambiente escolar, em uma escola que traz em seus pilares, preceitos como: tradição, honra, disciplina e excelência. Nesse cenário, adolescentes cheios de sonhos e desejos ingressam não por iniciativa própria, mas por vontade e imposição dos pais. No entanto, a vida dos jovens alunos muda devido à chegada do novo professor de literatura. John Keating é um professor que desperta surpresa entre os jovens com sua excentricidade e método de ensino singular, fazendo com que alunos logo se interessem por esse novo modo de conhecer. Ao longo do tempo o professor tenta ampliar os horizontes dos alunos, ensinando-os a apreciar cada momento de suas vidas, além disso, incentiva os jovens a pensar por si mesmos e determinar os objetivos de suas vidas, assim como citado em uma das falas: "Agora, meus alunos, vocês aprenderão a pensar por si mesmos novamente. Vocês aprenderão a saborear palavras. Não importa o que alguém lhes diga, palavras e ideias podem mudar o mundo". Como se pode ver, em essência, Keating quer salvar os adolescentes da obediência cega e fazê-los enxergar além de uma estreita compreensão do sucesso imposto pela sociedade.

O lema trazido pelo filme é "Carpe Diem", aproveite o dia; essa filosofia permeia a narração da primeira à última cena e pretende encorajar os jovens a tornarem suas vidas extraordinárias, contrastando com a realidade rígida e padronizada da escola que desestimula qualquer manifestação de individualidade, desenvolvimento da imaginação e criatividade.

Um dos alunos mais promissores descobre que o professor Keating, antigo aluno da mesma escola, era membro de um grupo, uma espécie de clube que se reunia para recitar poesia e outras formas de arte. Esse clube chamado de: Sociedade dos Poetas Mortos é reiniciado pelos jovens alunos que passam a se reunir e fazer as mesmas coisas que seus antecessores. Apesar das proibições da escola, os jovens frequentemente fogem durante a noite para uma caverna onde recitam seus poemas favoritos, contam histórias, cantam e refletem sobre a vida. Desse modo, a caverna e a sociedade dos poetas mortos tornam-se uma espécie de "mundo ideal" em que os alunos podem ser eles mesmos. Nesse momento, ocorre uma visível transformação na subjetividade desses jovens. Um deles começa a perder sua angustiante inibição, outro toma coragem para declarar seu amor, outro descobre sua paixão pelo teatro. Este último é Neil Perry, ele consegue o papel principal na peça *Sonho de Uma Noite de Verão* e percebe que atuar pode ser sua vocação. De um modo geral, o roteiro se desenvolve mostrando mudanças íntimas e subjetivas em personagens frutos de uma cultura extremamente rígida.

A narrativa do autor do filme *Sociedade dos Poetas Mortos* reflete os aspectos socioculturais dominantes da situação conservadora da década de 1950, quando ainda era costume obedecer às tradições patriarcais. Um cenário em que os jovens recebem uma educação autoritária tanto em casa quanto na escola. O pai de Neil, por exemplo, está tão empenhado em vê-lo como médico, e não o deixa fazer nada que o desvie desse objetivo, então, quando descobre que Neil sonha trilhar outro caminho, o repreende e se prepara para retirá-lo da escola e matriculá-lo em uma academia militar. Porém, motivado por novas perspectivas e pela ideia de tornar-se protagonista da própria vida, Neil "ousa" desafiar seu pai, em uma sequência de ações que termina numa terrível tragédia.

O filme atinge seu clímax com o suicídio de Neil. A trama concentra-se na angústia desse personagem que apesar de encontrar a si mesmo na paixão por atuar, teria que enfrentar seu pai para seguir com seu sonho. Neil é incentivado pelo professor Keating e pelos amigos, mas é levado a refletir sobre os grandes sacrifícios de seus pais e o medo de decepcioná-los. O enredo retrata, mesmo que nas entrelinhas, que a situação é um fardo muito pesado para alguém tão jovem suportar; pois diante da angústia e do desespero, ele não encontra outra saída que não o suicídio.

O sofrimento e a tragédia de Neil Perry

Só nos curamos de um sofrimento depois
de o haver suportado até ao fim.
(Marcel Proust)

Muitas pessoas diriam: ele tinha tudo a seu favor, estava no caminho de se tornar médico, tinha amigos que se importavam com ele, tinha uma família presente, frequentava uma ótima escola preparatória. Além disso, muitos diriam que ele era inteligente, popular e charmoso. Em suma, todos o consideravam um jovem promissor, até aquela fatídica noite de inverno; porque naquela noite, Neil Perry cometeu suicídio.

Diante do suicídio do jovem as reações foram diversas, seu pai ficou perplexo, sua mãe experimentava uma dor inexplicável, os diretores da escola buscavam encontrar os culpados, seus amigos, por sua vez, tentavam entender as razões que levaram alguém tão cheio de vida a optar pela morte. Essas atitudes revelam o desejo de encontrar a todo custo um motivo ou mesmo um culpado para acalentar os sentimentos de fracasso e desamparo por parte de parentes e amigos. Mas o que se observa é que nenhum destes obteve uma resposta ou elucidação, talvez porque não haja explicação. O suicídio é um fenômeno tão complexo que quase que invariavelmente leva à perplexidade e, na maioria dos casos, não existem fundamentos científicos para alcançar a certeza de responsabilidade. Quanto a dor dos familiares sobreviventes, esta é inexplicavelmente diferente de qualquer outro sofrimento e, se admitirmos que não há culpados ou que todos são culpados, ao menos deve-se constatar que a culpa é um sentimento prevalente nesses casos.

Certamente não é fácil admitir que um jovem vivaz decida por morrer; para Biondi, Iannitelli e Ferracutti (2016) cada suicídio é o suicídio dessa pessoa, está inscrito em sua biografia individual e, como não temos controle da mente dos outros, das circunstâncias ambientais externas que ocorrem, nem dos movimentos internos inconscientes autodestrutivos, portanto não comunicáveis, que podem emergir repentinamente, o suicídio tem a propriedade de não ser previsível, portanto, presume-se que sua decisão pela morte foi irrefletida, mas há somente um componente capaz de interferir numa decisão tão crucial, este é o sofrimento. Alguns dos efeitos do sofrimento acentuado são: o estreitamento da consciência e o pensamento restritivo; aquele que sofre, só pensa em cessar o sofrimento, vendo, no final, a morte como única saída para esse estado. Para Schopenhauer (2001) nossas maiores dores não se encontram no presente sob as formas de representações intuitivas e de sensações imediatas, mas sim sob as formas de noções abstratas e de pensamentos que nos torturam. Assim, diante de sofrimentos existenciais, os homens procuram por sofrimentos físicos para distrair-se dos pensamentos tidos como insuportáveis, essa é uma explicação para o suicídio. Aliás essas pessoas não querem parar de viver; o que elas realmente querem é parar de sofrer, no entanto seu estado mental impede que pensem em outras soluções; a dor impede o pensando reflexivo e a pessoa perde a capacidade de considerar as consequências de suas ações.

Nesse aspecto Neil não era diferente, ele não cogitava a morte antes da noite fatídica, pelo contrário, ele tinha muitos planos e sonhos, mas quando aquele que deveria apoiá-lo em sua realização existencial decide por impor-lhe o poder patriarcal, o sofrimento cresce de forma exponencial. Schopenhauer (2001) explica que é o sujeito que – oprimido pelo peso da vida, embora amando-a e afirmando-a, lhe teme as dores e, sobretudo, não quer suportar por mais tempo o triste destino que lhe toca –, em vão espera encontrar a libertação na morte e salvar-se com o suicídio. Contudo, a grande dificuldade em encontrar as razões para o suicídio é que ele consiste num comportamento muitas vezes irracional.

De fato, a racionalidade pouco pode ajudar a esclarecer sobre o sofrimento alheio, uma vez que o sofrimento não é lógico ou racional. Recorrer a generalizações é ainda mais inútil; disso também decorre a impossibilidade de uma única resposta poder acalentar todos aqueles que sofrem. Portanto, se o comportamento suicida é irracional, é pouco provavel que se consiga explicá-lo por meio de teorias positivistas. Para assimilar o suicídio do jovem Neil, é necessário pôr de lado algumas teorias e pretensões para que se possa olhar a experiência crua. As perguntas não devem ponderar sobre os motivos ou os porquês, mas sobre os significados do suicídio deste protagonista. Rollo May (1979) adverte que um dos grandes perigos que corre um psicoterapeuta consiste no fato de que se ele, ao atender um paciente, estiver principalmente focado nos "porquês" e "comos" o problema surgiu; então o terapeuta terá entendido tudo, exceto o mais importante, a pessoa existente. De fato, se fosse acessível o porquê de Neil ter cometido suicídio, ainda seria difícil compreendê-lo.

O ser humano sempre buscou explicação para seu sofrimento e para o sofrimento alheio, o porquê de tanta dor é uma interrogação que atravessa a existência, porém, nem mesmo a Ciência pôde ajudar a responder tais questões. A Psicologia em grande parte se desenvolveu a partir do comportamento animal e, apesar de inúmeras limitações, há um elevado grau de aplicabilidade da análise do comportamento animal ao comportamento humano. O comportamento animal pode ser explicado e predito, pois o animal está sujeito a seus instintos que o determinam por inteiro, e dentro dos princípios estritos da biologia há uma explicação imperativa de seu comportamento. O mesmo não se diz a respeito do comportamento humano. Segundo Dostoiévski (2004), "não devemos nos esquecer que as causas das ações humanas são, de hábito, incomensuravelmente mais complexas e variadas do que as subsequentes explicações que delas damos".

Alguns psicólogos buscam se guiar pela máxima do filósofo grego Terêncio (2020) que diz que enquanto humanos, os temas humanos não nos podem ser estranhos, ou seja, é exigência que saibamos o que se passa com os homens; desse modo, ambiciona-se delimitar o conhecimento sobre a "alma" humana e especular sobre as motivações de um sujeito. Em contraponto, considera-se mais plausível a frase de Marx (2006) que alega que o homem parece um mistério para o homem; sabe-se apenas censurá-lo, mas não se o conhece. Mesmo o suicídio em uma obra fictícia, como o do personagem Neil Perry, ainda parece um mistério que extrapola as corriqueiras explicações.

> Qualquer que seja a motivação principal e determinante do suicida, é certo que sua ação age com uma força absoluta sobre sua vontade. Por que, então, devemos nos espantar se, até o presente, tudo o que foi dito ou feito para vencer esse ímpeto cego acabou sem resultado e se os legisladores e os moralistas fracassaram igualmente em suas tentativas? Para chegar a compreender o coração humano, faz-se necessário, inicialmente, ter a misericórdia e a piedade do Cristo. (Marx, 2006, p. 27).

Marx (2006) argumenta que, para determinar os motivos de um suicídio, seria necessário medir a sensibilidade de todos os indivíduos usando-se uma única e mesma medida; ou seja; não se pode concluir pela igualdade das sensações, tampouco pela igualdade dos caracteres e dos temperamentos; o mesmo acontecimento provoca um sentimento imperceptível em alguns e uma dor violenta em outros. A felicidade e a infelicidade têm tantas maneiras de ser e de se manifestar quantas são as diferenças entre os indivíduos e os espíritos. Sendo assim, não há respostas simples para a motivação suicida, considerando-se que esse fenômeno não escolhe idade, classe social ou gênero. Porém para Angerami (2017) há pelo menos um ponto de concordância: excluindo os suicídios religiosos e aqueles motivados por idealismos radicais, sempre encontramos um indivíduo acometido por profundo sofrimento.

No discurso de pessoas que sobreviveram à tentativa de suicídio, observa-se temáticas comuns sobre adversidades, desgosto e aflição, mas, se olharmos com o devido cuidado, veremos que cada fala, situação ou pessoas envolvidas apontam para experiências únicas. O ponto de convergência é que as experiências narradas estão relacionadas a momentos da vida e a fatos que conduziram aquele indivíduo ao estopim, ou seja, os motivos geralmente são apontados como geradores de uma crise de desespero e a tentativa de suicídio se apresenta como uma saída para o sofrimento.

"O sofrimento é a lei de ferro da natureza", disse Eurípedes (2020), tudo que é vivo, sofre. Apesar disso, no sofrimento o homem difere do animal, não por sofrer de modo diferente, mas de modo adicional, enquanto o animal sofre de doenças e de dores físicas, ao homem somam-se as dores existenciais. O sofrimento existencial, na visão de Sartre (2012) emerge da sensação de que, embora sejamos livres, não podemos controlar todas as variáveis da vida, já que o outro também é livre e o mundo é contingente. O sofrimento existencial surge da percepção de insucesso em algum aspecto da vida; pode-se dizer que se os sentidos captam a dor, é a percepção quem faz sofrer mentalmente.

Desespero e imprevisibilidade

O suicídio é a questão fundamental da filosofia e o único problema realmente sério, escreveu Camus (2010). Seguramente diante a esta questão da vida e da morte, outros problemas parecem ser mitigados e até parecem fúteis. Para Camus (2010) muitas pessoas morrem por achar que a vida não vale a pena ser vivida.

Pressupõe-se que; o julgamento do valor da vida e decisão de um indivíduo pelo suicídio é resultado de um processo de dores e sofrimentos tão prolongados que chegam a durar anos ou tão intensos que mesmo minutos parecem ser insuportáveis. Esse percurso que leva alguém a cogitar a morte ou mesmo provoca-la é o chamado desespero. O desespero é uma das chaves para compreender o suicídio, pois excluindo alguns tipos de suicídios como os "suicídios altruístas" descritos por Durkheim (1982), os demais suicídios estão associados ao desespero. A dificuldade de entender os motivos que levaram Neil a atentar contra a própria vida, passa pela percepção de que o suicídio é um ato sem sentido para aqueles que desejam viver e não estão em estado de desespero, por isso a maioria das pessoas rejeitam os pensamentos suicidas assim que eles aparecem à mente; mas não se pode deixar de considerar que a morte torna-se uma opção para o sujeito desesperado, esse sujeito, apesar de sua pouca capacidade de julgamento ocasionada justamente pelo estado de desespero, passa a conjecturar o suicídio como opção.

Atualmente, por razões culturais e políticas complexas, o suicídio é cada vez mais considerado a expressão de um distúrbio psiquiátrico e, como tal, um fenômeno evitável, diagnosticável e tratável, pois para Biondi, Iannitelli e Ferracutti (2016), isso está de acordo com uma tendência no mundo contemporâneo de remover a morte do cotidiano das pessoas, já que ninguém quer lidar ou mesmo falar de suicídio, logo a morte voluntária precisa ser patologizada pelo senso comum como uma expressão inequívoca da doença. Assim, o suicídio é frequentemente associado à depressão e a outros transtornos do humor, mas apesar de considerar tal associação, não se pode ignorar os casos como o de Neil, casos em que não se percebe traços depressivos, e, sim, ao contrário. De acordo com Biondi, Iannitelli e Ferracutti (2016), na prática clínica, o suicídio é um dos comportamentos mais difíceis de prever, também porque não é necessariamente a expressão de um distúrbio psiquiátrico.

É importante frisar que no homem, não é somente o corpo quem adoece, mas também sua subjetividade. As enfermidades que se referem à subjetividade podem assumir inúmeras denominações, alguns chamam de melancolia, outros de depressão e outros, ainda, atribuem sintomas como fobias e limitações diversas, mas devemos nos atentar que se trata de uma existência em sofrimento, ou seja depressão e desespero são sinônimos, muito embora a palavra desespero é mais abrangente que um transtorno descrito num manual de psiquiatria. Emil Cioran (2008) descreve "o desespero como instantes onde nada mais tem o menor significado e tudo cessa de existir, pois sentis elevar-se em vós chamas temíveis e vossa própria existência aparece-vos como única num mundo nascido para vos atormentar".

Há pelo menos dois tipos distintos de desespero. No primeiro caso encontra-se aquele indivíduo que reconhece, ainda que instintivamente, o caráter absurdo da vida, a ausência de qualquer razão profunda de viver, percebe a insensatez dessa agitação cotidiana e a inutilidade do sofrimento; alguns como Kierkegaard (2010) o chamam de desespero ontológico, esse sim assemelha-se em muitos aspectos ao estado depressivo. Já o outro tipo de desespero é um estado emocional decorrente da percepção subjetiva e individual de que algo de extrema importância não será possível, pois não há mais esperanças, esse segundo caso de desespero surge diante de uma situação extrema, situações que, independentemente de sua vontade, colocam o indivíduo a refletir sobre sua existência. São casos em que o desespero se parece mais com uma ruptura ou mesmo uma perda das esperanças, ocasionadas por um evento extremamente aflitivo, momentâneo e imprevisível.

Ambos os tipos de desespero estão associados ao suicídio, seja o desespero daquele que se deparou com o absurdo da vida e não vê sentido em continuar a viver, seja o desespero daquele que se viu de repente em uma determinada situação sem volta, na qual o desespero joga o indivíduo num estado de profunda desilusão. A questão é: até que ponto uma pessoa atormentada leva a cabo a ideia de findar a própria vida ? No caso de Neil, nem mesmo a filosofia de vida "carpe diem", que sustenta a ideia de que é preciso viver cada momento aproveitando o que há de melhor na vida, pôde salvá-lo do suicídio; argumentos como esse são de fato inspiradores, mas pouco afetam aqueles dominados pelo estado de desespero. As filosofias de vida perdem seu valor e são apenas um frágil lenitivo para o sofrimento. Logo, não importa o que o indivíduo pense sobre a vida em seu estado "normal", no momento de desespero suas perspectivas passadas ou futuras são suspensas dando lugar à desrazão.

Quando o desespero é entendido como fator crucial para aqueles que se matam, tem-se a oportunidade de compreender o caráter imprevisível do suicídio. O suicídio é completamente imprevisível, pode ocorrer a qualquer indivíduo. Todavia, engana-se aquele que pensa que por nunca ter cogitado o suicídio é alguém imune a ele. O suicídio é tanto imprevisível com relação às pessoas tanto quanto em relação ao momento da vida, ou seja, ainda que nunca tenha passado pela cabeça do sujeito a ideia de tirar a própria vida, não se pode dizer com certeza como esse mesmo sujeito irá reagir a uma situação de desespero.

A imprevisibilidade e o desespero configuram-se as chaves para a compreensão do suicídio de Neil, pois os pensamentos suicidas ocorreram após a discussão com o pai, antes disso ninguém conseguiria prever sua morte. Mesmo com esse desdobramento, não se pode culpar o pai, a ocorrência de situações angustiantes é quase que imprevisível. O grande problema é que com frequência a resposta ao desespero é autodestrutiva, porque muitas vezes o desesperado sente que esgotou as possibilidades de soluções para os problemas, sente que esses parecem indissolúveis, suas dores intoleráveis e seu sofrimento interminável, de modo que, sem que ninguém possa prever, o indivíduo pode ser tomado por um desejo implacável de matar a si mesmo.

A imprevisibilidade é demonstrada em um dos elementos mais importantes do filme, a amizade entre o tímido Todd Anderson e seu colega de quarto Neil Perry. Todd gostaria de ser escritor, mas tem medo de se articular na frente de uma plateia, preferindo escrever seus poemas em segredo. Neil, por sua vez, mostra-se o oposto: é inteligente, articulado e dotado de uma porção de charme e persuasão. Assistindo ao filme, o espectador fica com a impressão que é Todd quem enfrenta sérios problemas emocionais, em certos momentos cria-se a impressão de que Todd é quem está em desespero a ponto de cometer suicídio. Nesse aspecto, acredita-se que o filme contribui para destacar ainda mais o caráter imprevisível do suicídio.

A educação e o suicídio

A educação para o sofrimento evitaria senti-lo
com relação a casos que não o merecem.
(Carlos Drummond de Andrade)

O filme *Sociedade dos Poetas Mortos* também destaca o relacionamento do indivíduo com seu entorno, o cenário é o ambiente escolar, e seus personagens, professores, diretores e colegas. Isso traz luz a um importante debate sobre a educação e leva a questionamentos sobre que tipo de educação guia os alunos a alcançarem seu potencial humano, e qual método contribui para o desenvolvimento integral dos adolescentes, que inclui a mente, o corpo e a subjetividade do indivíduo.

A escola retratada no filme está comprometida em fornecer um currículo rigoroso e sistemático, ainda que o novo professor de literatura tente aplicar um método que inspire os estudantes através da arte, esse embate entre realismo e romantismo permeia a discussão entre modelos educacionais que o filme explora. De um lado a direção da escola representada na figura do diretor Sr. Nolan, que defende uma educação conservadora, sua afirmação de que o professor deveria preparar os estudantes para a faculdade e nada mais, demonstra o quão rigidamente ele se apega aos propósitos de uma educação "preparatória" e demonstra ainda mais as correntes que isso coloca na capacidade de os alunos se emanciparem. Do outro lado, o professor de literatura, John Keating, representando o desejo de uma nova forma de ensinar, na qual os alunos são estimulados a pensar de forma crítica e independente.

Outro assunto que permeia a história é a educação para a vida, aquela que influencia o sujeito a encontrar seu lugar no mundo. Nesse aspecto, o pai de Neil acredita que está educando e preparando o filho da melhor maneira possível, guiando-o pelo caminho que julga correto. O pai revela que não teve as mesmas oportunidades e que ele não quer que o filho estrague as chances que lhe foram dadas. Isso já demonstra um desejo genuíno de que seu filho tenha uma vida bem-sucedida, mesmo que a definição de sucesso de seu pai confronte a visão que o adolescente tem para si.

O pai de Neil, numa postura tirânica, tenta impor ao filho seu próprio modo de vida, mas o resultado é desastroso. A educação deve abrir espaço para o homem começar a aprender sobre si mesmo e, consequentemente, se constituir. Nessa construção, cada indivíduo avança por um caminho que certamente foi atravessado por outros exploradores, como, por exemplo, pelos pais, professores e amigos, mas nem por isso pode ser conhecido de antemão. Como não há caminho comum, as rotas tomadas pelos antecessores não podem ajudar, pois a experiência individual é determinante. Nietzsche (1999) já alertava sobre os perigos de impor seu próprio caminho ao outro, dizendo que cada indivíduo é capaz de individualmente trilhar seu próprio caminho; ele propõe a superação do "você deve" por um "eu quero". Para o filósofo, o homem que faz isso supera os ditames da sociedade, da cultura e vai além de si mesmo, vai além do próprio homem. As pessoas têm uma tendência a assumir verdades externas sobre sua identidade e torná-las sua própria verdade interior. Nietzsche ainda ressalta a importância de se construir: "Ninguém pode construir em teu lugar as pontes que precisarás passar, para atravessar o rio da vida – ninguém, exceto tu, só tu" (2009, Ext. III, §1).

> Existem, por certo, atalhos sem números, e pontes, e semideuses que se oferecerão para levar-te além do rio; mas isso te custaria

> a tua própria pessoa; tu te hipotecarias e te perderias. Existe no mundo um único caminho por onde só tu podes passar. Onde leva? Não perguntes, segue-o! (Nietzsche, 2009, Ext. III, §1).

Apesar das boas intenções daqueles que estimamos, cada indivíduo é capaz de individualmente trilhar seu próprio caminho. Neil encontra a si mesmo na paixão por atuar, mas para tornar-se a si próprio, antes é preciso que se rebele contra a autoridade de seu pai, que o educa de acordo com seu próprio plano de vida. O grande problema consiste em saber lidar com o desespero inesperado como aquele que acometeu Neil; após uma dura discussão com o pai, o desespero arrasta o jovem a optar pelo caminho do suicídio, se é que se pode chamar de caminho.

A reação desoladora dos pais ao encontrar o corpo de seu filho é um lembrete das nuances de seus personagens e fala mais amplamente da natureza dos principais conflitos do filme: ninguém neste filme, nem a direção da escola, nem os pais de Neil, pensavam estar agindo equivocadamente. O próprio diretor realmente acreditava estar ensinando algo útil aos jovens preparando-os para o mundo. É Kierkegaard (2010) que propõe um aprendizado extremamente importante e essencial para nos tornarmos o que somos, trata-se de aprender a lidar com a angústia, pois a angústia é a própria condição da possibilidade da liberdade. Desse modo, o filósofo dinamarquês afirma com autoconfiança que a angústia não é, de modo algum, um problema privado, mas um pilar essencial da condição humana.

Segundo Kierkegaard (2010), qualquer que seja o aprendizado, ele não pode excluir a experiência subjetiva e a visão que o outro tem do mundo. A aprendizagem deve ser capaz de encorajar cada um a ouvir sua própria consciência, mas antes é preciso conhecer sua própria individualidade, pois o indivíduo é aquele que mergulha em seu interior para buscar a verdade sobre si mesmo e assim testemunhá-la. Somente ao adquirir esta capacidade, o indivíduo estará apto a trilhar seu próprio caminho.

Para Kierkegaard (1988) primeiro devemos ousar querer ser aquilo que somos, para só depois nos tornarmos quem somos repetindo esse desejo. A vocação, portanto, nasce da ousadia e se confirma na repetição. Neil ousou querer ser ator, mas para que isso se confirmasse teria que percorrer um árduo caminho, teria que enfrentar seus pais e mesmo uma sociedade conservadora. Deve-se lembrar de que, por trás de cada escolha, há sempre o potencial de felicidade e miséria, é assim que a experiência da liberdade se torna, muitas vezes, paralisante, em vez de emancipatória. Decorrem disso as dificuldades da tarefa de tornar-se a si mesmo; o homem se angustia porque a tarefa não oferece desde o início um ponto fixo onde se colocar com toda firmeza, mas uma profusão de possibilidades.

Segundo Angerami (2018) o homem é um ser que, livre, decide a própria vida, mas ao mesmo tempo é obrigado a arcar com as responsabilidades que decorrem de sua escolha. Talvez essa seja a última e mais importante lição do filme, pois apesar da perplexidade gerada, o suicídio de Neil não esfriou os ideais e o entusiasmo de seus colegas de classe, a julgar pela última cena, em que vários alunos se opõem à autoridade do diretor e se erguem sobre a carteira para prestar homenagem e solidariedade ao professor que foi demitido. O suicídio de Neil, na realidade, apenas lembra a responsabilidade que deve ser assumida por todos em cada escolha ou ação.

Referências

ANGERAMI, V. A. **Psicoterapia Existencial**: Noções Básicas. 15. ed. revista e ampliada. Belo Horizonte. Editora Artesã, 2018.

ANGERAMI, V. A. **Suicídio**: Uma alternativa à vida. Belo Horizonte: Artesã, 2017.

BIONDI M.; IANNITELLI A.; FERRACUTTI S. Sull'imprevedibilità del suicídio./ On the unpredictability of suicide. **Rivista di Psichiatria**, 2016. 51(5):167-71

CAMUS, A. **O Mito de Sísifo**. São Paulo: BestBolso, 2010.

CIORAN, E. **Nos cumes do desespero**. São Paulo: Hedra, 2008.

DOSTOIÉVSKY, F. **O idiota**. São Paulo: Martin Claret, 2004.

DURKHEIM, E. **O suicídio**: Um estudo sociológico. Rio de Janeiro: Zahar Editores, 1982.

EURÍPEDES. Disponível em: <https://www.pensador.com/frase/NTY1Ng/>. Acesso em: 12 de jan. 2020.

KIERKEGAARD, S. A. **O conceito de angústia**. Trad. Álvaro L. M. Valls. Petrópolis: Vozes; São Paulo: Editora Universidade São Francisco, 2010.

KIERKEGAARD, S. A. **Diário de um sedutor; Temor e tremor; O desespero humano**. Trad. Carlos Grifo, Maria José Marinho, Adolfo Casais Monteiro. 3. ed. São Paulo: Nova Cultura, 1988.

MARX, K. **Sobre o suicídio**. São Paulo: Boitempo Editorial, 2006.

MAY, R. Psicologia existencial. In: MILLON, T. **Teorias da psicopatologia e personalidade**. Paginas 131 a 136. Rio de Janeiro: Interamericana, 1979.

NIETZSCHE, F. W. **Assim falava Zaratustra**. São Paulo: Martin Claret, 1999.

NIETZSCHE, F. W. Consideração extemporânea III – Schopenhauer como educador. In: NIETZSCHE, F. W. **Escritos sobre educação**. Trad. Noéli Correia de Melo Sobrinho. Rio de Janeiro: PUC-Rio; São Paulo: Loyola, 2009.

SARTRE, J. P. **O existencialismo é um humanismo**. São Paulo: Vozes, 2012.

SCHOPENHAUER, A. **O mundo como vontade e representação**. Rio de Janeiro: Contraponto Editora, 2001.

SOCIEDADE DOS poetas mortos. Direção: Peter Weir. Produção: Paul Junger Witt. Roteiro: Tom Schulman. Estados Unidos: Touchstone Pictures, **1989. 1 DVD (128 min).**

TERENCIO. Disponível em: <https://citacoes.in/citacoes/106547-terencio-sou-humano-nada-do-que-e-humano-me-e-estranho/. Acesso em: 12 de jan.2020.

DE UMA FEMINILIDADE ENVOLTA EM MISTÉRIO

Valdemar Augusto Angerami

Isabella

Você me é um mistério cada vez mais indecifrável...
De início uma intensa volúpia sexual...
E aos poucos a vida foi tecendo outros envolvimentos....
Da palavra escrita, do teu jeitinho, da tua feminilidade...
Da tua fragrância que se mistura ao sabor do teu encantamento...
Do sotaque deliciosamente mineiro...
Da timidez que acomete teu sorriso em meio a outros arrojos...
Do sonho que vai ganhando contorno de realidade...
Do teu medo diante desse envolvimento...
Envolvimento que já nos aprisionou de modo irrebatível...
De como tudo está envolto em mistério...
De que a vida é uma névoa a dissipar nossos temores...
A envolver nossas almas em novos caminhos...
Caminhos que serão entrelaçados e irmanados pela eternidade...

Serra da Cantareira, numa tarde chuvosa de Verão...

O QUE ACABA COM A VIDA NÃO SE PODE CHAMAR DE AMOR...

O que destrói

9

Ionice Lourenço
Marcelo Cirino Pinheiro

O ser humano é zelador da própria vida, mas nem sempre se dispõe a dar o melhor de si a respeito dessa zeladoria.

Filme: *Romeu + Julieta*
Ano de lançamento: Outubro de 1996 (EUA)
Direção: Baz Luhrmann
Roteiro: Craig Pearce – Baz Luhrmann
Ano de lançamento: 1996
Música: Craig Armstrong
Elenco principal: Claire Danes, Leonardo DiCaprio, Paul Sorvino
Baseado na obra de William Shakespeare.

A trama e seus efeitos

O drama protagonizado por Romeu e Julieta simboliza a tragédia escrita entre 1591 e 1595, nos primórdios da carreira literária de William Shakespeare, que trouxe à baila das discussões dois adolescentes apaixonados, cujas famílias rivalizam. Por fim, ambos morrem tragicamente após uma sequência de ações, decisões e reações que resultam em suicídio. É uma das obras mais conhecidas, adaptadas e remontadas aos palcos, músicas e telas do mundo inteiro.

Baz Luhrmann (Mark Anthony Luhrmann), produtor de cinema e roteirista, foi o responsável por trazer à luz a versão da clássica tragédia romântica de Shakespeare, com *Romeu + Julieta* (1996) adaptado ao cinema. A despeito das muitas críticas que recebeu por descaracterizar a obra original, Luhrmann colheu também muitos elogios por adaptar a trama ao contexto da contemporaneidade e abordar aquele que é considerado o maior e mais árduo sentimento, "o amor", ambientando a obra aos novos olhares e tempos.

Desvendar o amor e suas consequências no "novo mundo", cheio de recursos tecnológicos que os personagens originais de Shakespeare não conheceram, é um dos principais objetivos para trabalharmos nesta versão de Luhrmann e deveríamos nos incumbir desse novo olhar revelador, no bojo de uma nova juventude que se forma, de maneira salutar ou não.

As famílias tão conhecidas por todos nós, Capuleto e Montéquio, são inflexíveis rivais. Julieta está participando de um baile à fantasia proporcionado por sua família. Fulgencio Capuleto, seu pai, planejou arranjar o casamento de Julieta com Paris, prática comum daquela época. Enquanto isso, o jovem Romeu se mostrava um pretendente natural a casar-se com Rosalina.

Romeu participa do baile de máscaras. Ele e Julieta se conhecem e se apaixonam, inesperada e imediatamente. O lindo baile de máscaras em Verona, Itália, foi abrilhantado pelo encontro do olhar dos jovens que, naquele instante, desconhecem a origem da briga entre suas famílias e decidem viver o grande amor, transformando-o em casamento.

Frei Lourenço, religioso responsável pela comunidade em que viviam os Montéquio e os Capuleto, alimentava a esperança de que as famílias se entendessem, e, secretamente, decidiu realizar o casamento dos jovens, mesmo ciente dos riscos.

Uma tragédia paralela da trama é o duelo entre Teobaldo, Mercúcio e Romeu. O primeiro é primo de Julieta e o segundo, amigo de Romeu. Na briga, Teobaldo e Mercúcio morrem. Como punição imposta pela autoridade, Romeu é condenado ao exílio da cidade. O protagonista, entretanto, acaba fugindo.

Fulgencio insiste em marcar o casamento arranjado da filha. Apavorada pela ideia de outro homem em sua vida, Julieta recorre a Frei Lourenço, que cria uma estratégia para que Julieta possa dar-se por morta. Em vão, tentam informar o plano a Romeu.

A mensagem se perde. Sem saber da bem-intencionada trama de Frei Lourenço, Romeu fica ciente da morte de Julieta, notícia que o deixa desesperado, levando-o ao ato do suicídio. Adiante, ao encontrar o amado morto, Julieta também decide morrer. A escolha dos jovens apaixonados será objeto de reflexão e comparação quanto aos que vivem no século XXI.

Análise da obra

Adolescência

Ressaltaremos os temas suicídio, amor e adolescência, representados como o núcleo da trama do filme.

Propositadamente, a escolha se concentrou na versão shakespeariana do filme de 1996, pelo tom de modernidade que abre o debate comparativo com o século XXI. A história dos jovens adolescentes, retratada e "atualizada", traz a iminência de um conflito tão presente na geração Y (nascidos entre 1980 e 1995), que tem se tornado alvo de nossa atenção no que tange ao suicídio e tem despertado preocupação em todas as gerações, principalmente na fase da adolescência.

De acordo com a folha informativa da Organização Mundial da Saúde de 2018, o suicídio é a segunda maior causa de morte entre adolescentes no mundo. Estamos falando de um grave problema de saúde pública, fenômeno de contexto multifatorial em uma fase da vida que tem sido interrompida precocemente. Por mais estudos que sejam feitos, parece que pouco sabemos. Afinal, as estatísticas têm nos alertado, claramente, que o número é crescente e alarmante.

Fazendo uma conexão com a mesma década do filme, podemos relembrar uma história de 1994, triste e real. Mike Emme, jovem norte-americano de 17 anos, conhecido por ter um Mustang amarelo. Os amigos e familiares de Mike não perceberam sua angústia a tempo de ajudá-lo, mas resolveram fazer algo e deixar uma mensagem ao mundo. Durante o velório, levaram uma cesta com cartões e fitas amarelas, em que se destacavam os dizeres "eu preciso de ajuda". Em 2003, a Organização Mundial da Saúde decretou o dia 10 de setembro como o *Dia Mundial da Prevenção ao Suicídio* e a cor amarela passou a representar o tema.

Estamos falando de uma fase da vida que prevê mudanças psicológicas e comportamentais abruptas, marcadas por vulnerabilidade, imediatismo, intolerância a frustração e dificuldade de se conectar ao mundo. Em concordância ao texto shakespeariano, observamos jovens revestidos pela impulsividade, pela busca desenfreada por viver o amor irracional, sem medir as consequências.

Não há futuro a quem ignora a bela simplicidade e a intrigante complexidade de respeitar o próprio passado, para viver o presente em prol de um amanhã.

Fundamental tem sido o trabalho realizado por instituições e grupos, como o Instituto Bia Dote, o CVV (Centro de Valorização da Vida), o IPPEP (Instituto Pernambucano de Práticas Educacionais e Psicológicas), o Espaço Terapêutico Viva Bem, em Taboão da Serra, a Roda de Conversa sobre Autodestruição, idealizada pelo Dr. Valdemar Augusto Angerami, entre outras. São instituições que têm oferecido um acolhimento humano ao sofrimento existencial e difundido informações a respeito do tema.

O amor, a adolescência e o suicídio

O amor se basta pela abundância, se identifica pela verdade e se vivencia pela partilha. Diferente disso são as paixões sem freios, que arrebatam e destroem tudo, inclusive a vida, literalmente ou não.

No convívio entre quem reside nas sociedades mais abertas e calorosas para a vida amorosa, como as Américas do Sul e Central, ou na vida em sociedades mais pragmáticas como a Ásia, o norte da América e a Europa, muito se fala sobre o amor.

Incansavelmente, personalidades somam esforços e novos olhares para um tema que nos acompanha desde Adão e Eva; romancistas, autores, poetas, psicólogos, artistas, religiosos. Todos têm uma opinião formada ou em formação.

Do amor antigo citado pelo poeta Carlos Drummond de Andrade, em que ele interpreta que este amor vive "de si", nada exige, nada pede, não vive de cultivo alheio, parece que muita coisa se modificou no cotidiano da vida moderna regada a boas doses de tecnologia. O amor é abordado, debatido, avaliado e desvendado em diversas facetas das redes sociais, como se as pessoas tivessem se especializado em teorizar sobre o amor, o que é bem diferente de vivê-lo. Desenfreadamente, nossas vidas se viram tomadas pela brusca inserção da era digital. As pessoas postam fotos e frases motivacionais e a vida virtual apresenta uma realidade construída com o intuito de parecer agradável, confortável, amável. Um amor tão diferente retratado...

Mas será que por trás de todo esse imenso conteúdo digital ainda existe a capacidade de experimentar o sentimento grandioso à luz da plenitude? Ou as aparências permeiam a vida de exposição e escondem verdades difíceis de se digerir?

Como Shakespeare retratou, ao longo dos séculos, o amor teve pesos, medidas e efeitos diferentes em cada sociedade. Antigamente, no Brasil e em muitos lugares mundo afora, não se casava por amor. A exemplo de uma sociedade empresarial, casamentos arranjados para beneficiar as famílias envolvidas foram uma realidade que ainda perdura em algumas regiões, como o sistema de castas na fina flor da sociedade indiana. O amor, nesse contexto, é a feliz consequência de um combinado financeiro, familiar, patriarcal.

De olho nessa dinâmica do amor desde os tempos remotos, o cinema despontou como a arte consumida pelas massas durante o século XX. A sétima arte teve a função psicossocial de "ensinar" aos jovens casais que os romances baseados pela paixão eram muito mais interessantes do que os casamentos arranjados. Prova disso é que o gênero "comédia romântica" destaca-se entre os mais assistidos do mundo porque costuma trazer romances fora da curva social-estereotipada, com histórias de amor que envolvem plebeus e realeza, jovens e experientes, relações extraconjugais que resultam em novos casamentos e assim por diante.

Sobram exemplos de autores, diretores e atores que se dedicaram a replicar nas telas as histórias do realismo literário eternizadas por grandes mestres, que se debruçaram sobre os efeitos do amor ou das paixões arrebatadoras e suas marcas profundas, que levaram protagonistas ao extremo das decisões. É o caso de Tolstói, que nos brindou com os dilemas e as frustrações de *Anna Karenina*, ou de Shakespeare, que registrou em *Romeu e Julieta* o poder e as consequências dos sentimentos extremados, o amor e o ódio.

Nesse sentido, propomos uma análise ampla desses dois textos cujos livros e filmes estão facilmente ao alcance do público. Transcendendo o que seria uma simples crítica de arte e levaria em conta a melhor fotografia, o roteiro ou ator, a ideia é entregar uma reflexão que desmistifique a relação entre o amor destrutivo e o amor como possibilidade de agregar algo daquilo que possamos conceber como construtivo, pois sabemos que o primeiro levou muitos ao suicídio e ao homicídio, enquanto o segundo representa a oportunidade de uma vida plena. De imediato, ressaltaremos alguns recados que Shakespeare legou e o que a contemporaneidade pode aprender após quase 500 anos.

Com a recente e constante revolução comportamental da sociedade moderna, passou a ser quase inconcebível que duas pessoas se casem por outro motivo que não seja o amor, algo que, inclusive, veremos nas reflexões de Anna Karenina. No entanto, as regras eram diferentes no século XVI, época em que foi escrita a peça *Romeu e Julieta*, retratando com eficiência o amor proibido que respondia aos anseios de dois corações puros, mas esbarrava na muralha da tradição de famílias austeras e inflexíveis.

Como a racionalidade sucumbiu aos impulsos sentimentais, os jovens protagonistas acabaram mortos nesta que é uma das mais conhecidas histórias da cultura ocidental, que ecoaria no teatro e no cinema em diversas versões, quase cinco séculos depois do texto original, como a famosa versão protagonizada por Leonardo DiCaprio e Claire Danes.

Por um rápido instante, podemos deixar de lado a maravilhosa abordagem poética de *Romeu e Julieta* e refletir com a razão sobre o problema que envolvia o jovem casal. Pedimos desculpas aos apaixonados por Shakespeare, pois é só uma breve constatação lógica, uma provocação filosófica para refletirmos...

Se a racionalidade prevalecesse, o que não é muito característico nem da época, nem da fase da adolescência, Julieta procuraria maneiras mais fundamentadas de abordar sua família, e Romeu se dedicaria a criar um plano que colocasse o ponto final na contenda entre os Montéquio e os Capuleto. No entanto, os impulsos emocionais de ambos prevaleceram e o plano dos jovens passou longe de resultar exitoso. Isso tem se repetido na adolescência, não somente no amor.

Cada vez mais, no Brasil e no mundo, adolescentes votam, dirigem, moram com outros jovens em período universitário e empreendem, acumulando responsabilidade social e civil, porém se o seu desejo não é atingido, muitas vezes sua inabilidade para lidar com as frustrações os tornam incapazes de lidarem com o sofrimento humano. Cabe a nós uma reflexão de como ultrapassar esta fase, em que tudo parece extremista e, muitas vezes, trágico, capaz de sucumbir. Nesse sentido, o que podemos fazer, então, para conferir a eles responsabilidade e importância pela vida?

Do cinema para a vida real, podemos refletir que o amor é uma importante força motora para a constituição humana, um poder inegável e primitivo, já que nascemos prontos e capazes de amar. Seu poder, descrito em várias obras e experimentado por quase todo ser humano, é inegável. Já o exercício demandado pelo amor é diário, e o aprendizado, grandioso.

É justo que se diga, o amor às vezes perdura, noutras se esvai. A quem perdeu um grande amor, enquanto a eventual dor está em curso, o amor próprio deve ultrapassar o sofrimento sem dar chance para a expressão vice-versa. Afinal, todo amor um dia chega ao fim e literalmente, juntos ou não, ninguém deveria morrer por amor ou por amar.

Faz-se necessário compreender os discursos paradigmáticos, dotados de influências, no interior da vida conjugal. O amor tido como infindo a qualquer preço, inexcedível, muitas vezes nos parece soberbo, um tanto nefasto e algoz. No que diz respeito aos fatores ideológicos empregados em complacente decisão, as práticas cotidianas fazem da vida uma mera sobrevivência.

Reverberado pela frase de Elisabeth Kubler-Ross (1988, p. 9) "a única coisa incontestável em meu trabalho é a importância da vida", o objetivo do trabalho consiste também em mostrar que a essência humana é única e indivisível. Compreendê-la assim é primordial ou o ser humano perderia o senso da isonomia, previsto naturalmente só pelo fato de existir. Portanto, em diferentes contextos, o amor nos parece um sentimento que respeita a individualidade e não pode suplantá-la nem mesmo sob o pretexto do amor recebido ou do amar oferecido. Por exemplo:

"Eu dou a minha vida por você!"

"Sem você, eu morro porque a vida deixa de ter sentido!"

"Não consigo imaginar minha vida sem ela!"

São frases típicas de quem coloca o amor num pedestal efêmero e nocivo porque ninguém pode dar o que não tem. Ou seja, se amor próprio não estiver presente antes de oferecermos amor a outra pessoa, o que ofereceremos é outra condição: obsessão, paixão, fixação, apego ou mesmo dependência emocional.

A proposta de Shakespeare com *Romeu e Julieta* pode até tocar a nossa sensibilidade, o romantismo típico de nossa latinidade. Somos perfeitamente empáticos e capazes de imaginar o que os jovens sentiram.

Longe da magia do teatro, das viagens que os livros proporcionam e do encanto que as telas de cinema geram, não se sustenta a ideia de que o amor tem prioridade e tudo pode, inclusive em detrimento da vida, o mais precioso bem que carregamos e sem a qual, agora avaliando pela perspectiva filosófica, não existimos e, por consequência, tampouco o amor.

Logo, se a filosofia não for aceita, que venha a equação matemática: sem vida, não há amor e ponto final. Ao longo do tempo, ideias shakespearianas confundiram a vida em sociedade. Não é razoável imaginar que um amor arrebatador transcenda o racional. Mas na prática, isso acontece. Todo mundo conhece ao menos uma pessoa que tenha afirmado ser capaz de tudo, não importando a resultância, para manter-se ao lado de alguém.

Em pleno século XXI, testemunhamos pessoas de todas as classes sociais que morreram pelas consequências de um amor não compreendido. Perderam a vida por não entenderem que o verdadeiro amor não mata, liberta. No entanto, no âmago dessa incompreensão destrutiva do amor, talvez possamos nos perguntar se o amor é um fenômeno compreensível. Qual é o limiar de um investimento amoroso? Qual seria a sua natureza mais expressiva e cognoscível no interior das relações humanas?

Precisamos, com urgência, quebrar as raízes desse contexto do amor sem consequências, tão presente na sociedade.

Por amor se vive e não se morre.

Na versão shakespeariana apresentada pelo cinema em 1996, em uma visão modernista que contrasta a original, nota-se que o diretor teve o cuidado de manter o texto enquanto apresentava uma nova roupagem de argumentos. Foi um trabalho magistral, pois tinha endereço: o coração dos jovens, o mais impulsivo e imediatista dentre todos os perfis.

Essa característica, principalmente o impulso, encaixou nossos jovens no grupo de risco para o estudo do suicídio. Conforme descrito por Sena e Penso, na obra *Suicídio e suas interfaces* (2019, p. 273), um estudo apontou o crescente número de suicídios em uma década, envolvendo a população jovem, dos 15 aos 24 anos. O relato cita as fragilidades das relações familiares e sociais, a capacidade de lidar com as frustrações, o *bullying*, o histórico familiar de suicídio e os transtornos mentais, sendo que esses fatores poderiam estar associados a tal aumento. As autoras ainda fazem uma reflexão que pode corroborar a construção teórica do filme, ao afirmarem que o suicídio é um ato impactante nas famílias, principalmente quando a vítima é jovem, assim como aconteceu com Romeu e Julieta.

Quando um suicídio ocorre com a conotação de um relacionamento rompido ou um amor proibido, comumente, costumam dizer que a pessoa "se matou por amor", fortalecendo uma espécie de justificativa prévia para outros futuros casos. Ora, o amor deve ser benigno e o amor mais importante é aquele que a pessoa traz por si. Dizer que alguém se suicidou por amor, além de incorreto racional e emocionalmente, ainda pode encorajar futuras pessoas que se decepcionarão com o nobre sentimento de amar.

Na década de 1990, a geração Y fazia o seu primeiro contato com novos espaços, conceitos e culturas, a partir da internet. Não por acaso, os diretores decidiram regravar o material shakespeariano durante o período, apresentando no filme várias notas sutis e críticas sobre a decisão dos dois jovens, que inadvertidamente perderam a vida em nome do amor, fugindo do que é habitual no cinema: replicar conteúdo.

Uma vez cientes de que lidamos com uma geração de jovens impulsiva, impaciente, que não suporta esperar, o nosso papel como formadores de opinião, pais e educadores deve se concentrar nessas características daqueles que podemos chamar de "novos jovens", uma geração que o mundo ainda não conhecia, sempre com pressa, procurando atalhos para tudo.

Difícil mesmo, muitas vezes, é compreender que nessa época os jovens vivenciam mudanças culturais, tecnológicas e sociais tão avassaladoras que precisam ser ouvidos, por meio de uma boa conversa que possa elucidar e amainar o problema que trazem no âmago dos sentimentos.

Chamo ainda sua atenção para uma reflexão: todos fazemos parte da biologia, sociologia, psicologia e da espiritualidade desses jovens, o que nos torna responsáveis por eles em amplos conceitos.

É incontestável que todos estamos vivenciando um momento tecnológico de ruptura e, como resultado, nos distanciamos das relações humanas, mudamos o comportamento em relação aos filhos, seja por medo, excesso de trabalho ou zelo, tirando-os das ruas, das brincadeiras. Em contraponto, demos a eles *tablet*, *games*, celular, computador e tantas outras mudanças similares.

Estávamos acostumados aos rebeldes sem causa, com suas tribos e preferências musicais. O passado também teve dilemas mais brandos a enfrentar, como a educação sexual e os esforços para manter os jovens longe das drogas.

Temos o desafio de lidar com jovens que, antes da puberdade, falam em empreender, fazer intercâmbio e morar em outros países, estruturar a sua primeira empresa e assim por diante.

O que acontece aos jovens que estão vivendo todos esses anseios facilitados pela tecnologia que aproximou o Brasil do mundo, a partir do momento em que vivem o seu primeiro amor e se deparam com a decepção?

Necessitamos urgentemente encontrar uma solução para que eles possam expressar seus sentimentos e conflitos, ou para que saiam desse baixo astral, pois o número de jovens que perde a vida por suicídio em pleno século XXI deixaria até Shakespeare de queixo caído.

Entre as famílias Montéquio e Capuleto, partes centrais da trama escrita por William Shakespeare, só a inimizade e o ódio eram pontos comuns, até que os seus filhos perderam a vida em nome de um amor que em tese não poderia ser vivido. Sem dúvida, famílias como Montéquio e Capuleto nunca conversaram com os jovens integrantes a respeito do valor e da responsabilidade que temos pela vida.

Levamos os filhos aos pediatras e psicólogos, providenciamos vacinas contra todos os males, ensinamos sobre caráter e honestidade, oferecemos educação acadêmica, financeira e sexual, damos todo o suporte emocional de que necessitam.

A boa notícia é que todo dia é um ótimo dia para conversar com os filhos, de orientá-los para que possam expressar seus sentimentos e assim, quem sabe, amenizar esse sofrimento imensurável e propor uma nova alternativa à vida, desmistificando a busca por psicólogos e profissionais da saúde? Shakespeare pode nos ajudar a concluir a reflexão.

> *Estas alegrias violentas têm fins violentos. Falecendo no triunfo, como fogo e pólvora que num beijo se consomem.*
>
> (Romeu e Julieta, Ato II, Cena VI)

O autor praticamente colocou no colo da humanidade a genuína explicação sobre o amor. Onde existe alegria violenta, dê-se o nome que quiser, mas o fato é que não se trata de amor. Onde existem fogo e pólvora, no máximo, há paixão ou obsessão sem freios e limites estabelecidos.

O amor não é um carro desgovernado. Ao contrário, é um veículo que almeja a felicidade. Talvez, o que precisamos é aprender a guiá-lo no caminho que melhor se sustente, diante das tempestuosas mudanças da vida. Um destino que seja o resultado de suscetíveis escolhas, no horizonte de uma peculiar necessidade humana, o amor.

Refletindo ainda sobre a frase central da obra shakespeariana, o amor não consome nada. Longe disso, o amor organiza sentimentos em suas numerosas gavetas. Um amparo que possibilita tanto o inusitado como artifício de mascarar o mal-estar existente nas imposições da natureza, quanto a criação de unidade especulativa para o senso de uma realidade acolhedora. Para tanto, as paixões sem limites, alienáveis e geradoras de uma espécie de "cegueira da consciência", travestidas de grandes porções de autodestruição e perda do Eu, são especialistas em deteriorar o espírito de vida, e uma das inevitáveis consequências costuma ser o final trágico, o suicídio, o homicídio.

O grandioso sentimento do amor prevê paz, partilha, saciedade, abundância, equilíbrio, amizade, coerência e tantas outras qualidades que precisaríamos de um livro só para elencá-las. Dentre essas características do amor, não há espaço para nada que destrua sentimentos. E, tampouco, a vida...

Analisando os modos de representação do amor, em suas diferentes formas de mediação, vejamos a expressão paradoxal de um amor não correspondido sob a forma de uma melancolia enlouquecedora, como sendo "a mais discreta das loucuras, fel que sufoca, doçura que preserva" (Shakespeare, 2019, p.23). É digno de observação sobre a singularidade de como Romeu assume a vida em sua manifestação de uma paixão que eleva a vida ao limite por Rosalina, que ainda nem é o seu grande amor no decorrer da história. Neste ínterim, a vida não parece ser o bem maior, onde não há o compromisso tático com a mesma. Algo que talvez nos possibilite perceber traços de autodestruição sob a esmagadora fantasia de alcançar o impossível através do outro, como uma vulnerabilidade diante da negação que consta no olhar alheio.

O amor de Romeu e Julieta é sintomático na medida em que deriva de um conflito entre as famílias Montéquio e Capuleto. O amor dos filhos é o que eles bem souberam rechaçar, por ignorância, pela honra destruidora inspirada por interesses políticos. Como não se casava por amor e sim por conveniência, de alguma forma esse arranjo fortaleceu o fascínio de Romeu por Julieta e vice-versa, dada a relação proibida, que simbolizava um ato de protesto e retaliação às violentas imposições familiares. Uma autonomia que muitos pais, em pleno século XXI, não conseguem conceber: a ideia de um filho ter a própria escolha ou ao menos se posicionar como um ser dotado de desejos. Nesse sentido, talvez, aí esteja uma possível ferramenta para se compreender o final trágico dos dois jovens em situação de desespero, a procura de uma mínima liberdade em seus círculos de existência.

No espaço de reciprocidade que compromete o sentido da vida, ao que parece não há discernimento que diferencie o outro agressor do Eu em constante esmagadora reatividade. Por conseguinte, podemos pensar que a violência manifesta no comportamento dos jovens Romeu e Julieta dá-se no amor como derivação do ódio encrustado nas precedentes relações de antagonismos e inimizades entre as famílias. Assim, se expressa Julieta quando, por intermédio da Ama, conhece Romeu:

> (...) meu único amor, nascido de meu único ódio! Cedo demais o vi, ignorando-lhe o nome, e tarde demais fiquei sabendo quem é. Monstruoso para mim é o nascedouro desse amor, que me faz amar tão odiado inimigo. (p.47).

O final trágico de Romeu e Julieta nos convida a rever nossa organização em sociedade, nosso grau de sensibilidade diante da alma humana em sofrimento, os meios de educação que utilizamos para camuflar o mal-estar cultural, o significado das relações interpessoais na vida cotidiana, o carrasco de imposições morais que compromete o sentido da vida, as injustiças sociais, e até mesmo as absurdas ofertas de felicidade paliativa, como se fosse um produto de mercado, disponível e consumível.

O suicídio é um fenômeno social que assombra dolorosamente, que nos deixa em estado de alerta, inquietação, angústia, medo, raiva e insegurança. Um cruel choque de realidade que pode suscitar em nosso psiquismo reminiscências nada agradáveis e que leva a refletir sobre a própria vulnerabilidade diante das insurgências da vida.

Onde há o reconhecimento transformador da dor e do desespero da pessoa que perde a vida por suicídio, até então alheio, a imanência da morte se torna manifesta e precisa no circuito de nossas percepções subjetivas. No entanto, ao que parece, há quem sempre recorre à insensibilidade, à apatia diante da dor humana, como artifício de se defender daquilo que aparenta aos olhos a tortuosa ameaça, a morte.

Com ou sem reconhecimento, o suicídio continua uma realidade bem próxima de nós, exigindo compreensão, diálogo e prevenção, recursos básicos que evitam tragédias. Em pauta, vidas que gritam, pedem socorro, clamam por algum meio de acabar com o sofrimento existencial, agudo e esmagador.

Afinal, o que esperamos do outro? O que significa o amor diante de demasiadas expressões de ódio, impulsos de ignorância e competitividade? Será que estamos com os sentidos aguçados a ponto de perceber o outro em sua dimensão humana? Será que estamos priorizando a qualidade das relações, de modo que a vida seja o bem maior? Ou será que estamos confundindo escuta qualificada com militarização do discurso psicológico, em seus imperativos de saúde mental?

O suicídio continua um fenômeno enigmático, que desafia e põe em xeque todo o arcabouço teórico, científico e religioso, como se deixasse para a sociedade uma pergunta que, em vez de resposta, só encontra silêncio: até quando verá a sua gente sucumbir ao desespero?

Filme: *Anna Karenina*
Direção: Joe Wright
Roteiro: Tom Stoppard – Liev Tolstói (livro)
Figurino: Jacqueline Durran
Ano de lançamento: 2012
Música: Dario Marianelli
Elenco principal: Keira Knightley, Jude Law, Aaron Taylor-Johnson
Baseado na obra de Liev Tolstói.

A trama e seus efeitos

Uma informação alarmante exige compartilhamento, como o marco zero das abordagens: as tentativas de suicídio entre mulheres ocorrem quatro vezes mais em relação aos homens que tentam. Ainda assim, homens morrem por suicídio três vezes mais do que as mulheres, número que vai mudando aos poucos, pois estudos apontam um crescimento na morte das mulheres por suicídio, o que sugere que as suas tentativas têm se tornado mais incisivas.

Desse modo, para homens e mulheres, que o texto diante de seus olhos sirva para prevenir a morte e preservar a vida, nosso bem maior. Uma frase atribuída à historiadora Laura Méllo diz que "quando as coisas não andam bem em nossa cabeça, significa que não andam bem em lugar algum". É o que poderemos confirmar na história do filme *Anna Karenina*, baseado no impecável romance de Liev Tolstói, escrito na metade do século XIX.

Entre vários personagens, ressaltaremos a trama da vida de Anna como objeto central, para que possamos compreender o desfecho trágico e seus efeitos, tanto naquele tempo, quanto no século XXI. Os contornos da vida social burguesa retratados pelo autor serão a bússola de nossa análise, sob os pontos de vista do amor destrutivo e do comportamento da sociedade diante de quem opta por caminhos incomuns.

Na Rússia da época em que o divórcio seria considerado um escândalo de irreparável nódoa para a reputação, a protagonista Anna enfrentou seu dilema, a escolha entre manter-se fiel e infeliz, ao lado do marido frio e austero, ou viver uma aventura de arriscadas consequências, ao lado de um amante por quem nutria crescente e incontrolável atração.

A despeito desse tipo de roteiro, que já foi explorado por muitos autores nos últimos séculos, Tolstói se concentra na insatisfação e nas frustrações da mulher burguesa casada, sendo que o divórcio, embora permitido pelas leis russas, se mostrava a última das opções.

> *Se a "questão feminina" é tão absurda é porque a arrogância masculina fez dela uma "querela" e quando as pessoas querelam, não raciocinam bem.*
> (Beauvoir, 1970, p.21)

A ascensão da burguesia urbana emerge no contexto europeu, cenário em que se passa o romance *Anna Karenina*, o que sugere compreender o cenário social, as mudanças culturais e o lugar da mulher na Rússia daqueles dias.

No fim do século XIX, a função da mulher era exercer o ofício de ser mãe e cuidadora do lar. De maneira pormenorizada e descritível, o romance ressalta as vicissitudes da vida cotidiana burguesa em torno da insatisfação matrimonial, da hipocrisia das famílias no que diz respeito ao mundo de aparências e seu detectável fundo de realidade e, até, de similaridade com os novos tempos, em diversos lugares do mundo onde se observa resistência evolutiva.

A Rússia em que Anna viveu alimentava a velha moral firmada e estereotipada de que a estabilidade familiar garantia a "boa imagem", e a expectativa era de que a mulher cumprisse o seu papel maternal e matrimonial, evitando movimentos emancipatórios ou reivindicações que se mostrassem ameaçadoras para a reputação da família.

Foi nesse contexto de vida que Anna descobriu aquele que seria o seu grande amor e por quem decidiria, inadvertidamente, dar cabo da própria vida.

Que Tolstói procurou dar ares de castigo para a sua personagem infiel, mostrando à sociedade que as relações extraconjugais não acabavam bem, nem mesmo o mais inocente crítico de literatura poderia descartar.

Ainda levaria tempo para que a Rússia dos dias de guerra e o restante do mundo enxergassem os direitos de escolha pluralizada da mulher: a quem amar, onde morar, com o que e quem trabalhar, aonde ir ou vir quando bem lhe aprouvesse e assim por diante. Não se pretende, contudo, justificar ou minimizar o resultado das escolhas de Anna. Pelo contrário, o objetivo do texto é mostrar que as paixões arrebatadoras podem ter resultados trágicos.

Anna Karenina foi uma mulher elegante, sedutora, inteligente e flexível. Apreciava ler romances em horas vagas e tinha uma visão de mundo diferente. Seu drama começa no baile, a partir do encontro marcante e constrangedor com o conde Alexei Vronski.

Ambos dançam sensualmente no baile, numa sintonia que atrai olhares. Confusa, Anna decide partir no dia seguinte, tanto por já ter ajudado o irmão Oblonski a se reconciliar com a esposa Dolly, quanto por acreditar que a dança com o conde Alexei Vronski teria magoado profundamente a princesa Kitty.

Ao retornar a São Petersburgo, capital do império russo, Anna questiona as razões pelas quais está ao lado do marido, enquanto o seu verdadeiro amor estava distante dali. É digno de nota observar que a percepção de Anna dos objetos, a névoa, a paisagem, a cidade, o comportamento das pessoas e a presença (para ela) enfadonha do marido, Alexei Alexandrovitch, se torna cada vez mais clara e consciente, à medida que se aproxima do seu objeto de desejo, o conde Vronski.

Cansada de se curvar às conveniências políticas, religiosas e filosóficas da profissão do marido, Anna transmuta-se em uma pessoa intolerante e inquieta. Até mesmo sua percepção em relação ao filho Seriocha, de oito anos, muda.

Em partes, sua percepção da realidade se distancia, o espaço familiar se torna entediante e, agora, o seu olhar alcança novas considerações. A realidade de Anna amplia-se para além dos horizontes enferrujados da sua vida monótona e submissa, vivendo numa sociedade que considerava marcada por hipocrisia, aparências, conveniências e intrigas.

Apesar da tentadora atração, Anna procura ao máximo esquecer a proposta apeladora de Vronski e, em vão, tenta minimizar a sensação estranha que a fazia dissimular diante da presença exaustiva do marido.

Em um ato de reprimir ou entender o que a instigava assombrosamente, em alguns momentos Anna ousa se convencer dos defeitos em relação ao caráter do marido. Mas, apesar do seu desagrado, nada encontrava que pudesse comprovadamente macular o comportamento do marido ou justificar sua atração por outro homem.

Ainda assim, algo da natureza feminina de Anna a fazia intuir sobre as verdadeiras intenções coniventes e intimidadoras do marido Alexei Alexandrovitch, sensação que não conseguia esconder, talvez por constatar os traços de hipocrisia no comportamento das pessoas que se preocupavam, a todo custo, com a "boa" aparência na vida pública e nesse caso, o seu marido se encaixava bem.

O fracasso de Anna em escamotear seus sentimentos na imanência do desejo exprimia-se nas manifestações do corpo, na ambivalência dos seus olhares e sorrisos, no tremor e clamor dos lábios que exigiam o amante.

O comportamento inusitado do conde Vronski, em demasiada súplica e esperança de um mínimo consentimento amoroso de Anna, não era sem precedentes. Vronski flertou com Anna por enxergar a reciprocidade. No fundo, sabia que perseguia uma mulher casada, estava ciente dos riscos. Sua ousadia extrapolava os limiares coniventes das vidas matrimoniais em decadência, e contrastava o temperamento pragmático de Alexei Alexandrovitch.

O casamento por amor, vale dizer, soava completamente ridículo, fantasioso e antiquado, sem a mínima chance de felicidade no cenário da vida individualizada burguesa.

Anna, então, passa a se incomodar com a palavra "amor" pronunciada constantemente por Vronski, em uma reunião na casa da amiga Betsy. No entanto, o conde, russo obstinado, profere o seu discurso amoroso, alimentando aquilo que, no fundo, o coração de Anna desejava ouvir.

A hesitação de Anna não é injustificável e se ampara nas implicações indesejáveis que esse amor a colocaria. Anna reconhece a dificuldade de assumir a responsabilidade por uma relação perigosa e ameaçadora, situação que poderia trazer para a sua vida uma fugaz felicidade ou uma tragédia sem precedentes, não necessariamente na mesma ordem.

Não parece convincente pensar apenas na materialização das incontáveis forças do acaso, ou na expressão de uma suposta vontade divina.

Havia mesmo uma espécie de personificação do desejo de Anna, em sua esmagadora complexidade de viver um conflito existencial imanente. Seu futuro não dependeria só de uma escolha difícil e necessária, mas das consequências dessa escolha.

Enquanto isso, Alexei Alexandrovitch maturava com seus botões o que se passara com Anna e Vronski de tão singular que o comportamento das pessoas denunciara, na casa de Betsy. Após horas a fio, pensando em uma resolução sobre o assombroso presságio, inquieto e intrigado, o marido sentia-se incapaz até de trabalhar ou escrever o seu projeto de lei, algo que julgava importante.

Alexandrovitch tem a ideia de formular um discurso que serviria como instrumento de chantagem para persuadir Anna, em possível caso de envolvimento com Vronski: a opinião pública, a religião, o seu querido filho e os males que a própria Anna sofreria.

Quando Anna chega em casa, tarde da noite, Alexei se põe a conversar com a esposa, abrindo um tipo de inquérito matrimonial. Por sua vez, Anna diz não saber do que se tratava, e logo propõe deixar o assunto para o outro dia, alegando cansaço e sono. "Anna dizia o que lhe vinha à cabeça, surpreendida consigo própria da facilidade com que mentia. Que naturalidade nas suas palavras? Quão real parecia aquela vontade de dormir?" (p.147-148).

Inesperadamente e, ao que parece movida pelo arrebatamento que a sua consciência não saberia dominar, e até surpresa pela fluidez dos seus gestos, Anna assume o incansável amor por Vronski, que se exprime no dissimulado e transverso olhar, diante da conversa entediante do marido àquelas horas da noite.

No decorrer do romance, em meio à confusão de pensamentos e indecisões, medo e desconfiança, Anna sonhava que Alexei Alexandrovitch e Vronski eram seus maridos, tal qual o extrato da relação de compromisso, mero sonho a manifestar o desejo que, em vigília, não poderia realizar.

Ter ambos em seu círculo de convivência parecia à protagonista a melhor solução para livrar-se da perturbação de que padecia a sua alma. Um marido para apresentar e preservar aparências, um amante para fazer frente aos desejos mais inconfessáveis.

O conciliar dos dois homens em sua vida, pensava Anna durante o seu nítido tormento psicológico, lhe privaria do peso da escolha. Mas, a posição de não escolher nada vai fomentando um perigo iminente e crescente, cada vez aumentando mais as chances de um final trágico para Anna Karenina e seu amante.

O amor traumático

Anna sabe do risco e das consequências da traição, está ciente de que age de modo temerário, sabe que o marido não toleraria. No entanto, tomada por uma demanda incontrolável de sentimento, Anna não consegue mais frear o seu desejo pelo conde e a relação proibida se consuma. Pela primeira vez na vida, Anna sente que fez amor, o que a deixa ainda mais confusa.

Numa análise que poderia encontrar os planos psíquico e metafórico, Anna se vê traumatizada pelo impacto da paixão fulminante, na medida em que não encontra uma pedra para se apoiar contra as ondas de paixão, que a jogavam para lá e para cá, tal qual barco à deriva.

Anna se vê numa situação de ambivalência entre algo que proporciona dor e prazer ao mesmo tempo. Nesse contexto, até tenta conciliar uma relação amorosa com o marido e o amante. Evidentemente, a tentativa falha.

Aos poucos, Anna dá mostras de não suportar o peso da moral autodestrutiva, como se a consciência gerasse um peso destruidor. Sobre o próprio dorso, agora Anna carrega a pesada bigorna de não se encaixar numa vida de mentiras, numa casa chamada de "sua" que parecia estranha, e numa sociedade que nunca aceitaria seu amor.

O agravamento dessa percepção acaba em tragédia. A tentativa de livrar-se da angústia devastadora de não se ver no olhar do marido, nem das outras pessoas, gera o efeito da queda da fantasia do amor perfeito.

De maneira geral, nos atentemos à insatisfação das relações conjugais naquele momento histórico marcante, regido pelo poder moral dos costumes sociais, da religião da época, dos casamentos arranjados, das conveniências aristocráticas. Nesse sentido, o romance, em contrapartida, coloca em xeque os ideais de uma família burguesa.

À medida que a personagem coloca seu casamento em jogo para investir na relação com o amante, o peso moral é forte de tal maneira que Anna perde a dimensão do conflito entre o certo e o errado, a razão e a emoção, a maternidade e a família, as amizades e as maledicências, o próprio desejo e o desejo do outro.

Precisamente, o romance mostra que depois da separação, Vronski ainda consegue uma posição considerável no meio social a que pertence. No outro prato da balança, diante da trama de um envolvimento amoroso proibido, em contraposição às homogeneidades da vida familiar, as consequências são esmagadoras para as perspectivas emocional e social de Anna. Ou seja, estamos mencionando um tempo em que o homem envolvido em uma traição se requalificava a partir do acolhimento da sociedade, mas a mulher traía e a mesma sociedade lhe dava as costas.

Na cena em que Anna vai ao teatro, onde dançava sempre com as amigas, e todos disparam o tirano olhar de rejeição e repulsa, se evidencia como era a vida social daquele período. Anna até demonstra surpresa diante da reação de uma amiga, que diz: "eu gostaria de ter a coragem que você tem", num processo de identificação com aquela que, até então, era insurgente aos olhos de outros.

A partir de tais considerações, o romance está repleto de insatisfações entre as famílias de uma sociedade formada por gente que faz de tudo para mascarar desejos, feitos e opiniões. Disso, deriva o ressentimento das amigas por Anna, que tentam desqualificar sua imagem, ora pela reprodução do discurso moral já inscrito no interior da vida psíquica, ora pela dificuldade e resistência de reconhecer a coragem da outra, por se aventurar no investimento de um amor proibido.

Na procura por tirar Anna do campo de visibilidade, há uma análise a ser feita que não passou em branco pelo olhar de Tolstói. Estar em contato com essa mulher "adúltera" possibilitava a identificação de traços que remetiam ao reconhecimento do próprio desejo, até então alheio, oculto nos recônditos do inconsciente. Nesse sentido, Anna se apresenta como a personificação do desejo impuro, da volúpia, do imundo que ameaça e coloca em xeque os valores e condutas da família tradicional burguesa, mas de um mundo que causava, em contraponto, inconfessável curiosidade nas senhoras burguesas, cujo imaginário ficava livre para pensar numa pergunta, decerto, insistente:

Como será ter um amante?

A dúvida observada nos comportamentos de Anna revelam o caráter traumático e conflitivo no que diz respeito ao excesso de sofrimento, que pulsa rumo à autodestruição, uma espécie de efeito consequencial do pico de vontade da potência, bem como do pico reativo que produz, no cerne da vida de Anna, o desmoronamento de todo aquele amor ilusório e fantasmagórico, de natureza obsessiva e destrutiva, no plano a dois e, sobretudo, do ponto de vista íntimo.

A escolha resulta numa ação catastrófica, a morte de Anna. Seria justo afirmar que foi consequência da escolha errada do objeto amoroso, cega, pela traição em prol do investimento no amor obsessivo, avassalador e dilacerante?

Tenhamos calma, pois ainda há argumentos...

Há algo de peculiar que possibilita a compreensão dos efeitos da negação em olhar para o outro, das agressões e acusações. Sim, pois uma vez que Anna se divorciasse de Alexei Alexandrovitch, não teria mais o direito de se casar, portanto, sem o direito *"integral"* à existência, seria condenada a viver uma vida *"desnatada"*, marcada pelo estigma de pária, na rigidez da sociedade patriarcal em que deixava de ser bem-vinda.

A grande questão é que a instância repressora e punitiva está em Anna antes mesmo do ato de trair, o que talvez possa explicar a postura paranoica, quando Anna começa a pensar que o marido tem outra, que não a deseja e não a ama.

Em meio ao desespero do que seria da sua vida, em dúvida sobre o amor de Vronski, sob as acusações de mulher perversa pela sociedade, com medo de perder seu filho, Anna vê o retrato de sua existência passear pelas palavras:

> Tem razão! Tem razão!", falou Anna. Claro, ele sempre tem razão, é cristão, generoso! Sim, que homem torpe, ignóbil! E ninguém além de mim entende isso, nem jamais entenderá; e eu não consigo explicar. Eles dizem: um homem religioso, virtuoso, honesto, inteligente; mas não veem o que eu vi. Não sabem como ele sufocou minha alma durante oito anos, sufocou tudo o que em mim havia de vivo, não sabem que ele nem por uma vez pensou em mim como uma mulher viva, que precisa amar. Não sabem como ele, a cada passo, me ofendia e sentia-se satisfeito consigo mesmo. Acaso não tentei, e tentei com todas as forças, encontrar uma justificação para a minha vida? Acaso não me esforcei para amá-lo, para amar meu filho, quando já não era possível amar o marido? Mas o tempo passou e compreendi que não posso mais me enganar, que sou uma pessoa viva, que não sou culpada, que Deus me fez assim, com necessidade de amar e de viver. E agora? Se ele me matasse, se ele se matasse, eu suportaria tudo, eu perdoaria tudo, mas não, ele...

Diferentemente de seu posicionamento anterior, em que se colocava na condição de não escolher, do desmedido sonho de ter os dois homens em sua vida, Anna agora assume as consequências em um ato de desespero, dor, angústia, raiva e frustração, em que se arrisca sem lamentar não ter cumprido o "dever" de se importar com a opinião pública.

O suicídio: um ato de violência que afeta a todos

O que se perdeu na esfera psíquica de Anna não foi passível de substituição. O novo grande amor não deu conta de oferecer o bem-estar, o prazer absoluto. Quando percebe isso, o resultado é uma angústia sem fim que acomete e compromete o sentido da vida. Mas, antes de qualquer coisa, é de consenso da literatura psicanalítica e filosófica de que desejo demanda desejo. Ou seja, Vronski não daria conta de ser o homem adequado para Anna, que morre tentando se livrar da dor de uma vida arrefecida e de um desejo insaciável, posto que vivia a infelicidade de um lado e de outro, com um e com o outro, sendo que o marido não a felicitava, e o amante não a completava.

> O homem suporta a vida pela possibilidade que dispõe de matar-se. A morte é o que torna a vida possível. A vida é real e a morte simbólica, e se o real é o impossível, viver é o exercício da impossibilidade. E o suicídio é uma escolha capaz de dar um significado à vida quando ela chega ao limite da impossibilidade. (Carvalho, 2014, p. 145).

Após esse sobrevoo pelo trabalho de Tolstói, de volta ao século XXI, resta lidar com a grande questão sobre o campo obscuro e carregado de determinações que orbitam o tema do suicídio. Faz-se necessário perguntar sobre o desejo do sagrado feminino, a fim de ouvir a mulher em sua dimensão e constituição como ser social, com o objetivo de compreender a mulher moderna, não mais destinada a ser mãe e cuidadora do lar.

De tudo o que Tolstói apresenta e nos faz pensar, destaque para a insatisfação da mulher, que naqueles dias e ainda na contemporaneidade de alguns países, vive como objeto de desejo do outro. Anna Karenina é a manifestação mais crua, um retrato genuíno da hipocrisia de algumas sociedades que silenciam o desejo feminino a todo custo, em favor de castas historicamente blindadas. O desfecho trágico de Anna, todos sabem, é o fim da maneira mais indesejada, a morte por suicídio.

O peso da escolha, bem como o peso de hesitar por "alguma escolha" enquanto possível, foram demais para Anna, que não suportou. Em suas últimas palavras, clamou pelo perdão divinal, mostrando que a culpa suplantara o suposto amor pelo conde.

Note-se que ao optar pela viagem em que decidiria morrer, Anna nem sabia ao certo aonde ou porque ia. Viajava para fora, sem saber aonde ir por dentro. Externava a dor se movimentando a algum lugar, perdida no labirinto do Eu. Prova disso, são as perguntas que ela faz para si, antes da última trágica decisão que adota.

Onde estou?

O que estou fazendo?

Outra vez de volta aos tempos de hoje, constatada a existência de castas e atrasos aqui ou acolá, nos debrucemos sobre as escolhas pessoais. Por mais que venhamos a criticar sociedades desta e de outra época, cabe validar uma informação que precisa fazer parte da vida.

A despeito de quais problemas internos e das tantas demandas externas que se enfrenta, a vida deve ter prioridade, posto que não é razoável aceitar ou culpar pessoas ou sociedades por uma decisão de desespero humano.

> Biologicamente, a morte é irreversível, mas a morte autoprovocada não o é, o que me fez refletir sobre quantas pessoas sentem-se aniquiladas no luto infindo daqueles que se foram de maneira proposital por estarem em sofrimento imensurável. (Lourenço, 2019, p.321).

É a mensagem que desejamos ver clarificada a todos. O amor quando destrutivo não pode tudo e, em nome do amor, o máximo que devemos procurar é a vida, pois quem ama valoriza a existência. Logo, as ideias de Shakespeare e de Tolstói, respectivamente com os personagens de Romeu e Julieta e de Anna Karenina, podem e devem ser vistas como críticas dos dois autores, em vez de interpretadas como belos ou heroicos atos de amor. Afinal, não há amor onde existe morte por suicídio. O que existe é a incompreensão a respeito de amar e ser amado, comumente confundida com sentimentos que afloram tanto quanto o amor, porém de natureza explosiva; a exemplo da paixão, do desejo, da obsessão e da atração.

Alguns críticos insistem que a história de Anna Karenina é uma representação teatral destoante e equivocada da realidade presente, como se esse tipo de situação só fosse possível na Rússia de outro século. Ledo engano; machismo e sociedades patriarcais continuam a existir. Entretanto, mais importante do que procurar agentes causadores ou circunstâncias encorajadoras da morte por suicídio, é criarmos soluções e prevenções, conversando com aqueles que sofrem, escutando e partilhando, no lugar de julgar, condenar ou ignorar a dor que pode consumir a pessoa de dentro para fora, sem que ninguém perceba. Não raro, é uma dor silenciosa que, quando irrompe, pode ser tarde demais.

Ainda sobre a sociedade em que vivemos, chegou a hora de praticar o respeito pelas escolhas alheias que são diferentes da maioria. Por exemplo, mulheres fazem um acordo, deixam os filhos com os pais e pagam pensão, para que possam focar na carreira. É um acordo entre esses integrantes e, em tese, não caberia a ninguém o julgamento de estar certo ou errado. Mas sem praticar o respeito que todos devemos ter sobre as decisões de nossos semelhantes, embora seja uma escolha compreensível, a mulher que age assim é muitas vezes considerada negligente e omissa por muitos. Essa pressão por fazer tudo como todos desejam nem sempre é aceita. Por isso, se não temos responsabilidade pela decisão dessa ou daquela pessoa, temos total obrigação de respeitar a vida e as escolhas dos outros, por mais inusitadas que pareçam.

Apenas o respeito pelo que foge do senso comum já se mostra algo socialmente positivo, explicável pelo uso do dito popular "se não pode ajudar, não atrapalhe".

Semelhante contemplação pode ser usada para **compreender** – leia-se bem a palavra em negrito, pois não se trata de aceitar ou não – o adultério. Há casos registrados em que a pessoa morre por suicídio e deixa uma mensagem, alegando dificuldade de lidar com a opinião alheia. Nesse sentido, se compreendemos o adultério masculino, com a frase típica "homem é assim mesmo", o que nos impediria de compreender o feminino? O meio artístico é um significativo exemplo. Se corre o boato de que uma atriz ou cantora famosa traiu o namorado, ela é hostilizada nas redes sociais, com palavras nada gentis. Em qualquer gênero, a traição terá os seus efeitos, mas é um assunto que pertence somente aos envolvidos; a quem traiu e foi traído. Além disso, o perdão ou não, a separação ou não, tudo o que envolve a relação e a traição cabe aos dois. Nada é mais tóxico do que formar julgamentos públicos a respeito da vida alheia, pois há de agravar a dor que os envolvidos já estão sentindo numa medida que pode ser letal.

Em suma, enquanto sociedade organizada, culta e flexível, quanto mais neutros e menos julgadores da vida alheia nos mostrarmos, menor será a quantidade de pessoas que se deprimem, se anulam e, na pior das hipóteses, que morrem por suicídio.

A protagonista de Tolstói legou ao mundo duas mensagens de alta relevância.

1. A relevante discussão que permite reduzir os casos de suicídio.
2. Os relacionamentos aprisionados por conveniência, obediência religiosa ou aparências.

No item 1, pelas lentes do cinema e pelas volumosas páginas do livro, Anna Karenina mostrou ao mundo que é preciso fazer uma escolha, por mais dolorosas que se mostrem as consequências, pois não há dor maior do que aquela resultante da infeliz decisão que Anna assume.

No item 2, Tolstói abre o diálogo para que as sociedades de todo o mundo se proponham a flexibilizar o papel dos relacionamentos. Iniciativas assim permitiram que as pessoas do século XXI se recusem a aceitar alguns costumes do passado, em que o homem tratava a mulher como um objeto de posse, enquanto a sociedade fazia vista grossa, conferindo notas de normalidade para situações embaraçosas e opressoras.

Tudo isso vencido ou em fase de superação, resta a cada um de nós a compreensão e o respeito em relação as dores e aos anseios do outro, em um cenário promissor que nos permita praticar a empatia, tanto quanto desejamos encontrá-la, assim que precisamos.

Por fim, confira-se a força de um pensamento recorrente nos estudos e pesquisas a respeito do suicídio e suas amplas fronteiras, de autoria desconhecida, porém deveras assertivo: "o desejo real de quem morre por suicídio não é tirar a vida, mas tirar a dor".

Quem haveria de duvidar ou afirmar o contrário disso? Ou, quiçá, a pergunta mais oportuna seja outra.

Que tal oferecer coração aberto e ouvidos atenciosos àqueles que ama, em vez de ignorar a dor alheia, alegando que é frescura, melindre ou excesso de sentimentalismo?

Aos autores Shakespeare e Tolstói, nos resta exprimir a gratidão pela oportunidade de reflexão, facilitada por suas obras...

Referências

ANGERAMI, V. A. **Suicídio e suas interfaces**: O ardiloso emaranhado da autodestruição. Belo Horizonte: Editora Artesã, 2019.

ANGERAMI, V. A. **Suicídio: uma alternativa à vida**. Fragmentos de psicoterapia. Belo Horizonte: Editora Artesã, 2017.

BEAUVOIR, Simone. **O segundo sexo**: fatos e mitos. São Paulo: Difusão Europeia do Livro, 1970.

CARVALHO, S. **A morte pode esperar?** Clínica psicanalítica do suicídio. Salvador: Associação Campo Psicanalítico, 2014.

CVV centro de valorização da vida. Disponível em: https://www.cvv.org.br/. Acesso em: 01 jul. 2021.

DIANA, D. Romeu e Julieta. **Toda Máteria**, 02 jul. 2016. Disponível em: https://www.todamateria.com.br/romeu-e-julieta/. Acesso em: 01 jul. 2021.

HERNANDES, D. Setembro Amarelo: como um Ford Mustang 1967 inspirou a prevenção ao suicídio. **FlatOut**, 05 set. 2019. Disponível em: https://flatout.com.br/setembro-amarelo-como-um-ford-mustang-1967-inspirou-a-prevencao-ao-suicidio/. Acesso em: 01 jul. 2021.

KLUBER-ROSS, E. **A roda da vida**. Rio de Janeiro: Sextante, 2017, p. 9.

KNOBEL, M. A Síndrome da adolescência normal. *In*: ABERASTURY, A; KNOBEL, M. **Adolescência normal**. Trad. de Suzana Maria Garagoray Ballve. Porto Alegre: Artes Médicas, 1981, p. 13-62.

LOURENÇO, I. A. O sofrimento silencioso por trás do altar. Suicídio – prevenção – posvenção dos líderes religiosos: cuidando do cuidador. *In*: ANGERAMI, V. A. **Suicídio e suas interfaces**: O ardiloso emaranhado da autodestruição. Belo Horizonte: Editora Artesã, 2019, p.321.

SHAKESPEARE, William. **Romeu e Julieta**. Porto Alegre: L&PM POCKET, 2019.

SILVA, C. A. Razão e sensibilidade em Romeu e Julieta. **Bula Revista**, 01 jun. 2020. Disponível em: https://www.revistabula.com/6584-razao-e-sensibilidade-em-romeu-e-julieta/. Acesso em: 01 jul. 2021.

SUICÍDIO adolescência. **Docero**, 09 maio 2019. Disponível em: https://docero.com.br/doc/-c0envn#c0envn. Acesso em: 01 jul. 2021.

SUICÍDIO Folha informativa. **OPAS/OMS**. Disponível em: https://www.paho.org/pt/topicos/suicidio. Acesso em: 01 jul. 2021.

TOLSTÓI, Liev. **Anna Kariênina**. Tradução e apresentação: Rubens Figueiredo. São Paulo: Cosac Naify, 2013.

VIEIRA, L. J. E. S. et al. "Amor não correspondido": discursos de adolescentes que tentaram suicídio. **SciELO**, 30 out. 2008. Disponível em: https://www.scielosp.org/article/csc/2009.v14n5/1825-1834/. Acesso em: 01 jul. 2021.

VIVA bem. Disponível em: https://www.espacoterapeuticovivabem.com.br/. Acesso em: 01 jul. 2021.

ENTRE AS RAZÕES, OS PORQUÊS E A PREVENÇÃO DO SUICÍDIO EM MULHERES JOVENS

O que a série pode nos dizer?

10

Andrea dos Santos Nascimento
Vanessa Valentim Zamborlini

> *Só há um problema filosófico verdadeiramente sério: é o suicídio. Julgar se a vida merece ou não ser vivida, é responder a uma questão fundamental de filosofia.*
> (ALBERT CAMUS)

Apresentando alguns dados

O suicídio se apresenta em todo o mundo como um fenômeno multifacetado e de múltiplas determinações, que pode afetar indivíduos de diferentes raças, classes sociais, idades, orientações sexuais e identidades de gênero, já pensado por Durkheim (1982) como um fenômeno complexo e social. Para Meneghel et al. (2004) é possível discorrer sobre vários determinantes que mudam de acordo com o grupo ou classe social, cultura e momento histórico. Os elevados índices de suicídio, de tentativas e de ideação suicida têm promovido uma série de inserções do tema na agenda pública (tal como podemos observar no Brasil o Setembro Amarelo), caracterizando esse problema como de suma importância para a saúde pública.

De acordo com dados da World Health Organization (2002), as mortes por suicídio aumentaram 60% nos últimos 45 anos, sendo a 13ª causa mundial de mortalidade, de acordo com Brzozowski et al. (2010).

Para Bertolote (2012) o Brasil está entre os 12 países do mundo "onde há mais mortes por suicídio: 9.206 óbitos apenas no ano de 2008, segundo o SIM" (p. 59). Estima-se ainda que, estatisticamente, os números de suicídio estão bem abaixo do real, permanecendo os casos subnotificados, seja por desconhecimento dos serviços de saúde ou por não ser diagnosticado corretamente. O desconhecimento e o estigma ainda permanecem em torno da temática. É preciso compreender que pensar na própria morte não configura ideação suicida, mas um processo natural, parte do desenvolvimento humano.

Porém elaborar um, ou vários planos, para a concretização da morte, já se trata de outra situação. Botega et al. (2009) realizaram um estudo no Brasil e demonstraram a prevalência de 17,1% ocorrências para ideação; 4,8% para plano suicida e 2,8% para tentativas de suicídio no curso da vida dos seus entrevistados. De acordo com a Organização Mundial da Saúde (2014) estima-se que para cada suicídio consumado, ocorreram ao menos 20 tentativas. Os determinantes para o ato são multivariados e podem ir das causas psicológicas, desigualdade de gênero, desigualdade social, doenças graves, perda, luto, chegando à percepção de que a morte é uma alternativa para cessar, interromper ou evitar a dor.

Trazendo a categoria gênero para o centro desse debate, Beautrais (2006), Bebbington et al. (2009) afirmam que entre os fatores de risco para o suicídio feminino, na juventude e na vida adulta, estão a baixa escolaridade, poucas oportunidades de trabalho e dependência econômica do cônjuge ou da família extensa. Beautrais (2006) também inclui casamento precoce, gravidez indesejada, ausência de autonomia sexual e reprodutiva, violência e assédio sexual, entre outros.

Em 2019, o Ministério da Saúde divulgou dados sobre tentativas e óbitos por suicídio no Brasil. As mulheres representaram quase 70% (153.745) do total de tentativas de suicídio por intoxicações exógenas de 2008 a 2019. Os medicamentos correspondem a 74,6% das tentativas entre as mulheres, resultando em 1,7% de óbitos.

Tendo apresentado o problema, abordaremos então a primeira temporada da série *13 Reasons Why*. Quando lançada em março de 2017, houve muitos questionamentos se era interessante assistir a série e, ao mesmo tempo, se era propício indicá-la aos clientes, adolescentes ou não. Nesse sentido, muitos profissionais foram provocados, sejam professores, pesquisadores ou psicoterapeutas a assisti-la, em busca de responder de qual forma era possível aproveitá-la.

Para começar, é preciso apresentar a sinopse. A série *13 Reasons Why* foi produzida pela July Moon Productions, Kicked to the Curb Productions, Anonymous Content e Paramount Television e adaptada por Brian Yorkey para a Netflix, baseada no livro *Thirteen Reasons Why,* lançado em 2007, de autoria de Jay Asher. A primeira temporada contou com 13 episódios que procuraram desenvolver a história de como uma estudante secundarista, Hannah Baker, foi levada ao suicídio. Para isso, a estudante gravou em algumas fitas cassete a descrição de como todas as decepções e frustrações com amigos e colegas da escola impactaram negativamente em sua trajetória. Em todos episódios em seu início está escrito "*For help finding crisis resources, visit* 13reasonswhy.info", ou seja, "Para obter ajuda e recursos para crises, visite 13reasonswhy.info". Uma tentativa de alertar sobre os possíveis gatilhos contidos nas cenas.

O relato de Hannah é cativante. Há sofrimento, mas também há espirituosidade, diversão e inteligência. Ela não parece uma garota monótona, totalmente passiva ou portadora de algum transtorno mental, mas, sim, uma adolescente comum, com conflitos comuns de jovens estadunidenses, brancos e de classe média. A personagem está morta, mas o seu relato é apresentado de forma tão envolvente que, a qualquer momento, temos a sensação de que Hannah irá aparecer e desfazer tudo o que foi dito até ali. Em 2018 foi lançada a segunda temporada, que não é foco de análise desse texto.

A primeira temporada recebeu críticas positivas e negativas de especialistas de várias áreas do conhecimento. Pediatras, psicólogos e psiquiatras discutiam de formas diversas a iniciativa da Netflix de levar para televisão a temática do suicídio, principalmente se tratando da realidade escolar de jovens secundaristas.

De todo modo, a série *13 Reasons Why* abordou questões sobre família, adolescência, sexualidade, *bullying,* machismo, e a escola foi apresentada como um ambiente mais denso. Algumas críticas apontaram como uma série "perigosa", uma vez que não aderiu às recomendações da Organização Mundial da Saúde (2014) sobre como deve ser tratado o suicídio, inclusive sendo acusada de ter romantizado o suicídio entre jovens e adolescentes.

A partir de agora, apresentaremos episódio a episódio. A proposta é ir além do descrever cenas, mas compreendê-las, conversando com elas, focando mais no passado que no presente (pós-suicídio de Hannah). Para quem não viu a série, esse texto poderá parecer confuso devido à trama, um diálogo entre passado e presente, bem como a quantidade de personagens envolvidas. Cabe destacar que esse foi o nosso recorte, muitos outros são possíveis.

Os episódios

O primeiro episódio apresenta os atores principais explicando superficialmente o tema e pedindo às pessoas que, caso sintam algo parecido, procurem uma ajuda profissional. Trata-se da primeira fita, lado A. A história começa com Hannah gravando as fitas, presente e passado se confundem em todos os episódios. Clay Jensen, um estudante, amigo de Hannah, ao chegar em casa encontra um caixa com sete fitas cassete com gravações dos dois lados feitas por Hannah, que já havia se suicidado há duas semanas. Cada fita é tratada por Hannah como se fosse um diário pessoal, detalhando todos os motivos que a levaram ao suicídio, e cada fita é sobre um jovem da escola. Na caixa existem instruções sobre o que fazer, como ouvi-las e, pelo que entendemos, Clay é uma das últimas pessoas a receber a caixa. Cada pessoa que recebeu a caixa anteriormente é "um dos motivos" pelos quais ela se matou.

A instrução é que depois que cada pessoa termina de escutar todas as fitas, deve passar a caixa para a próxima pessoa. Caso algum deles decida se desfazer das fitas, uma outra caixa será vazada para o público, de forma a expor todas as pessoas, dando a entender que existe uma pessoa de confiança de Hannah que sabe de todo o conteúdo e que não está nos relatos dela. Nesse episódio é apresentado o primeiro momento no qual Hannah tem sua intimidade exposta nos grupos de WhatsApp de sua turma, por Justin – seu primeiro beijo.

Uma parte importante é a cena no presente (pós-suicídio) onde é mostrado que não havia nada pessoal no armário escolar de Hannah. Nenhuma foto, nenhum livro, nenhuma anotação, e isso denota uma preparação de Hannah para a morte, ao se desfazer de suas coisas.

O segundo episódio (*Fita 01 – Lado B*) é sobre Jessica (Jess). Hannah é uma adolescente bonita e isolada, sem amigos e que faz amizade com Jessica e Alex, também novos na escola. Nesse episódio ocorre uma briga importante entre elas, um desentendimento por causa de uma lista que o Alex, nesse momento namorado de Jess, discorre sobre os melhores e piores peitos e bundas do colégio e que acaba por colocar uma contra a outra.

No terceiro episódio (*Fita 02 – Lado A*) temos acesso ao personagem Alex, o responsável pela lista; as garotas mais atraentes e menos atraentes são descritas por seus atributos físicos. Chama a atenção o fato de Clay não conseguir compreender a indignação de Hannah, mesmo sendo seu melhor amigo. Ao ser assediada (um aluno passa a mão na sua bunda) Hannah se esquiva, não pede ajuda e fica sufocada, aparentando desconforto. O elogio a beleza de Hannah parece autorizar todo tipo de assédio por parte dos homens, como vamos percebendo ao longo de todos os episódios. Esse episódio também traz um detalhe muito importante quando a mãe de Hannah, no presente, entra no banheiro feminino: as portas possuem diversos xingamentos compostos por palavras sexistas, machistas e de cunho negativo que ferem, machucam e matam. Hannah, nesse episódio, ainda demonstra interesse pela vida e pelo futuro. Ao conversar com Clay, fala sobre ir para a faculdade.

O quarto episódio (*Fita 02 – Lado B*) é sobre a personagem Tyler. O espectador sente de algum modo, a essa altura, que Hannah passou pelo mesmo assédio moral e sexual que a maioria das adolescentes passam todos os dias nos colégios, principalmente no que tange a exposição e invasão de privacidade. Tyler, ao afirmar que é o fotógrafo da escola, se esconde na função de jornalista, mas caminha pela trilha da fofoca e da exposição de terceiros. Somos atravessados por pensamentos sobre o que a tecnologia está produzindo em nós e em nossos jovens. Olivia, mãe de Hannah, mostra aos pais e mães da comunidade escolar como estão pichados os banheiros femininos, por seus filhos e filhas. Outro questionamento que nos atravessa, enquanto mães, pais, responsáveis é: O que nossos filhos são capazes de fazer quando não estamos olhando? Isso é uma parte importante da ética, do viver em comunidade.

É agonizante ouvir do diretor da escola que os grafites são "só palavras", como se fossem descoladas das narrativas sociais interacionais cotidianas. Essa fita mostra a relação distante de Hannah com o seu próprio pai. Outro fato que chama atenção nesse episódio é como após o cometimento do suicídio, a comunidade deixa de consumir os produtos vendidos pelo comércio da família de Hannah, afastando-os do convívio social.

Um outro destaque está relacionado à orientação sexual, exposição e medo. Em uma sociedade de perseguidores, Hannah ao ser flagrada em uma descoberta sexual com sua amiga, Courtney, é exposta por Tyler, que foi "recusado". Tyler espalha fotos pela escola e, mesmo que as pessoas não tenham certeza se eram elas, as meninas tinham. Clay, seu melhor amigo, também se diverte com isso e não a protege. No presente, como vingança após ouvir a fita, Clay tira uma foto das nádegas de Tyler e manda para os amigos, cometendo o mesmo erro. Não se trata de justiça, mas de vingança. O espectador é levado a responsabilizar um grupo de adolescentes sobre o processo que culminou no suicídio de Hannah, o que em nossa avaliação é muito perigoso, pois não se trata de focar nos adolescentes, mas também nos valores éticos, normas e regras sociais que atravessam nossa sociedade.

No quinto episódio (*Fita 03 – Lado A*) tem-se a fita de Courtney. O espectador descobre que os pais de Courtney são dois homens e que ela espalhou boatos que Hannah estava com uma outra garota que é assumidamente lésbica. Courtney não assume sua sexualidade, não enfrenta o julgamento alheio e opta, em um sinal de desespero, por atacar Hannah. Uma das falas de Hannah para Courtney é: "Não ferra a minha vida se você não gosta de quem você é". Em uma perspectiva compreensiva e crítica, o julgamento social é que leva a uma rejeição de si, e não o contrário. Courtney tem medo.

Em um dos diálogos, Tyler denuncia uma agressão sofrida na escola ao conselheiro, fica evidente o despreparo do profissional uma vez que parte para a lógica da culpabilização da vítima: "O que anda fazendo que acaba provocando os garotos?" (fala do conselheiro da escola, Sr. Poter), o que é respondido pelo aluno: "Que conveniente, culpar a vítima". Esse diálogo poderia facilmente ter acontecido entre um homem e uma mulher em situação de violência. Clay demonstra um aumento de agressividade e impulsividade com tantas informações ouvidas até agora: "Não quero ajudar, eu quero ferir".

O sexto episódio (*Fita 03 – Lado B*) é a fita do Marcus. Alex se mete em uma briga e Clay sofre ameaças. A impressão do espectador é certa de que todo o grupo é responsável pelo que aconteceu com a Hannah. Quando a personagem Sheri aparece, não é diferente. Outro fator é a crise no casamento dos pais de Hannah. A mãe agora se questiona como não perceberam que a filha estava precisando de ajuda, enquanto revira o quarto à procura de provas e começa a se culpar pelo que aconteceu (KARINA; KOVACS, 2016; KRUGER; WERLAND, 2010). Sheri chora, pedindo a Clay para que não escute sua fita. Marcus, um dos personagens negros do enredo, convida Hannah para um encontro do Dia dos Namorados, e é abusivo com ela. Ela o rejeita e o retorno é "Quer saber? Você não vale a pena". Marcus, que parecia discordar de todos até então, mostra que, naquele momento, agiu como eles. Hannah introjeta para si o acontecido e se culpa, por algo que não é sua culpa.

Vale destaque para duas situações paralelas nesse episódio: 1) A relação de Clay com a mãe. Fica evidente que ela quer descobrir o que está havendo com o filho. Pegar o caso em favor da escola foi uma forma de se aproximar do filho introspectivo. A cena é forte quando Clay diz que: "Não pode me ajudar" e fecha a porta ao invés de abraçá-la. 2) Alex conversa com o pai, que não sabe das fitas e o que realmente aconteceu: "Você mostrou a verdadeira força de caráter... Estou orgulhoso de você... É tudo o que eu tenho a dizer". O pedido de ajuda de Alex também é ignorado. Mesmo que todo o enredo seja em relação aos motivos do suicídio de Hannah, é possível perceber que cada um desses adolescentes apontados tem problemas familiares importantes, que são ignorados ou colocados em segundo plano.

O sétimo episódio (*Fita 04 – Lado A*) é a fita sobre Zach. Hannah descreve o desamparo que atravessa as pessoas com ideação suicida: "Como se estivesse se afogando e ninguém te jogasse uma corda". Solidão e desamparo é o mote desse episódio. Zach é um rapaz que foi gentil com Hannah na lanchonete quando Marcus não foi e a procura no outro dia, no refeitório da escola, mas Hannah o destrata, e ele, igual a todos os demais, age impulsivamente de forma a desqualificá-la. O pai de Clay fala sobre suas experiências negativas da época de colégio e cita o jogo de xadrez, como uma forma de ter apoio. Nesse momento ele pergunta a Clay se tem algo que o deixa feliz ou aliviado, ocasião em que o jovem, em silêncio, demonstra uma ausência de suporte social.

Zach desconhece os sentimentos de Hannah a seu respeito. Skye vê Clay arranhando o carro de Zach, expressando sua raiva, e o motiva a continuar. Hannah, em seu relato na fita, acha que não tem amigos, mas a única que se dispõe a ouvi-la, Skye, ela ignora. Uma professora lê um bilhete de Hannah (sem saber sua autoria): "E se o único jeito de não se sentir mal, for parar de sentir qualquer coisa para sempre?". Mais uma vez ela é julgada pelos alunos de sua sala, e apenas Skye compreende o conteúdo de sofrimento declarado naquele bilhete. Um alerta importante: Skye é a única que demonstra algum tipo de empatia. A professora finaliza falando superficialmente sobre uma rede de apoio para a pessoa que está sofrendo. Mesmo que os colegas de turma não soubessem que se tratava de Hannah, ela própria sabia.

O oitavo episódio, referente à fita 04 – lado B, é sobre o Ryan, aluno, "poeta" e editor de uma revista da escola. Hannah é apresentada ao clube de poesia do Ryan, um fator de proteção em potencial para ela e quase um respiro para o espectador. No entanto, Ryan publica um poema de Hannah sem a sua autorização e ela se sente traída e, consequentemente, abandona o clube de poesia de que passou a gostar. Nesse episódio Zach demonstra algum arrependimento em relação ao que ocorreu. Toda a escola, por meio do poema publicado, sabe do que se passa no íntimo de Hannah, muitos riem e debocham.

Clay retoma os áudios, parece carregar o mundo nas costas, sua postura, seu olhar, seu tom de voz são carregados de angústia e tensão. O espectador é levado a sentir raiva das personagens Courtney e Jess e das formas que ambas encontraram para se defender de uma sociedade que também as exclui.

O nono episódio (*Fita 05 – Lado A*) gira basicamente em torno do estupro de Jessica. O episódio já começa com um aviso sobre violência e agressão sexual, e que é destinado a adultos. É o primeiro incômodo, como se todos os adultos (*mature audiences*) fossem capazes de lidar com as cenas densas sozinhos ou como se já fossem suficientemente maduros para tal.

É o fim do primeiro ano de Hannah no ensino médio, todos comemoram, ela não. Nesse episódio, Hannah muda o visual e corta os cabelos em uma tentativa de se abrir ao novo, entretanto os pais não elogiam, e Clay também não. É como se ninguém a percebesse, como se não ligassem para seus sentimentos ou qualquer coisa positiva referente à sua existência. Os pais estão mais preocupados com os problemas financeiros familiares e não demonstram muita disponibilidade para outras questões. Justin, em uma festa da escola, permite que Bryce, seu melhor amigo, estupre sua namorada (Jess) enquanto ela está inconsciente e intoxicada pelo álcool. Hannah assiste a tudo escondida no quarto, paralisada e não consegue intervir impedindo o ato.

Um destaque em uma cena no presente (pós-suicídio) é quando o pai, ao saber do poema da Hannah publicado por Ryan, pressiona o conselheiro. O profissional retruca: "Muitos adolescentes falam em sumir". O pai de Hannah, por sua vez, responde: "Que Deus os ajude se vierem procurar o senhor". Mais do que nunca fica evidente o despreparo e a evitação dos profissionais (professores, diretores, conselheiros) na atenção à ideação suicida.

É a primeira vez que Clay fala sobre a Hannah com sua mãe, é visível a sensação de impotência dele. Por outro lado, é também perceptível como sua mãe tenta mostrar alguma empatia, mas em vão. Nesse episódio o espectador compreende melhor a personagem Jessica, que usa de bebidas alcoólicas para suportar o estupro que sofreu. Clay sofre bastante, e pressiona os amigos pela verdade do que aconteceu com Jess. Mesmo com todos apontando dúvidas nas fitas de uma adolescente morta, Clay acredita nela, assim como Tony. Justin, no presente, vai até a casa de Jess enquanto ela chora e relembra o que aconteceu.

Nesse episódio o espectador possivelmente já está se questionando como tantas pessoas já ouviram as fitas antes de Clay e como ninguém se mobilizou a fazer nada. Que pacto social é esse que é mantido pela manutenção do silêncio das vítimas e que extravasa na série? A briga entre Clay e Tony na oficina mecânica escancara esse incômodo, não apenas da personagem, mas do espectador também.

No 10° episódio (*Fita 05 – Lado B*) conhecemos um pouco mais da história de Sheri. Logo no início do episódio, Hannah se abre sobre culpas e remorsos, passado e presente se misturam nas narrativas das personagens. No presente, a professora que teve acesso ao bilhete de Hannah, reconhece que se tratava de algum adolescente que pedia ajuda; que essa pessoa realmente estava desesperada e se pergunta se poderia ser Hannah ou não. Voltando ao passado, depois da festa, Hannah pega uma carona com Sheri, que está embriagada e derruba um sinal de trânsito, estragando a sinalização da via. Hannah pensa em ligar para a polícia, mas é impedida pela amiga. Por causa disso, Jeff sofre um acidente de carro no mesmo local e morre. Hannah se sente responsável, e chora. Clay não entende o que está acontecendo e afirma categoricamente: "Nem tudo é sobre você, Hannah!".

Uma das falas mais marcantes nesse episódio é a resposta de Tony para Clay quando se questiona sobre sua responsabilidade no suicídio de sua amiga: "A Hannah tirou a própria vida. Clay, foi escolha dela. Você, eu, todo mundo nessas fitas, todos a deixamos mal. A gente não deixou ela saber que tinha outra escolha. Podíamos ter salvo a vida dela, ou não. Eu acho impossível saber". De fato, é impossível saber, mas o espectador talvez ainda pense que sim, poderia ter sido evitado se ela tivesse encontrado um apoio sincero e honesto.

No 11° episódio, correspondente à fita 06, lado A, chegamos a Clay. Obviamente, ele reluta, mas Tony é o seu apoio. Tony lembra um ponto importante para Clay e para todos os espectadores: "É a verdade dela", diz Tony. Ela, na fita, admite que admirava Clay. É mostrada uma cena em que Skye joga Tarô para Clay. Em um relance, notam-se seus pulsos cortados, a câmera foca nisso e Clay percebe. Skye julga o suicídio de Hannah e fala dos seus próprios cortes ao ser questionada por Clay: "É o que você faz ao invés de tentar se matar. Suicídio é para os fracos". Ela se zanga e sai.

Em umas das cenas relativas ao passado, Clay beija Hannah, e ela imagina um futuro possível. Ela entra em choque relembrando das experiências abusivas que sofreu ao longo do ano, e dispensa o rapaz enquanto chora: "Você é meigo, gentil e decente", ela analisa. "Eu não mereço." O sentimento de Hannah é de não merecimento, culpa e, novamente, de desamparo.

A cena seguinte é uma catarse, um experimento de cadeira vazia (D'Acri; Lima; Ogler, 2007). Clay chora, desabafa, se questiona e remonta à cena do beijo, promovendo um diálogo interno com Hannah, como se ele tivesse insistido para ficar e conversado com ela. Ele deixa fluir seus sentimentos e confessa que a amava. Foi uma demonstração de como reviver situações inacabadas, mal resolvidas e que necessitam de um fechamento é algo que pode ser realizado, promovendo mudanças positivas. Tony mostra preocupação com Clay e pede que não faça nada "estúpido". Ele presencia tudo que se passa com Clay. É seu escudeiro, facilitador, apoiador e amparo em todos os momentos.

O 12° episódio, *Fita 06, Lado B*, é quando ocorre o estupro de Hannah. O episódio começa com outro aviso de cenas fortes. Todos os jovens recebem intimações policiais. Tyler e Monty brigam na escola. Tyler ameaça Marcus. Bryce liga para Justin e diz que o ama. Jess e

Justin brigam. Nota-se que a confusão e o desespero se espalham por todo o grupo.

Em reunião na lanchonete Monet's, o grupo de jovens se reúne para pensar o que fazer. Alex monta o perfil de cada um, mostrando os interesses pessoais, medos e culpas e, por fim, defende que falem a verdade, ao mesmo tempo que defende Hannah. Courtney não aceita e permanece resistente.

Retornando ao passado, Hannah conta aos pais que perdeu o envelope com o dinheiro para pagar as dívidas e sai para andar à noite. Encontra com Bryce numa festa, entra na banheira de hidromassagem e é estuprada por ele. Na fala de Hannah: "... e naquela hora eu senti que já estivesse morta". Hannah visivelmente transtornada, retorna para casa e seus pais estão dormindo na sala; ela não os acorda, destacando a sensação de abandono e desamparo. A câmera focaliza a pele branca das costas de Hannah e há marcas da violência sofrida: as mãos do Bryce.

Uma das cenas mais duras e que mostra a cultura do estupro é quando Clay vai à casa de Bryce e eles brigam fisicamente. Clay afirma que ele estuprou a Hannah, pedindo que Bryce admita o ocorrido. Bryce responde que "Se ela pediu, eu dei, ela mereceu". Bryce bate em Clay com violência e covardia. "Ela me queria, a mim, ela praticamente me implorou!" e finaliza comparando Hannah a outras garotas. Clay mesmo machucado ainda continua a conversar com Bryce. Bryce então cede ao cansaço e admite: "Quer chamar de estupro, pode chamar".

Justin chega em casa e o padrasto quase o esgana. A mãe, visivelmente uma mulher amordaçada, dependente psicologicamente de um homem violento, defende a violência do padrasto contra seu filho. Nesse momento é possível compreender porque Justin é tão agressivo e dependente afetivamente de Bryce, pois ele é sua fuga para um outro tipo de mundo. Há uma cena em que Jess se lava compulsivamente no *box* do banheiro, como se quisesse tirar a lembrança do abuso sofrido do seu corpo (talvez um recomeço para essa personagem?).

Sheri vai ao local do acidente que levou Jeff à óbito. Courtney conta para seus pais sobre sua sexualidade. Zach não atende o telefonema de Justin. Justin pega dinheiro e armas e foge de casa. Parece que Alex vai se safar devido à intervenção do pai policial. Tyler aparece escondendo um conjunto de armas de fogo em seu quarto. Um jovem foi baleado. Hannah escreve todos os nomes de todas as pessoas que a feriram em um papel.

No 13º episódio, *Fita 7, Lado A*, é mostrada a última tentativa de Hannah em se manter viva. Um último pedido de socorro ao conselheiro da escola, Sr. Poter. Ela ainda quer resistir e sobreviver. Ele parece não prestar atenção, não percebe os vários sinais de desmotivação, vazio, dor, no discurso da personagem. Em alguns momentos, demonstra irritação, em outros interesse e acolhimento; quando Hannah consegue enfim falar que foi estuprada, nota-se a dúvida por parte dele, por parte do homem-profissional que a acolhe. É uma cena delicada quando ele sugere que se ela não apontar o agressor, é preferível que esqueça o ocorrido e siga em frente.

Percebendo-se sem apoio, a protagonista volta para casa e se suicida. A cena do suicídio de Hannah, que anteriormente era explícita e alvo de muitas críticas por contradizer todas as orientações da Organização Mundial de Saúde (2004) sobre comunicação sobre o suicídio, foi cortada do episódio sem prejudicar em nada a narrativa, confirmando que, além de perigosa, era desnecessária para a compreensão da história.

Tanto Clay gravou a confissão de Bryce no presente, quanto Hannah gravou a conversa com o conselheiro da escola no passado. Clay confronta o Sr. Poter sobre sua conversa com Hannah e lhe entrega as fitas, incluindo uma fita adicional (14ª) que é a confissão de Bryce. Clay avisa ao Sr. Poter que ele é o assunto da última fita e, ao sair de sua sala, afirma que de alguma forma, é preciso melhorar a forma como as pessoas cuidam umas das outras.

"Acho que fui bem clara, mas ninguém está agindo para me impedir. Alguns se importaram, mas nenhum se importou o suficiente, e nem eu. Sinto muito. Esse é o fim da fita 13. Não há mais nada a dizer", decreta Hannah Baker.

Discussão

A série *13 Reasons Why* é uma obra da indústria televisiva norte-americana, e está longe de ser considerada uma produção com fins educacionais, um manifesto, uma atividade jornalística ou um documentário. À época de seu lançamento, a série reverberou no Brasil, de forma a invadir salas de aulas, conversas entre amigos, terapeutas e especialistas incitando curiosidade, debate e reflexões diversas. Nesse sentido, a série possui seu mérito e seu sucesso, provando mais uma vez a importância da produção audiovisual (incluindo roteiro, adaptação da linguagem de livro para a TV, cenário, fotografia, etc.) quando essa possui vínculos com temáticas de interesse social ou que a sociedade prefere "jogar embaixo do tapete". Uma série que, apesar de dar ao espectador a ideia de que Hannah pode estar viva a todo o momento (um desejo do próprio espectador, talvez) é difícil de assistir, por vezes é deprimente e sufocante.

Esse é um dos problemas que avaliamos na série, pois paira a ideia de que o suicídio pode ser uma oportunidade de controle da situação de crise, e não de acabar com o sofrimento, nesse caso atravessado por uma lógica de vingança. Como se Hannah, aquela adolescente antes espirituosa, inteligente e sagaz, estivesse deprimida ao ponto de obrigar seus colegas de escola a uma eterna "ressaca moral", fazendo com que todos permaneçam presos ao sofrimento dela, em um ciclo de culpa infinita, acrescentando mais uma angústia na vida de cada uma dessas personagens complexas.

Em cada um deles é possível, sem muita dificuldade, perceber diversos fatores considerados de risco. Justin possui um ambiente familiar agressivo, uma mãe ausente, o contexto socioeconômico mais restrito, o uso de substâncias psicoativas e a dependência afetiva de Bryce, o amigo financeiramente abastado. Jessica é uma moça insegura, que muda sempre de cidade por causa do pai, depois que vivencia um estupro encontra refúgio no consumo abusivo de álcool como uma consequência disso. Alex convive com as exigências sociais de masculinidade hegemônica, violência física e *bullying*, com um pai distante que cobra perfeição; Tyler também sofre com o *bullying*. Courtney vivencia a homofobia e a cobrança familiar; Marcus e Zach vivenciam a masculinidade hegemônica, exigências familiares de rendimento escolar. Cada um deles tem uma vivência e sua própria crise existencial. O próprio Clay é retratado com transtorno de ansiedade e depressão. O Sr. Poter é apresentado como um homem arrimo de família, negro em uma escola de maioria branca, que também sofre com o cotidiano escolar. Personagens que não são motivos de fitas, como Skye e os pais de Hannah, também demonstram estar em situações de sofrimento e risco. As fitas acabam não servindo ao papel de promotoras de conscientização e sensibilização, mas amplificadoras de sofrimento. A simbologia das mensagens póstumas gravadas, no entanto, é muito importante e não seria o mesmo se fossem cartas, por exemplo, pois os áudios permitiram a ênfase nos imperativos "ouça" e "escute" da voz da jovem falecida.

Diversas vezes é dito na série "ouça as fitas", "ouça Hannah", como é orientado que enquanto psicoterapeutas façamos diante do sofrimento do nosso cliente. O fato é que a maior parte dos personagens são cercados de fatores de risco relacionados aos casos de suicídio, tal como demonstrado na literatura, mas uma delas chegou às vias de fato. Interessante destacar que o fato de os personagens estarem suscetíveis ao suicídio não os categoriza como potencialmente suicidas, pois ainda mais primordial que analisar os fatores de risco presentes em suas vidas, é escutá-los e tratar a realidade singular de seus sofrimentos (Angerami, 2017). Dessa forma, evitamos reducionismos e desvalorizações.

Hannah passou por diversos lutos seguidos e a primeira temporada da série desmistifica a relação de dependência que existe no imaginário popular de que a depressão é sempre, e isoladamente, a causa do suicídio. Não foi nesse caso, e não é em muitos (Fukumitsu; Kovács, 2016). Outra quebra de estereótipo foi o fato de que as fitas foram cautelosamente organizadas por Hannah, de forma a demonstrar que o suicídio pode ser meticulosamente planejado, e nem sempre é um ato impulsivo, como muitos acreditam, mas de intenso sofrimento.

Por vezes o espectador fica em dúvidas se Hannah realmente vivenciou aquilo ou se distorceu a realidade de forma a ser tornar uma vítima de várias pessoas. Não há aqui referência ao estupro e aos assédios sofridos: a culpa não é da vítima e jamais será. O *counselor*, nesse sentido, ao silenciar Hannah em seu último pedido de socorro, fez parte desse pacto de desconfiança da versão da vítima. Foi machista e opressor ao sugerir que Hannah "seguisse em frente". Quantas mulheres são obrigadas a seguir em frente quando apenas queriam justiça e acolhimento? Essa relação de respeito, aceitação incondicional e não-violência que Hannah e tantas mulheres precisam em momentos como este, se constrói a partir do encontro e da postura dialógica (Fronza; Mallmann, 2017).

Conforme Vavassouri (2010), para que se desenvolva uma postura dialógica na relação de escuta (que deveria ter ocorrido entre o conselheiro escolar e Hannah) é necessário haver presença, inclusão, confirmação e comunicação. Em um cenário ideal, o suporte do conselheiro escolar sem julgamento moral poderia ter estabelecido um vínculo positivo de confiança, um espaço seguro de escuta e de valorização do sujeito, o que a personagem não conseguiu encontrar em nenhuma das relações estabelecidas ao longo da temporada. Nesse sentido, a série retrata com dureza um desconforto, no qual a escola, que seria local de acolhimento e orientação, também abriga as sombras da opressão de gênero e manutenção de um *status quo* que beneficia um certo grupo social.

O *counselor,* figura que não existe enquanto profissão nas escolas brasileiras, não está imune à lógica machista e patriarcal, mostrando, sem sutileza alguma, como nossa sociedade não consegue orientar e proteger os jovens, como há todo um maquinário que promove dificuldade afetiva e comunicacional em nossas relações quando uma mulher, no caso, uma adolescente, sofre violência sexual. "Você consentiu?"; "Você disse não?" foram perguntas feitas por ele ao investigar o acontecido.

A série mostra o quanto, em pleno século XXI, ainda precisamos nos preparar emocionalmente e nos aprofundar para atuar nas causas, nos processos e na produção de subjetividades que sejam autônomas e emancipadas. Mostra, sem muita delicadeza, que ainda precisamos discutir como essa forma de relacionamento adoece homens e mulheres, humilha, oprime e faz sofrer, ao ponto de a ideação suicida avançar para planejamentos, tentativas e ocorrência de mortes autoinfligidas como alternativa final de acabar com o sofrimento. O Conselho Federal de Psicologia (2013) defende em uma publicação institucional de 2013 que "o suicídio, como costumo defini-lo, é uma manifestação humana, uma forma de lidar com o sofrimento, uma saída para livrar-se da dor de existir" (p.31).

Quando a pessoa em sofrimento conta sua versão dos fatos, a sua versão é pior, pois nela existe vazio e, algumas vezes, dor. Acompanhando a visão de Hannah Baker, e apenas dela, sobre os fatos, o espectador é levado a crer piamente que essa é a única verdade. A cada fita, Clay vai sentindo, experimentando, alucinando, despertando para os acontecimentos tal como sentidos e experienciados por Hannah, ficando mais ansioso, frustrado e raivoso, episódio a episódio.

Parece-nos que o conjunto de raiva e frustração tira Clay da inércia. A raiva que, mal direcionada, levou à vingança. E Clay muda, de um doce rapaz para um "justiceiro".

Sutilezas, a vida é cheia de detalhes que deixamos passar. Clay e Sheri tentam sua reparação pessoal, Alex também. Clay, Justin e Alex mais agressivos, vingativos, descontando sua frustração, remorsos e ressentimentos por meio da violência física. Sheri buscando o perdão para sua consciência, Jessica enfrentando seus problemas, e Justin abandonando sua "amizade" com Bryce. Cada personagem foi se ajustando como pôde.

Todos buscaram o equilíbrio após a morte de Hannah, como também é o caso da personagem Courtney, que, mesmo após ter inventado uma mentira sobre Hannah, nega que possa tê-la magoado, buscando abster-se de qualquer responsabilidade. Talvez aceitar o que fez, "ver-se sombra" e não apenas "luz", a boa moça que acredita ser, trouxesse para si muito arrependimento, ao ponto de continuar negando qualquer possibilidade de aproximação real com os fatos.

Justin sofre por sua omissão, mas quais seriam as outras opções possíveis para um jovem nesse contexto? Crucificar Justin impediria Bryce de estuprar Jess? Julgamentos morais levam a mortes sociais, e algumas mortes acabam se tornando reais, físicas. Reavaliar os pilares relacionais de nossa sociedade é bem mais difícil e complicado que o julgamento moral.

A série aponta que há um jogo complexo de engrenagens enferrujadas e emocionalmente tóxicas, com problemas de entendimento sobre as diferenças, que permanece agindo de forma destrutiva e autodestrutiva. Esse é um dos méritos da série, vale a análise, mas é uma péssima notícia sobre a sociedade atual para quem gostaria de indicá-la para seus clientes, amigos, companheiros ou filhos adolescentes. Obviamente que aqueles jovens contemplados pelas fitas estão envolvidos indiretamente no suicídio de Hannah, mas é preciso compreender que toda a sociedade está. É gritante o sofrimento de Hannah, a ausência de uma escuta implicada, sensível e ética dos indivíduos que sofrem, para promover a valorização do sujeito e a ampliação de sua percepção diante da vida.

Trazendo para a nossa realidade clínica, Fukumitsu (2018) defende que o papel do psicoterapeuta diante da ideação suicida de algum paciente é estar comprometido a acolher, escutar e auxiliar o sujeito a conceber novas formas de resolução para seus problemas. Segundo a autora, a psicoterapia não vai trabalhar no sentido de restabelecer as antigas condições do sujeito, já que foram elas que o levaram à crise, mas criar novos recursos e contextos, dependendo diretamente do investimento desse indivíduo e do seu reposicionamento frente à existência.

Considerações finais

O plano envolvendo as 13 fitas foi elaborado para que Hannah pudesse dar conta de seu sofrimento. O suicídio seria uma forma de impedir ser magoada novamente e escolheu compartilhar o fardo da morte através das fitas. Intencionalmente (como no caso de Hannah) ou não, o suicídio é uma morte compartilhada, tendo causas e consequências sociais. O suicídio é uma morte social, mas, para além disso, um fenômeno multifacetado. Em relação às causas, todos os personagens buscavam delimitá-las, como o próprio nome da série diz. Hannah quis estabelecer 13 razões e porquês, seus pais tentavam encontrar pistas na escola, a escola tentava encontrar pistas individualizantes em Hannah e os adolescentes buscavam encontrar a causa entre si e na protagonista (doida, desequilibrada, mentirosa).

No entanto, o suicídio não pode ser classificado como algo de responsabilidade estritamente individual, institucional, familiar, econômica ou geracional. É um resultado de um todo contextual. O suicídio enquanto ato é uma figura, diante de um todo complexo e múltiplo.

Uma sociedade tóxica, desigual, machista, patriarcal, sexista, racista, classista, homofóbica, decide quem pode viver e quem deve morrer (Mbembe, 2016). Quais corpos são descartáveis nessa imensidade de possibilidades existenciais? Nossa sociedade, ao se recusar discutir as questões de gênero, normatiza a violência, a indiferença, a meritocracia. Não podemos apontar dedos uma vez que vivemos mergulhados em vários ciclos de micro e macroagressões, onde somos vítimas e algozes uma boa parte das vezes.

Esse foi o nosso recorte e categorização, buscando uma discussão humanista para um assunto deveras sério, importante e atual. Outros pontos de vista podem ser alinhados, recortes por outros prismas; cada um viu algo nessa série que dialogou diretamente com a sua experiência de vida, o que torna essa experiência de escrita reflexiva mais atraente, interessante e rica.

REFERÊNCIAS

ANGERAMI, V.A. **Suicídio: Uma alternativa à vida**. Fragmentos de Psicoterapia Existencial. 1. ed. Belo Horizonte: Artesã Editora, 2017.

D'ACRI, G.; LIMA, P.; OGLER, S. **Dicionário de Gestalt-Terapia**: "Gestaltês". São Paulo: Summus, 2007.

BEAUTRAIS, A.L. Women and suicidal behavior. **Crisis**. v. 27, n. 4, p. 153-156, 2006.

BEBBINGTON, P.E. et al. Suicide attempts, gender, and sexual abuse: data from the 2000 british psychiatric morbidity survey. **American Journal of Psychiatry**, v. 166, n. 10, p. 1135-1140, 2009.

BERTOLOTE, J. M. **O suicídio e sua prevenção**. São Paulo: Unesp, 2012.

BOTEGA, J. N. et al. Prevalências de ideação, plano e tentativa de suicídio: um inquérito de base populacional em Campinas, São Paulo, Brasil. **Cadernos de Saúde Pública**, v. 25, n. 12, p. 2632-2638, 2009.

BRASIL. Ministério da Saúde. Novos dados reforçam a importância da prevenção do suicídio. 2019. Disponível em: http://www.saude.gov.br/noticias/agencia-saude/44404-novos-dados-reforcam-a-importancia-da--prevencao-do-suicidio. Acesso em: 08 nov. 2019.

BRZOZOWSKI, F.S. et al. Suicide time trends in Brazil from 1980 to 2005. **Cadernos de Saúde Pública**. v. 26, n. 7, p. 1293-1302, 2010.

CONSELHO FEDERAL DE PSICOLOGIA. **O suicídio e os desafios para a psicologia**. Brasília: CFP, 2013.

DURKHEIM, E. **O Suicídio**. Lisboa: Editorial Presença, 1982.

FRONZA, J.L.; MALLMANN, L.V. O ciclo de contato e a busca da awarness na psicoterapia de orientação gestáltica. **Anais do EVINCI** – UniBrasil, Curitiba, v.3, n.2, p. 849-866, 2017.

FUKUMITSU, K. O. **Vida, morte e luto**: Atualidades brasileiras. São Paulo: Summus Editoral, 2018.

FUKUMITSU, K. O.; KOVACS, M. J. Especificidades sobre processo de luto frente ao suicídio. **Psico (Porto Alegre)**, Porto Alegre, v. 47, n. 1, p. 3-12, 2016.

KRUGER, L.L; WERLANG, B.S.G. A dinâmica familiar no contexto da crise suicida. **Psico-USF** (Impr.), Itatiba, v. 15, n. 1, p. 59-70, abr.2010.

MBEMBE, A. Necropolítica. **Revista Arte & Ensaios**, n.32, p. 123-151, dez. 2016.

MENEGHEL, S.N. et al. Características epidemiológicas do suicídio no Rio Grande do Sul. **Revista de Saúde Pública**. v. 38, n. 6, p. 804-810, 2004.

MONTEIRO JÚNIOR, F. A. B. Da teoria à terapia: o jeito de ser da Gestalt. **Revista Interdisciplinar NOVAFAPI**. v. 3, n. 1, 2010.

ORGANIZACIÓN MUNDIAL DE LA SALUD (OMS). **Prevención del suicidio**: un imperativo global. Washington: OMS, 2014.

VAVASSORI, M. B. **Acolhimento e frustração**: tramas da terapia gestáltica. Monografia (Especialização) – Curso de Psicologia Clínica, Comunidade Gestáltica – Clínica e Escola de Psicoterapia, Florianópolis, 2010.

WORLD HEALTH ORGANIZATION (WHO). **Multisite intervention study on suicidal behaviours SUPRE – MISS**: protocol of SUPRE – MISS. Geneva: WHO, 2002.

32 COMPRIMIDOS: A VIDA SEM A MINHA IRMÃ...

Vida e Morte retratadas pelo olhar do outro?

11

Andrea Regina Soares Poppe

> *O afeto é uma forma de qualificar, de tornar conscientes os processos pulsionais, e, ao mesmo tempo, na medida em que é consequência da empatia dos progenitores, também é uma forma de estabelecer um nexo com a vitalidade dos processos pulsionais destes, mas existem indivíduos nos quais essa conquista psíquica precoce não se desenvolveu ou se arruinou de maneira transitória ou duradoura: nessas situações, a subjetividade fica comprometida, ao menos parcialmente, e em seu lugar costumam aparecer alterações somáticas.*
> (MALDAVSKY et al., 2007, p. 17-18, tradução nossa).

O convite

Em setembro de 2019, em Santos, na ocasião de um evento em que o ESPAÇO CONEXÃO – espaço de clínica, ensino e pesquisa que idealizei, trazia o professor Valdemar Augusto Angerami para mais uma vez nos brindar com sua vastíssima experiência acerca do tema SUICÍDIO, dessa vez, acompanhado em uma roda de conversa do psiquiatra Hélio Neto, fui surpreendida com o convite para compor o escopo de autores que iriam pensar o assunto a partir das lentes do cinema. Confesso que abriguei a ideia logo de início, por compreender o projeto como excitante e desafiador, principalmente por amar a cinefilia e por nunca ter participado de algo dessa vastidão com a qual me identificava.

Pois bem, a proposta era a de que os autores deveriam escolher um filme ou documentário para balizar suas análises e interlocuções com o tema SUICÍDIO. Desse modo, nossa escolha foi o documentário: *32 comprimidos: a vida sem minha irmã*. Vale ressaltar que tal opção se deu porque na ocasião havia assistido ao documentário para preparar uma aula para a disciplina de psicopatologia especial, disciplina essa que leciono há quase 10 anos na Universidade Paulista – UNIP, em Santos, no curso de psicologia; o enfoque dessa aula seria promover um aprofundamento sobre o transtorno de personalidade *borderline*.

Para conseguir dar conta da missão aceita, foi necessária uma imersão no filme e nos conceitos apreendidos por ele. Foi igualmente necessário realizar uma pesquisa sobre a autora Hope Litoff, bem como sobre a personagem retratada Ruth Litoff.

Apesar de assistir seis vezes, em ocasiões diferentes, ao documentário, fiquei com a sensação de que deveria ter feito maior imersão, porém, segui até onde minhas condições de percepção e sensibilidade me permitiram, pois, apesar de belo, *32 comprimidos* também retrata uma estória muito densa e perturbadora.

Diante disso, mesmo compreendendo que o produzido nas linhas a seguir tenha sido o melhor que foi possível articular, fico com o sentimento da falta ... talvez tenha imergido tanto que absorvi o anseio das irmãs Litoff... dado para análise!?

O documentário

O documentário *32 comprimidos: A vida sem a minha irmã* foi lançado em 07 de dezembro de 2017 pela HBO, dirigido e estreado por Hope Litoff, diretora de arte, produtora e irmã apaixonada de Ruth Litoff, fotógrafa nova-iorquina que cometeu suicídio aos 42 anos, em 2008, por overdose de comprimidos, os quais ingeria para dar conta de seus transtornos mentais.

A película conta a partir de entrevistas, fotografias e lembranças a trajetória da fotógrafa até o suicídio. Ruth tratava desde a adolescência o diagnóstico de transtorno bipolar, sendo que na fase adulta recebeu o diagnóstico de transtorno de personalidade *borderline*.

As palavras de Hope Litoff, extraídas da página oficial do documentário, http://www.32pillsmovie.com/resources.html, trazem ao leitor uma boa sinopse do filme, bem como de sua intensidade... Disse ela:

Poucos dias antes de 12 de dezembro de 2008, minha irmã Ruth Litoff decorou seu loft *em Manhattan como um belo palco com 15 notas de suicídio ao seu redor e presentes especialmente selecionados para seus amigos mais próximos. Várias tigelas de comida de gato foram deixadas para o caso de nós levarmos um tempo para encontrá-la e cada um de suas centenas de marcadores, estavam em ordem nas cores do arco-íris. O policial que achou o corpo, sussurrou: "Eu nunca vi nada assim."*

O filme começou nesse dia que encontrei Ruth morta e busca traçar sua fascinante vida e trabalho, pontuados por incríveis altos e baixos, segredos e mentiras. Segue minha jornada enquanto examino seu rico corpo de arte, entrevisto amigos e familiares, além de ler seus diários em um primeiro momento. ***Ela se destacou em tudo o que fez. Ela era minha heroína. Por que ela iria querer morrer?***

Como um detetive, estou tentando juntar tudo. Mas fazer o filme me forçou a enfrentar verdades difíceis e me fez beber novamente depois de 16 anos de sobriedade. O filme levanta tantas questões. ***Devo admitir que minha irmã e eu não somos tão diferentes? O processo me libertará ou me destruirá?*** (tradução nossa)

Diante dessa belíssima sinopse, feita, a meu ver, com paixão e muita sinceridade, fica o convite para que o leitor possa também fazer sua imersão em *32 comprimidos: A vida sem minha irmã*.

Os caminhos de análise escolhidos...

Pensar a proposta de "olhar para" o filme não foi tarefa fácil, pois muitos elementos pareciam essenciais para compreensão da dinâmica que encadeava a trama cinematográfica. No entanto, elencou-se três perspectivas de análise, com as quais se almejou o debruçar-se sobre, para apreensão da película, desejando ainda respeitar a sensibilidade e a história da família Litoff.

Dessa forma, elencamos a compreensão do transtorno *borderline* para um melhor entendimento da luta cotidiana de Ruth para lidar com suas instabilidades e vazios; a articulação possível entre o transtorno mental e o suicídio, a partir de uma compreensão psicanalítica; e a perspectiva da fotografia enquanto possibilidade de contenção para dor e construção de esperança e organização psíquica.

Seriam possíveis inúmeras outras perspectivas de olhar para *32 comprimidos*, porém essas condiziam mais com a minha condição de produção e articulação do momento.

As perspectivas de análise

A psiquiatria de nossos dias classifica os estados *borderline* como uma forma de transtorno da personalidade. Foi sua situação entre os campos da neurose e da psicose que inspirou a designação de *borderline* ou "fronteiriço".

O DSM (*Manual diagnóstico e estatístico de transtornos mentais*) tem sido uma das principais ferramentas de referência para compreensão dos critérios diagnósticos das psicopatologias no mundo, contribuindo como norte para a discussão de alguns critérios amplamente aceitos para fins de avaliação psicodiagnóstica.

Valendo ressaltar a não redução de uma pessoa a um diagnóstico, tão pouco sua identificação pelo mesmo, devemos compreender o psicodiagnóstico somente como orientação ao manejo da prática clínica, não como uma forma prescritiva, mas como auxiliadora da condução terapêutica necessária para intervenção e compreensão de como o sujeito se posiciona frente ao seu sintoma.

Com relação ao transtorno de personalidade *borderline*, o DSM-V (2014) atribui como critério geral "**um padrão penetrante de instabilidade dos relacionamentos interpessoais, da autoimagem e dos afetos e uma marcante impulsividade iniciada no começo da vida adulta e presente em vários contextos**".

Formulando, ainda, outros critérios complementares fundamentais que podem ser identificados em um sujeito com características de transtorno de personalidade *borderline*, o DSM-V acrescenta:

"**Esforços desesperados para evitar abandono real ou imaginado**" (DSM-V, 2014, p.663). Maranga (2002) aponta que o *borderline* desenvolve sempre novos investimentos para um amor incondicional.

A apresentação clínica de tais aspectos demonstra-se a partir da dependência e submissão a relacionamentos abusivos, relacionamentos esses que se fortificam a partir da própria imagem distorcida de si e de sua forte necessidade de apoio, atenção e amor proporcional ao qual nunca possuirá, pois os investimentos afetuosos do *borderline* o fazem "depender" do outro para nunca perdê-lo, fazendo com que o mesmo se submeta e aceite os abusos para evitar o abandono que, para si, seria devastador.

"Um padrão de relacionamentos interpessoais instáveis e intensos caracterizados pela alternância entre extremos de idealização e desvalorização" (DSM-V, 2014, p.663). O *borderline* em suas relações interpessoais e intrapessoais amplia inconscientemente as informações que sua percepção interpreta de forma intensa. De acordo com Hegenberg (2009), o *borderline* coloca uma lente de aumento nos problemas e situações do seu cotidiano e sofre constantemente com eles, devido à intensidade como ele significa tal situação, gerando circunstâncias que poderão vir a ser conturbadoras somadas à impulsividade, característica desse modo de ser.

"Perturbação da identidade: instabilidade acentuada e persistente da autoimagem ou da percepção de si mesmo" (DSM-V, 2014, p.663).

"Impulsividade em pelo menos duas áreas potencialmente autodestrutivas" (DSM-V, 2014, p.663). Segundo Dalgalarrondo (2008), há tendências no comportamento *borderline* de certa impulsividade e agressividade devido ao temperamento explosivo, que interfere em suas relações, desencadeado pelo aumento de proporção da situação, que o faz reagir a frustrações, contradições e outros aspectos que possam se opor ao que o sujeito *borderline* pensa.

"Recorrência de comportamento, gestos ou ameaças suicidas ou de comportamento automutilante" (DSM-V, 2014, p.663). O vazio, a perda de si e as constantes angústias intensificadas no sujeito provocam, em alguns casos, a necessidade de alívio do sofrimento, que muitas vezes se dá por meio das tentativas incansáveis de suicídio ou de automutilação com vistas a descargas emocionais.

A automutilação possui valor simbólico, repleto de significados peculiares a cada sujeito. Pois não busca se autoexterminar, mas por este meio busca alívio de suas angústias.

"Instabilidade afetiva devida a uma acentuada reatividade de humor" (DSM-V, 2014, p.663). A instabilidade de humor do paciente *borderline*, embora se estabeleça pela constante mudança de seus sentimentos mediante as situações, ocorre de forma inconsciente para o sujeito, sendo essa instabilidade facilmente percebida por terceiros e muitas vezes negada pelo próprio.

"Sentimentos crônicos de vazio" (DSM-V, 2014, p.663). O sentimento de vazio existente no *borderline* o faz desejar preenchê-lo de alguma forma, fazendo com que este vazio que outrora se apresenta como uma constante angústia e frustração o leve para situações de novas experimentações, como sexuais, alcóolicas, drogas lícitas e ilícitas, esportes radicais, entre outros.

"Raiva intensa e inapropriada ou dificuldade em controlá-la" (DSM-V, 2014, p.663). Assim como Hegenberg salienta sobre a lente de aumento sobre as demais situações, o sujeito *borderline* experiencia determinada intensidade em suas emoções que provoca raiva intensa, muitas vezes associada a comportamentos impulsivos devido à dificuldade de controle e à falta de habilidades socioemocionais.

"Ideação paranoide transitória associada a estresse ou a sintomas dissociativos intensos" (DSM-V, 2014, p.663). Segundo Zimerman (2007), é bastante comum determinado grau de psicose em pacientes *borderline*, sendo que para diferenciarmos dos quadros psicóticos comuns aos contextos clínicos, nos casos de pessoas *borderline* percebemos a apresentação de um juízo crítico e de senso da realidade.

O DSM-V (2014) propõe dados percentuais e margem de erro que dispõem de relevância fundamental para análises aplicáveis contemporaneamente, sendo que a prevalência média do transtorno da personalidade *borderline* na população é estimada em 1,6%, embora possa chegar a 5,9%. Essa prevalência é de aproximadamente 6% em contextos de atenção primária, de cerca de 10% entre pacientes de ambulatórios de saúde mental e de por volta de 20% entre pacientes psiquiátricos internados (DSM-V, 2014, p.665).

> Embora tenhamos elencado todas as características apresentadas no DSM-V, constatamos que somente algumas ficaram evidentes no "retrato" apresentado por Hope acerca de sua irmã Ruth.

Ruth era incrivelmente dinâmica e sua mente extremamente criativa – fosse respondendo ou resultante de sua doença mental – parecia nunca parar, mesmo nas inúmeras tentativas de pôr fim à sua vida e, consequentemente, ao sofrimento que esse ritmo frenético também lhe causava. Ela era sensual e muito sexualizada, nunca ficava sem namorado, e tirava fotos de todos nus. Parecia que Ruth estava desesperada para entender quem era, e isso a fez tirar centenas de autorretratos que alternavam entre orgulho e autoaversão. A fotografia era seu principal meio de expressão, seja de felicidade ou de dor, porém também criou colagens, desenhos e vídeos; mesmo suas muitas tentativas de suicídio foram habilmente documentadas. Todos os registros obsessivamente colhidos e intensamente reveladores, capturaram vividamente seu mundo interior, e se transformaram em um dispositivo para contar sua história.

Stern, quem primeiro utilizou em psicanálise o termo *borderline*, ou estado limítrofe, na publicação de seu artigo, em 1938, descreveu 10 sintomas fundamentais desse quadro, buscando situá-los sob uma perspectiva psicanalítica. Sendo eles:

1) Narcisismo, ao qual o autor dá o estatuto de "base sobre a qual todo o quadro clínico está construído". Tratar-se-iam, sobretudo, de indivíduos que passaram por experiências precoces e contínuas de abandono, negligência, brutalidade e, mesmo, crueldade por parte dos pais. Tais experiências conduziriam a uma profunda lesão do narcisismo, naquilo que este implica de amor-próprio, segurança e autoconfiança. A consequência é que esses sujeitos sofreriam uma "má nutrição" afetiva (narcísica) comportando-se como seres "famintos de afeto" (*affect hunger*).
2) Sangramento psíquico, relacionado ao colapso das capacidades de reação do indivíduo.
3) Hipersensibilidade desordenada.

4) Rigidez psíquica.

5) Tendência a reações terapêuticas negativas.

6) Sentimentos de inferioridade, que, por vezes, podem ter um colorido delirante, tamanha é a convicção do sujeito de ser uma "pessoa inferior".

7) Masoquismo. Por vezes, as claras tendências à autopiedade, autocomiseração, a apresentação de desespero e de sofrimento crônico podem ser interpretadas como "agentes para obter compensação" pelo fato de não terem se sentido suficientemente amados.

8) Insegurança "somática" ou ansiedade, sendo que a insegurança patológica organizaria todo o funcionamento lógico desses indivíduos.

9) Uso de mecanismos de projeção como expressão da imaturidade dos processos psíquicos em jogo, uma vez que o sujeito pode se proteger mais facilmente se considerar o ambiente como hostil. Através desse dispositivo, ele consegue uma explicação de suas dificuldades fundada na atitude supostamente agressiva dos outros.

10) Dificuldades para testar a realidade.

As ideias de Stern anteciparam noções fundamentais no que diz respeito às modificações necessárias à situação psicanalítica para dar conta de estados de extremo desespero e de fragilidade da organização narcísica (como as de "manejo", "*holding*" e "continência").

Nos casos *borderline*, o sujeito tende à despersonalização, a sentimentos de perseguição, embora sem perda de contato com a realidade, e à depressão com regressões importantes, geralmente relacionadas com a dependência. Essa depressão é marcada pela decepção com os dois objetos parentais, em que a ausência de apoios identificatórios afetaria o narcisismo do sujeito.

Alguns autores, como Kernberg, consideram que tanto a identificação projetiva quanto a projeção e a clivagem são mecanismos de defesa essenciais da organização *borderline* de personalidade, embora o termo clivagem seja utilizado pelo autor num sentido restrito, apenas em relação ao processo ativo de manter separadas identificações e introjeções boas e más. Mesmo a identificação, diz Kernberg, é permeada pela clivagem nessa tentativa imediata de se separar o bom do mau. A clivagem e a fraqueza do ego se reforçam mutuamente, resultando num círculo vicioso.

Donald Winnicott trouxe contribuições valiosas acerca da temática *borderline*, bem como uma compreensão clínica e de tratamento fundamental a respeito desses casos. A título de embasamento, é importante tomar como ponto de partida um breve entendimento de sua teoria do desenvolvimento emocional, a qual pressupõe que é na relação inicial mãe-bebê que são estabelecidas (ou não) as bases da saúde psíquica, sendo por ele considerada a espinha dorsal (Winnicott, 1984e, p.241) de seu trabalho teórico e clínico.

O desenvolvimento emocional tem dois elementos principais: a tendência inata à integração e uma provisão ambiental satisfatória. Essa afirmação serve de guia para compreender a saúde e fundamenta certa parte da teoria dos transtornos psíquicos, já que sua ênfase recai sobre os estágios iniciais e as tarefas fundamentais que estão em jogo nesse momento essencial do desenvolvimento humano, quando são erigidas as bases da personalidade e da saúde psíquica.

A tendência inata à integração, como o próprio nome diz, o indivíduo traz consigo ao nascer e é a sua herança mais valiosa. Entretanto, não sucede automaticamente, sua potencialização somente ocorre se houver um ambiente facilitador, ou seja, aquele que inicialmente se dá com plena adaptação às necessidades da criança através de cuidados suficientemente bons. Isso só é possível a partir do conceito de *holding*, ou seja, suporte físico e emocional proporcionado pela mãe (Winnicott, 1960c; 1965d). O ambiente no pensamento de Winnicott possui participação efetiva e necessária não só na implantação da doença, mas principalmente no estabelecimento da saúde.

O ambiente mãe possibilita a experiência da continuidade de ser até que o indivíduo alcance a integração em uma unidade, um senso de existir. Essa jornada do desenvolvimento emocional foi descrita considerando três estágios básicos: dependência absoluta, dependência relativa e rumo à independência.

Na doença, que significa imaturidade emocional para a idade cronológica, há um estancamento no amadurecimento. As tarefas das fases iniciais não são conquistadas devido a falhas ambientais padronizadas. Há uma interrupção na continuidade do ser, o que leva o indivíduo a uma reação defensiva de modo a não reviver a agonia impensável.

O tema falso *self* é desenvolvido com base nas experiências de Winnicott como pediatra, a partir do atendimento às mães e seus bebês e como psiquiatra de pacientes *borderline*, os quais necessitam experienciar, no contexto analítico, uma fase de regressão à dependência (Winnicott, 1965m). Tal necessidade decorre do fato de que esses pacientes desenvolvem defensivamente o funcionamento mental para dar conta de intrusões ambientais excessivas as quais produzem um aspecto do obstáculo ao surgimento do ego: "a dissociação que se verifica nos casos *borderline* em termos de *self* verdadeiro e falso" (Winnicott, 1965, p.15).

Winnicott também tratou a questão do suicídio em sua obra de forma constante e, apesar de não ter publicado textos específicos sobre esse tema, ele o mencionou em uma grande quantidade de artigos ao longo de sua trajetória. Em alguns de seus trabalhos, essa preocupação acabou sendo sublinhada pela avaliação dos riscos potenciais de suicídio devidos à extrema vulnerabilidade, não apenas dos pacientes que se apresentavam regredidos aos estágios de máxima dependência, mas também daqueles cuja doença podia estar oculta sob o manto de aparente bem-estar. Em alguns casos, deve-se considerar o suicídio como a única alternativa à submissão permanente do verdadeiro si mesmo (*self*).

Para o autor, o suicídio ou a tentativa de suicídio é um risco a ser considerado, uma possibilidade não apenas nas psicoses, nas depressões, na tendência antissocial e nos quadros em que a interrupção do amadurecimento levou à formação de sintomas psicossomáticos, mas também nas psiconeuroses.

Pode-se dizer que a possibilidade do suicídio ou da tentativa de suicídio torna-se presente a partir do ponto em que existe um ser humano cujo processo de amadurecimento esteja detido, devido ao impedimento da realização do ser no homem. Tal estado pode ter sido propiciado por demandas não atendidas, seja de uma mãe narcísica, seja de uma cuidadora não disponível às demandas do bebê.

Pode-se complementar tal pensamento, considerando Freud ([1923] 1969) quando afirma que, nesses tempos primordiais, em que os registros são eminentemente internos no bebê, em que há tão somente o Id, o Ego estará em fase de construção e organização. Para David Maldavsky (1995), psicanalista argentino que desenvolveu há mais de 30 anos, a partir de estudos das teorias de Freud, uma pesquisa sobre problemas e patologias do desvalimento, as patologias referidas nos sintomas de desvalimento advêm de uma relação muito arcaica, não empática e não acolhedora, especialmente nos primeiros 40 dias do bebê. De acordo com o autor, os registros mnêmicos serão possibilitados quando o bebê recebe, percebe, sente e registra afetos. Na falta de um outro empático com o bebê, o afeto processado poderá transformar o processo do afeto. Nesse caso, na idade adulta se experimenta os efeitos dos transtornos dos afetos, um deles pode ser a abulia, que aparece no lugar do sentir, com uma dor carente de representação no sujeito, originando um vazio existencial em lugar dos afetos, propiciando possíveis falhas nas bases da subjetivação.

Considerando toda a estória contada em *32 comprimidos...*, podemos pensar na possibilidade dessas falhas ambientais, visto todos os fatores considerados disfuncionais apresentados pelas figuras parentais de Ruth e Hope. Pareceu que Hope, apesar de tentar justificar as falhas de seus pais, também buscava compreender a doença de sua irmã e a própria dependência química, apresentando elementos e cenas da infância e adolescência que apontavam claramente para duas jovens desvalidas, com múltiplas carências afetivas.

Hope busca, claramente, no retrato que faz, um nexo causal que possa lhe abrandar o coração e ao mesmo tempo diminuir a culpa que julga ter por, quiçá, não ter sido melhor que sua mãe ou seu pai nos cuidados com Ruth. Mas como fazê-lo se Hope também necessitava ser cuidada?

Estamos falando de uma vivência marcada por ausência paterna e poucas condições de cuidados maternos, ausências claras de contornos para estabelecimento de relações sadias.

Uma forte percepção de toda a trama real foi a de que o silenciar da própria vida seria o destino natural para Ruth, apesar de seus inúmeros esforços via arte e, principalmente, por meio da fotografia. Sua angústia se tornava a cada dia mais insuportável. É possível sentirmos isso através de seus ensaios fotográficos apresentados, pois, embora belos, alguns eram angustiantes.

Compreendo que a fotografia se tornou uma forma de sustentação para a vida, uma condição básica para afirmação de sua subjetividade. Afinal, uma fotografia tem vários níveis de compreensão e de entendimento. Para Ruth, a fotografia parecia ser um meio não apenas de se guardar lembranças, mas de registrar um pedaço do tempo que se foi, uma forma de eternizar uma vivência, expressar suas dores, se fazer reconhecer e se reconhecer!

A fotografia se constitui na principal narrativa de Ruth ... Segundo Edward Sapir (Sapir apud Crystal, 1997, p. 400), linguagem pode ser definida como: "método de comunicação humano não natural, que transmite ideias, emoções e desejos, utilizando-se uma variedade de símbolos pré-concebidos voluntariamente".

Pensando a narrativa do fotografo, Stephen Shore, diz que "a forma não é calda artística que se derrama sobre o conteúdo; para que ela tenha sentido, é preciso extraí-la da própria experiência" (Shore, 2014).

Ele, além de discutir a forma da imagem e como ela é construída, propõe que uma imagem não é composta, como uma pintura é, mas sim estruturada:

> Eu penso em "estrutura" muito mais que em "composição" porque "composição" se refere a um processo sintético, como a pintura. Um pintor começa com uma tela em branco. Todo ponto que ele cria aumenta a complexidade da obra. Um fotógrafo, por outro lado, começa com o mundo todo. Toda decisão é para criar uma ordem. "Composição" vem do latim *componere,* que significa colocar no lugar. Um fotógrafo não "coloca nada no lugar" quando cria uma imagem, ele seleciona. (Shore, 2014).

A linguagem fotográfica acaba sendo o instrumento perfeito para a estruturação de um recorte da realidade em um meio específico utilizando a câmera fotográfica. Essa noção aproxima a fotografia de um discurso que a separa de outras linguagens e auxilia a pensarmos sua linguagem de acordo com seus próprios meios. Como a linguagem fotográfica é o que seleciona o que vai ser visível na fotografia, sua estrutura é que mostra a ordem e que possibilita que possamos compreender as imagens fotográficas.

Para Dondis, a luz é parte importante da linguagem visual porque:

> Todos os outros elementos visuais nos são revelados através da luz, mas são secundários em relação ao elemento tonal, que é, de fato, a luz ou a ausência dela. O que a luz nos revela e oferece é a substância através da qual o homem configura e imagina aquilo que reconhece e identifica no meio ambiente, isto é, todos os

> outros elementos visuais: linha, cor, forma, direção, textura, escala, dimensão, movimento. Que elementos dominam quais manifestações visuais é algo determinado pela natureza daquilo que está sendo concebido, ou, no caso da natureza, daquilo que existe. (Dondis, 2007).

Na fotografia, a luz chega a ser uma parte ainda mais importante da linguagem fotográfica, já que a imagem é impressa no filme ou capturada pelo sensor por um aparelho técnico que consegue capturar a luz para um determinado meio. Essa característica ímpar da fotografia a separa de outras linguagens visuais e acrescenta alguns outros elementos como: foco, profundidade de campo, aberrações óticas, ou eletrônicas, ou químicas, sem contar nos cortes que são definidos pelo formato de captura e pelo tipo e ângulo da lente.

Diante do já dito, podemos compreender que, para Ruth, dominar os conceitos de luz e estrutura pareciam ser uma tentativa de também organizar seu mundo interno e tentar dar conta de suas angústias e fantasmas, o que por muito tempo acabou por lhe dar sustentação e amparo, utilizando-se da criatividade como antídoto para manter-se VIVA.

Quanto à Hope, a escolha corajosa por fazer uma imersão não só nas vivências de sua irmã, mas em sua própria, levando-a a situações-limite que a colocaram em circunstâncias de muita vulnerabilidade, abrindo mão, inclusive, da convivência com sua família (marido e filhos), colocando-se sozinha em meio à compreensão da subjetividade de Ruth, me impactaram por demais, levando-me a uma turbulência mental que também me deixou obnubilada para a análise. Penso que a beleza maior expressa foi a sua coragem, que poderia ser facilmente interpretada como um ato de insanidade ou adoecimento profundo. Ou ainda uma relação simbiótica da qual não conseguiu se desfazer nem diante da falta do outro.

O investimento de energia libidinal depositado em todo esse movimento de compreensão do suicídio, bem como na organização e exposição das obras de Ruth como forma de presentear a irmã com o reconhecimento de sua produção trazem também, a meu ver, Hope para o protagonismo, me fazendo elucubrar se o olhar atribuído à Ruth seria de fato à Ruth, ou se, somente ao conseguir olhar para a irmã, Hope consegue, de fato, olhar para si.

No entanto, após assistir ao documentário e pesquisar sobre o destino de Hope, me deparei com a dimensão que todo esse trabalho teve. Hope conseguiu articular uma rede de suporte e ajuda a pessoas que estão em sofrimento, além de criar uma cartilha que orienta e conscientiza acerca de como proceder em casos de tentativas de suicídio. Sem dúvida, um trabalho extraordinário de uma mulher que busca eternizar a existência de sua irmã, fazendo jus a todo seu brilhantismo e levando-a ao RECONHECIMENTO tão desejado!

Ao retratar toda essa vivência permeada por sombras e dor, Hope acaba por encontrar uma forma de, talvez, Renascer...

Referências

ÁLVAREZ, L. H.; COSTA, G. O silêncio da alma. *In*: COSTA, G. et al. **A clínica psicanalítica das psicopatologias contemporâneas**. 2. ed. Porto Alegre: Artmed, 2015.

AMERICAN PSYCHIATRIC ASSOCIATION – APA. Manual diagnóstico e estatístico de transtornos mentais: **DSM-5**. Porto Alegre: Artmed, 2014.

ARAGÃO, I. R. **A dimensão gráfica do cinema**: *uma proposta de classificação de suas configurações*. 2006, 145 f. Dissertação (Mestrado em Design) – Universidade Federal de Pernambuco. CAC. Design. Recife, Pernambuco, 2006.

DEL MATTO, F. **O suicídio na obra de D.W.Winnicott**: elementos para a formação de uma teoria winnicottiana do suicídio. Tese (Doutorado em Psicologia Clínica) – Pontifícia Universidade Católica, São Paulo, 2003.

DIAS, E. **A teoria winnicottiana das psicoses**. Tese (Doutorado em Psicologia Clínica) – Pontifícia Universidade Católica, São Paulo, 1998.

DONDIS, A. D. **Sintaxe da linguagem visual**. 3. ed. São Paulo: Martins Fontes, 2007.

FLUSSER, V. **Filosofia da caixa preta**: *Ensaios para uma futura filosofia da fotografia*. São Paulo: Annablume, 2013.

FREUD, S. Correspondencia con Fliess, Carta 52 (1950). *In*: FREUD, S. **Obras completas de Sigmund Freud**. Buenos Aires: Amorrortu, vol. I, 1988.

GREEN, A. A mãe morta. *In*: GREEN, A. **Narcisismo de vida, narcisismo de morte**. São Paulo: Escuta, p. 239-273, 1988.

KOSSOY, B. **Hercule Florence**: *a descoberta isolada da fotografia no Brasil*. São Paulo: Edusp, 3. ed., 2006.

MACHADO, Arlindo. **A ilusão especular**. São Paulo: Brasiliense, 1983.

MALDAVSKY, D. **Clínica de las adiciones**. Buenos Aires: Zona Erógena, v. 26, 1995.

MCLUHAN, Marshall. **Os meios de comunicação como extensões do homem**. São Paulo: Cultrix, 1974.

MULATI, C. L. **Linguagem Fotográfica Parte I**. Araraquara: Uniara, S/D.

SAUSSURE, F. **Curso de linguística geral**. 8. ed. Trad. Antônio Chelini et al. São Paulo: Cultrix, 1987.

SHORE, S. **A natureza das fotografias**. São Paulo: Cosac & Naif, 2014.

SHORE, S. *Forma e pressão*. **Revista ZUM**, n. 3. Rio de Janeiro: Editora IMS. 2013.

DA DELICADEZA DOS CRISTAIS...

Valdemar Augusto Angerami

Isabella

A delicadeza dos cristais precisa toques sensíveis...
Cerdas suaves em movimentos contrários para preservá-los...
Suavemente, delicadamente, amorosamente...
Os cristais não podem ser expostos ao Sol escaldante...
O Sol afeta sua textura, formosura, contextura...
Não se pode tocá-los com produtos químicos...
Delicadeza, pureza sem aspereza...
De você meu cristal tão delicado...
Tão meiga, doce e amorosa...
Te abraçar cuidadosamente, apaixonadamente...
Nada de movimentos contrários, de falas contrárias...
Você, muito suave para ser contrariada em seus sentimentos...
Aprendi com você que o respeito aos sentimentos é Sagrado...
Divindade, preciosidade, equidade...
Aprendi que as coisas da alma precisam ser tocadas pela alma...
Não cabe contraponto da razão na palpitação do coração...
Nem digressão da lógica, filosófica ou teórica...
Aprender a te amar como um cristal...
Delicada... Simplesmente Ma Belle Cadinho

Serra da Cantareira, numa manhã azul de Verão...

É DIFÍCIL SAIR DE CENA

Ella e John

12

Denise Pereira Alves de Sena

Maria Aparecida Penso

Apresentar o envelhecimento e o suicídio com o auxílio da sétima arte é uma maneira suave de convidar você, leitor, a pensar e a refletir sobre esses temas tão exigentes. Angerami (2011) afirma que "um filme é um lampejo que nos toca a alma fazendo vicejar as nossas emoções mais profundas. E as questões projetivas que se enunciam a partir de então são suficientemente fortes para a criação de novos paradigmas de compreensão da saúde" (p. 17).

Ella e John (*The Leisure Seeker*, 2017) é um filme norte americano, do diretor italiano Paolo Virzi, do gênero drama/romance. O filme conta a história do casal de idosos Ella e John Spencer, vividos na tela pelos atores Helen Mirren (73 anos) e Donald Sutherland (83 anos), e retrata o envelhecimento e a decisão pelo fim da vida. O roteiro para cinema foi escrito por Stephen Amidon, Francesca Archibigi, Francesco Piccolo e Paolo Virzi, adaptado do livro de Michael Zadoorian, de 2009, com o mesmo título. Com oito indicações de premiações em festivais de cinema, entre elas melhor atriz, melhor ator e melhor roteiro, a narrativa é composta por humanismo, situações de perigo real para o casal protagonista, amor, irreverência e muita cumplicidade (segundo o site IMDb.com).

A fotografia do filme é condizente com a temática da narrativa sobre envelhecimento e finitude, com planos conservadores e movimentos lentos de câmera. A sensibilidade da direção de arte se evidencia quando proporciona a presença do "novo" e do "velho" na vestimenta, cores e objetos presentes. Alguns bons exemplos dessa sensibilidade e detalhismo da arte: ambos dormem de camisola de linho, e a filha com um pijama moderno; Ella fala em seu celular *flip phone* e a filha a atende com um *smartphone;* John sai para a viagem de carro usando blazer, e seu filho, ao chegar na casa dos pais, usa camiseta estampada; utilizam projetor de slides para ver suas fotos, equipamento que não é mais usado atualmente; o *motorhome* deles é sempre o mais antigo dos acampamentos, e assim por diante.

O filme encanta pela veracidade de seu roteiro. O casal de idosos octogenários, que mora sem filhos ou cuidadores, sai, sem avisar a ninguém, para uma viagem em seu *motorhome,* modelo *1975 Winnebago Indian*, que Ella ganhou dos pais e apelidou de *Leisure Seeker* (caça lazer). Dois fortes ingredientes compõem a trama, o vínculo com a vida e suas aventuras, bem como a decisão pelo suicídio (no caso, um suicídio e um homicídio), com a roupagem de prova de amor e de cuidado. A morte sendo usada como recurso para encarar a imposição que a velhice traz para todos, o "sair de cena". Seja o "sair de cena" com o significado de admitir que precisa de cuidados e que já não é mais possível fazer as atividades como antes, seja com o significado da morte provocada. O suicídio é um ato intencional, voluntário, que exige planejamento e reflexão e tem como objetivo final cessar a vida (Assumpção, 2018; Solonon, 2018).

Velhice: a perspectiva do casal

Aqui o cenário se desenha da seguinte forma: são idosos, aposentados, com sua rotina vigiada pelos filhos e com a saúde muito fragilizada: Ella tem câncer em metástase na fase terminal; e John tem a Doença de Alzheimer em fase em que já apresenta alguns momentos com lapsos totais de memória, não reconhecendo nem seus familiares. A dinâmica familiar apresentada é a de que o casal de idosos não aceita a parentificação – processo no qual os filhos tornam-se cuidadores dos pais envelhecidos, experiência implícita e complexa, proporcionando um "acerto de contas" que envolve mérito, dívida, lealdade familiar, carinho e cumplicidade vividas ao longo do ciclo de vida familiar (Penso; Silva, 2014).

Ella planeja a viagem com John como antigamente, ele dirigindo e ela sendo o copiloto. Saem de sua casa no estado de Massachusetts com destino a Key West, no estado da Flórida, percorrendo aproximadamente 2.600 Km na costa oeste dos Estados Unidos da América, com o objetivo de realizar o sonho dele de conhecer a casa/museu do escritor Ernest Miller Hemingway. John foi professor universitário de literatura e, ao longo do filme, recita fragmentos de textos dos seus autores preferidos. Um dos mais citados é Ernest Hemingway, que morreu por suicídio com arma de fogo no ano de 1961.

Ella é dinâmica, amorosa e oscila em relação aos cuidados com John. Ora se preocupacom a medicação, alimentação, higiene e proporciona interação social dele com as pessoas sempre orientando *"say hi, John"* ou *"say goodbye, John"*.Ora seu descuido torna-se evidente quando oferece a ele, diariamente, bebida alcóolica. Ele interage espontaneamente com as pessoas quando recita poemas, sendo sempre muito galanteador com as mulheres. John é totalmente dependente de Ella, e em apenas uma cena ele consegue tomar decisões sozinho, quando ele se perde dela, a procura, e a encontra em um hospital. Sobre a dependência criada dentro da relação conjugal na velhice Carter e McGoldrick (2001) destacam a possibilidade de gerar um desequilíbrio relacional e a disponibilidade de cuidar do outro pode provocar o esgotamento físico e emocional, enquanto Cortelletti, Casara e Herédia (2004) afirmam que o cônjuge consegue colaborar para que o idoso permaneça em seu domicílio e não seja colocado em uma instituição de longa permanência. Já Hedler et al. (2016) questionam a extrema vulnerabilidade psicológica e situacional em que se encontram tanto o cônjuge cuidador quanto o cuidado, pois muitas vezes o cuidador também é idoso sem condições físicas e psicológicas para exercer tal cargo. Essas questões nos ajudam a mapear o quanto o envelhecer é complexo e exigente com todas as pessoas e papéis familiares envolvidos, inclusive o conjugal.

A relação entre os dois é retratada com muita cumplicidade, tolerância, intimidade e amor. Para as noites dos acampamentos Ella preparou *slides* antigos para serem projetados para os dois. Fatos da história do casal aparecem ao longo da narrativa, como na cena em que ele encontra uma ex-aluna e se lembra imediatamente dela e de uma amiga. A cena é cômica e evidencia o passado do casal. Ella demonstra toda sua irritação com a maneira como ele se lembrou prontamente da aluna e como a cumprimentou. Já em outra John expressa todo o ciúme que tinha de um ex-namorado de Ella, e a atormenta pedindo explicações de algo que aconteceu há muitos anos.

Outro episódio que mostra a total afinidade do casal é quando eles decidem dormir em um hotel de luxo e dançam ao som da música disco *Don't leave me this way* (Thelma Houston, 1975), canção que tem em seu refrão o pedido de "não me deixe dessa maneira". Uma das cenas mais românticas do filme é quando o casal tem relações sexuais, onde a troca íntima do olhar e sensibilidade se tornam presentes. Declarações de amor são vividas ao longo do filme, onde ambos pedem que o outro não vá embora. Inclusive quando ele confessa ter traído Ella com a melhor amiga do casal, Lilian (Dana Ivey). John, em um delírio, confunde Ella com Lilian e afirma que não pode viver sem Ella, que é o amor de sua vida. E na ocasião em que eles acidentalmente se separam, John consegue se lembrar que estava procurando por Ella sentindo o cheiro do batom que estava na bolsa.

Os limites que a idade impõe são evidenciados nas situações perigosas também retratadas no filme, como quando eles quase são assaltados; quando são abordados por um policial que não pode perceber o Alzheimer de John; no momento em que ele sai do carro/quarto sem avisá-la e Ella acredita que o perdeu, e na ocasião em que ela desmaia e é socorrida por estranhos sem que John veja. Ao longo do filme, o casal encanta e, ao mesmo tempo, provoca o telespectador a pensar na própria velhice e nas limitações que ela estabelece, ficando a cada cena mais evidente do como é difícil se perceber com restrições. Tarefas que ao longo da vida foram executadas de forma trivial, como controlar os esfíncteres ou lembrar dos rostos conhecidos, na velhice se tornam grandes desafios. Sob a perspectiva do casal, eles desejam apenas reviver situações anteriormente vividas, com leveza, segurança, saúde e sem monitoramento dos filhos. Algo "simples" como uma viagem de casal.

A impossibilidade de um viver sem o outro é retratada com frequência ao longo do filme, portanto, ao mesmo tempo que se mostra uma longa história de amor e vida, mostra-se, também, que foi decidido que é hora de terminar. O público só percebe a ideação suicida de Ella no final da viagem, quando se torna evidente sua decisão por não fazer quimioterapia e o risco que a aventura impôs a ambos (atos de autonegligência), o planejamento (a viagem em si) e o método para dar cabo de suas vidas (permitindo a entrada no interior do veículo da fumaça e dos gases tóxicos produzidos pelo cano de descarga do mesmo). Tal decisão revela a dificuldade de Ella em elaborar e aceitar os limites impostos pelo adoecimento e velhice, e ter que "sair de cena" e tratar seu câncer, parar de cuidar de John e de fazer as coisas que faz normalmente na vida. Ella não suporta a possibilidade de o seu "sair de cena" proporcionar aos filhos a obrigação integral de cuidar do pai, a ida dele para um espaço asilar ou, até mesmo, a oportunidade de ele se casar com a vizinha Lilian. Se Ella sairá de cena, Jonh também o fará. Minayo e Cavalcante (2010), em revisão de literatura sobre velhice e suicídio, citam a pesquisa de Brown et al (1986) que investigaram, em uma população de 44 idosos, a relação entre enfermidades terminais na velhice e ideação/tentativas de suicídio e o resultado foi que, um a cada quatro participantes expressou o desejo de morrer por suicídio, para acabar com a situação de dependência e fragilidade por eles percebidas.

Em sua carta de despedida Ella esclarece seu planejamento e organização:

Queridos Will e Jane,

Aqui está o telefone do nosso advogado. Já me encarreguei de tudo, todas as providências. Não há nada com o que vocês se preocuparem. Creio que a nossa última conta do Visa será exorbitante. Nós nos divertimos um pouquinho no final. Sinto muito por causar este sofrimento a vocês. Sei o quão doloroso deve ser. Mas, em breve, vão sentir outra coisa. Vão sentir alívio. Alívio por não terem que ver nossos corpos e nossas mentes se deteriorando. Alívio porque o peso que estávamos nos tornando foi tirado de seus ombros. E não devem se sentir culpados. Não devem! Eu amei seu pai. Não me restava mais muito tempo... E eu não podia deixá-lo sozinho. Nós estivemos sempre juntos. E espero que estejamos juntos em algum lugar agora. Quem sabe? Essas foram as nossas últimas férias maravilhosas. Tivemos dias lindos. Foi nosso final feliz. Com amor, Mamãe.

O filme traz para o espectador a provocação sobre: o que fazer? como sair de cena?

Velhice: percepção dos filhos

Já para seus filhos a viagem se desenha como algo perigoso e irresponsável. O início do filme é marcado pela preocupação do filho

Will Spencer (Christian Mckay) que iria, na sua visita semanal aos pais, levá-los ao médico. Ella daria início às sessões de quimioterapia. Como de costume chega à casa dos pais com um bolo de presente. Se assusta ao constatar que nem os pais e nem o *motorhome* estão em casa. Imediatamente tenta contato, via celular, sem sucesso. Sua irmã Jane Spencer (Janel Moloney) junta-se a ele incrédula de que possam estar muito longe dali. Os irmãos oscilam entre a apreensão do que pode acontecer e a crença de que ficará tudo bem. Também retratando a dificuldade que a família enfrenta, sem saber onde é a fronteira entre oferecer cuidado, respeitar a subjetividade dos pais e negligenciar idosos. Para os idosos é difícil sair de cena, bem como para os familiares que não conhecem o momento "certo" de entrar em cena. Segundo a teoria sistêmica, o ciclo familiar no estágio tardio impõe ao sistema rever seus papéis, hierarquia e fronteiras utilizando seus rituais, mitos e lealdades para a reorganização da família (Carter; McGoldrick, 2001; Boszormenyi-Nagy; Spark, 2001; Penso; Silva, 2014).

Nos telefonemas que acontecem ao longo do filme, os filhos tentam convencer os pais a dizerem onde estão ou a voltarem, e Ella tenta explicar que apenas desejam se divertir, como fizeram ao longo da vida. Jane se mostra mais compreensiva que Will, sendo a filha "queridinha" de John, a mais velha, casada, mãe de dois filhos adultos e professora da Universidade como seu pai. Will é o filho homossexual não assumido que ainda não deslanchou profissionalmente, tendo nos pais uma grande ocupação. Tornando evidente o destaque de Cardoso, Martins e Monteiro (2017) que afirma que a família é um importante fomentador da saúde de seus idosos, tanto física, mental e social, contudo, destaca o quanto essa lida traz sobrecarga relacionada a sua função protetiva socialmente exigida e construída, bem como a necessária adequação dos papéis dentro do sistema.

Da perspectiva dos filhos essa viagem é uma insensatez, e irá retardar, de maneira perigosa, o tratamento para o câncer de Ella. Torna-se evidente a certeza de que os pais são incapazes de gerir a própria vida, sendo seus filhos os tutores. Bem como o temor do que poderia acontecer ao longo dessa aventura que viesse a colocar a vida dos pais ou de outras pessoas em risco, já que há anos não viajavam dirigindo. Os autores Lima e Coelho (2011) destacam perdas, desgaste e desvalorização como representação social do envelhecimento, sendo sinônimo de prejuízo e não de maturidade e experiência. Brink (1983), Mucida (2006) e Sena

(2018) concordam que a velhice provoca um "Édipo invertido", onde os idosos se tornam dependentes dos filhos adultos, transferindo para eles a libido originalmente destinada aos seus pais biológicos, funcionando como uma regressão. Aqui a dificuldade dos filhos é a de construir um *novo papel* que oscila entre ser o tutor dos pais e continuar filho(a), reconhecendo a fragilidade dos genitores; entre respeitar a subjetividade existente dos idosos e limitar o espaço de vivência dessa subjetividade com segurança para os pais.

Velhice: percepção social

A perspectiva social do filme mostra pessoas pacienciosas e dispostas a ouvir as longas estórias que John relata, e outras que os ignoram, impacientes. John é um personagem carente e com a capacidade de avaliar os eventos a sua volta com menos bom senso. Ella tem mais autocontrole e senso crítico.

Diferentes saberes que pesquisam o envelhecer indicam que esta fase pertence socialmente a dois lugares bem distintos: o de sábio ou de estorvo. Ora a velhice é percebida como sinônimo de sabedoria, ora é a inutilidade e o "custo" que prevalecem, uma vez que se tornam pessoas incapazes de produzir (Mucida, 2006; SENA, 2018). Kamkhagi (2008) destaca que tanto nas sociedades pré-históricas, quanto nas antigas existiam as mesmas contradições da atualidade frente ao envelhecer: ou o idoso ocupava um lugar magistral, ou um espaço de decrepitude.

O determinante deste lugar relaciona-se diretamente à cultura, às relações sociais familiares e econômicas vigentes em cada época. Conforme Kamkhagi (2008, p.22) "o lugar do velho, ao longo desse processo histórico, vai além da realidade subjetiva e envolve aspectos simbólicos que são fixados pela cultura". Simone de Beauvoir (*apud* Mucida, 2006, p.64) destaca que "(...) quando o clima é duro, as circunstâncias difíceis, os recursos insuficientes, a velhice dos homens assemelha-se muitas vezes à dos bichos", ou seja, os mais velhos, fracos e debilitados, são abandonados por seus bandos.

A inexistência de material histórico preciso sobre o *status quo* do idoso nas sociedades antigas é um fator relevante. As inferências feitas são baseadas em materiais etnográficos, de tribos dos séculos XIX e XX, encontrados por antropólogos. Há evidências de que os anciões da época, cuja faixa etária variava entre 25 e 35 anos, gozavam de privilégios em razão de sua longevidade e suposta sabedoria (Kamkhagi, 2008).

O papel de sábio pode se justificar pelo fato daquelas sociedades serem ágrafas, conhecidas também como "sociedades orais", ou seja, os mais velhos detinham o conhecimento e o saber. Portanto, somente eles poderiam "repassar" a cultura e a história aos mais jovens, pois eles eram juízes, guardiões, feiticeiros ou bruxos com poder. Entretanto, se o envelhecer viesse acompanhado de demência tendiam a ser vistos como estorvos, não merecedores de reverência (Kamkhagi, 2008). Provavelmente o lugar de guardião dos conhecimentos tenha declinado com o surgimento e o domínio da escrita. É possível supor que nesta época do desenvolvimento da sociedade tenha começado a surgir a imagem do idoso decrépito, decadente e caduco, como um "peso" nos grupos nômades ante à escassez de recursos e à dureza do cotidiano (Sena, 2018).

Ella evidencia ao longo do filme sua dificuldade em mostrar-se doente, frágil. Usa perucas para que o ralo cabelo branco não apareça, veste-se com elegância e cuida para que John também se apresente bem cuidado. Envelhecer é exigente. Minois (*apud* KAMHAGI, 2008, p.25) corrobora com Ella quando cita o trecho de um depoimento, angustiado, oriundo do Egito, datado de 4500 a.C:

> Como é penoso o fim de um velho! Ele enfraquece todos os dias, a sua vista diminui e os ouvidos tornam-se surdos, faltam as forças e o coração já não tem descanso, torna-se silencioso e já pouco fala. As suas faculdades intelectuais diminuem e é impossível lembrar-se hoje do que aconteceu ontem. Todos os ossos lhe provocam dor. As tarefas que há pouco se entregavam com entusiasmo apenas se cumprem com dificuldade e desaparece mesmo o sentido do gosto. A velhice é o pior dos males que pode afligir um homem.

Conclusão

Desde o seu nascimento o ser humano convive com o envelhecer e com o morrer diariamente. O desenvolvimento físico e subjetivo é particular, individual e crescente. A cada dia o embrião cresce milimetricamente e, assim, continua após o nascimento. Contudo, o envelhecimento, apesar de natural, ainda é cercado de mitos, assim como a morte. Kovács (1992, p.2) afirma: "não nos iludamos, pois o que buscamos não é a vida eterna e, sim, a juventude eterna com seus prazeres, força, beleza e não a velhice eterna com suas perdas, feiuras, dores". Para Doll e Py (2007, p. 280) "a morte é a questão existencial mais profunda no contexto da sua sociedade, mas de forma absolutamente individual e particular".

A morte e a velhice se assemelham no que diz respeito à finitude humana. Kovács (1992) destaca que a morte como limite proporciona crescimento, contudo, como limite, também é dor, perda da função, das carnes e do afeto. É solidão, tristeza e pobreza. E afirma: "uma das imagens mais fortes da morte é a da velhice, representada por uma velha encarquilhada, magra, ossuda, sem dentes, feia e fedida. É uma visão que nos causa repulsa e terror" (p.92).

O filme *Ella e John* comove pela veracidade das situações que envolvem os protagonistas e evidenciam como o "sair de cena" é exigente. Seja por aceitar que a necessidade de ser cuidado por terceiros é real, seja pela decisão de tirar a própria vida. Figueiredo et al. (2015) afirmam que na velhice há um déficit na resolução de problemas devido aos efeitos da depressão, da rigidez cognitiva e de pressupostos disfuncionais que podem favorecer as tentativas e os suicídios de idosos. Identificaram estratégias de enfrentamento baseadas em cinco núcleos, sendo eles a religiosidade, o apoio social e familiar, o suporte de serviços de saúde, o contato com animais de estimação e a retomada da autonomia para administrar a própria vida. Na vida deste casal a retomada da autonomia significou o encontro com a morte.

Scalco et al. (2016) realizaram pesquisa sobre filmes que retratavam os temas "suicídios e idosos", no período compreendido de 1950 e 2014, sendo identificados 19 filmes.[1] A conclusão dos autores é a de que

[1] *Sunset Boulevard* (EUA, 1950); *Umberto* (Itália, 1952); *Harold and Maude* (EUA, 1971); *The Ballad of Narayama* (Japão, 1983); *Right of Way* (EUA, 1983); *Antonia's Line* (Holanda, 1995); *Gods and Monsters* (EUA, 1998); *Space Cowboys* (EUA, 2000); *Spring, Summer, Fall, Winter... and Spring* (Korea, 2003); *The Bridge* (Reino Unido, 2006); *Whatever Works* (EUA, 2009); *You Don't Know Jack* (EUA, 2010); *Poetry* (Korea, 2010); *Wrinkles* (Espanha, 2011); *The Suicide Shop* (França, 2012); *Amour* (França, 2012); *The Artist and the Model* (Espanha, 2012); *August: Osage County* (EUA, 2013); *Getulio* (Brasil, 2014).

os filmes retratam questionamentos existenciais associados a sofrimentos impostos pela velhice. A depressão e a desesperança estão representadas em 12 dos 19 filmes; e o autoconceito negativo, bem como a autopercepção de improdutividade e vergonha de si mesmo são conceitos presentes em todos os filmes. Em 13 dos filmes o protagonista é do sexo masculino, fato condizente com os estudos da Organização Mundial da Saúde (2002) que evidenciam o aumento das tentativas e de suicídio entre homens idosos, incluindo a letalidade das tentativas. Fatores relacionados à existência e eficiência dos serviços de saúde, doença física e ausência de apoio familiar foi presente em 10 dos filmes; rigidez cognitiva em oito; pensamento suicida em sete; déficit e falta de apoio social em cinco.

O autor Angerami (2018), um dos precursores no Brasil na atuação junto a pacientes com intenções suicidas, destaca que ainda há muito trabalho social a ser feito no combate ao suicídio, incluindo os profissionais das áreas da saúde que precisam ser treinados e capacitados para acolher, escutar e cuidar de forma adequada de sujeitos em que a autodestruição se desenha como saída. Beautrais (2002) e Minayo e Cavalcante (2010) afirmam que o suicídio, ou as tentativas de autoextermínio, envolvem questões de ordem econômica, religiosa e filosófica sendo uma séria questão de saúde pública. O suicídio entre idosos se constitui hoje um grave problema em várias sociedades no mundo, sendo a razão entre tentativas e suicídios consumados muito próxima, quase 2:1. A questão de gênero dentre os idosos aponta que as mulheres tem mais ideação e produzem mais tentativas de autoextermínio; os homens são os que mais chegam ao final. Em uma gradação etária, o grupo acima de 80 anos é o que mais se envolve com pensamentos, sentimentos, tentativas e execução do suicídio.

Construindo um paralelo entre o estudo anteriormente citado e o filme aqui apresentado, questões ligadas à crise existencial, depressão e desesperança estão presentes, assim como a doença física e cognitiva. O "sair de cena" foi uma decisão unilateral apresentada como "protetiva" de uma esposa cuidadora em relação ao seu cônjuge, assim como de uma mulher que não suportou a realidade trazida com a velhice. Para Ella, a negação de sua finitude foi o grande motivador para seu suicídio. A velhice e a morte sempre são vividas por nós, no outro: é o outro que envelhece, que adoece, que tem rugas... e é o outro que morre, no nosso imaginário. John foi retirado de cena, sem escolha, pela doença de Alzheimer, um dos diálogos do casal evidencia tal fato. Ella *"John, cadê você? Quem te roubou de mim?"*. E John responde: *"Não sei. Quem me roubou de você também me roubou de mim"*.

Referências

ANGERAMI, V. A. A compreensão da saúde a partir da utilização de filmes. *In*: ANGERAMI, V. A. (Org.) **Psicologia da saúde**. Um novo significado para a prática clínica. 2 ed. São Paulo: Cengage Learning, 2011. Pg 50-68

ANGERAMI, V. A. Atitudes do psicoterapeuta diante dos casos de suicídio. *In*: ANGERAMI, V.A. (Org.) **Sobre o suicídio**. Psicoterapia diante da autodestruição. Belo Horizonte: Artesã, 2018. Pg 120-145

ASSUMPÇÃO Jr., F.B. Suicídio na infância e na adolescência. *In*: ANGERAMI, V.A. (Org.) **Sobre o suicídio**. Psicoterapia diante da autodestruição. Belo Horizonte: Artesã, 2018. 250-285

BEAUTRAIS, A.L. A case-control study of suicide and attempted suicide in older adults. **Suicide Life Threat Behav**. v. 32, n. 1, p. 1-9, 2002. DOI:10.1521/suli.32.1.1.22184. acessado em 25.07.2021

BRINK, L.T. **Psicoterapia geriátrica**. Rio de Janeiro: Imago, 1983. Pg 48- 66

BOSZORMENYI-NAGY, I.; SPARK, G.M. **Lealdades invisibles**. Buenos Aires: Amorrortu, 2001. Pg 67-82

CARTER, B.; McGOLDRICK, M. As mudanças no ciclo de vida familiar: Uma estrutura para a terapia familiar. *In:* CARTER, M. M. et al. **As mudanças no ciclo de vida familiar**: Uma estrutura para a terapia familiar. 2. ed. Porto Alegre: Artes Médicas, 2001. Pg 150- 192

CORTELLETTI, I.A.; CASARA, M.B.; HERÉDIA, V.B.M. **Idoso Asilado**: um estudo gerontológico. Caxias do Sul: PUCRS, 2004. Pg 72-90

DOLL, J.; PY, L. O idoso na relação com a morte: aspectos éticos. *In*: NERI, A.L. (Org.) **Qualidade de vida na velhice**. Enfoque multidisciplinar. Campinas: Editora Alínea, 2007. Pg 30-55

ELLA E JOHN. Direção: Paolo Virzi. Produção: Fabrizio Donvito. Itália/ França: Indiana Production/Rai Cinema, 2017. Netflix (112 min).

FIGUEIREDO, A.E.B. et al. É possível superar as ideações e tentativas de suicídio? Um estudo sobre idosos. **Ciência & Saúde Coletiva**. v. 20, n. 6, p. 1711-1719, 2015. acessado em 25.07.2021

HEDLER, H. C et al. Representação social de beneficiários de cuidados e de prestadores de cuidados familiares para idosos. **Revista Katálysis**, v. 19, n. 1, p. 143-153, 2016. https://dx.doi.org/10.1590/1414-49802016.00100015. acessado em 25.07.2021

KAMKHAGI, D. **Psicanálise e velhice**: sobre a clínica do envelhecer. São Paulo: Via Lettera, 2008. Pg 17-56

KOVÁCS, M.J. (1992). **Morte e desenvolvimento humano**. São Paulo: Casa do Psicólogo, 1992. 182-250

Solomon, A. (2018). Um crime da solidão: reflexões sobre o suicídio. Tradução: Berilo Vargas, 1ª edição. São Paulo: Companhia das Letras. Pg. 88-105

Penso, M.A. & Silva, L.F. (2014). A dinâmica familiar e a colocação do idoso em instituição de longa permanência. In O lugar que sobrou. Organizadores: Loureiro, A.M.L.; Vianna, L.G.; Penso, M.A.; Faleiros, V.P. Brasília: EdUCB. Pg 42-64

Hedler, H.C.; Faleiros, V.P.; Santos, M.J.S. & Almeida, M.A.A. (2016) Representação social do cuidado e do cuidador familiar do idoso. Revista Katálysis 19 (1) https://doi.org/10.1590/1414-49802016.00100015 pg 143 – 153 acessado em 25.07.2021

Minayo, M.C.S. & Cavalcante, F.G. (2010). Suicidio entre pessoas idosas: revisão de literatura. Revista Saúde Pública, 44 (4). https://doi.org/10.1590/S0034-89102010000400020 pg 750 – 757. acessado em 25.07.2021

Cardoso, T.F.P. ; Martins, M.M.F.P.S. & Monteiro, M.C.D. (2017). Unidade de cuidados na comunidade e promoção da saúde do idoso: um programa de intervenção. Revista de Enfermagem Referência. Serie IV nº 13. https://doi.org/10.12707/RIV16071. pp. 103-114, acessado em 25.07.2021

Lima, P.M.R.; Coelho, V.L.D. (2011). A arte de envelhecer: um estudo exploratório sobre a historia de vida e o envelhecimento. Psicologia, Ciência e Profissão. 31 (1). • https://doi.org/10.1590/S1414-98932011000100002. Pg 80-95 acessado em 25.07.2021

Scalco, L.M.; Santos, J.F.; Scalco, M.G.S.; Bezerra, A.J.C.; Faleiros, V.P. & Gomes, L. (2016). Suicide and suicide attempts by the elderly in film: related factors as shown in feature films. Revista Brasileira Geriatria e Gerontologia 19 (6). https://doi.org/10.1590/1981-22562016019.160023 pg 906 – 916 acessado em 25.07.2021

Sena, D.P.A. (2018). O envelhecimento: uma visão psicanalítica. Novas Edições Acadêmicas. ISBN. 978-613-9-61468-4. Pg. 10-56

Mucida, A. (2006). O sujeito não envelhece: psicanálise e velhice. Autêntica: Belo Horizonte. Pg 177-198

13

VIDA E MORTE NO FILME *TODAS AS MANHÃS DO MUNDO*

Entre sensações, interioridade pessoal e intersubjetividade

Miguel Mahfoud

Tomamos em análise o filme *Todas as Manhãs do Mundo* (de 1991, dirigido por Alain Corneau)[1] como oportunidade de refletir sobre o problema do suicídio na perspectiva da Psicologia, evidenciando diversos modos de elaboração de experiências pessoais e suas vicissitudes. Abordamos as tensões entre o campo das sensações e o da interioridade pessoal, evidenciando a inevitável e radicalmente necessária intersubjetividade. Reconhecemos vida e morte em íntima interdependência: possibilidade de vida autêntica no drama propriamente humano, mas também possibilidade de escapes da pessoalidade.

O filme se propõe a apresentar de forma ficcional as experiências de *Monsieur* de Sainte-Colombe e suas duas filhas, bem como a de Marian Marias.

São personagens históricos da França do século XVII e especialmente a figura de *Monsieur* de Sainte-Colombe tem despertado muito interesse e curiosidade dos historiadores ao longo dos séculos justamente por termos pouquíssimas informações sobre ele: embora compositor e concertista excepcional, responsável por grandes contribuições para o desenvolvimento da música barroca, particularmente quanto ao instrumento

[1] O título original é *Tous les Matins du Monde*: produção francesa baseada no romance homônimo de Pascal Quignard.

viola da gamba, praticamente tudo o que se sabe sobre ele chega a nós através da sua repercussão nas obras de seus importantes alunos.

Sabe-se apenas que Jean de Sainte-Colombe histórico (*1640 – †1690) viveu em Paris, com vida sóbria e recolhida, realizou poucos concertos públicos, mas revolucionou a técnica de utilização e a sonoridade da viola da gamba. Os historiadores especulam sobre o motivo de ele não frequentar a corte real e sobre sua vida na penumbra. Embora fosse conhecido e admirado na corte do rei Luís XIV, não a frequentava. Teve duas filhas – Brigide e Françoise – que tocavam com ele em algumas apresentações públicas e um filho natural, que levava seu mesmo nome e chegou a estudar música na Inglaterra, inclusive compondo uma peça ao pai dedicada. Chegaram até nós 188 peças compostas por Sainte-Colombe para viola da gamba solo e 67 para duas violas (Hill, 2005; Perl, 1997).

Marian Marias (*1656 – †1728) histórico foi o melhor aluno de Sainte-Colombe. Chegou a fazer parte da *Chapelle Royale*: centro de excelência musical e centro do poder da nobreza, importante instância de preservação e expansão da glória e autoridade do rei Luís XIV através da música e da liturgia (Hill, 2005).

Na ficção apresentada em *Todas as Manhãs do Mundo*, os personagens *Monsieur* de Sainte-Colombe, suas duas filhas (ali nomeadas como Madeleine e Toinette) e Marian podem ser tomados segundo as diversidades de vivências e elaborações das experiências diante de dramas existenciais, relações pessoais e limites psíquicos. Ocasião para reconhecermos diversos percursos pessoais envolvendo sensações, interioridade pessoal e intersubjetividade, chegando ao tema do suicídio.

Monsieur de Sainte-Colombe

Um moribundo manifesta seu último desejo de falecer tomando uma taça de bom vinho e ouvindo músicas de viola da gamba. *Monsieur* de Sainte-Colombe, músico renomado, vai tocar junto ao leito de morte de seu amigo, que efetivamente vem a falecer assim.

A música é uma experiência sensível, sonora, mas o que está em questão ali é sua capacidade de mobilizar algo não propriamente sensorial: a partir da sensação, a música é capaz de mobilizar uma abertura da experiência, esta, sim, determinante para a pessoa se colocar diante de sua vida em totalidade. Nesse sentido, desejar morrer ouvindo boa música é mais que se conceder um momento de prazer sensorial; trata-se de buscar viver uma experiência intensa no sentido de reafirmar que a vida vale a pena,[2] viver uma abertura do sujeito inteiro à vida inteira.

Que abertura é essa, vivida em meio às sensações? Todo o enredo do filme *Todas as manhãs do mundo* lida com essa questão.

Edith Stein (1999b, 2003; cf. Mahfoud, 2017b) abre um caminho para a apreensão desse fenômeno ao apontar que uma vivência sensorial tem início pela dimensão psicofísica e a elaboração mesma da experiência envolve a dimensão do espírito: podemos colher valor e sentido naquela experiência que permanece intimamente associada à vivência sensível.[3] Mesmo Husserl evidencia que as vivências da materialidade abrem um campo de sentido a ser elaborado pelo sujeito: dados hiléticos estão à

[2] De fato, Paul Ricoeur (2012), em seu último livro, intitulado *Vivo até a morte*, enfatiza a experiência de a vida ser afirmada até o último respiro por parte do moribundo, apontando que o olhar à pessoa como estando morrendo é visão exterior, vivenciada pelo próprio sujeito como violência. O sujeito vive, inclusive, a morte.
Até o último instante, a pergunta radical "Vale a pena viver?" requer resposta pessoal (MAHFOUD, 2018b).

[3] "Os 'atos do sentimento', assim como os lógicos, são fundantes das tomadas de posição espontâneas frente a um material que efetivamente se dá, são fundantes das reações dos sujeitos quando se dão conta de algo de que participam. Diferentemente dos atos lógicos, é preciso evidenciar que, nesse caso, a sensibilidade tem um papel completamente diferente: ela não é apenas pressuposta como constituinte das vivências fundantes, mas essas vivências mesmas são atos fundamentados que precisam de uma *matéria* própria. Quando observo com alegria uma paisagem maravilhosa, não são somente os dados sensíveis que estão cooperando como matéria na intuição da paisagem, fundamento de minha alegria; ela mesma contém os elementos *hiléticos* – não egológicos ou egológicos – como o sentido de prazer, o estado de bem-estar, etc. Do ponto de vista psicológico, tem-se a tentação de contestar a essência própria dos sentimentos e tomá-los como conjunto de sensações corporais. À base desses vãos esforços está a justa convicção de que, na constituição das vivências de sentimento, um substrato fundante tem uma importância essencial e que, em certa classe de atos de sentimento, os sentimentos *sensíveis* formam aquele substrato. O grave erro dessas teorias está no fato de não reconhecerem o caráter *intencional* dos sentimentos espirituais. Elas não veem que sob o fundamento dos conteúdos egológicos, como na percepção, surge uma compreensão espiritual que faz com que eles sejam portadores de uma doação de sentido e que, na 'função demonstrativa' deles, escancaram ao sujeito a visão de um novo mundo objetivo. Esse novo mundo objetivo, que a nós se abre no *sentir*, é o mundo dos valores. (...) (Valor entendido aqui como o que, em si, está cheio de valor ou aquilo que é significativo somente para determinado sujeito)." (STEIN, 1999b, p. 184, itálicos da autora).

base das elaborações noéticas (Husserl, 2006b, 2012; Ales Bello, 1998; Ghigi, 2003).[4]

Acontece que Sainte-Colombe, ao voltar para casa, encontra sua própria esposa morta: fica muito chocado por ter se dedicado a cuidar de alguém para que tivesse uma boa morte e, enquanto isso, a pessoa a quem ele mais queria bem veio a falecer sem que pudesse fazer nada. Impactado pela proximidade da morte que lhe arranca a convivência com quem ele ama, a música se abre como campo para lidar com a morte, com a perda e com a tristeza, e também um modo de reafirmar o amor que a morte parece querer arrancar dele. Adentrar tal campo passa a ter o sabor da vida mesma, daquela vida que vale a pena. Ele passa, então, a se ocupar da profunda vivência interior proporcionada pela música, a ponto de se tornar a referência de seu viver.[5]

A vivência sensorial abre uma dimensão de sentido mais amplo, oferece um campo de experiência a ser elaborado, e isso é vivido como

---

4 "Assim são também as sensações de prazer, de dor, de cócegas etc. e também os momentos sensuais da esfera dos 'impulsos'. Encontramos tais dados concretos de vivido como componentes de vividos concretos mais abrangentes, que são intencionais no todo, e intencionais de modo a haver, sobre aqueles momentos sensuais, uma camada que por assim dizer os anima, lhes *dá sentido* (ou que implica essencialmente doação de sentido), uma camada por meio da qual o próprio vivido intencional concreto se realiza. (...) Dados sensíveis se dão como matéria para formações intencionais ou doações de sentido de diferentes níveis, simples ou fundados de maneira própria." (HUSSERL, 2006b, p. 193-194, itálicos do autor).

"O fluxo do ser fenomenológico tem uma camada material e uma camada noética. Considerações e análises fenomenológicas, que se referem especialmente ao material, podem ser chamadas de *hilético-fenomenológicas*, assim como, do outro lado, as referentes aos momentos noéticos podem ser chamadas de 'noético-fenomenológicas'." (HUSSERL, 2006b, p. 197, itálicos do autor).

"A inteira consciência de um ser humano fica, de certo modo, ligada a seu corpo vivo por meio de sua base hilética." (HUSSERL, 2002, p.155).

5 Ao vivenciarmos os dados sensíveis, dá-se uma dinâmica de elaboração da experiência em que está incluída uma ampliação de horizontes. Não ficamos presos à sensorialidade: o contato mesmo contém um convite a uma abertura, ao reconhecimento de algo e, em seguida, ao reconhecimento de uma presença que chama a um relacionamento; podemos, então, ter um novo olhar sobre nós próprios. Reconhecer o relacionamento com alguém possibilita nossa elaboração da experiência pessoal quanto ao mundo ou quanto a nós próprios: precisamos de vida intersubjetiva – laços afetivos, inclusive – para chegarmos a ser nós mesmos. Para tanto, precisamos atentar para as sensações a ponto de reconhecermos a dinâmica da própria experiência e sua intersubjetividade constitutiva (STEIN, 2003; GIUSSANI, 2000, 2017; MAHFOUD, 2012, 2017b).

abertura; mas, dramaticamente, essa experiência mesma, no momento seguinte, pode ser tomada de modo estreito, reduzido, como fechamento.[6] Sainte-Colombe monta uma cabana muito rústica, apartada da grande casa da fazenda em que mora com sua família, onde passa a se recolher para tocar: aquela experiência era reconhecida como a vida que valia a pena diante do drama da morte. Mas essa afirmação foi significando certo distanciamento das relações pessoais, até mesmo com suas duas filhas que ainda eram crianças. Considerava que as amava, e isso deveria bastar para que elas pudessem se desenvolver. Passa a conviver com as filhas cada vez menos: a experiência de tocarem juntos – o pai e as duas filhas – foi por algum tempo um modo afetivo de estar próximo a elas. Aos poucos vai ficando cada vez mais rara. Os poucos contatos físicos vão também desaparecendo, restringidos a toques fugazes das mãos que se encontram ao lidarem com cartas de baralho nos raros momentos de convivência. Foi tornando-se mais irado e rude, bloqueando manifestações afetivas, chegando a matar friamente uma joaninha colocada com alegria infantil sobre a mesa pela filha Toinette. Foi se desinteressando por anotar em partituras as suas composições ou registrar suas criações de novas técnicas de arpejos, os modos de lidar com o arco da viola da gamba, a conquista de nova sonoridade... Chega a acrescentar uma sétima corda ao instrumento para lhe dar tom mais melancólico, acentuando a vivência de sofrimento pela sonoridade – elaborada pela experiência da beleza. Volta-se à sua vivência interior gerando isolamento de coisas e pessoas, instaurando rupturas. Permanece fechado na cabana por períodos cada vez maiores.[7] Chega a sonhar que entra em um lago de águas

---

[6] Sobre consequências de reduções e de esvaziamentos de experiências fundamentais confira GIUSSANI (2000, 2004a, 2017) e MAHFOUD (2012, 2016).

Importante considerar também que a elaboração dos dados sensíveis – mesmo os mais básicos – pode ser realizada pelo sujeito por compartilhar do mesmo mundo-da-vida com outros significativos. A intersubjetividade é fundamental em todos os níveis de elaboração de sentido (HUSSERL, 2012; ALES BELLO, 1998).

[7] Na melancolia, "uma corrente interna, que vem da alma, pesa sobre tudo o que normalmente brota, vibra e trabalha livremente. A energia espontânea da decisão, a capacidade de delinear contornos claros e vigorosos, a valorosa apreensão da forma; tudo isso se torna fadiga e indiferença. O ser humano não é mais dono de sua vida. Já não acompanha a marcha dos acontecimentos. Os eventos se embaralham em torno dele: Não pode mais olhar através deles. Ele não está preparado para enfrentar qualquer

turvas (aquele de sua propriedade, onde antes encontrava sua esposa), a ponto de ficar todo submerso, ali permanecendo.[8]

Aquela vivência inicial, significativa como abertura, se torna, em seguida, refúgio e imersão: a pessoa começa a sucumbir dentro do âmbito que identificou com a vida mesma. Aquele recolhimento vislumbrado como possibilidade de se retomar diante do drama da morte, foi se tornando fechamento, escolhendo apenas alguns pontos específicos para afirmar sua experiência de vida, perdendo a força própria da abertura à totalidade. Sua vivência na interioridade pessoal passou a ser tomada como o campo de seu viver. Sainte-Colombe chega a afirmar: "Os meus amigos são minhas memórias". Distancia-se da provocação vital que o outro é escolhendo na própria interioridade alguns elementos que o reestruturassem.

Interessante notar que a dimensão intersubjetiva da experiência não desaparece, mesmo no isolamento e na interioridade pessoal. A força estruturante da alteridade – provocando vivências e elaboração das experiências – não pode ser reeditada nas escolhas do sujeito. O fechamento de Sainte-Colombe vai se compondo e levando a uma intersubjetividade delimitada, montada – porque sem alteridade e intersubjetividade, pessoa alguma pode viver.

experiência. (...) Esta vulnerabilidade não provém, basicamente, de deficiência de estrutura ou insuficiência de força interior, ainda que elementos dessa natureza possam se agregar, inclusive a de uma sensibilidade do ser devida à multiplicidade de dons naturais. (...) A existência permanece inexorável. E o fato que seja inevitável é precisamente o que fere: por todos os lados, sofrimento. (...) Seus pensamentos e imaginação se fazem cheios de sonhos, nos quais se vê reconhecido (...), sem excluir que quem a carrega seja profundamente sensível à multiplicidade de significações, aos diferentes valores e à beleza do mundo. (...) O que ameaça também seduz: ele coloca-se na defensiva ante o perigo e a morte mas, ao mesmo tempo, misteriosamente eles o cativam. (...) Certamente muitos melancólicos são duros e até cruéis – chegaram a isso por desassossego interior, angústia, desesperança. (...) Em sua mais íntima substância, é nostalgia do amor. A pulsão da melancolia é o Eros: a exigência de amor e de beleza". (GUARDINI, 2008, s/p.).

[8] "A morte de uma pessoa que foi cara a nós e que marcou a história de nossa vida é a proximidade da morte de um *tu* que esteve próximo; e isto porque o *tu* representa *o outro* 'imediatamente outro e o não eu no seu ponto de tangencialidade com o eu, o limite próximo da alteridade', como escreveu Jankélévitch. Assim, a morte de uma pessoa cara é quase a nossa própria morte; e, nesse sentido, Karl Jaspers diz que a morte de uma pessoa cara, da pessoa amada com a qual se esteve em comunicação existencial, é a rachadura mais profunda da vida. Ainda que, certamente, uma pessoa amada de verdade continue a ser uma presença humana indelével. (BORGNA, 2007, p. 150-151).

Logo em seguida ao sonho, Sainte-Colombe, fechado em sua cabana, se põe a tocar a peça que ele havia composto por ocasião da morte da esposa: "A Tumba dos Lamentos". Toca com tamanha intensidade que chega a vivenciar a presença da esposa ali junto dele enquanto tocava: tocava diante dela como amor, toma a presença dela também como amor para com ele. Dá-se excepcional intensidade da experiência musical (os dedos parecem saber o que fazer, nem precisa se ocupar da técnica instrumental, toca de cor, com sensibilidade à flor da pele) e também da vivência de amor (a presença da esposa é vivida com clareza incomum, e é como se o tempo tivesse parado: "Vivia um amor que com nada diminuía. Parecia-lhe que era o mesmo amor. Todas as noites eram a mesma noite. Todos os frios eram o mesmo frio".). A música e a vivência interior de relação com a esposa o marcam de um modo especial: chora ao executar aquela sua composição: há dor pela falta da esposa e, paradoxalmente, consciência da profundidade de sua experiência em que ela não se perde, em que ela está vivamente presente.[9]

A *memória* daquele relacionamento e da presença da amada torna-se tão viva, intensa, dominante, que a vivência é a de que o tempo tenha parado. Na interioridade pessoal encontramos o relacionamento com pessoas significativas que constituem nossa pessoa, mas essa evidência ainda pode não ser suficiente para continuar a suscitar novos sentidos, novos horizontes, próprios de toda experiência viva. Se a memória não assumir sua função de "guardiã da experiência"[10] – no sentido de nos manter ativos com nossos juízos pessoais autênticos sobre tudo o que vivenciamos e sobre todos os objetos que encontramos – aquele grande recurso de formação viva e contínua de identidade pode se transmutar, cristalizando vivências (fixando-as em determinados âmbitos e formatos) ao

[9] "Uma angústia ao mesmo tempo gélida e ardente emerge nesses pensamentos e nessas imagens [de Rilke e Munch]: traços psicóticos inconfundíveis e fosforescentes que se transfiguram em expressões artísticas das quais desaparece qualquer condicionamento patológico: incinerado pela luz fulgurante da criação: são gramáticas da criação. A angústia, como matriz de sofrimento infinito e, a um só tempo, de metamorfose criativa do real. A angústia que nasce também da enigmática e cruel aliança entre cores discordantes e enlouquecidas: nos quais nos perdemos devorados, também nós, pela angústia." (BORGNA, 2005, p. 34).

[10] Sobre a memória como "guardiã da experiência", confira Giussani, 2004a, 2017; Mahfoud, 2012, 2016.

invés de fecundá-las (gerando nova vida pessoal a cada momento presente e novos sentidos correlatos). Nesse caso, a memória perde sua capacidade de restauração das feridas pessoais e coletivas. Mesmo na intensidade de vivências e sensações, podemos cristalizar experiências, relações; podemos cristalizar as forças criativas e enraizadoras da memória.[11]

E, à medida que Sainte-Colombe se encanta com o tempo parado e com a afeição preservada ("Minha afeição permanece a mesma"; "Nossos lençóis continuam aquecidos"), ele passa a esperar dessas vivências a vida mesma, mais do que dos *acontecimentos* que a vida nos proporciona[12] – os

[11] Maurice Halbwachs (2004, 2011; cf. MAHFOUD 2018a; SCHMIDT, MAHFOUD, 1993) evidencia o caráter intersubjetivo das elaborações de experiência ao tomar como objeto de pesquisa a dinâmica própria da memória coletiva. Ele demonstra que a memória é sempre coletiva, mesmo aquela que consideramos individual: só tenho a minha própria memória porque tomo minhas experiências na perspectiva compartilhada pelo grupo de referência com o qual partilho o mundo-da-vida, com a energia afetiva de apego àquele grupo, pelo qual as lembranças podem deixar de ser apenas vagas e fragmentárias e se tornarem memória viva.

A perspectiva que Halbwachs nos oferece é importante para colhermos na elaboração da experiência pessoal a presença de outros significativos: a elaboração da experiência é sempre confronto de diversos testemunhos. Nossas experiências são habitadas por muitos sujeitos, com os quais podemos chegar a elaborar as experiências como propriamente pessoais. Pode-se até chegar a conteúdos coletivos de memória, mas, mesmo assim, a vida dessa memória coletiva depende do trabalho de elaboração da experiência pessoalmente realizado: a memória é pessoal e coletiva, simultaneamente.

Nesse sentido, também Halbwachs nos ajuda a reconhecermos a presença de diversos outros em nossas vivências sensoriais e afetivas. De fato, quando reencontramos dados sensíveis característicos de situações vividas na nossa infância, identificamos logo o caráter intersubjetivo: o cheiro da casa da avó ou da comida da mãe, o clima da classe na escola etc. E podemos continuar a elaborar a experiência por nos mantermos ligados àqueles grupos de referência (ainda que não existissem mais). À medida que rompemos a vinculação afetiva com eles, perdemos um bloco todo de lembranças (restando fragmentadas e frias) por perdermos a capacidade de elaborá-las.

A relação entre a elaboração da experiência pessoal e a coletiva está presente também na obra de Halbwachs (2002) em que examina as causas sociais do suicídio.

Sobre memória social e sua função de sanar feridas históricas, cf. também o clássico de Paul Ricoeur (2007) *A memória, a história e o esquecimento.*

[12] Em nossa cultura – também na cultura psi – tendemos a tomar o sujeito como indivíduo (não como pessoa), separado, forjando a si mesmo, e só secundariamente se voltando às relações pessoais. Mas ao examinar a experiência acontecendo, verificamos que não se dá assim. Posso ser eu mesmo por estabelecer relações com outros: em termos mais precisos, posso chegar a ser eu mesmo nas respostas que dou ao mundo que se apresenta a

únicos que podem recuperar a subjetividade autenticamente pulsante e viva no presente, abrindo espaço a sempre novas elaborações no fluxo contínuo do tempo interno.[13]

A excepcional sensibilidade musical de Sainte-Colombe concedia-lhe a oportunidade de apreender musicalidade em tudo – no vento soprando, até mesmo no som de um garoto urinando ou no som sutil do pincel do pintor onde reconhece a fricção do arco nas cordas da viola da gamba. Em tudo ele vivencia música e sua beleza; e pode vivê-la livremente justamente quando pode compartilhar sua sensibilidade com outros: buscava apontar essa sonoridade do mundo para seu aluno. Mas como não encontrava com quem compartilhar tamanha sensibilidade, vai se refugiando nas próprias memórias, vai ficando sempre mais indisposto à convivência, e chega a explodir com violência diante das incompreensões, desistindo de relacionamentos, estruturando rupturas. Sainte-Colombe quase já não sai de sua cabana, já não se ocupa dos cuidados para com as filhas, quase nunca dá concertos...

Marian Marias

Contraposta à figura de Sainte-Colombe, temos a de Marian Marias. O adolescente procura o famoso musicista, com indicação de membros da corte real, solicitando que o aceite como aluno de viola da gamba. Marian está vivendo o drama de ter perdido seu lugar de honra como cantor infantil do coro real devido às alterações de voz próprias da adolescência; está assustado com a força da sexualidade eclodindo e alterando tudo em si mesmo e na sua relação com o mundo. Teme não ser mais ninguém: recusa-se a ser um simples sapateiro como seu pai e

mim como *acontecimento*. Ou seja, o determinante para minha experiência propriamente pessoal não é apenas a influência do mundo (físico e social) sobre mim, mas sobretudo a resposta que posso dar ao que se dá em mim e no mundo como acontecimento. É pelo acontecimento que o outro entra a fazer parte de meu horizonte de vida, e é também pelo acontecimento que a percepção de mim mesmo constitui uma subjetividade viva, pulsante, autêntica, no presente. O acontecimento permite respostas autênticas (não mecânicas ou reativas) por parte do sujeito, pelas quais ele vai se formando (ROMANO, 2008, 2012; MARTINS, 2007; MAHFOUD, 2019a, 2020).

[13] Sobre consciência interna do tempo, confira HUSSERL, 1994.

busca um grande mestre que lhe dê, pela música, acesso à nobreza e, então, ascensão social. Marian quer se livrar da simplicidade e fazer carreira.

Sainte-Colombe lhe concede uma entrevista, para conhecê-lo pede que Marian toque alguma peça que conheça bem e algo que já tenha composto. O resultado vem numa dura resposta: Marian tem conhecimento de música, toca com harmonia, conjugando bem as notas e os movimentos, sabe manejar tecnicamente o instrumento, mas não é músico nem aquilo é música; aceita-o como aluno não por sua qualificação instrumental como músico, mas pela dor que o jovem estava vivendo.

Marian não tem a menor ideia do que isso signifique. Busca entrar em relação com Sainte-Colombe por aspectos de técnicas musicais, mas o mestre vai perdendo paciência, vai ficando sempre mais irado. Não conseguem compartilhar os horizontes.

A figura de Marian vai se estruturando em contraste com a de Sainte-Colombe: Ao vivenciar os dados sensíveis, o mestre encaminha a elaboração da experiência através da atividade do espírito, mas – solitário – encontra-se afundado e isolado na interioridade pessoal; é profundo, sensível e intenso, mas interrompe o fluxo de sua experiência ao perder a intersubjetividade como campo de novidade no mundo da vida. Já Marian, fixando-se nos sentimentos, instrumentalizando as relações pessoais a seus interesses, ainda que viva sensações intensas e projetos de vida bem articulados, interrompe a elaboração de sua experiência, tornando-se superficial. Por caminhos inversos quanto a forma de lidar com as sensações, ambos acabam por inviabilizar a elaboração da própria experiência e perdem – cada um a seu modo – a presença do outro como acontecimento.

Assim, a música de Marian continua harmônica e melodiosa, com boa sonoridade, mas sem abrir para um certo campo de vida, aquele da vida que valha a pena. No dizer de Sainte-Colombe, aquela música não faria ninguém chorar: permanece no campo sensorial, no âmbito meramente agradável da música e a utiliza para seus desejos de poder e autoafirmação. Ao saber que o aluno esteve na corte real utilizando sua música como mero meio, Sainte-Colombe decide – num rompante de ira – não ser mais seu professor e expulsá-lo de seu convívio familiar. Marian fica atônito diante do mestre e, em sua defesa, Madeleine, a filha mais velha, explicita ao pai que ama aquele jovem, buscando evitar que Marian se afastasse.

De fato, Marian se estrutura pelo campo das sensações não apenas no âmbito musical. O vínculo com Madeleine foi se configurando pelo impacto sensual: A sensualidade é afirmada logo ao se conhecerem e estrutura a relação à medida que vai sendo repetidamente reafirmada: ele demora-se na surpresa de ver Madeleine nua banhando-se no lago; olhares lascivos são voluntariamente prolongados ao conversarem nas dependências da casa; expressões verbais e gestos cotidianos (como colocar uma barra de ferro quente dentro de um copo para aquecer o vinho) ganham força por duplo sentido, erotizando o vínculo entre os jovens, principalmente quando realizados na presença do mestre/pai sem que ele os percebesse; Marian diverte-se em intensificar os toques sensuais por todo o corpo de Madeleine sentada ao seu lado enquanto conversa sobre música com o mestre absorto em suas vivências interiores profundas. Toda essa dinâmica se intensifica depois da proibição da presença de Marian no âmbito da família: em segredo, os encontros afetivos-sexuais com Madeleine continuam a acontecer na casa dos Sainte-Colombe, inclusive ao redor da cabana onde o mestre se mantinha recluso, quando espreitava sua atividade musical gozando o prazer da música e da sensualidade de Madeleine ao mesmo tempo.

Estagnado no campo sensorial, Marian se estrutura visando a fruição de intensas sensações, por um lado, e a instrumentalização das relações pessoais, por outro; vivências sensoriais e relações que não deixam espaço à pessoalidade própria ou do outro. Assim, enquanto Marian intensifica as sensações na relação com Madeleine, mantém relações afetivas também com outras mulheres na corte. Mantendo os encontros com Madeleine, vai oferecendo a ela cada vez menos: o tempo de convivência vai paulatinamente diminuindo, ele torna-se rude frente a cuidados que Madeleine lhe oferta, chega a explicitar, sem cuidado algum, que não vai se comprometer com casamento com ela..., até que – ao final de uma relação sexual impessoal – Marian comunica a Madeleine que não voltará mais.

Manter a sensualidade sem adentrar a relação com o outro na sua pessoalidade leva a que a própria experiência fique aquebrantada. A vivência sensorial solicita um horizonte ampliado e nele se abre para a relação com a alteridade. Não dar crédito a essa exigência intrínseca à própria experiência aparta a pessoa inclusive da própria interioridade, de seu centro pessoal, de seu *núcleo* estruturante – com decorrente desatino em suas tomadas de posição no mundo da vida. (Stein, 2003, 2013; Savian Filho, 2016; Mahfoud, 2012, 2014, 2017a, 2017b, 2017c, 2019b).

Sim, são duas posições antagônicas: a de Sainte-Colombe aprofundando-se na interioridade e a de Marian permanecendo na exterioridade. Mas o drama da relação com a alteridade está sempre presente, por ser constitutiva. Ao fechar-se na interioridade, a relação com o outro se cristaliza, fica sem a força de solicitação que outro é para si. Ao fixar-se na sensorialidade, a experiência também perde sua dinâmica de elaboração própria, o sujeito não consegue estabelecer relação pessoal com o outro, mesmo ao manter o convívio.

Marian chega a admitir, mais tarde: "Madeleine me dava tudo de si: seu corpo, todo conhecimento musical, tudo o que havia aprendido de seu pai sobre viola da gamba, deu acesso às atividades musicais íntimas e secretas daquele gênio musical. Eu recebia tudo, mas era como um roubo". Marian conquistou lugar de prestígio na corporação musical da corte real e não mais voltou à casa dos Sainte-Colombe, até que Madeleine, em seu leito de morte, solicita sua presença. Por parte de Marian, o que acontecia ali era a tomada de posse de tudo, enquanto todas as pessoas à sua volta iam desaparecendo por perderem significação pessoal.

Madeleine

Tomemos em consideração agora a terceira figura significativa do enredo do filme *Todas as Manhãs do Mundo*: Madeleine.

Madeleine se localiza entre o pai (tomando as vivências pela dimensão do espírito e fechado em sua interioridade) e Marian (limitando-se ao campo das sensações), a quem está vinculada afetivamente.

Após a morte da mãe, o pai apartado em sua cabana mantém as duas filhas trancadas em um porão, sob os cuidados mínimos de uma empregada. Madeleine toma uma posição bastante apática: sofre em silêncio a orfandade de mãe e a falta de proximidade e cuidados por parte do pai, permanecendo – abatida, emudecida, temerosa – acuada junto às paredes de pedra do porão. Essa sua tomada de posição se mantém, mesmo vivendo sempre junto de sua irmã mais nova, Toinette, que manifesta claramente sua raiva e seu medo ("Nem as privações de mantimentos, nem os fechamentos puderam diminuir o despeito de Toinette.").

"Madeleine, a cada manifestação de ira de seu pai, era como um navio que rapidamente naufraga e afunda". Desde pequenina não responde às vivências identificadas por ela como não correspondentes às suas exigências básicas de vida. Ao não responder, enfraquece seu eu, pois o eu se estrutura nas tomadas de posição a partir da vivência sensorial ou da vida do espírito: O eu se estrutura ao se fazer presente nos atos que o sujeito realiza em resposta às vivências advertidas. Na apatia, deixando de responder, o eu mesmo deixa de se estruturar (Stein, 2003, 2013; Mahfoud, 2012, 2016, 2017b).

Toinette abre espaço para as próprias vivências afetivas, gosta de cantar com a irmã, briga para ser considerada e incluída na experiência de tocarem juntos. Madeleine, por sua vez, permanece mais recuada: às vezes interrompe o trabalho na lavoura ouvindo ao longe as músicas de seu pai na cabana, admirando à distância a música e o músico: pela vivência sensorial vincula-se ao pai e lamenta sua falta, ao mesmo tempo; aplica-se nos estudos numa atitude de enquadramento, como bem-comportada, enquanto Toinette se divertia com qualquer traquinagem infantil.

Quando *Monsieur* de Sainte-Colombe, Toinette e Madeleine, por um certo período, tocam viola da gamba juntos, vivem momentos de intimidade. Algumas peças compostas pelo pai para três violas da gamba favorecem que ensaiem e se apresentem juntos em concertos realizados em casa mesmo ou, eventualmente, nas redondezas. Podem, assim, vivenciar a provocação sensorial abrindo um campo para a vida do espírito, chegando a constituir um campo no mundo-da-vida onde a vivência pode ser vivamente compartilhada, numa experiência sensorial, de interioridade pessoal e intercâmbio social a um só tempo. Tal experiência tem força de formular identidade, para Madeleine, como instrumentista, diante da sociedade, ainda que os concertos fossem raros. "Durante vários anos viveram em paz e para a música" – comenta o narrador, durante o filme.

Mas Madeleine cresceu. ("Chegou o dia em que uma vez ao mês Madeleine tinha de aplicar em si as compressas, por causa da menstruação"). Marian passa a frequentar a casa dos Sainte-Colombe, e a relação afetiva entre ele e Madeleine altera a relação de proximidade e cumplicidade com Toinette, que passa a ocupar um lugar menos significativo na vida cotidiana. Com a chegada de Marian, são menos frequentes os momentos de os três tocarem juntos, o pai se voltando mais ao aluno e se fechando ao se perceber incompreendido. Madeleine entrega-se, de corpo e alma, à relação com Marian: acentua os momentos de sensualidade, oferece seu próprio corpo, dedica-se a ele por trabalhos domésticos e ensina viola da gamba, abre a ele o acesso às novidades musicais engendradas pelo pai, mantém a relação com ele em sua própria casa às costas do pai.

A relação com Marian, embora intensa em termos de afetos e de atividades, não vai adiante, não lhe abre um novo campo de intimidade pessoal ou de identidade social. Dramaticamente, para Madeleine, que já vinha se formando em atitude apática, resta ainda menos campo de compartilhamento de vivências efetivamente pessoais, dificultando a elaboração de sua experiência com a abertura que a experiência mesma requer.

Madeleine vive lançada na relação com Marian e, no entanto, sente falta dela. Cada vez mais ansiosa por garantir a proximidade com Marian, Madeleine não dá ouvidos às várias sinalizações dele – implícitas e até explícitas – de que não vai além do já está estabelecido, de que a relação já ia deixando de ser significativa. Também essa, uma passividade.

Madeleine vai admirando o pai sempre de mais longe ("Suas alegrias eram sempre incompreensíveis"), seus encontros com Marian se mantêm às costas dele. E quanto mais intensas as vivências sensuais e afetivas com Marian mais estranha lhe parece a experiência do pai, que afirma ter uma vida intensa: "Você vive uma vida apaixonada, pai?!". A vida mantida do campo das sensações chega a estranhar e até duvidar da vida da interioridade pessoal.[14]

E Marian segue se ausentando por períodos sempre maiores, manifestando impaciência frente a Madeleine em seus cuidados para com ele (reclama da sopa por excesso de menta), enquanto ela mantém, com insistência, a dedicação a ele: "Eu ia cada vez menos. Madeleine me confiava tudo". E chega o momento em que Marian a abandona: saindo da cama, assim que termina a relação sexual, ele diz "Já não resta nada para você. Vou embora. Deixo você, conheci outras moças. A vida é tão bela quanto feroz". Madeleine, que já estava apática na cama da relação sexual, apenas replica: "Não diga mais nada. Vá embora". E

[14] "Habituadas a ficarem ocupadas com coisas exteriores, lhes parece impossível poder entrar em si mesmas." (STEIN, 1999a, p. 119).

ainda deitada e nua, coloca a mão de Marian em torno de seu pescoço, indicando, silenciosamente, que ele está lhe matando. E não recebe resposta alguma.

Nessa época, sua irmã Toinette já não mora na casa dos Sainte-Colombe, tendo se casado. Seu pai continua recluso em sua cabana e em sua interioridade. A ausência e o abandono de Marian desconfiguram o campo vital de Madeleine, que se vê sem recursos pessoais e relacionais, sem uma experiência efetivamente pessoal pela qual reconhecer a si mesma, e com a qual se lançar no mundo. Madeleine cai num vazio profundo: vazio afetivo, vazio de relações pessoalizadas e vazio de interioridade. E vivencia um naufrágio pessoal ainda mais radical do que antes, abatendo-se física e psiquicamente: "Foi se debilitando e caiu de cama. Estava grávida e teve um menino que nasceu morto". Teve vida intensa dentro de si, mas dela nada nasceu; a morte está intrinsecamente em si e o fruto de sua vida é morte e vazio. Seu próprio corpo extremamente abatido e sua palidez, sua solidão e seu isolamento a aproximam da figura da morte.

Toinette, com a característica vivacidade, toma iniciativa de visitar sempre Madeleine assim como de manter Marian informado sobre o estado de saúde de sua irmã. Marian envia para Madeleine, através de Toinette, um par de calçados com belos laços de fitas, fabricados pelo pai na medida e no modelo desejados por ela. Madeleine recusa o presente, lançando os calçados diretamente ao fogo da lareira, sendo recolhidos rapidamente pela irmã que os guarda ali ao lado.

De cama, definhando, Madeleine pede ao pai que execute ali a peça que Marian havia composto especialmente para ela. Sainte-Colombe extremamente adolorado e revoltado pelo sofrimento da filha, intuindo a gravidade da situação, se recusa a realizar o desejo dela. Ele resolve chamar o próprio Marian para que fosse até lá tocar "A sonhadora" para ela. Sainte-Colombe sabe da profundidade da dor da filha ao perder a relação com a pessoa amada; sabe que ela ainda vive se referindo à relação com Marian; sabe também sobre a importância da música no leito de morte, para a recuperação da experiência da vida na sua radicalidade, para que se possa passar pela morte com dignidade. Sainte-Colombe promove que Marian e Madeleine se encontrem e que ela possa ouvir a desejada música composta em sua homenagem, na dor de ser executada pelo mesmo que a abandonou.

A situação é dramática e cheia de contradição: diante da morte, a afirmação da grande experiência amorosa de sua vida aponta para o vazio e para a inconsistência.

Marian responde ao chamado e, de Versalhes, vai visitar Madeleine para atender seu desejo de ouvir aquela sua composição. Ele já fora indicado por Lully e ocupava o cargo de regente de orquestra da Câmara do Rei, havia se casado com Catherine D´Amicourt, da nobreza parisiense. Cheio de pompas, ele se apresenta diante de Madeleine, agora irreconhecível, tão frágil, magra e abatida. No encontro tenso, Madeleine faz notar que o vê cheio de adereços magníficos, gordo, soltando palavras superficiais que voam como vento, embora a voz seja alta; em contrapartida, ela acentua estar abatida, magérrima, de voz baixa. Ela usa de ironia cínica e agressiva, respondendo ser "uma observação muito delicada de sua parte" quando ele só conseguiu dizer "Suas bochechas e seus olhos estão fundos. Suas mãos estão muito fracas".

Marian pergunta: "Como pode ser que não tenha pena de si mesma?". Ao que Madeleine responde: "Não me recordo de pena recente alguma". Ela está voltada para a experiência que perdeu, sem nem ter olhos para si na atualidade. Ele pergunta: "Guarda-me rancor?". E ela responde claramente: "Sim, Marian". Ele continua: "Odeia-me pelo que fiz?". E Madeleine expressa: "Meu ódio não é só por você. Odeio também a mim mesma, por ter-me deixado secar pela sua primeira lembrança e pela tristeza que veio depois".

Madeleine está afundando no vazio ao reconhecer que a experiência afetiva intensa foi também um esvaziamento de sua pessoa, desde o início, quando era tomada e consumida pela lembrança de Marian, logo que o conheceu. Aquela tristeza é um gemido de dor pela ruptura do amor que experimentara: já não o reconhece como autêntico. Madeleine não tem mais a presença do amado, e não tem mais sua experiência de amor. Não tem mais a experiência de si mesma como viva; desconstrói a experiência que teve, se despersonalizando. Chegando a afirmar para Marian: "Sou um monte de ossos".

A resposta superficial de Marian diante daquela afirmação tão dramática cai como a gota d´água para derramar o ódio contra ele e contra si mesma: "Você nunca foi gorda. Quando minha mão pegava suas coxas, meus dedos chegavam a se juntar". Que decepção! Outra vez. A existência da composição que ela queria ouvir novamente, frente a morte, era a evidência de uma relação que continha uma potência de realização humana. O encontro evidencia que cada um deles tinha entrado efetivamente no horizonte pessoal do outro, mas ele continua se referindo à materialidade que tocava sem se dar conta da pessoa dela e da relação pessoal entre eles. Madeleine, apontando a insuportável superficialidade do olhar para a experiência deles de então e para a experiência atual, conclui: "E pensar que eu queria ser sua esposa!".

Madeleine não desistia de afirmar criticamente que aquela vivência afetiva apontava para outra direção, que algo diverso precisava ter acontecido entre eles. Aquela composição sobre ela nascera de uma experiência que se perdeu. Diante da morte, ela precisava reafirmar o que de grande havia acontecido. Ainda que acentuasse o drama de sua perda, que equivale à perda de si própria e da vida mesma.

Encerrando a conversa, ela é incisiva: "Prefiro que você toque", tendo antes apontando a redução do horizonte da experiência: ele havia publicado a partitura, tomado a composição nascida da relação entre eles como instrumento de ascensão social, poder e carreira; exatamente como havia feito com a própria pessoa dela. Na superficialidade, ele começa a tocar a composição rapidamente, no modo técnico que sempre o caracterizou, ao que ela o interrompe, pedindo que execute com lentidão, acentuando a dramaticidade e a melancolia daquele momento. Frágil, ela sabe que a tristeza faz parte da vivência afetiva e quer vivê-la com a dramaticidade que a compõe; diante de Marian, que não sabe adentrar a própria tristeza e nem identificá-la naquele momento radical.

Ao ficar só, toma nas mãos, com energia raivosa, as fitas dos calçados que Marian havia lhe ofertado, faz delas uma forca e se suicida.

De fato, o laço é um grande elemento simbólico: representa o vínculo interpessoal com fluidez de vivências sensoriais entrelaçadas a atividades do espírito, mantendo a interioridade pessoal e os horizontes amplos, em livre interdependência entre os agentes. Mas o laço – que nos liga e associa ao outro vivificando o fluir das vivências e a elaboração da experiência na intersubjetividade – pode se tornar nó, travando o fluxo de vida e a abertura que a própria experiência requer. O vínculo como nó pode travar o fluxo de sentido e da percepção de si como um eu, com suas exigências de sentido e espera de relacionamentos significativos, levando à asfixia da esperança, à dependência do que não é realização pessoal, mantendo estreitamento de horizontes, que levam à morte da vida humana. De modos diversos, com Sainte-Colombe e com Marian, Madeleine sofreu a estagnação do fluxo de elaboração de experiências com perdas graves quanto a horizontes, sentidos e construção de relações pessoais; a ponto de as frustrações pelo que não acontece inviabilizarem abertura a novos acontecimentos, a ponto de cristalizar sentidos e sentimentos, equivalendo à morte.

Os relacionamentos em que não somos visados como sujeitos (com as elaborações contínuas de sentido) são, efetivamente, mortais. Como também é mortal não ter a possibilidade de encaminhar a vivência sensorial e afetiva para dimensão do espírito: é insustentável. Não permite se colocar diante da vida em sua totalidade a partir de vivências sensoriais no presente: De que modo afirmar um juízo sobre a vida em seu conjunto? Como chegar a afirmar que a vida vale a pena para que se possa, inclusive, morrer humanamente?

Depois do suicídio...

Tanto Sainte-Colombe como Marian ficam profundamente provocados com a morte e o suicídio de Madeleine.

Marian se dá conta de que – tendo usado a música para chegar a fazer parte da corte – falta-lhe a música como vivência realmente pessoal de elaboração de sentido, como recurso para adentrar o drama da existência. Agora está na corte como regente da orquestra da Academia Real: e daí? Apercebe-se da fragilidade do sentido de ali estar. O que conquistou agora lhe parece areia ao vento. Dramaticamente, Marian se dá conta de ter se limitado num horizonte que não possibilita sentido de sua própria ação, de sua própria experiência e sua própria pessoa. Com profunda dor, Marian volta à casa de Sainte-Colombe, refaz o percurso até a cabana do mestre retomando passo a passo o caminho que havia feito em companhia de Madeleine. Aproxima-se de modo novo daquele lugar e daquela pessoa, buscando acesso à experiência da música de que agora sente necessidade radical para seu viver humano e pessoal. Achega-se para viver em profundidade aquilo que já lhe havia sido oferecido e ele não soube elaborar, por não ter partido de sua dor humana – que o mestre já tinha vislumbrado presente – esperando algo da técnica, do utilitarismo e do poder.

Aproxima-se, então, da cabana de Sainte-Colombe, permanecendo fora, esperando voltar a ouvir a música de seu mestre, a música de verdade. Agora sabe ter necessidade dela para viver, para viver sua dor diante da vida. Na corte, no centro do poder, ele estava junto dos melhores instrumentistas e cantores, mas ali não havia música efetiva, aquela que toca nossa interioridade e permite um olhar total à vida. E deu-se conta de não mais poder viver sem essa dimensão do espírito que ele mesmo havia desdenhado ao longo de seu percurso.

Em torno da cabana rústica de Sainte-Colombe, longe do luxo dos palácios e do poder da nobreza, Marian se senta ao relento e fica à espera da experiência que precisa urgentemente. Fica ali fora, à espera de ouvir a música e adentrar na experiência efetiva: permanece ali dia e noite, no frio. Esperando a experiência que equivale à vida mesma.

Mas Sainte-Colombe não tem tocado nada, desde que Madeleine se suicidou. "Todas as manhãs do mundo pararam de retornar". O tempo não estava mais parado na vitalidade da experiência de amor e de relação com sua amada: o tempo se rompeu. Sem presença, vazio. Vazio até mesmo de lágrimas. "Esse desgosto lhe tocava pela primeira vez.". "Não falou mais durante seis meses, nem tampouco tocou sua viola.".

Marian permanecia ali, ouvindo atentamente, esperando. Até que ouviu Sainte-Colombe falar consigo mesmo, baixinho: "Se houvesse, ao menos, algum vivente que apreciasse a música! Poderíamos conversar. E eu poderia morrer.".

Imediatamente Marian roçou a porta com leveza, indicando para o mestre a sua presença ali. O mestre reage: "Quem sussurra no silêncio da noite?". Ao que Marian responde: "Um homem que foge dos palácios e busca a música". Sainte-Colombe ainda o interroga: "Que busca o senhor na música?". "Procuro os lamentos e o pranto", respondeu seguramente Marian, tendo por resposta a porta se abrindo.

Colocam-se um diante do outro, com surpresa, profundidade dramática, humildade e esperança: "Posso lhe pedir uma última aula?", perguntou o aluno; "Você pode tentar uma primeira aula?", respondeu o mestre. A profunda dor da morte de Madeleine acendeu a luz da espera no viver, e a abertura à experiência profunda, ainda que não se saiba exatamente de que se trate. "Música está aí para dizer aquilo que a palavra não pode". Marian busca compartilhar sua experiência de abertura e recebe como resposta um convite a novos aprofundamentos:

"Descobri que a música não foi feita para o rei, mas para Deus". "Pois equivocou-se. É Deus mesmo quem fala, e não para os ouvidos". Marian avança, tentando novamente se aproximar da experiência que ardentemente deseja: a música serve como "um refrigério para os que não têm linguagem. Para o assombro dos meninos. Para suavizar as marteladas dos sapateiros. Para o estado que precede a infância, quando não tínhamos fôlego nem luz".

Mas agora a resposta do mestre foi mais radical ainda: "Há alguns instantes você me ouviu suspirar que logo vou morrer e minha arte, comigo. (...) Confiarei a você algumas melodias capazes de despertar os mortos". Com dor e abertura à nova experiência pegam a viola de Madeleine e Sainte-Colombe convida Marian a acompanhá-lo na execução de *A tumba dos lamentos*: "Nunca encontrei aluno algum com ouvido para escutá-la". Bebem um bom vinho juntos, tiram a poeira da viola. E entrega a Marian também o livro com as anotações de suas composições ao longo dos anos, que mantinha em segredo. Marian solenemente devolve-o ao mestre.

Depois de tocarem juntos *A tumba dos lamentos* e *O pranto*, quando cada um se comove até as lágrimas com o outro tocando, Sainte-Colombe explicita: "É um orgulho para mim, tê-lo instruído". Iniciada a convivência profunda, a intersubjetividade de que tanto precisavam para avançar na elaboração de sua experiência em direção à plenitude, ao viverem juntos a dor indizível, o mestre solicita: "Poderia executar para mim a melodia de que minha filha gostava?".

Marian se volta à dimensão do espírito pela dor da morte: a vida escapa, as sensações escorrem pelos vãos dos dedos, por si mesmas elas não se realizam. Sainte-Colombe, por outro lado, naquele fechamento enorme acaba por reconhecer que precisa de um outro, para que não se perca tudo no vazio. Até mesmo sua música, pela qual viveu, pela qual deixou tudo, até mesmo ela se perderia ao permanecer somente para si. Na dor, o reconhecimento do valor; e, com o valor reconhecido, há dor pela perda; e a abertura não planejada ao outro acontece. Como a surpresa de uma nova manhã que volta a acontecer, a despeito de nossa impotência para tanto. Então, o encontro dos dois pode se dar: cara a cara, depois de terem resistido ao longo dos anos. E na liberdade da intersubjetividade, o encontro abre novos horizontes de significado e novos passos na história. "Preciso dessa música que toca o núcleo de minha pessoa, para viver minha própria experiência". "Preciso de quem sintonize comigo neste nível de experiência".[15]

Tendo acompanhado essas experiências radicais, talvez fiquem mais significativas as palavras com que o filme inicia: o velho Marian diante de seus alunos de música, fazendo memória viva de seu mestre, de sua experiência com ele, de sua descoberta do que seja música, da necessidade radical do outro para vivermos, da morte entrelaçada à vida: "Toda nota deve terminar morrendo. (...) Lembrem-se: as arcadas são pessoas imensamente amadas que se afastam nas sombras. De repente, sem que saibamos por quê, perdemo-las de vista e nossos olhos se enchem de lágrimas".

A possibilidade de acessar aquele horizonte mais amplo passa pela dor de que não há como reter o outro, nem a sensação mesma; mas o desejo de vida que pulsa nessa dor abre uma possibilidade de vida, de que toquemos as coisas com vida, inclusive o outro. Finalmente a alteridade pode, então, ser acolhida, com liberdade, como parte indispensável de mim mesmo.

Marian insiste: "Fiquem, quero que fiquem todos", respondendo a alguém que afastava os alunos para que ele pudesse ficar a sós com seus pensamentos. E Marian quer comunicar sua experiência, sua dor: "Ambicionei um nada, colhi um nada. (...) Ele [Sainte-Colombe] era a música. Ele observava o mundo com essa grande luz que se acende aos moribundos. Eu não sou o que ele desejava de mim".

A dor que vivemos na relação com o outro, a dor de saber da urgência pessoal de se tornar ainda mais o que se é, a dor de perder a relação com alguém, a dor por não poder reter as vivências significativas, essas dores acendem uma luz na consciência, na interioridade pessoal,

[15] "Colocamos a liberdade em ação através de um golpe, de um ardor de uma afeição. (...) A unidade entre seres humanos – desde a origem – constitui a condição afetiva pela qual a liberdade se move (...): diz sim ou não, aceita ou não aceita. (...) A comunionalidade é como um terreno sobre o qual a erva nasce, sobre o qual a planta nasce: é a condição objetiva pela qual a afeição tem condições de pegar. (...) A afetividade permite aquele acontecimento atraente, aquele acontecimento de atração que move a liberdade enrijecida, podendo aceitar a sugestividade que aquela afeição lhe apresenta ou não aceitar. (...) A comunionalidade, em suma, (...) é um fator originário do eu humano, representa a condição para que o eu se perceba imerso em uma atração, sendo que a atração é despertada por outras coisas." (GIUSSANI, 2004b, p. 222-223).

no centro de nossa pessoa: aquela luz pela qual os moribundos podem ter consciência da vida e podem chegar a dizer que a vida – olhada em sua totalidade – vale a pena.[16]

Que as sensações escapem de nós mesmos é uma dor, mas essa dor abre para nós uma profundidade de experiência que faz com que valha a pena vivê-las: podemos chegar a tocar cada coisa com um reconhecimento de valor, devido a uma luz que nasce na própria experiência,[17] ainda que não seja dada pelas coisas em si mesmas, nem pode ser dada por sentidos artificialmente reafirmados: nasce na experiência como acontecimento frente ao drama da existência.

Marian permaneceu superficial enquanto não adentrou a tristeza de uma relação empobrecida, que desembocara na morte como recusa do outro, como recusa da vida acontecendo e até mesmo como recusa do próprio eu; desembocara na escuridão de sentido. É sempre surpreendente que possamos viver o mundo e as relações com a dor por eles não serem o que precisamos que sejam; dor esta, pela qual podemos afirmar – com toda a nossa pessoa – o que, do viver, vale a pena. É igualmente surpreendente que possamos sempre afirmar aquilo de que temos urgência, possamos buscar e esperar sendo nós mesmos, contribuindo com a construção do mundo da vida através de nossa frágil experiência.

[16] "O eu se manifesta como ponto móvel no espaço da alma: onde ele se detém e toma posição, lá se acende a luz da consciência que ilumina certo âmbito – tanto no íntimo da alma como no mundo objetivo ao qual o eu se dirige." (STEIN, 1999a, p. 146).

[17] "O que pode colocar em questão essa perspectiva – não somente socioeconômica, mas antropológica antes de mais nada – do 'descarte de si'? A solicitação de uma sabedoria individual ou de uma moralidade pública já não resultam eficazes: a des-ontologia não está em condições de substituir a ontologia. Haverá um ponto que permita enfrentar o problema? Se sim, não pode vir de fora da experiência; somente de seu próprio interior. *Um ponto adquirido pela urgência mesma do viver que nos inquieta todo dia*; um ponto que venha a emergir da imanência mesma da vida. Se um sentido transcendente existir, deve ser encontrável na imanência ou simplesmente não se dá. (...)

Nunca somos completamente felizes e no entanto desejamos sê-lo, justamente por não nos bastar tudo aquilo que podemos ter ou até imaginar. No coração de nossa imanência se produz – como um contragolpe ou um contramovimento – um infinito, que não vem de fora, mas urge em nós desde dentro. Sem essa intensidade abissal (nada nos basta, nunca) qualquer superficialidade nos daria, como Leopardi escreveu, somente 'desgosto' e 'tédio' (Canto noturno...). É preciso o infinito, para poder gozar as coisas finitas." (ESPOSITO, 2020, p. 5).

Essas tomadas de posição em meio a dor e a morte são elementos significativos na constituição de nosso eu: são resposta ao mundo social e à própria vida acontecendo. Simplesmente deixar as vivências fluírem por si mesmas, numa afirmação de espontaneísmo sentimental ou ideológico, leva a deixar tudo como está por não esperar mais nada, leva a renunciar à espera de autenticidade que nos constitui. Por outro lado, querer conservar tudo no mundo íntimo, no valor que as vivências têm somente para si mesmo, leva ao horizonte fechado do intimismo, em que vamos nos tornando moribundos em vida, melancólicos pela falta do outro-significativo, sem abertura para a novidade pessoal que pode vir na relação com a alteridade.

Na medida em que tomamos posição e reafirmamos o sentido advertido ou o valor (ou seja, o que vale a pena) – ainda que em meio à dor –, dá-se clareza de sentido e fortalecimento de uma experiência pessoal, tornando-se riqueza íntima, vida interior, que se torna também contribuição para o estabelecimento de relações, contribuição efetivamente pessoal para a comum constituição do mundo da vida.[18]

Todas as manhãs do mundo mostra diversos campos de experiência originalmente abertos a se interromper, mas a própria dor pela interrupção ou pelo vazio que se instaura reabrem as possibilidades de vida humana, e o sujeito torna-se ainda mais si mesmo.

Quem sabe também nós – que estamos coletivamente vivendo uma série de problemas culturais e de estruturas de mundo alienantes – possamos, pela dor mesma desse processo, abrir um caminho mais autêntico, recuperar nossa pessoalidade, e assim contribuir para novas sociabilidades.

Edith Stein aponta que justamente o movimento do eu nos diversos campos de experiência, podendo ir de níveis mais superficiais a mais elevados ou profundos, mais significativos – sem ser levado por ninguém, mas como movimento do próprio eu – é liberdade.

[18] "'A vida do ser humano consiste no afeto que principalmente o sustenta' [Tomás de Aquino]: No afeto, porque o afeto é consequência da afirmação do Ser. É por uma face ser bela que você diz: 'É bela'; e não o diz friamente, como certos comentaristas de museus: 'É belo por isto e isto...'. Não, você ama! Somente se você amar, aquilo que você julga (avalia) como belo torna-se um acontecimento no seu ser, no seu existir. E seu existir se alimenta daquilo, muda por aquilo; e então você consegue se expressar de um modo diferente do que antes e mais capaz de explicitar a sede de verdade e a sede de amor que o ser humano tem." (GIUSSANI, 2004b, p. 156).

É experiência de liberdade poder dar esse passo, possível também nas vivências de dor, sofrimento e vazio. A morte, então, não é necessariamente a última palavra.[19]

Podemos acompanhar as pessoas para que reconheçam – em meio às suas metas e projetos de sucesso, ascensão e reconhecimento – seus dramas pessoais, para que assim possam lidar com limites, frustrações e injustiças de forma efetivamente pessoal, com crescimento de liberdade ao se moverem no campo tenso, ao invés de serem definidas por ele. (Mahfoud, 2019c). Podemos assim, coletivamente, sair da cultura de morte de simplesmente cumprir metas artificialmente impostas a si mesmos, que esvazia qualquer experiência e sentido. Podemos acompanhar a elaboração das pessoas esperando uma luz que viabilize reler as próprias experiências a partir do acontecimento da pessoalidade, contribuindo para que a dor não desestruture tudo por não viverem a esperança que o sofrimento contém. "A tristeza traz sempre a esperança de um dia não ser mais triste não", nos relembra Vinicius de Moraes. Podemos nos aproximar da tristeza não como algo a ser retirado, mas vivido, por conter uma vida que não temos condições de doar a nós mesmos, que não pode ser artificialmente formulada. Esperá-la é já – de alguma forma – vida; esperá-la já nos possibilita viver com pessoalidade a necessidade de sentido. Sem tal espera, a morte se instaura antes da hora: a morte da vida mantida sem sentido ou a morte promovida no suicídio.

> Resulta, portanto, uma particular humanidade e uma particular vocação da vida, em correlação com a realização de uma nova cultura. (...) Edifica-se entre os homens uma comunidade nova

[19] "*Liberdade* significa, primeiramente, a possibilidade de passar, por meio de si mesmo, do modo de ser inferior ao superior (...); significa, além disso, a possibilidade de passar da forma originária da consciência, a que pertence momentaneamente o ser da pessoa, a uma outra, a um ato particular de reflexão, no qual a pessoa aparece diante de si mesma e no seu ato; e, finalmente, significa a possibilidade de entrar com um mais ou um menos de substância própria na atualidade mutável e de determinar esta atualidade através de uma escolha entre as possíveis espécies acidentais." (STEIN, 2003, p. 336).
"É, porém, o sujeito que 'nasce'; e que ele nasça, expressa o fato que ele ascende de uma atualidade inferior a uma superior (...). O sujeito pode elevar-se de um indistinto abandono a pensamentos fechados para um pensamento livre ou para um fazer prático: neste caso, por meio de si mesmo, ele se encontra no modo de ser superior. (...) Na atualidade inferior é dada a possibilidade da passagem à superior. O sujeito é, neste estágio, ao mesmo tempo atual e potencial." (STEIN, 2003, p. 334).

> e íntima, poderíamos mesmo dizer, uma comunidade de puros interesses ideais (...) entre si ligados pela dedicação às ideias que não são apenas úteis a todos, mas que são próprias de todos eles. Necessariamente se forma uma eficiência comunitária de tipo particular, a do trabalhar com o outro e do trabalhar para o outro, mutuamente se coadjuvando no exercício crítico, a partir da qual resulta a verdade pura e incondicionada enquanto bem comum. A isso se junta, agora, (...) uma tendência para a inclusão de sempre novas pessoas. (Husserl, 2006a, p. 138-139).

> As formações de sentido, produzidas nas pessoas individuais, com o maravilhoso modo novo de albergar em si infinitudes intencionais, não são como as coisas reais no espaço que, entrando no campo da experiência humana, não têm ainda qualquer significado para os homens enquanto pessoas. (...) O seu ser espiritual entra no movimento de uma reformação progressiva. Esse movimento desenrola-se, desde o início, comunicativamente; no seu próprio círculo de vida, ele desperta um novo estilo de existência pessoal e, através da recompreensão do outro, um correspondente novo devir. Nele se difunde, desde logo (e, no seguimento, também para lá dele), uma humanidade especial que, vivendo na finitude, vive para o polo da infinitude. Precisamente com isso surge um novo modo de comunalização e uma nova forma de comunidade duradoura. (Husserl, 2006a, p. 127).

Referências

ALES BELLO, Angela. **Culturas e religiões**: uma leitura fenomenológica. Tradução de Antonio Angonese. Bauru: Edusc, 1998.

BORGNA, Eugenio. **L'attesa e la speranza**. 2 ed. Milano: Feltrinelli, 2005.

BORGNA, Eugenio. **L'arcipelago delle emozioni**. 2 ed. Milano: Feltrinelli, 2007.

ESPOSITO, Costantino. L'infinito che sta dentro, al cuore della nostra immanenza. **L'Osservatore Romano**, Roma, 26 fev. 2020, p. 5.

GHIGI, Nicoletta. A hilética na fenomenologia: a propósito de alguns escritos de Angela Ales Bello. **Memorandum** (Belo Horizonte), n. 4, p. 48-60, 2003. Disponível em https://periodicos.ufmg.br/index.php/memorandum/article/view/6808/4380. Acesso em: 12 jan. 2020.

GIUSSANI, Luigi. **L'autocoscienza del cosmo**. Milano: Rizzoli, 2000. (Quasi Tischreden, 4).

GIUSSANI, Luigi. **Educar é um risco**: como criação de personalidade e de história. Tradução de Neófita Oliveira. Bauru: Edusc, 2004a.

GIUSSANI, Luigi. **Una presenza che cambia**. Milano: Rizzoli, 2004b. (Quasi Tischreden, 7).

GIUSSANI, Luigi. **O senso religioso**. Tradução de Paulo Afonso E. Oliveira. Jundiaí: Paco, 2017.

GUARDINI, Romano. Sobre el sentido de la melancolia. **Humanitas** (Santiago de Chile), v. XIII, n. 51, Invierno, 2008. Disponível em: http://www.humanitas.cl/antropologia-y-cultura/sobre-el-sentido-de-la-melancolia. Acesso em: 12 jan. 2020.

HALBWACHS, Maurice. **Les causes du suicide**. Paris: PUF, 2002.

HALBWACHS, Maurice. **Los marcos sociales de la memoria**. Tradução de M. A. Baeza e M. Mujica. Rubí, Espanha: Anthropos, 2004.

HALBWACHS, Maurice. **A memória coletiva**. 2. ed. Tradução de L. T. Benoir. São Paulo: Centauro, 2011.

HILL, John Walter. **Baroque Music**: Music in Western Europe, 1580-1750. New York: W. W. Norton, 2005.

HUSSERL, Edmund. **Lições para uma fenomenologia da consciência interna do tempo**. Tradução de Pedro M. S. Alves. Lisboa: Imprensa Nacional e Casa da moeda, 1994.

HUSSERL, Edmund. **Idee per una fenomenologia pura e per una filosofia fenomenologica**. v. II, libro secondo e terzo. Tradução de Enrico Filippini, editoração de Vincenzo Costa. Torino: Einaudi, 2002.

HUSSERL, Edmund. A crise da humanidade europeia e a filosofia. *In*: HUSSERL, E. **A Europa sob o signo da crise e da renovação**. Tradução de Pedro M. S. Alves e Carlos Aurélio Morujão. Lisboa: Centro de Filosofia da Universidade de Lisboa, 2006a. p. 117-152.

HUSSERL, Edmund. **Idéias para uma fenomenologia pura e uma filosofia fenomenológica**: introdução geral à fenomenologia pura. Prefácio de Carlos Alberto Ribeiro de Mouro, tradução de Márcio Suzuki. Aparecida: Idéias & Letras, 2006b.

HUSSERL, Edmund. **A crise das ciências europeias e a fenomenologia transcendental**: uma introdução à filosofia fenomenológica. Tradução de Diogo Falcão Ferrer. Rio de Janeiro: Forense Universitária, 2012.

MAHFOUD, Miguel. **Experiência elementar em psicologia**: aprendendo a reconhecer. Brasília: Universa; Belo Horizonte: Artesã, 2012.

MAHFOUD, Miguel. Coração como núcleo pessoal: contribuições de Luigi Giussani. *In*: HOFFMANN, A.; OLIVEIRA, L. M.; MASSIMI, M. (Org.). **Polifonias do coração**. Ribeirão Preto: Funpec, 2014. p. 117-138.

MAHFOUD, Miguel. A estruturação da experiência segundo Luigi Giussani. **Estudos de Psicologia** (Campinas), v. 33, n. 3, p. 395-401, julho-setembro, 2016. DOI: http://dx.doi.org/10.1590/1982-02752016000300003

MAHFOUD, Miguel. Autoconsciência no relacionamento com uma presença: "teu nome nascia do que fitavas". *In*: MAHFOUD, M. (Org.). **"Quem sou eu?"**: Um tema para a psicologia. Belo Horizonte: Artesã, 2017a. p. 69-109.

MAHFOUD, Miguel. Formação da pessoa em Edith Stein: dos dados sensíveis à plenitude da pessoalidade. *In*: MAHFOUD, M.; SAVIAN FILHO, J. (Org.). **Diálogos com Edith Stein**: filosofia, psicologia, educação. São Paulo: Paulus, 2017b. p. 283-295.

MAHFOUD, Miguel. Silêncio e interioridade pessoal em Edith Stein. **Revista de Filosofia Aurora**, v. 29, n. 48, setembro - dezembro, 2017c, p. 840-864. DOI: http://dx.doi.org/10.7213/1980-5934.29.048.DS08

MAHFOUD, Miguel. Desejo e memória como recurso: elaboração da experiência de adoção por Saroo, o Lion. *In*: DIAS, C.M.S.B.; MOREIRA, L.V.C. (Org.). **Adoção, família e institucionalização**: interfaces psicossociais e jurídicas. Curitiba: CRV, 2018a. p. 97-112.

MAHFOUD, Miguel. Vale a pena viver? A pergunta radical requer resposta pessoal. *In*: ANGERAMI, V. A. (Org.). **Sobre o suicídio**: a psicoterapia diante da autodestruição. Belo Horizonte: Artesã, 2018b. p. 423-433.

MAHFOUD, Miguel. Gesto fenomenológico diante do acontecimento da subjetividade. *In*: FEIJOO, A. M. L. C.; LESSA, M. B. M. F. (Org). **O gesto fenomenológico**: corpo, afeto e discurso na clínica. Rio de Janeiro: IFEN, 2019a. p. 53-76.

MAHFOUD, Miguel. Núcleo da pessoa como centro pessoal da alma humana: com Edith Stein para uma Psicologia com alma. *In*: MAHFOUD, M. (Org.). **Psicologia com alma**: a fenomenologia de Edith Stein. Belo Horizonte: Artesã, 2019b. p. 139-162.

MAHFOUD, Miguel. Suicídio versus encontro interpessoal: luzes e sombras no processo psicoterápico. *In*: ANGERAMI, V. A. (Org.). **Suicídio e**

suas interfaces: o ardiloso emaranhado da autodestruição. Belo Horizonte: Artesã, 2019c. p. 391-403.

MAHFOUD, Miguel. Reconhecer o movimento do eu: processos psicoterápicos. *In*: ANGERAMI, V.A. (Org.). **Atualidades em psicoterapia fenomenológico-existencial**. Belo Horizonte: Artesã, 2020. p. 75-83.

MARTINS, João Gomes. Experiência e subjectividade em Claude Romano. *In*: CANTISTA, M. J. (Org.). **Desenvolvimentos da fenomenologia na contemporaneidade**. Porto: Campo das Letras, 2007. p. 167-213.

PERL, Hille. Retrouvé & changé, changé & retrouvé. *In*: PERL, Hille. **Sainte-Colombe**: retrouvé & change: 7 strings and more. Freiburg: Deutsche Harmonia Mundi, 1997. 1 CD (68 min.), son., 1 catálogo (13 p.).

RICOEUR, Paul. **A memória, a história e o esquecimento**. Tradução de Alain François. Campinas: Editora da Unicamp, 2007.

RICOEUR, Paul. **Vivo até a morte**: seguido de fragmentos. Tradução de E. Brandão. São Paulo: Martins Fontes, 2012.

ROMANO, Claude. **Lo posible y el acontecimiento**. Tradução de A. Fornari, P. Mena e E. Muñoz. Santiago de Chile: Ed. Universidad Alberto Hurtado, 2008.

ROMANO, Claude. **El acontecimiento y el mundo**. Tradução de Fernando Rampérez. Salamanca: Sígueme, 2012.

SAVIAN FILHO, Juvenal. O conceito de coração e a experiência religiosa como estilo. *In*: PAIVA, R.; ISKANDAR, J. (Org.). **Filosofemas**. Vol. II. São Paulo: Unifesp, 2016. p. 599-638.

SCHMIDT, Maria Luisa Sandoval; MAHFOUD, Miguel. Halbwachs: memória coletiva e experiência. **Psicologia USP** (São Paulo), v.4, n. 1-2, p. 285-298, 1993. Disponível em: http://www.revistas.usp.br/psicousp/article/view/34481. Acesso em: 12 jan. 2020. DOI: http://dx.doi.org/10.1590/S1678-51771993000100013.

STEIN, Edith. Il castello interiore. *In*: STEIN, E. **Natura, persona, mistica: per una ricerca cristiana della verità**. 2. ed. Tradução de Edizioni O.C.D., Revisão da tradução de A. M. Pezzella. Roma: Città Nuova, 1999a. p. 115-147.

STEIN, Edith. **Psicologia e scienze dello spirito**: contributi per una fondazione filosofica. 2. ed. Tradução de Anna Maria Pezella. Roma: Città Nuova, 1999b.

STEIN, Edith. **Potenza e atto**: studi per una filosofia dell´essere. Tradução de A. Caputo. Roma: Città Nuova, 2003.

STEIN, Edith. **La struttura della persona umana**. Tradução de M. D'Ambra com revisão dc A. M. Pezzella e M. Paolinelli. Roma: Città Nuova, 2013.

TODAS as manhãs do mundo. Direção de Alain Corneau. São Paulo: Versatil Home Video, 1991. 1 DVD (115 min.), Widescreen, son., color.

LIÇÕES DE MONSIEUR LAZHAR

Quando o suicídio acontece na escola

14

Lucia Cecilia da Silva

Neste capítulo, trataremos do luto pela morte por suicídio trazendo como referência ilustrativa o filme *Monsieur Lazhar* (2011). Nenhum luto é uma experiência fácil, contudo, o luto em decorrência da perda de alguém por suicídio apresenta aspectos que o tornam especialmente difícil, potencialmente complicado, ainda mais quando se trata de crianças, conforme teremos oportunidade de analisar.

A Organização Mundial da Saúde (OMS) afirma que para cada suicídio, entre 5 e 10 pessoas sofrem graves consequências psicológicas, econômicas e sociais. Porém, se considerarmos a família, os amigos, os companheiros de escola, de trabalho ou de outros contextos compartilhados, esse número pode ser bem maior. O suicídio é um evento que dilacera a vida do enlutado. O impacto desse tipo de morte é tão significativo que os enlutados passam a fazer parte do grupo vulnerável, ou seja, são suscetíveis de cometer o mesmo ato, pois é preciso lidar com uma diversidade de sentimentos ambivalentes relacionados ao impacto do ato suicida, tais como choque, alívio, culpa, arrependimento, autoacusação, raiva, rejeição, falta de sentido para aquela morte (Fukumitsu, 2013; Silva, 2013).

Monsieur Lazhar foi produzido em 2011, no Canadá, dirigido por Philippe Falardeau e indicado ao Oscar de melhor filme internacional em 2012. O filme traz a dinâmica escolar a partir do suicídio de uma professora em sua sala de aula, numa escola em Montreal. Bashir Lazhar é um refugiado argelino que se apresenta como professor à direção para substituir Martine Lachance, a professora que morreu. Inicialmente, a diretora fica reticente, mas aceita-o depois de passar toda a lista e não ter professor na escola que se disponha a ser o substituto: "com o que aconteceu, ninguém quer a vaga". Bashir significa "o que traz boas novas", e tal significado acabou sendo incorporado ao título do filme na versão em português. Do nosso ponto de vista, o diretor trabalhou com delicadeza e sensibilidade sobre um tema ainda considerado tabu em nossa sociedade. Professores e alunos não foram mostrados de forma estereotipada e maniqueísta, mas foram exploradas a complexidade e a ambiguidade tão próprias do ser humano.

Inicialmente, Bashir adota uma forma de trabalhar com seus alunos que é diferente daquela adotada por Martine, um pouco pelo seu despreparo, muito pela sua cultura, e isso é sentido pelas crianças como um acréscimo ao sofrimento pelo qual estão passando. Por sua vez, o professor também está passando por um momento doloroso em sua vida e lidando com o luto pela morte da mulher e dos dois filhos num incêndio criminoso na Argélia, além de ter de lidar com a burocracia institucional para conseguir que seu pedido de refúgio seja aprovado pelas autoridades canadenses. No prosseguimento da história, ele vai se mostrando sensível ao sofrimento dos alunos, em especial em relação a Simon e Alice, que muito sofrem pela perda da professora, em situação considerada por ele extremamente violenta. Na aproximação que ele vai tendo com seus alunos, Bashir também vai trabalhando sua dor, seu luto.

Pouco se fala de como se vive a morte na nossa sociedade, menos ainda sobre a experiência do suicídio, que se apresenta entre nós como um tabu e como uma morte escolhida por pessoas perturbadas, que infringem a sacralidade da vida e que são tidas ora como corajosas, ora como covardes por se matarem. Na película isso transparece e esse tabu que interdita falar sobre a morte se interpõe às melhores intenções de se trabalhar com o sofrimento causado pela morte da professora, causando, inclusive, mais sofrimento para aquelas crianças de 11, 12 anos.

Já no início do filme aparece a necessidade que os enlutados sentem de encontrar sentido para aquela morte quando uma aluna comenta com outra: "que saco, por que Martine fez aquilo?". Dirigindo-se aos alunos de Martine, a diretora da escola faz uma fala pertinente: "Vamos passar por isso juntos, com a ajuda dos professores, dos pais e da nossa psicóloga, que vai nos ajudar a falar do que aconteceu". Entretanto, o que acontece é que na rotina institucional, cheia de regras que não permitem que um professor toque um estudante, por exemplo, nem mesmo com um abraço de solidariedade, vem para primeiro plano e vai se estabelecendo um interdito sobre a morte da professora. A psicóloga, quando vai falar com a turma, solicita que Bashir se retire da sala; ele se opõe e ela afirma que isso é necessário para "separar a pedagogia da psicoterapia", tomando uma perspectiva meramente técnica. Ou seja, há uma escolha por tratar o assunto de uma forma técnica, especializada, numa tentativa velada de separar o que aconteceu da rotina escolar, até como meio de não se falar sobre um assunto que incomoda e intriga, que atrapalha o bom andamento das coisas.

Assim, apesar da intenção que teve a diretora de proporcionar à comunidade escolar a possibilidade de "passar por isso juntos", o que se observa é que o assunto paira no ar; ela própria e outros professores não adentram o sofrimento que é de cada um, mas que também é coletivo, e voltam-se ao cotidiano. O máximo que conseguem é perguntar: "Tudo bem com você?"; "Sim, tudo bem, e você?"; "Tudo bem". Por sua vez, as crianças também não se sentem suficientemente acolhidas, até que numa atividade de redação proposta por Bashir, Alice, que viu o corpo da professora dependurado na sala, se expõe perante os colegas ao fazer sua apresentação.

> Minha escola é linda. Pode não ser a mais bonita, mas é a minha. (...) Eles cuidam da gente, verificam se temos piolhos, se os dentes estão bem, se somos agressivos ou hiperativos. Mas foi nessa linda escola que Martine Lachance se enforcou com seu cachecol azul amarrado no cano, na quarta à noite. Minha mãe estava em Miami, porque ela é piloto. Eu queria que ela voltasse na hora, porque eu fiquei sentida de verdade. Martine certamente estava desencorajada de sua vida. A última coisa que ela fez foi empurrar a cadeira para que ela caísse. Às vezes eu me pergunto se ela não quis passar uma mensagem violenta. Nós, quando somos violentos vamos presos, mas não podemos prender Martine Lachance porque ela está morta.

Nessa fala de Alice podemos observar pelo menos quatro elementos importantes para ela em relação à morte de sua professora. Primeiro, fica nas entrelinhas o questionamento: como numa escola tão bonita, onde os adultos se preocupam com as crianças, onde essas crianças são tão bem cuidadas, pode acontecer algo assim? Como uma professora pode abandonar dessa maneira seus alunos? Em segundo lugar, Alice expressa a necessidade de ter sido acolhida pela mãe, de ter alguém de confiança por perto, que possa dar continência àquilo que ela está sentindo. Terceiro, ela tece uma hipótese que explique o ato da professora, buscando um sentido para aquela morte e, por fim, a menina vivencia o ato da professora como uma violência contra a qual não se pode fazer nada, uma vez que a morte encerra qualquer possibilidade.

Realmente, o suicídio é uma morte violenta, e a violência desse tipo de morte não é só porque se violentou contra a vida ou pela violência do método utilizado, mas por ser um ato que, em muitos casos, é direcionado a alguém e esse alguém não terá como contestar, argumentar, se defender. E mesmo que não for direcionado a alguém, pessoas próximas ao morto podem se sentir culpadas, principalmente se havia algum conflito na relação entre ambos. No caso da história do filme, um dos alunos, Simon, percebe a morte da professora como endereçada a ele, no que Alice concorda, uma vez que nos dias anteriores ao seu suicídio, Martine consolou Simon em determinada situação, abraçando-o. Simon, por algum motivo, pautando-se na regra de que professores não podem tocar os alunos, "denuncia" a professora à direção, dizendo que ela o beijou. Um dos professores assinala em determinado momento: "Martine consolou o pequeno com um abraço. Ela se queimou, ela achou isso pesado", e acrescenta num tom crítico que "você tem de gostar de trabalhar com crianças, mas tratá-las como se fosse material radioativo", denunciando a dificuldade que os educadores canadenses têm para desenvolver seu trabalho, por serem extremamente cautelosos quanto ao contato físico entre professor e aluno.

Quanto à necessidade de falar sobre o assunto e de ter os sentimentos em relação à morte da professora acolhidos, Bashir leva o texto de Alice à diretora e pede permissão para fazer cópia e distribuir a todos os alunos da escola, pois ele entende que "este texto contém uma vontade de comunicar, um desejo de falar da morte juntos". A diretora não acata a ideia e justifica: "eu achei o texto violento", ao que Bashir responde: "é a vida que é violenta, não o texto. Não tem nada de macabro aqui dentro". Ao dizer que a vida é violenta, Bashir muito provavelmente também se refere ao que aconteceu com ele, à sua situação de refugiado e à morte violenta de sua família. Ele também está precisando expressar sua dor de perder esposa e filhos e sua pátria. Independentemente de concordarmos ou não com a ideia do professor de distribuir o texto para os alunos, podemos pensar com ele que o fato é que o suicídio existe, é uma possibilidade que se abre a qualquer um de nós, faz parte da vida e, por isso, é preciso falar sobre ele, é preciso que os enlutados compartilhem sua dor, que busquem uma compreensão sobre o que lhes acontece, pois isso pode acontecer próximo a nós, até na "escola mais bonita", onde supostamente deveria reinar a alegria.

Aliás, abrindo um parêntese, suicídio entre professores tem acontecido com mais frequência no Brasil, e entre as razões arroladas para isso estão a precarização do trabalho, as mudanças no regime da Previdência, a violência nas escolas, a violência dos processos institucionais, elementos esses que fragilizam a saúde mental do professor levando-o a se desencorajar de viver. Só para ilustrar, trazemos dados desse fenômeno em nosso Estado, fornecidos pelo Sindicato dos Trabalhadores em Educação Pública do Paraná (APP/SINDICATO, 2019):

> Dados do Ministério da Saúde obtidos pela APP-Sindicato revelam um crescimento alarmante no número de professores(as) que cometeram suicídio nos últimos anos no Paraná. Houve um caso em 2014, quatro em 2015, oito em 2016, 12 em 2017 e atingiu a marca de 15 em 2018. [...] Para o presidente da APP-Sindicato, professor Hermes Leão, a escalada dos números tem relação direta com a precarização das condições de trabalho e a retirada de direitos da categoria. "Não temos dúvidas de que a forma como os governos têm maltratado a educação e o serviço público está adoecendo os professores e demais trabalhadores", lamenta. Hermes cita como exemplo medidas do governo Beto Richa (PSDB), desde o aumento da carga de trabalho, a criação de critérios que punem os(as) que se ausentam da sala de aula para tratar da saúde e o congelamento dos salários, até episódios trágicos como o massacre do Centro Cívico, em 2015, e escândalos de corrupção envolvendo recursos da Educação.

Fechando o parêntese, voltemos a pensar nas palavras de Alice e na sua vivência do luto. O luto é um processo que responde naturalmente ao rompimento de um vínculo afetivo e traz vários sentimentos, como a tristeza, a angústia, o medo, entre outros, que precisam ser vivenciados e não devem ser ocultados ou eliminados em prol da saúde mental do enlutado (Kovács, 2013). Contudo, como assinala Fontenelle (2008), o processo de enfrentamento da morte por suicídio é diferente dos outros tipos de morte porque envolve questionamentos e emoções que não fazem parte dos outros tipos de perda. Quando uma pessoa tira a sua própria vida, ela deixa para trás interrogações que nunca serão inteiramente respondidas. Em muitas situações é difícil entender porque alguém escolhe morrer e, além disso, algo que fere é que quem se mata escolhe romper seus vínculos com as pessoas de seu mundo. O suicídio é uma renúncia definitiva de pertencer ao grupo social, é uma ruptura radical com todos os laços sociais.

Jamison (2010, p. 264) aponta:

> O suicídio é uma morte como nenhuma outra, e aqueles que são deixados para lutar com isso devem enfrentar uma dor sem igual. Eles são deixados com o choque e com o infindável "e se". São deixados com a raiva e a culpa e, vez por outra, com um terrível sentimento de alívio. São deixados para uma infinidade de perguntas dos outros, respondidas ou não, sobre o motivo; são deixados ao silêncio dos outros, que estão horrorizados, embaraçados e incapazes de formular um bilhete de pêsames, dar um abraço, fazer comentários; e são deixados com outros pensando — e eles também — que poderia ter sido feito mais.

Os motivos pelos quais se escolheu morrer se tornam silêncio junto a um corpo emudecido e enterrado, que já não pode oferecer esclarecimentos. O enigma do suicídio paira no ar e os enlutados se questionam sobre possíveis motivações, buscando pela inteligibilidade do que aconteceu. Em outro escrito (Silva, 2013) afirmamos que os enlutados sentem necessidade de entender o motivo para o ato cometido, a fim de conseguirem fechar uma lacuna, um vazio de sentido para aquela morte; portanto perder alguém para o suicídio não é somente sofrer a ausência da pessoa que morreu, mas sofrer também a ausência do sentido daquela morte. A partir de sua experiência de perder o pai para o suicídio, Fontenelle (2008) afirma que quando alguém morre por outros motivos as pessoas demonstram solidariedade imediata, querem saber dos detalhes, falam abertamente sobre a situação, oferecem conforto, mas na morte por suicídio é diferente. O incômodo é expresso no silêncio, na ausência do que dizer. O incômodo é parte da estranheza em que um suicídio nos aloja.

> O indivíduo denominado suicida é aquele que nos aponta uma situação-limite da existência e provoca estranheza na mesma medida em que nos lança diante de um mistério inegável, a compreensão da experiência de alguém que em certa medida parece não compartilhar dos mesmos valores veiculados e difundidos contemporaneamente. (Magliano, 2018, p. 22).

De acordo com Fukumitsu (2013), o enlutado por suicídio sente-se abandonado, isolado, solitário e envergonhado. Tais sentimentos ressaltam o tabu que a sociedade tem em relação a essa morte: além de condenar o ato, julga também os entes próximos, especialmente os familiares. Sempre fica uma desconfiança no ar de que não fizeram o suficiente para evitar aquela morte.

Essa incógnita que é o suicídio é bem expressa por Bashir quando ele diz a uma professora: "é difícil compreender porque alguém decide se matar, impossível compreender porque ela fez isso aqui". Em outro momento, quando ele está jantando com uma colega professora e menciona o suicídio de Martine, questionando se ela acha que existe alguma relação entre o que ocorreu com Simon e o suicídio em sala de aula, ao que ela diz: "Martine não ia bem há muito tempo. Ela tinha crises de angústia, mas daí a se matar?" E emenda: "Vamos falar de outra coisa?". Ou seja, mesmo que alguns indícios mostrem que a pessoa que se mata estava passando por situações difíceis, sua escolha por se matar não é bem vista.

Segundo os estudiosos do assunto e a própria OMS, a maioria dos suicídios não acontecem de uma hora para outra. Costumamos dizer, a partir de nossa experiência clínica, que cada suicídio tem uma biografia, e muitos deles, uma biografia de longa data. De acordo com a revisão bibliográfica realizada por Fontenelle (2008), estima-se que 90% dos suicidas dão sinais que irão tirar a vida. "Na verdade, são pedidos de socorro cuja origem está na ambiguidade comum entre essas pessoas. Elas querem pôr fim à dor e ser salvas" (p.43). O suicídio não é um evento que ocorre repentinamente. Ele é, muitas vezes, resultado de anos de sofrimento e de tentativas frustradas de superá-lo.

A culpa é um dos sentimentos mais comuns nos enlutados do suicídio, como já mencionamos. Envolve a sensação de que provocaram ou foram responsáveis pela morte, além de questionamentos sobre o que deveriam ter feito para impedir aquela morte. O enlutado pode direcionar a culpa para si mesmo ou a qualquer outra pessoa que tenha tido contato com o morto, por não terem percebido o que estava acontecendo, ou por não terem feito o suficiente para evitar esse desfecho. É muito desesperador para o enlutado se um pouco antes da morte houve desentendimentos, mágoas, ofensas.

Para Fukumitsu (2013 p. 237), "a culpa é uma criação para que a pessoa tente se organizar na situação desconfortável, ambivalente e aberta" em que se encontra. O sentimento de culpa aponta para a impotência que o ser humano se encontra diante da facticidade da morte, de não poder controlá-la. E em se tratando de uma morte por suicídio, de não ter cuidado suficientemente, de não ter percebido ou dado importância aos sinais. Cândido (2011) enfatiza que as atitudes de acusação e emoções, como a culpa e a raiva, sinalizam um elevado potencial de risco à saúde mental do enlutado. O autor sugere que é comum perceber que indivíduos de uma família enlutada por suicídio não suportem a culpa e as mútuas acusações. Em nossa prática, atendemos uma mulher que perdeu o filho para o suicídio. Ela culpou o marido pelo ocorrido e fazia isso abertamente dizendo que se ele tivesse consentido que a família se mudasse para outra cidade, onde a mulher achava que o filho encontraria um emprego melhor, o filho não teria se matado. Um mês depois do suicídio do filho, o pai também se mata. Não podemos afirmar que as acusações da mulher foram a causa ou o gatilho do suicídio de seu marido, certamente ele tinha suas próprias culpas, mas tais acusações devem ter pesado, talvez até retificado uma culpa que ele já sentia.

No filme, como já apontamos, Simon se sente culpado pela morte de Martine, pois foi responsável por uma situação que constrangeu a professora. Em diversos momentos ele se sente cobrado por Alice, que não deixa de recriminá-lo pelo que tinha feito, conjecturando que Simon poderia ter evitado o suicídio da professora se não tivesse feito o que fez ou tivesse pedido desculpas a ela. Em certo momento, ela chega a falar: "você foi o único a ser mal com ela".

A culpa é um componente da vivência do enlutado que pode colocá-lo em risco de também escolher o suicídio como forma de livrar-se desse sofrimento. O enlutado pode sentir que seu suicídio seria a única forma de reparar o mal que fez ao outro. Portanto, é fundamental e urgente que o enlutado embrenhado em culpa possa receber acolhimento para que possa expressar e trabalhar seus sentimentos, para que possa falar de suas fantasias e possa passar com alguma segurança pelo luto.

Estamos atendendo uma adolescente cujo pai morreu por suicídio quando ela era uma criança de oito anos. Ela se sentiu muito mal por vários anos, se sentia culpada já que foram muitas as vezes que desejou a morte do pai, uma vez que constantemente esse pai alcoolista agredia verbal e fisicamente a mãe e os filhos. Ela conta que ao saber da morte do pai ela se sentiu extremamente aliviada, para logo em seguida se sentir extremamente culpada – culpada por ter desejado a morte do pai e culpada por sentir alívio. Na escola ficou arredia, começou a ter problemas de aprendizagem e, na sua lembrança, nunca ninguém lhe perguntou como estava se sentindo pela morte do pai. Lembra-se, entretanto, que certas crianças passavam perto dela correndo em algazarra gritando "olha a filha do que se matou". As dificuldades de aprendizagem foram se acentuando, perdeu um ano, dois, até que ela foi encaminhada para uma psicopedagoga, que conseguiu entender a amplitude de suas dificuldades, descobriu que ela se autolesionava e tinha ideias suicidas, e orientou a mãe para que procurasse ajuda psicológica para a filha. Foi quando ela nos chegou, aos 14 anos. Um dia ela nos disse que sofreu por muito tempo sem saber dar nome ao seu sofrimento, até descobrir que esse sofrimento se chama culpa. E no trabalho que estamos fazendo juntas, ela tem percebido que se autolesiona e pensa em suicídio como forma de aliviar a culpa, de se punir e de reparar a morte do pai, numa espécie de "dou minha vida pela sua".

Voltando ao filme, a situação de Simon se agrava quando, durante a Festa da Primavera, Victor, um de seus colegas de turma, rouba-lhe uma foto que ele fez de Martine, a qual Simon carrega sempre consigo. Nesta foto, Simon desenhou asas representando Martine como um anjo. Esse colega corre mostrando a foto para os outros alunos, que ficam assustados quando a veem, uma aluna chega a chorar, e para reavê-la Simon entra numa briga corporal com Victor. Simon é levado à diretora e Bashir lhe pergunta se ele quer dizer alguma coisa sobre a foto. Simon olha para Bashir parecendo espantado com a pergunta. A diretora pede para que o professor se retire. Na cena vemos que Bashir quer dar voz ao aluno, oferecendo uma oportunidade para ele falar como se sente em relação à morte de Martine. Por seu lado, a diretora não incentiva essa atitude, a preocupação dela é mais em seguir o protocolo de repreensão do aluno, mesmo que seja notório seu mal estar com o suicídio ocorrido. Em alguns momentos do filme ela usa a expressão "já temos neve demais" se referindo ao suicídio da professora como um acúmulo a mais para lidar, preferindo sempre não adentrar na repercussão que o suicídio teve entre os alunos e os professores. E a diretora não deixa de ter razão, ela e os professores certamente têm "neve demais para lidar", pelo menos essa é a realidade brasileira. Contudo, isso justifica que não devam lidar com outras questões que não sejam as estritamente pedagógicas? Não seria pedagógico lidar com as preocupações humanas uma vez que essas lidas fazem parte da formação humana, da formação do humano?

Dizemos isso porque numa das capacitações sobre a prevenção do suicídio que realizamos com profissionais de saúde e da educação em nosso município, uma professora disse preocupada e bastante angustiada: "a gente não aguenta mais o acúmulo de tarefas, tudo vem para a escola, a família não dá conta da criança, sobra para a escola, é indisciplina, é violência, e agora a gente vai ter de fazer prevenção do suicídio também?". É uma fala que faz sentido no nosso contexto educacional, social e político, no qual a educação e os professores não são devidamente valorizados, não há financiamento suficiente para as demandas necessárias, não há remuneração adequada ao quadro de educadores, faltam condições materiais e sobra o desgaste nas lutas para tal que levaria tempo demais para colocarmos todas em pauta. E esses entraves têm contribuído para abalar a saúde mental dos professores, como têm revelado várias pesquisas (Diehl; Marin, 2016).

Entretanto, apesar das dificuldades, é importante salientar a necessidade de se pensar e construir ações de prevenção do suicídio e de posvenção nas escolas (como é o caso do filme). Afinal, dados epidemiológicos têm nos mostrado que o comportamento suicida tem aumentado principalmente entre jovens e adolescentes, e são eles os mais presentes no ambiente escolar, sem esquecer que a escola ainda é um espaço fundamental para a socialização dos seres humanos. Precisamos falar da vida na escola e isso implica também falar da morte, de perdas, de tristezas, de fracassos. É difícil porque a racionalidade hegemônica pleiteia uma escola asséptica, controlada, previsível, higienizada, medicalizada, onde não se toca em certos assuntos, como se isso fosse macular sua função precípua. Vejam o que aconteceu com nossa analisanda: ninguém quis tocar no assunto com ela, seus colegas a agrediam com brincadeiras de mau gosto, muito provavelmente porque também não sabiam lidar com a situação. Então, é importante que a escola trabalhe esses problemas, por mais espinhosos que sejam. Mas é bom que se diga que a prevenção e a posvenção do suicídio são tarefas que não são só da escola, é preciso que nos outros contextos da vida isso também esteja presente, como no campo da saúde, nas organizações, nas famílias ecomo parte de políticas públicas para enfrentar o problema do suicídio. Aliás, se se investisse os recursos necessários na promoção da saúde mental por meio do Sistema Único de Saúde (SUS) e do Sistema Único de Assistência Social (SUAS) em que trabalhar o território e a intersetorialidade são importantes estratégias, estaríamos bem, pois a escola estaria plena e naturalmente incluída nesse processo.

É na contramão dessa hegemonia que prima pelo controle e pela produtividade, que Bashir, numa postura sóbria, cuidadosa e amorosa, vai conseguindo com que as crianças expressem seus sentimentos, suas angústias e, assim, tanto ele quanto elas vão tecendo compreensões acerca da perda de seus entes queridos, produzindo sentido mesmo para aquilo que não tem sentido algum. Quando a diretora pede para ele se retirar da sala para que ela conversasse a sós com Simon, Bashir encontra Alice no corredor e lhe pergunta se ela viu a foto. Ela responde: "eu não preciso ver fotos, eu não consigo tirar a Martine da cabeça" e ele lhe oferece um verdadeiro bálsamo: "as pessoas que morrem ficam na nossa cabeça porque nós a amávamos, e porque elas nos amavam".

O ápice é a comovedora cena em que as crianças conseguem de maneira coletiva falar sobre o suicídio de Martine. Ao trabalhar vocabulário com a turma, um dos alunos pergunta o que é defenestrar e Bashir explica que a palavra quer dizer se atirar pela janela. Victor diz, então, que seu avô "se defenestrou" e o diálogo segue:

> Victor: *Há muito tempo, no Chile, ele foi preso pelo exército. Eles o torturaram e ele se suicidou depois de ser solto ou evadido.*
>
> Bashir: *Você conversou sobre isso com seus pais?*
>
> Victor: *Com minha mãe, quando falamos sobre o suicídio de Martine.*
>
> Alice: *Não tem nada a ver com Martine.*
>
> Victor: *Eu não disse que era igual. Meu avô a gente sabe, ficou traumatizado, enquanto que a Martine não sabemos.*
>
> Bashir: *Os outros falaram do suicídio com os pais?*
>
> Marie-Frederic: *Por que falar de suicídio aqui? O senhor é professor, não psicólogo.*

Bashir: *Esse é o ponto de vista dos teus pais.* (Anteriormente, numa reunião com os pais de Marie-Frederic, eles deixaram claro para Bashir que à escola só cabe ensinar e não adentrar outros assuntos.) *Se alguém quiser falar, pode falar à vontade.*

Os alunos se entreolham, Simon se encolhe. Marie-Frederic levanta a mão, Bashir lhe dá a palavra.

Marie-Frederic: *Todo mundo pensa que fomos traumatizados para sempre. Eu penso que são os adultos que estão traumatizados.*

Bashir: *Mais alguém?*

Alice: *Simon quer dizer uma coisa.*

Simon: *Tá louca?*

Alice: *Então por que levantou a mão?*

Simon: *Não levantei. Se você tem algo a dizer, diga!*

Alice: *Eu já disse o que precisava na minha redação.*

Simon: *Vai, cuspa tudo, diga que foi minha culpa.*

Alice: *É você que diz.*

Simon: *Mas é isso!*

Bashir: *Quero que seja feito com respeito!*

Alice: *Maldito, preguiçoso.*

Bashir: *Alice!*

Simon (levantando-se e falando alto): *Vou contar o que ela pensa. Ela acha que foi minha culpa. Que é minha culpa porque mandei a Sra. Lachance à merda. Porque ela se achava minha mãe.*

Alice: (falando alto). *Simon, você gostava da Martine, como todo mundo. Ela deixava você fazer de tudo. Ela te ajudava com os deveres.*

Simon: *É isso, ela me deu a câmara, mas eu não pedi nada. Eu não pedi para ela me beijar!*

Alice: *Mentiroso! Ela só te abraçou porque você chorou.*

Simon (chorando): *E você ficou contente porque eu chorei? Você nunca chora? Você é perfeita? Um verdadeiro cara? Bom, OK, é verdade que ela não me beijou. Ela me abraçou e eu não gostei, e* (soluçando) *não é minha culpa.* (Olhando para o professor.) *Não é minha culpa, certo? Não é minha culpa?*

Bashir (Vai até Simon, se abaixa e o abraça.): *Não foi sua culpa. Martine estava doente há muito tempo.*

Simon: *Ela sabia que eu distribuía a merenda na quinta. Ela sabia que ia vê-la daquele jeito.*

Os alunos se mostram comovidos. Bashir retorna para sua mesa. Há um silêncio, que ele quebra.

Bashir: *Não se deve buscar um sentido na morte de Martine Lachance. Porque não tem. A sala de aula é um lugar de amizade, de trabalho, de comportamento. É, de comportamento. Um lugar onde tem vida, que a gente consagra à vida. Onde a gente dá nossa vida. Um lugar onde se deixa de lado nosso desespero.*

Essa cena condensa e mostra com esmero a vivência dos enlutados por suicídio: a estranheza e incredulidade, a falta de explicações para o ato com as consequentes hipóteses e fantasias, o ter de aceitar essa falta de respostas, o sentimento de abandono, o isolamento, a culpa, a raiva, a dor da ausência. Mas o mais bonito da cena é ver o expurgo do sofrimento pelas palavras vivas que curam alunos e professor.

Referências

APP/Sindicato dos Professores do Paraná. **Suicídio de professores(as) no Paraná aumenta 15 vezes em cinco anos**. Curitiba, 2019. Disponível em: https://appsindicato.org.br/suicidio-de-professoresas-no-parana-aumenta-15-vezes-em-cinco-anos. Acesso em: 20 fev 2020.

CÂNDIDO, A. M. **O enlutamento por suicídio**: elementos de compreensão na clínica da perda. (Dissertação). Programa de Pós-Graduação em Psicologia Clínica e Cultura no Instituto de Psicologia da Universidade de Brasília. Brasília, 2011.

DIEHL, L.; MARIN, A. H. Adoecimento mental em professores brasileiros: revisão sistemática da literatura. **Estudos Interdisciplinares em Psicologia**, Londrina, v. 7, n. 2, p. 64-85, dez. 2016. Disponível em <http://pepsic.bvsalud.org/scielo.php?script=sci_arttext&pid=S2236-64072016000200005&lng=pt&nrm=iso>. Acesso em 28 fev 2020.

FONTENELLE, P. **Suicídio**: O futuro interrompido. São Paulo: Geração Editorial, 2008.

FUKUMITSU, O. K. **Suicídio e luto**: Histórias de filhos sobreviventes. São Paulo: Digital Publish&Print, 2013.

JAMISON, K. R. **Quando a noite cai**: entendendo a depressão e o suicídio. 2. ed. Rio de Janeiro: Gryphus, 2010.

KOVÁCS, J. M. (2013). **A morte e desenvolvimento humano**. 5. ed. São Paulo: Casa do psicólogo.

MAGLIANO, F. R. Considerações preliminares sobre a compreensão e finitude humana. In: FEIJOO, A. M. L. C. Entre o morrer e o viver. Rio de Janeiro: IFEN, 2018, p. 17-37.

MONSIEUR Lazhar. Direção de *Philippe Falardeau. Canadá: Pandora Filmes, 2011. 1 DVD (94 min).*

SILVA, L. C. Suicídio: o luto dos sobreviventes. *In*: **Suicídio e os desafios para a psicologia**. Brasília, DF: Conselho Federal de Psicologia, 2013, p. 59-64.

A BLUSA ROSA

Francisco B. Assumpção Jr

Meu olhar vagava
Por ela e sorria
Ao vê-la formosa,
Mas ela fechava
E se escondia
Sob a blusa rosa.

Que doces brinquedos
Será que guardava
Qual joia preciosa?
Seriam segredos
Que ela não dava
Sob a blusa rosa?

E os botões fechados
Para que é que serviam,
Tornando-a virtuosa?
Deixavam calados
Os seios que estavam
Sob a blusa rosa.

Botões ocultavam
Sua pele branca
Macia e cheirosa,
E os seios pulsavam
De maneira franca
Sob a blusa rosa.

Queria somente
De forma extremosa
Saber o que sente
Sob a blusa rosa.

OS AUTORES

Organizador

Valdemar Augusto Angerami

Professor de pós-graduação em Psicologia da Saúde na PUC-SP; professor convidado do programa de pós-graduação em Psicologia e Oncologia da Unicamp; professor de pós graduação em Psicologia da Saúde na UFRN. Autor com o maior número de livros publicados em Psicologia no país e adotados nas principais universidades do Brasil, América Latina, Portugal, Espanha e Canadá.

Autores

André Faro

Pós-doutor em Saúde Pública pela Universidade Johns Hopkins (EUA), doutor em Psicologia e docente no Programa de Pós-Graduação em Psicologia da Universidade Federal de Sergipe (UFS).

Andrea dos Santos Nascimento

Doutora em Psicologia, professora adjunta do Departamento de Psicologia do curso de Psicologia da Universidade Federal do Espírito Santo (UFES), Mestre em Políticas Sociais pela UFES e Coordenadora do Projeto de Extensão "Gestalt-Terapia: Grupos de Acolhimento" pela UFES cujo público atendido é composto por pessoas LGBTs, Jovens negros e Mulheres.

Andréa Poppe

Psicóloga, doutoranda em Psicologia – ênfase em Psicanálise pela UCES – Buenos Aires. Mestre em Ciências da Saúde (Educação em Ciências da Saúde) pelo Cedess – UNIFESP. Membra-fundadora do EPLA (Espaço Psicanalítico Latino Americano), Fundadora do Espaço Conexão (Clínica, Ensino e Pesquisa), docente e supervisora na Clínica na Universidade Paulista. Atuou por mais de 20 anos na área de saúde mental, possui quatro cursos de pós graduação USP/ UNISANTOS/ UNIFESP e Sírio Libanês. Pesquisadora na Universidade Paulista, tem interesse em diversas áreas como: psicanálise e fotografia, psicopatologia da infância e adolescência, psicanálise e infância, psicanálise e arte, psicanálise e sua interface com outras linhas teóricas como o cognitivismo. Ministra alguns cursos de curta duração e minicursos.

Bruno Gonçalves

Graduação em Psicologia. Especialização em Psicologia em Saúde pelo CFP. Especialização em Docência no Ensino Superior pela PUC-RS Formação em Psicoterapia Fenomenológico Existencial no Centro de Psicoterapia Existencial. Professor no curso de Formação em Psicoterapia Fenomenológico Existencial no Centro de Psicoterapia Existencial. Atuação como psicólogo social na prefeitura de Jundiaí.

Denise Pereira Alves de Sena

Psicóloga clínica, hospitalar, terapeuta sexual, psicanalista e doutoranda na Universidade Católica de Brasília. Possui experiência em docência/ palestras, em supervisões para psicólogos e em atendimentos clínicos. Sócia-proprietária e responsável técnica da Clínica de Psicologia Somos Todos Um — ST1, inaugurada em outubro de 2020. Formações concluídas: mestrado acadêmico na Universidade Católica de Brasília, especializações em Teoria Psicanalítica, Psicologia da Saúde, Sexualidade Humana e formação em Hipnose Clínica. Livros publicados: *Envelhecimento, uma visão psicanalítica*; *Os juízes de família e a guarda compartilhada, uma visão psicojurídica*; e o capítulo no livro *Suicídio e suas interfaces, o ardiloso emaranhado da autodestruição*, intitulado: “Por que os nossos jovens se matam?”.

Everson Sercundes de Lira

Psicólogo graduado em 2019 pela Faculdade de Ciências Humanas ESUDA. Pesquisador na área temática das violências autoprovocadas, com foco em adolescentes. Psicólogo clínico sob a perspectiva Fenomenológica Existencial.

Francisco B. Assumpção Jr.

Psiquiatra da infância; mestrado, doutorado e pós-doutorado em Psicologia pela PUC-SP; livre docência pela FMUSP, professor associado do IPUSP, membro das Academias Paulista de Medicina (cadeira 103) e Psicologia (cadeira 17).

Geovanna Santana de Souza Turri

Doutoranda em Psicologia pela Universidade Federal de Sergipe (UFS), psicóloga clínica e mestre em Psicologia Social (UFS).

Henrique Landim Santos

Bacharel em Relações Internacionais (Universidade Estácio de Sá, 2018); psicólogo graduado em 2019 pela Faculdade de Ciências Humanas ESUDA. Pós-graduação em Psicopatologia (Faculdade do Leste de Minas, 2020). Residente no Programa Multiprofissional em Saúde Mental na Rede de Atenção Psicossocial (IMIP/Secretaria de Saúde do Recife). Um dos autores do Livro "Suicídio e suas interfaces" (2018) e pós-graduando em psicologia jurídica (Faculdade Metropolitana do Estado de São Paulo)

Ionice Lourenço

Graduada em Psicologia pela Universidade Braz Cubas – SP. Formada em Terapia Cognitivo Comportamental pelo Centro de Estudos em Terapia Cognitivo Comportamental (CETCC). Neuropsicóloga. Especialista em Neuropsicologia com Reabilitação Cognitiva pela Faculdade de Medicina da Universidade de São Paulo (USP). Gestora empresarial pela Universidade de São Paulo (USP).

Co-autora do livro do Dr Angerami: *Suicídio e suas interfaces. O ardiloso emaranhado da autodestruição*, com o capítulo que tem como título "O sofrimento silencioso por trás do altar. Suicídio – prevenção – posvenção dos líderes religiosos: 'cuidando do cuidador'".

É coordenadora e Psicóloga (CRP 06/112.412) do GRAES – Grupos Reviver de Acolhimento a enlutados pelo Suicídio.

Luana Cristina Silva-Santos

Doutoranda em Psicologia pela Universidade Federal de Sergipe (UFS), docente no Departamento de Psicologia do Centro Universitário Estácio de Sergipe, psicóloga clínica e mestre em Psicologia Social (UFS).

Lucia Cecilia da Silva

Psicóloga clínica, docente do Programa de Pós-Graduação em Psicologia da Universidade Estadual de Maringá. Doutora em Psicologia pela Universidade de São Paulo, com pós-doutorado pela Université Paris-Diderot (França). Suas pesquisas são em torno dos fundamentos da fenomenologia e do existencialismo, morte e morrer, suicídio, cuidados paliativos. É membro do Comitê de Prevenção e Posvenção do Suicídio da Secretaria Municipal de Saúde de Maringá (PR). Diretora do Veredas Instituto de Psicologia, Arte e Cultura (Maringá/PR).

Luiz José Veríssimo

Psicólogo clínico (PUC-RJ), graduado, mestre, doutor e pós-doutor em Filosofia (UERJ). Professor de Psicologias e Psicoterapias Existenciais e Humanistas na Universidade Veiga de Almeida (UVA) e supervisor clínico nessa área na UVA. Professor do curso de Pós-Graduação-Especialização em Psicologia Fenomenológico-Existencial na UNIPAR; do Curso de Pós-Graduação em Psicologia Junguiana, Arte e Imaginário na PUC-RJ; do Curso de Formação em Psicoterapia Vivencial coordenado por Tereza Erthal. Membro da SEAF (Associação de Estudos e Atividades Filosóficas). Professor do Curso de Especialização em Psicologia Clínica Existencialista Sartriana do NUCAFE.

Marcelo Cirino Pinheiro

Graduando em Psicologia na Universidade São Judas Tadeu, discente de Iniciação Científica no programa ProCiência/SãoJudas e membro de grupo de estudos em Psicanálise desde 2018.

Maria Aparecida Penso

Psicóloga, mestre e doutora em Psicologia Clínica pela Universidade de Brasília. Pós-doutora em Psicossociologia pela Universidade Federal Fluminense. Terapeuta de casais e família. Coordenadora e professora titular do Programa de Pós-Graduação em Psicologia da Universidade Católica de Brasília. Pesquisadora e orientadora de alunos de mestrado e doutorado em questões relacionadas à dependência química, delinquência, violência e a crianças e adolescentes em situação de acolhimento institucional, suicídio, sistema prisional, atuando principalmente nos seguintes temas: violência contra crianças, adolescentes, mulheres e idosos; dependência química e família; relações entre dependência química, delinquência e exclusão; relações entre a psicologia e o Direito na atenção ao dependente químico e à violência; construção de metodologia de intervenção com adolescentes e famílias; crianças e adolescentes em situação de acolhimento institucional. Autora de diversos artigos e livros sobre os temas de pesquisa acima apresentados. Seus quatro últimos livros são: *Jovens pedem socorro; Direitos e conflitos psicossociais*; *Abordagem à família no contexto do Conselho Tutelar e infância e adolescência abandonadas; Os juízes de família e a guarda compartilhada, uma visão psicojurídica;* e o capítulo no livro *Suicídio e suas interfaces, o ardiloso emaranhado da autodestruição*, intitulado: "Por que os nossos jovens se matam?".

Maria Suzane da Silva Barbosa

Graduada em Nutrição pela Universidade Federal de Pernambuco (Universidade Federal de Pernambuco, 2010). Especialista em Nutrição em Nefrologia pelo Programa de Residência Multiprofissional Integrado em Saúde Hospital das Clínicas/ Universidade Federal de Pernambuco (2013). Mestre em Nutrição/Saúde Pública pela Universidade Federal de Pernambuco (2015). Doutoranda em Nutrição/Saúde Pública pelo Programa de pós-graduação em Nutrição/Universidade Federal de Pernambuco (2021).

Miguel Mahfoud

Psicólogo, mestre e doutor em Psicologia Social pela Universidade de São Paulo, com estudos de pós-doutorado na Pontifícia Universidade Lateranense (Roma). Professor associado do Departamento de Psicologia da Faculdade de Filosofia e Ciências Humanas da Universidade Federal de Minas Gerais (1996-2016). Fundador e editor-sênior da revista *Memorandum: Memória e História em Psicologia*. Membro do LAPS UFMG – Laboratório de Análise de Processos em Subjetividade. Pesquisa e publica nas áreas de memória coletiva, psicologia e cultura, experiência religiosa, fenomenologia. Membro do Comitê Editorial da Coleção *Obras de Edith Stein* da Editora Paulus.

Moisés Abdon Coppe

Psicólogo clínico com ênfase em Fenomenológica-Existencial. Psicodramatista. Teólogo. Professor. Doutor em Ciências da Religião. Membro da Liga de Escritores, Ilustradores e Autores, LIGA - JF. Membro da ONG Koinonia – Presença ecumênica e serviço. Escritor e poeta.

Pedro Paulo Viana Figueiredo

Graduação em Psicologia (2008) e Mestrado em Psicologia (2010) pela Universidade Federal de Pernambuco. Doutorado em Psicologia Social pela Pontifícia Universidade Católica de São Paulo (2014). Psicólogo Clínico e Professor no Curso de Psicologia na Faculdade de Ciências Humanas Esuda – Recife/PE.

Sueli Guerreiro

Psicóloga. Formação em Psicoterapia Fenomenológico Existencial pelo Centro de Psicoterapia Existencial. Professora no módulo "Temas Existenciais" no Curso de Formação em Psicoterapia Existencial no Centro de Psicoterapia Existencial. Atuação com pessoas em situação de rua há mais de 10 anos com predominância em drogadicção. Co-autora dos livros *Atualidades em psicoterapia fenomenológico existencial*, *Sobre o suicídio* e *Suicídio e suas interfaces*.

Vanessa Valentim Zamborlini

Bacharela em Psicologia pela Universidade Federal do Espírito Santo (UFES), pós-graduanda em Gestalt-Terapia pelo Instituto SATI, psicóloga clínica e no Instituto de Gestão Social do Terceiro Setor (IGES) em Residências Inclusivas.

Outros livros da Artesã sobre suicídio

SUICÍDIO E SUAS INTERFACES

O ardiloso emaranhado
da autodestruição

Valdemar Augusto Angerami (Org.)

ISBN: 978-85-7074-021-2

A Antares é a principal estrela da Constelação de Escorpião, sua presença luzindo na noite é sinal de que estamos no Inverno. A Constelação de Escorpião é o Inverno brilhando no firmamento. Essa mesma certeza de encantamento terão todos que se debruçarem sobre essa obra. Fascínio em cada página e capítulo a desvendar o ardiloso emaranhado da autodestruição. Obra de referência que traz em seu bojo os maiores e mais conceituados nomes da área da psicologia, psiquiatria e enfermagem. Nomes que fazem cintilar no firmamento do conhecimento a clareza das ideias e dos mistérios envolvendo a temática do suicídio. Livro indispensável para todos que buscam alcançar uma maior compreensão dos mistérios envolvendo a condição humana, e principalmente os meandros do suicídio. Obra que se une a outros títulos dos mesmos autores e os tornam ainda mais marcantes como as principais referências teóricas na área. Simplesmente indispensável a toda biblioteca que busque atualização na área do conhecimento da condição humana e de seus principais derivativos. Tome essa obra em suas mãos e inicie uma profunda imersão de conhecimento dos enfeixamentos que compõem a profundeza da alma humana.

SOBRE O SUICÍDIO

A psicoterapia diante da autodestruição

Valdemar Augusto Angerami (Org.)

ISBN: 978-85-8800-998-1

Ao se jogar uma pedra nas águas de um lago surge uma quantidade infinita de círculos que se multiplicam infinitamente. Impossível contar e até mesmo acompanhar seus desdobramentos. Da mesma forma ao se lançar pedaços de frutas na mata a diversidade da fauna que acorre em sua busca é incontável. Assim também com um livro lançado para ser referência maior na área da saúde na temática do suicídio. Sua reprodução na seara acadêmica certamente será algo inatingível pela razão, principalmente frente ao esmero e qualidade apresentados nessa obra.

SUICÍDIO

Uma alternativa à vida
Fragmentos de Psicoterapia Existencial

Valdemar Augusto Angerami

ISBN: 978-85-8800-977-6

A discussão envolvendo a temática do suicídio é das mais importantes na realidade contemporânea. Alguns teóricos afirmam que o suicídio é uma epidemia contagiosa, que se alastra no seio da sociedade, quando divulgado. Esse tema não pode ser confinado a tais asserções, com o risco de se incorrer em grave erro. Em termos estritamente filosóficos, o suicídio é um ato que questiona a existência de modo drástico e definitivo. Não atinge apenas a vítima, mas seus familiares e amigos próximos. A violência e o suicídio são fatores interligados de uma mesma manifestação, o desespero humano. E no momento em que as pessoas estão sendo atiradas às raias do desespero pelas mais variadas razões, a contribuição desse livro é fundamental para os estudiosos da temática. Essa nova edição atualizada e revisada está dividida em duas partes. A primeira aborda o fenômeno do suicídio a partir de três grandes áreas: clínica, teórica e filosófica. A segunda parte apresenta alguns casos clínicos, proporcionando reflexão sobre o tema. Obra que se destaca como uma das principais referências teóricas na temática do suicídio, tanto em nível de Brasil, como mundial. Imperdível para todos que se interessam pela contemporaneidade da condição humana.

Construindo ideias
e conectando mentes

Este livro foi composto com tipografia Bembo Std
e impresso em papel Pólen Soft 80g.
na Gráfica Formato em setembro de 2021.